O VOLUNTÁRIO DE AUSCHWITZ

JACK FAIRWEATHER

O VOLUNTÁRIO DE AUSCHWITZ

Um homem, um exército clandestino e a missão secreta de destruir o mais brutal campo de concentração nazista

São Paulo
2019

Diretor editorial: **Luis Matos**
Gerente editorial: **Marcia Batista**
Assistentes editoriais: **Letícia Nakamura e Raquel F. Abranches**
Tradução: **Leonor Cione**
Preparação: **Guilherme Summa**
Revisão: **Ricardo Franzin e Luiz Henrique Soares**
Capa: **Valdinei Gomes**
Diagramação: **Vanúcia Santos**

Dados Internacionais de Catalogação na Publicação (CIP)
Angélica Ilacqua CRB-8/7057

F153v

Fairweather, Jack

O voluntário de Auschwitz : um homem, um exército clandestino e a missão secreta de destruir o mais brutal campo de concentração nazista/ Jack Fairweather ; tradução de Leonor Cione. — São Paulo : Universo dos Livros, 2019.
448 p.

ISBN: 978-85-503-0470-0
Título original: The volunteer – one man, an underground army and the secret mission to destroy Auschwitz

1. Auschwitz (Campo de concentração) 2. Holocausto judeu (1939-1945) 3. Segunda Guerra, 1939-1945 4. Nazismo I. Título II. Cione, Leonor III. Série

19-2053 CDD 940.531

Universo dos Livros Editora Ltda.
Rua do Bosque, 1589 – Bloco 2 – Conj. 603/606
CEP 01136-001 – Barra Funda – São Paulo/SP
Telefone/Fax: (11) 3392-3336
www.universodoslivros.com.br
e-mail: editor@universodoslivros.com.br
Siga-nos no Twitter: @univdoslivros

Para Philip e Lynn Asquith, por seu apoio,
e para meus avós, Stella e Frank Ford

Muito faz quem muito ama. Muito faz quem bem faz o que faz.
E bem faz quem serve mais ao bem comum que à própria vontade.

— Tomás de Kempis

SUMÁRIO

INTRODUÇÃO

Witold Pilecki voluntariou-se para ser aprisionado em Auschwitz. Esta síntese de uma história extraordinária me compeliu a empreender uma busca de cinco anos para refazer os seus passos, de fazendeiro abastado a oficial de cavalaria enfrentando a *blitzkrieg*, para agente da Resistência em Varsóvia e em seguida mercadoria humana em um vagão para gado em direção ao campo. No entanto, à medida que passei a conhecer Witold, me pegava voltando àquela frase simples e ao momento em que ele sentou-se esperando que os alemães invadissem o apartamento, enquanto eu refletia sobre o que sua história promete nos contar sobre o nosso próprio tempo.

A primeira vez que ouvi a história de Witold foi por intermédio do meu amigo Matt McAllester em um jantar em Long Island, no outono de 2011. Matt e eu trabalhamos juntos como repórteres em guerras no Oriente Médio e estávamos nos esforçando para dar sentido ao que havíamos testemunhado. Num típico ato de dedicação extrema e profissionalismo, Matt viajara para Auschwitz para confrontar a expressão máxima do mal na História e lá tomou conhecimento de Witold e de seu grupo de combatentes da Resistência dentro do campo. A ideia de algumas poucas almas enfrentando os nazistas nos confortou aquela noite. Mas fiquei igualmente impressionado ao dar-me conta de como era pouco conhecida a missão de Witold de alertar o Ocidente sobre os crimes dos nazistas e de criar um exército da Resistência para destruir o campo.

Partes desse quadro foram reveladas um ano depois, quando o relato mais longo de Witold sobre o campo foi traduzido para o inglês. A história de como o texto veio à luz por si só já é extraordinária. Um historiador polonês chamado Jozef Garlinski teve acesso ao relato na década de 1960. Mas Witold escreveu parte do conteúdo em código. Garlinski conseguiu decifrar grandes trechos por meio de suposições e entrevistas com sobreviventes para publicar a primeira história do movimento de resistência dentro do campo. Ainda assim, foi apenas uma narrativa parcial. Então, em 1991, Adam Cyra, um acadêmico do Museu Auschwitz-Birkenau, descobriu as memórias inéditas de Witold, um segundo relato e outros fragmentos de escritos guardados em arquivos da Polônia desde 1948. Nesse material estava a chave de Witold para decifrar o código. Na década seguinte, um quadro mais completo começou a surgir.

O relato que li em 2012 mostrava que Witold fora um cronista minucioso de sua experiência em Auschwitz, escrevendo em prosa crua e urgente. Mas esse relato apresentava apenas um panorama fragmentário e às vezes distorcido. Ele não registrou episódios cruciais por medo de expor os colegas à prisão, escondeu observações devastadoras e descreveu os eventos com cuidado para se adequarem à sua audiência militar. Muitas perguntas permaneceram, nenhuma mais crítica e difícil de entender do que estas: O que aconteceu com as informações que ele obtivera no campo e pelas quais arriscara a vida? Será que ele forneceu informações sobre o Holocausto para os britânicos e norte-americanos muito antes de eles reconhecerem publicamente o papel do campo? Seus relatos foram ocultados? Quantas vidas poderiam ter sido salvas se os seus alertas tivessem sido ouvidos?

Os estudiosos do Holocausto aprendem rapidamente que é a história não só de milhões de europeus inocentes sendo assassinados, mas também da falha coletiva de se admitir o seu horror e tomar as providências para detê-lo. As autoridades aliadas empenharam-se em apurar a verdade, mas, quando confrontadas com a realidade, detiveram-se antes do salto moral necessário para a ação. Mas não foi uma falha apenas política. Os prisioneiros de Auschwitz também relutaram a admitir a amplitude do Holocausto, enquanto os alemães transformavam o campo de uma prisão brutal em uma fábrica da morte. Eles também sucumbiram ao impulso humano de ignorar, racionalizar ou descartar os assassinatos em massa como apartados da sua própria luta. No entanto, Witold não o fez. Pelo contrário, arriscou tudo para trazer o horror do campo à luz.

Neste livro, tentei compreender quais qualidades o distinguem.

Mas à medida que fui descobrindo mais de seus escritos e conhecendo pessoas que conviveram com ele e, em alguns casos, lutaram ao seu lado, percebi que talvez o fato mais extraordinário sobre Witold Pilecki – esse fazendeiro pai de dois filhos, de trinta e tantos anos, sem grandes atos de caridade ou de bravura em seu histórico militar – é que ele não era um homem diferente de mim ou de inúmeros outros. Esse reconhecimento trouxe à tona uma nova questão: como esse homem comum expandiu a sua capacidade moral a ponto de encaixar as peças, acusar e efetivamente agir contra os maiores crimes dos nazistas enquanto outros desviaram o olhar?

Ofereço aqui a sua história de vida como um novo e provocativo capítulo da história do extermínio em massa dos judeus e como uma reflexão sobre por que alguém arrisca tudo para ajudar o seu semelhante.

Charlotte, 2018

NOTAS SOBRE O TEXTO

Essa é uma obra de não ficção. Cada citação e detalhe foram extraídos de uma fonte primária, testemunho, memórias ou entrevista. A maior parte das mais de duas mil fontes primárias nas quais este livro se baseia estão em polonês e alemão. Todas as traduções foram realizadas pelas minhas brilhantes pesquisadoras, Marta Goljan, Katarzyna Chiżyńska, Luiza Walczuk e Ingrid Pufahl, salvo indicação em contrário.

Existem duas fontes cruciais para entender a vida de Witold no campo: os relatos que ele elaborou em Varsóvia, entre outubro de 1943 e junho de 1944, e suas memórias escritas na Itália no verão de 1945. É admirável que apareçam tão poucos enganos em suas narrativas, dadas as circunstâncias sob as quais ele escreveu, em fuga e sem acesso a anotações. Mas Witold não é um narrador perfeito. Ele interpretou mal ou deixou de incluir eventos e participantes, às vezes de propósito, para proteger e satisfazer as expectativas de sua audiência militar.

Sempre que possível, procurei corroborar os escritos de Witold e preencher as lacunas. O Museu Auschwitz-Birkenau tem 3.727 relatos de prisioneiros, incluindo 24 que descrevem as atividades de Witold e centenas de outros narrando os eventos que ele presenciou. Outros arquivos com detalhes e contextos importantes incluem Archiwum Akt Nowych, Archiwum Narodowe w Krakowie, Centralne Archiwum Wojskowe, Instytut Pamięci Narodowej, o Ossolineum, Biblioteca Britânica, Instituto Polonês e Museu Sikorski, o Fundo dos Estudos do Movimento da Resistência Polonesa, Arquivos das Crônicas do Terror no Instituto Witold Pilecki para Estudos Totalitários, Arquivos Nacionais em Kew, Biblioteca Wiener, Museu Imperial da Guerra, Arquivos Nacionais em Washington, D.C., Museu

Memorial do Holocausto dos Estados Unidos, Biblioteca Presidencial FDR, Instituição Hoover, Arquivos do Yad Vashem, Arquivos Sionistas Centrais, Arquivos Federais Alemães em Koblenz e Berlim, Arquivos Federais Suíços, a Fundação Archivum Helveto-Polonicum e o Comitê Internacional dos Arquivos da Cruz Vermelha. Ao longo da pesquisa, descobri cartas e lembranças conservadas pelas famílias de seus colaboradores próximos que lançaram luz sobre suas decisões. É inacreditável, mas vários daqueles com quem ele lutou estavam vivos quando comecei a pesquisar e ofereceram suas reflexões.[1]

Ao escrever, fui guiado pela própria regra de Witold para descrever o campo: "Nada deve ser 'exagerado'; até mesmo a menor das mentiras profanaria a memória daquelas pessoas boas que perderam suas vidas lá". Nem sempre foi possível encontrar fontes múltiplas para algumas situações, o que está indicado nas notas. Outras vezes, incluí detalhes do campo que claramente Witold teria presenciado, embora não os mencione em seus relatos. Cito as fontes em cada parágrafo na ordem em que aparecem. Ao citar as conversas, anoto a fonte de cada interlocutor uma vez. No caso de relatos conflitantes, dei primazia aos escritos de Witold, salvo indicação em contrário.[2]

Os nomes poloneses são maravilhosos e por vezes de difícil leitura para um anglófono. Por isso, usei prenomes ou diminutivos para Witold e seu círculo íntimo, o que também reflete como eles falavam uns com os outros. Também tentei reduzir a utilização de siglas e, portanto, refiro-me, por exemplo, ao principal grupo de combatentes clandestinos em Varsóvia como *a Resistência*. Para nomes de lugares, mantive os de antes da guerra. Uso o nome Oswięcim para a cidade e Auschwitz para o campo.

PARTE I

CAPÍTULO 1

INVASÃO

KRUPA, LESTE DA POLÔNIA
26 DE AGOSTO DE 1939

Witold estava nos degraus da mansão e observava o carro levantar um rastro de poeira ao descer a alameda de limoeiros até o pátio, onde parou ao lado da castanheira nodosa envolta em uma nuvem branca. O verão tinha sido tão seco que os camponeses falavam sobre despejar água sobre o túmulo de um homem afogado ou amarrar uma jovem ao arado para fazer chover – tais eram os costumes de Kresy, na fronteira do leste da Polônia. Uma enorme tempestade elétrica tinha chegado afinal, apenas para assolar o que restava da colheita e arrancar os ninhos de cegonhas dos seus postes. Mas Witold não estava preocupado com grãos para o inverno.[1]

As ondas de rádio chiavam com as notícias de que as tropas alemãs se aglomeravam na fronteira e com a ameaça de Adolf Hitler de reivindicar o território cedido à Polônia no fim da Primeira Guerra Mundial como *Lebensraum* ou espaço vital no leste. Hitler acreditava que o povo alemão estava aprisionado em uma disputa brutal por recursos com outras raças. Era apenas por meio da "aniquilação da Polônia e das suas forças vitais" que a raça alemã poderia se expandir, disse a oficiais superiores em seu refúgio nas montanhas em Obersalzberg. No dia seguinte, Hitler assinou um tratado secreto de não agressão com Josef Stalin, que concedia o Leste Europeu à União Soviética e a maior parte da Polônia à Alemanha. Witold sabia que, se os alemães tivessem êxito, sua casa e sua terra seriam tomadas e a Polônia, reduzida a um estado vassalo ou destruída inteiramente.[2]

Um soldado saiu do carro empoeirado com ordens para Witold reunir os seus homens. A Polônia tinha ordenado uma mobilização em massa de meio milhão de reservistas. Witold, um segundo-tenente da reserva da cavalaria e membro da pequena nobreza local, tinha quarenta e oito horas para levar a sua unidade ao quartel na cidade vizinha de Lida para o embarque das tropas em transportes com destino ao oeste. Ele fez o melhor que pôde para treinar noventa voluntários durante o verão, mas grande parte dos seus homens era constituída de camponeses que nunca tinham estado em ação ou atirado com uma arma movidos pela raiva. Vários não possuíam cavalos e planejavam lutar contra os alemães de bicicleta. Pelo menos Witold conseguira armá-los com carabinas Lebel de 8 mm.[3]

Witold apressou-se em vestir o uniforme e botas de montaria e apanhou a sua pistola Vis de dentro de um vaso na antiga sala de fumar, onde a tinha escondido depois de flagrar Andrzej, seu filho de oito anos, mostrando a arma para a irmãzinha. Pensou na família. A sua esposa Maria tinha levado as crianças para visitar a avó perto de Varsóvia. Precisava trazê-los de volta para casa. Estariam mais seguros no leste, longe da linha de ataque de Hitler.[4]

Witold ouviu o cavalariço preparando o seu cavalo favorito Bajka no pátio e levou uns instantes para ajeitar o uniforme cáqui em um dos espelhos pendurados no corredor, ao lado de gravuras desbotadas retratando as insurreições gloriosas, mas fadadas ao fracasso, nas quais os seus ancestrais haviam lutado. Ele tinha trinta e oito anos, constituição média, e era bonito de um modo discreto, com olhos azuis claros, cabelos louros escuros escovados para trás na testa alta e um formato de lábios que lhe conferia um meio sorriso constante. Notando a sua reserva e capacidade de ouvir, as pessoas às vezes o confundiam com um padre ou um burocrata bem-intencionado. Ele podia ser caloroso e efusivo, porém com mais frequência dava a impressão de guardar alguma coisa para si. Era muito exigente consigo mesmo e podia sê-lo também com os outros, mas nunca pressionava demais. Acreditava nas pessoas, e a sua confiança tranquila as inspirava a contarem com ele.[5]

Quando jovem queria ser artista e estudou pintura na universidade da cidade de Wilno, mas desistiu nos turbulentos anos seguintes à Primeira Guerra Mundial. A Polônia declarara independência em 1918 a partir dos escombros dos impérios russo, alemão e austro-húngaro e foi invadida pela Rússia soviética quase imediatamente. Witold combateu os russos com a sua tropa de escoteiros e lutou nas ruas de Wilno. Nos dias inebriantes que se seguiram à vitória, Witold não sentiu mais vontade de pegar os seus pincéis. Trabalhou durante algum tempo como auxiliar em um depósito de suprimentos militares e em um sindicato de agricultores. Então, em 1924, o seu pai adoeceu e o destino escolheu qual seria o seu caminho: assumiria a propriedade dilapidada da família, Sukurcze, com sua mansão decadente, pomares tomados pela vegetação e mais de dois mil metros quadrados de campos de trigo.[6]

De repente, Witold viu-se um pilar da comunidade local. Os camponeses da aldeia de Krupa trabalhavam em seus campos e buscavam conselhos sobre como fazer prosperar a própria terra. Ele montou uma cooperativa de laticínios para conseguir preços melhores e, depois de gastar uma grande quantia da sua herança em um cavalo árabe premiado, fundou a unidade local de reservistas. Conheceu a esposa Maria em 1927 enquanto pintava o cenário para uma peça no prédio novo da escola de Krupa e a cortejava com cachos de lilases que entregava pela janela de seu quarto. Casaram-se em 1931 e dentro de um ano o filho Andrzej nasceu, seguido pela filha Zofia doze meses depois. A paternidade realçou o lado carinhoso de Witold. Ele cuidou das crianças quando Maria estava acamada depois do nascimento de Zofia. Quando atingiram idade suficiente, Witold os ensinou a andar a cavalo e a nadar no lago ao lado da casa.[7]

Mas a tranquila vida doméstica não estava dissociada das correntes políticas que varriam o país nos anos 1930, as quais Witold acompanhava, preocupado. A Polônia tinha sido uma das sociedades mais pluralistas e tolerantes da Europa durante grande parte da sua história de nove séculos. No entanto, o país que ressurgiu em 1918, após cento e vinte e três anos de divisão, lutou para forjar sua identidade. Uma geração de líderes nacionalistas subiu ao poder após a Grande Depressão, e buscou o apoio da igreja para uma definição cada vez mais limitada da identidade polonesa, baseada na etnicidade e no catolicismo. Grupos que defendiam direitos mais amplos para ucranianos e para as minorias bielorrussas foram desmantelados e suprimidos, e os judeus – que constituíam cerca de um décimo da população pré-guerra da Polônia – foram rotulados como concorrentes econômicos, discriminados na educação e nos negócios e encorajados ativamente a emigrar. Alguns grupos radicais agiam por conta própria, impondo boicotes a lojas judaicas e atacando sinagogas. Bandidos em Lida destruíram uma confeitaria judaica e um escritório de advocacia. O centro da cidade estava cheio de lojas fechadas pertencentes a judeus que haviam fugido do país.[8]

Witold não gostava de política e da maneira como os políticos exploravam as diferenças. A sua família defendia a antiga ordem, de quando a Polônia era independente e um farol da cultura. Dito isso, era um homem do seu tempo e classe social. Provavelmente tinha uma visão paternalista em relação aos camponeses poloneses e bielorrussos locais e compartilhava algumas das visões antissemitas predominantes. Mas, em última análise, o seu senso de patriotismo estendia-se a qualquer grupo ou etnia que assumisse a causa da Polônia. Witold sabia que todos precisariam se unir agora para repelir a ameaça nazista.[9]

*

Uma vez montado em seu cavalo, Witold fez uma oração ofegante até chegar a Krupa, a cerca de dois quilômetros de distância, de onde provavelmente ligou para Maria de uma das poucas casas a ter um telefone. Em seguida, cavalgou até o local de treinamento ao lado da mansão para reunir seus homens e recolher suprimentos. Witold recebeu munição e rações de emergência do quartel-general do regimento em Lida, mas teve que providenciar o restante das provisões com a comunidade: pão, trigo pilado, salsichas, toucinho, batatas, cebolas, latas de café, farinha, ervas secas, vinagre e sal, tudo carregado em carroças que Witold mantinha no pátio. Os cavalos precisavam de quase trinta quilos de aveia por semana, o que exigiria várias carroças. Nem todos na aldeia estavam felizes em contribuir, mal havendo o suficiente para si próprios, e foi um longo dia sob um calor escaldante para encher as carroças no pátio da mansão.[10]

Witold ofereceu a mansão como aquartelamento para os oficiais e talvez tenha acampado com os seus homens. De qualquer forma, não estava em casa quando Maria e as crianças chegaram na noite seguinte, com calor e imundas, e encontraram soldados cochilando em suas camas. Ela ficou irritada, para dizer o mínimo. Tinha sido uma longa viagem, e o trem estava tão lotado que as crianças foram enfiadas pelas janelas dentro dos vagões, com paradas constantes ao longo do trajeto para abrir caminho para o tráfego militar. Witold foi chamado de imediato e, de modo diplomático, pediu aos homens que saíssem.[11]

Na manhã seguinte, 29 de agosto, Witold saiu cedo e Maria ainda estava aborrecida. À noite, alguns camponeses invadiram um dos comboios de suprimentos e roubaram provisões. “Deixe-os!”, Maria ordenou ao criado que a informou. Mas ainda assim pôs um dos vestidos favoritos de Witold para a despedida em Krupa, e fez questão de que Andrzej e Zofia estivessem com as melhores roupas de domingo. As crianças da aldeia agruparam-se do lado de fora da escola e a pequena rua estava abarrotada de pessoas desejando boa sorte, agitando bandeiras ou lenços. Os aplausos começaram quando Witold surgiu conduzindo uma coluna de cavaleiros pela única rua de Krupa. Estava vestido com um uniforme cáqui, a pistola e o sabre presos à correia na cintura.[12]

Witold passou por sua família sem olhar para baixo, mas assim que a coluna seguiu e a multidão começou a se dispersar, ele voltou galopando, o rosto corado, e parou diante deles. Estava deixando Maria apenas com a sua irmã e o velho Jozefa, o caseiro fumante inveterado, para protegê-la. Os alemães eram conhecidos por terem cometido atrocidades contra civis na guerra anterior. Abraçou e beijou as crianças. Maria, com seus rebeldes cabelos castanhos arrumados e de batom passado, tentava não chorar.[13]

"Voltarei em duas semanas", disse-lhes. Era difícil contar a verdade à família: viajando a cavalo para enfrentar a máquina militar mais poderosa da Europa, ele teria sorte se sobrevivesse às semanas seguintes. Hitler comandava 3,7 milhões de homens, quase o dobro do número de militares poloneses, cerca de dois mil tanques a mais e quase dez vezes o número de aviões de combate e bombardeiros. Além disso, nenhuma barreira natural separava os dois países ao longo da linha fronteiriça que dividia as planícies de Mazóvia das Montanhas Tatra, no sul, até a costa do Báltico, no norte. A única esperança da Polônia era resistir por tempo suficiente para que os seus aliados, os britânicos e os franceses, atacassem a partir do oeste e expusessem a Alemanha a uma guerra em duas frentes e a uma provável derrota.[14]

Em seguida, Witold visitou o túmulo dos pais perto da casa. O pai havia morrido anos antes, mas a mãe, apenas há alguns meses. Witold amarrou o cavalo a uma árvore, tirou o sabre e fez uma continência. Depois partiu, imaginando se voltaria a ver aquelas alamedas de limoeiros.[15]

Witold alcançou os seus homens quando chegaram ao quartel em Lida. Entraram em formação com as outras unidades no campo de manobras e um padre andou pelas fileiras espargindo água benta. Witold via o trem de transporte esperando nos ramais da ferrovia e multidões de habitantes locais que vieram se despedir e desejar boa sorte. Grande parte de seus homens estava entusiasmada, inebriados pelo pensamento de cavalgar para a guerra. Mesmo Witold, que havia testemunhado a guerra, sentia-se agitado. O oficial comandante do regimento fez um discurso emocionado e a orquestra do regimento tocou, mas quando a unidade de Witold terminou de carregar os cavalos e os suprimentos e encontrou lugares na palha nos vagões de carga, os músicos já tinham encerrado há tempos e os moradores da cidade, retornado para suas casas. Na escuridão, o trem por fim partiu.[16]

A viagem foi lenta, com diversas paradas durante a jornada de cerca de quatrocentos quilômetros até Varsóvia. Eles cochilavam intermitentemente enquanto o sol erguia-se sobre a paisagem plana do interior. Chegaram perto da meia-noite de 30 de agosto. Do seu vagão, Witold vislumbrou a cidade: os cafés e os bares haviam lacrado as janelas na expectativa de ataques aéreos alemães; pessoas com máscaras de gás sobre os ombros enchiam as ruas, com muito calor e ansiosas demais para dormir. Elas acenavam para os transportes de tropas enquanto passavam.[17]

Witold nunca havia ficado por muito tempo em Varsóvia. A capital de um milhão de habitantes era uma das cidades que mais cresciam na Europa. Os palácios barrocos e a Cidade Velha de cores pasteis com vista para o rio Vístula contavam o passado de Varsóvia; os guindastes, andaimes e ruas parcialmente acabadas terminando no campo falavam de um futuro parcialmente imaginado. A cidade era também o maior centro da vida judaica fora de Nova York, e incluía uma vibrante cena musical e teatral, que tinha crescido com fugitivos da Alemanha nazista, as provocativas imprensas iídiche e hebraica e uma abundância de movimentos políticos e religiosos, de sionistas seculares que sonhavam com Israel até os judeus hassídicos, que falavam de milagres na Polônia. Hitler particularmente detestava a cidade, e um arquiteto nazista havia elaborado um plano para confinar os moradores sobreviventes a campos de trabalho e substituí-los por cento e trinta mil alemães.[18]

A mera logística de transportar mais de um milhão de soldados poloneses para os pontos de encontro ao longo da fronteira alemã havia sobrecarregado o sistema ferroviário. A estação principal de Varsóvia estava abarrotada de soldados que se empurravam para embarcar nos trens ou deitavam sobre suas mochilas no chão, tentando dormir. Witold e seus homens afinal alcançaram o seu ponto de desembarque em Sochaczew três dias depois de deixarem Lida, cerca de cinquenta quilômetros adiante, a oeste. Eles ainda tinham mais de cento e sessenta quilômetros para percorrer a fim de chegarem às suas posições perto da pequena cidade de Piotrków Trybunalski, na estrada principal para Varsóvia. A longa marcha era constantemente interrompida por carroças quebradas. Os homens de Witold usavam os cavalos para atravessar os campos, mas o restante do destacamento andava o dia todo até o anoitecer sem chegar ao destino. "Nós olhávamos para a cavalaria com inveja – eles galopavam como se estivessem numa espécie de desfile, sentados eretos nas selas, com expressões alegres nos rostos", observou um dos soldados forçados a caminhar.[19]

Na manhã seguinte, 1º de setembro, Witold viu as primeiras levas de bombardeiros alemães Heinkel, Dornier e Junker aparecerem no horizonte, seus corpos reluzindo na luz da manhã. A maioria dos aviões permanecia alta, rumo a Varsóvia, mas um deles passou sobre a estrada, atraiu fogo e por sorte um tiro o derrubou em um campo próximo com um estrondo abafado, elevando o moral brevemente. Mas a noite chegou e os homens continuavam andando, e também no dia seguinte. Começavam a se assemelhar aos refugiados com os quais cruzavam na estrada, tão imundos estavam. Por fim, descansaram na noite de 4 de setembro – mais de uma semana após a mobilização – nas florestas perto de Piotrkow Trybunalski. Havia poucas notícias confiáveis da frente, mas abundavam os boatos de que os alemães estavam avançando com rapidez e o solo vibrava com o tremor da artilharia a distância.[20]

O oficial comandante de Witold, o Major Mieczysław Gawryłkiewicz, apareceu na manhã seguinte, em seu jipe Fiat com teto solar, para ordenar que as tropas se posicionassem ao sul da cidade. Gawryłkiewicz disse a Witold que continuasse a caminhar nas estradas, em vez de pelas florestas. Seriam alvos fáceis, mas ele seguiu as ordens. Mal tinham saído quando um caça alemão zuniu sobre eles, apenas para retornar alguns minutos depois com meia dúzia de bombardeiros que procederam ao ataque da coluna. A unidade de Witold saiu correndo da estrada e puxou os cavalos para uma vala enquanto as bombas caíam. A aeronave voltou a disparar com metralhadoras e se distanciou. Ninguém ficou ferido, mas eles haviam provado o sabor do que estava por vir.[21]

*

Witold observou o inferno que consumia o centro de Piotrkow Trybunalski ao passar com os seus homens. Montou acampamento a alguns quilômetros de distância em uma elevação baixa voltada para o oeste, na direção da Alemanha, e a seguir levou oito dos seus soldados para uma missão de reconhecimento. Da floresta, avistou os alemães pela primeira vez: uma unidade de reconhecimento blindada instalada em um lugarejo do outro lado de um córrego estreito. Ele cavalgou de volta, montou guarda e observou as chamas da cidade queimando iluminarem o céu. A luta começaria no dia seguinte. Os homens, sabendo que esta poderia ser a sua última noite, falavam das famílias ou entes queridos em casa. Um a um, instalaram-se para descansar.[22]

O que Witold não poderia saber era que o seu destacamento havia sido posicionado diretamente no caminho das Primeira e Quarta divisões Panzer alemãs que seguiam em direção a Varsóvia. Essas divisões já haviam furado as linhas polonesas na fronteira em Kłobuck e avançado quase cem quilômetros nos primeiros dias de combate. Os poloneses não tinham meios para contra-atacar a nova tática *blitzkrieg* dos alemães, que envolvia grandes concentrações de tanques com bombardeiros de mergulho Stuka voando próximos para dar apoio. Movendo-se em direção aos homens de Lida havia mais de seiscentos Panzers, e avançando mais rápido do que o galope de um cavalo.[23]

Witold tinha se acomodado para dormir quando recebeu ordens de recuar para a floresta perto de Proszenie, um minúsculo povoado cerca de dez quilômetros a nordeste de Piotrkow Trybunalski onde a divisão tinha erguido o seu quartel-general e o depósito de suprimentos, com provisões e munição. Poucas horas depois, o ataque alemão teve início. Os bombardeiros e a artilharia os atingiram na floresta, despedaçando árvores e arremessando lanças de madeira em homens e cavalos. O bombardeio foi pior ao leste, onde um único regimento foi deixado para impedir a aproximação da cidade. Eles se prepararam como puderam para resistir, mas os Panzers romperam a linha polonesa e a derrota era iminente. Witold dirigiu-se para a retaguarda com o comboio de suprimentos ao mesmo tempo em que recuava pela estrada principal para Varsóvia, mas ele e seus homens percorreram apenas alguns quilômetros antes de ficarem presos no tráfego ao tentar atravessar uma ponte estreita na cidadezinha de Wołbórz. Pelo menos, com a chegada da escuridão, os bombardeiros haviam ido embora.[24]

O major queria que eles se mantivessem na estrada, mas Witold sabia que isso os tornava alvos fáceis para os alemães. Pouco depois das vinte horas, ouviram o ronco repentino das lagartas dos tanques e, antes que tivessem tempo para reagir, os Panzers os atingiram com uma força tal que os que estavam atrás foram atirados de suas montarias e o restante foi rapidamente abatido por tiros de canhão. O cavalo de Witold, Bajka, sucumbiu abaixo dele, crivado de balas. Ele se libertou e rolou para uma vala, deitando-se ao lado do cavalo que ainda tremia, enquanto as metralhadoras de 7,92 mm dos tanques dilaceravam corpos e disparavam nas casas ao longo da estrada.[25]

Seus instintos lhe diziam para ficar perfeitamente imóvel, mas era uma agonia ouvir os gritos e gemidos dos seus homens sendo massacrados. As armas, por fim, se calaram, e ele se arrastou para longe da carnificina. Encontrou uma dezena de sobreviventes e cavalos nos campos escuros fora da cidade. O ataque tinha durado meia hora no máximo, mas ele havia perdido grande parte de seus homens; se estavam mortos, feridos ou capturados, não sabia. Esperava que a linha polonesa tivesse se mantido mais firme em outro lugar, mas deve ter temido o pior dado o que acontecera com a própria unidade. A Grã-Bretanha e a França tinham declarado guerra à Alemanha, mas não havia sinal de ação. Witold foi para Varsóvia com os outros sobreviventes, sabendo que tudo estaria perdido se não conseguissem defender a capital.[26]

A princípio, pareciam estar atrás da linha de frente. Em conformidade com as ordens de Hitler de destruir os poloneses, os militares alemães bombardearam e metralharam civis em fuga, e cadáveres espalhavam-se à beira da estrada, ao lado de carroças com bagagens e mobílias empilhadas. Mas, à medida que se aproximavam de Varsóvia no dia seguinte, as estradas começaram a se encher de vivos, e Witold percebeu que havia ultrapassado os alemães. A multidão de homens carregando trouxas ou animais de criação nos ombros e de mulheres arrastando crianças olhava nervosa para o céu.[27]

*

Witold entrou cavalgando em Varsóvia na noite de 6 de setembro. Ele não tinha rádio nem uma forma de saber a dimensão do desastre que havia se desenrolado em outros lugares: os alemães tinham rompido as linhas polonesas em múltiplos pontos e estavam se movendo velozmente para cercar Varsóvia. As unidades avançadas eram esperadas a qualquer momento. O governo já tinha fugido (tendo assegurado aos residentes no início da guerra que os alemães nunca chegariam a Varsóvia) e a delegação britânica na cidade também estava se preparando para retirar-se.[28]

"Dentro da embaixada, caixas de vinho do embaixador abandonadas no corredor, seu mordomo em lágrimas e a escada atulhada de todo tipo de objetos pessoais, incluindo um par de botas de polo impecáveis", recordou Peter Wilkinson, um dos membros da missão. Ele se certificou de que a excelente adega da embaixada fosse carregada no caminhão de cinco toneladas antes da partida.[29]

A única defesa que Witold avistou ao cavalgar em direção ao centro da cidade foi um par de bondes tombados servindo de barricada. Os moradores passavam correndo e vestindo o que parecia ser todo o seu guarda-roupa em camadas ou equipados como se fossem para as estações de esqui, em calças e bandanas espalhafatosas. Soldados vindos diretamente do front estavam esparramados nas calçadas. Somente sua aparência, de exaustão e desinteresse, bastava para se constatar o que tinha ocorrido. Os alemães tinham rompido as linhas polonesas em vários pontos e agora estavam avançando no sentido da capital vindos de quase todas as direções. Poderiam chegar a qualquer momento. Até mesmo as sirenes de ataque aéreo cessaram de soar. Parando para perguntar o caminho a um homem que usava um boné de caça e fumava um charuto, Witold recebeu a resposta em alemão com um sorriso malicioso. Era um membro da população étnica alemã do país, de tamanho considerável, que a liderança nazista estava encorajando a se voltar contra os vizinhos poloneses. Enfurecido, Witold o golpeou no rosto com a parte achatada do sabre e partiu cavalgando.[30]

Por fim, localizou o quartel-general militar de Varsóvia na rua Krakowskie Przedmieście, perto do palácio presidencial, onde soube que havia um plano para defender a cidade e obter a ajuda de civis para a construção de barricadas e preparação para um cerco. Deram-lhe aveia e feno para o seu cavalo, mas não recebeu instruções claras em qual unidade deveria ingressar ou o que fazer. Considerou por um instante se ele e sua unidade deveriam simplesmente trabalhar em uma barricada, mas decidiu que seriam mais bem aproveitados se recuassem para se juntar a quaisquer forças polonesas que estivessem se reagrupando no leste para lançar um contra-ataque. Em 9 de setembro, com o cerco dos alemães quase completo, Witold e seus homens escaparam para a cidade de Łuków, oitenta quilômetros a sudeste de Varsóvia, local onde encontrariam o comando geral dos militares poloneses, segundo lhe foi comunicado. Quando Witold chegou, a pequena cidade já tinha sido bombardeada e reduzida a ruínas enfumaçadas. Uma camponesa jazia ao lado de uma cratera fumegante, as saias levantadas sobre a cabeça expondo as coxas brancas, um cavalo estraçalhado ao seu lado.[31]

Em Łuków, foi informado de que os comandantes haviam recuado para a cidade seguinte, mas, ao chegar lá, o cenário era o mesmo. E assim continuou, um lugar atrás do outro, bombardeado e abandonado. A estratégia alemã era bombardear as cidades e a infraestrutura muito antes do avanço das tropas terrestres para impedir o reagrupamento dos poloneses. Até a estação de trem na distante cidade natal de Witold, Lida, foi atacada. As estradas estavam congestionadas de civis e soldados, uma massa única apanhada pelo mesmo infortúnio de estar nessa via que parecia interminável, perseguida e atormentada por bombardeiros em sua jornada para o leste. "Agora não somos mais um exército, um destacamento ou um batalhão", relembrou o mensageiro polonês Jan Karski depois da guerra, "mas indivíduos vagando coletivamente em direção a algum objetivo totalmente indefinido".[32]

A verdade era inevitável: a Polônia havia perdido a independência mais uma vez, e a questão enfrentada por todos os poloneses era aceitar esse fato ou lutar sabendo que era inútil. Witold nunca aceitaria a primeira opção. Em 13 de setembro, os alemães os alcançaram de novo na cidade de Włodawa, cerca de duzentos e cinquenta quilômetros a leste de Varsóvia, mas pelo menos lá Witold encontrou um oficial que ele conhecia da campanha contra os bolcheviques – o Major Jan Włodarkiewicz – que estava se preparando para tomar uma posição. O major, um homem baixo e de constituição forte que se movimentava como um boxeador, havia recebido ordens de reunir-se a outros na fronteira húngara. Como Witold, ele estava recolhendo os retardatários ao longo do caminho e juntos formaram uma companhia. Mas a caminho da fronteira encontraram o Major Gawryłkiewicz, ainda com o motorista, e outros integrantes do comando em seus próprios carros. Os oficiais pareciam surpreendentemente tranquilos e explicaram que planejavam reagrupar-se fora do país para continuar a luta. Para Witold isso era o equivalente a uma deserção e ele protestou, mas só deram de ombros e foram embora.[33]

Esse fato permitiu que Witold e Jan criassem o próprio plano. Não havia sentido continuarem até a fronteira, o que com certeza atrairia a atenção dos alemães mais cedo ou mais tarde. Seria melhor esconderem-se na floresta, a partir de onde poderiam organizar ataques-surpresa seguidos de fuga e talvez encontrar indivíduos em número suficiente para planejar uma operação maior. Nos dias que se seguiram, atacaram vários comboios alemães e até uma pequena pista de pouso, explodindo um avião, mas Witold sabia que esses ataques não eram de muita valia. Os postos de controle alemães estavam brotando por toda a parte, forçando-os a permanecer nos matagais e pântanos e a conseguir comida na floresta ou com camponeses isolados. Chovia constantemente, regatos negros escorriam por suas costas, a lama empapava seus pés.[34]

No fim de setembro, descobriram que forças soviéticas tinham entrado na Polônia vindas do leste. Stalin alegou que o objetivo era proteger as minorias da Polônia, mas a sua intenção era clara para a maioria dos poloneses: o ditador soviético tinha decidido apoderar-se da sua parte dos despojos. Qualquer esperança que Witold nutria de reunir homens suficientes para organizar um ataque evaporou de imediato. Tinha outras preocupações para enfrentar agora: dada a reputação de resistência aos russos de sua família era quase certo que Maria e as crianças estivessem em perigo.[35]

Varsóvia se rendeu em 28 de setembro e alguns dias mais tarde caiu a primeira nevasca. A cidade resistira por mais quinze dias depois da partida de Witold, para fúria de Hitler, que instruíra seus generais a escurecer os céus de Varsóvia com o cair das bombas e a afogar o povo em sangue. O bombardeio aéreo e de artilharia resultou em quarenta mil mortos e destruiu ou danificou seriamente um quinto das construções da cidade. A Cidade Velha foi pulverizada e a nova casa de ópera da cidade, a maior da Europa, reduzida a algumas colunatas. Dezenas de milhares de recém-desabrigados ocuparam as ruínas.[36]

Witold ouviu apenas boatos sobre a devastação da cidade. Escondido com Jan em um bosque perto da cidade de Lubartów, sujo e com a barba por fazer, Witold se deu conta de que a Polônia estava perdida e a luta para recuperar o país não começaria por ali. Ordenou aos homens que cavassem buracos na terra congelada e enterrassem as armas e que depois trocassem os uniformes por roupas civis dos habitantes locais. Witold ganhou um velho casaco de pele de carneiro.[37]

Ao rumarem outra vez para o oeste, os homens separavam-se do grupo um ou dois de cada vez e iam para suas casas. Antes de alcançar Varsóvia, Witold decidiu fazer um desvio para Ostrów Mazowiecka, uma cidade cem quilômetros ao norte da capital onde morava a mãe de Maria, Franciszka. Esperava que Maria e as crianças tivessem ido para lá. Ele e Jan apertaram as mãos ou abraçaram-se e combinaram de se encontrar em Varsóvia, no apartamento de sua mãe, dentro de duas semanas. "Nós vamos terminar o que começamos", Jan prometeu.[38]

*

Witold partiu pelos campos e escolheu um caminho pela vegetação rasteira por vários dias para chegar ao rio Bug, perto de Ostrów Mazowiecka. Esse rápido curso d'água havia se tornado há pouco tempo a nova fronteira entre as forças alemãs e soviéticas. As tropas russas patrulhavam a margem do lado de Witold. Ele se escondeu até cair a noite e então persuadiu um pescador local a atravessá-lo em seu pequeno barco durante um intervalo nas patrulhas. A embarcação balançou e ziguezagueou na correnteza, mas chegou à margem oposta, onde os alemães haviam instalado arame farpado. Witold encontrou uma passagem e apressou-se para chegar a Ostrów Mazowiecka, alguns quilômetros adiante.[39]

Achou o lugar fanstasmagoricamente silencioso. Metade dos dezessete mil habitantes da cidade eram judeus, e a maioria tinha fugido para o território ocupado pelos soviéticos. Suas lojas e residências haviam sido saqueadas e, em alguns casos, ocupadas por famílias polonesas. A família de Maria morava em uma fazenda nos arredores da cidade. Quando Witold chegou, avistou veículos alemães estacionados no pátio da cervejaria em frente à casa, que tinha se tornado o quartel-general da Gestapo (a polícia especial alemã). Certificou-se de entrar na casa pelos fundos. Franciszka estava lá – viva e em segurança –, mas não tinha notícias de Maria. Witold foi dormir no sofá da sala de estar enquanto Franciszka servia-se de uma bebida forte.[40]

Nos dias seguintes, ele tomou conhecimento da brutal nova ordem racial que os nazistas haviam imposto à cidade. Pouco depois de chegar, a polícia alemã fez uma detenção em massa de várias centenas de habitantes, trancou-os no ginásio da escola e dividiu o grupo em poloneses étnicos e judeus. A maioria dos católicos foi libertada logo, mas os judeus foram selecionados para as sevícias do trabalho forçado. Os alemães encorajaram os poloneses étnicos a maltratar e bater nos judeus e a indicar as suas lojas para saques. Enquanto as famílias judias eram expulsas de suas casas, alguns de seus vizinhos católicos as insultavam; outros, olhavam em silêncio. O antissemitismo tinha tomado conta de Ostrów Mazowiecka como em outros lugares da Polônia antes da guerra, mas a maioria dos residentes recusou-se a seguir a liderança dos alemães. O prefeito da cidade escondeu uma família em seu porão. Os pais de Maria fizeram o pouco que podiam, deixando que judeus que fugiam da cidade pegassem maçãs do pomar.[41]

Witold não fala muito sobre o tempo que passou em Ostrów Mazowiecka. É possível que tenha se sentido consternado pelas demonstrações de antissemitismo entre os locais, claramente fazendo o jogo dos alemães, que incentivavam os vários grupos étnicos da Polônia a lutarem entre si. Toda manhã ele acordava rezando para Maria entrar pela porta com as crianças e toda noite ia para a cama temendo o pior.[42]

Deve ter suposto que Maria tinha permanecido em Krupa, talvez se escondendo com amigos, e ele tinha que escolher entre esperar pela família ou retomar a luta em Varsóvia com Jan. Sabia que a chance de encontrá-los se estivessem viajando era muitíssimo pequena, dado o número de refugiados fluindo através da fronteira. De toda maneira, a decisão foi clara: o país antes da família. Na manhã de 1º de novembro, ele pegou uma bicicleta emprestada e partiu para a longa viagem até Varsóvia para encontrar Jan. Era Dia de Todos os Santos, quando os cemitérios enchiam-se de velas e os vivos rezavam pelos mortos, mas Witold não tinha tempo para isso: iria a Varsóvia para lutar.[43]

CAPÍTULO 2

OCUPAÇÃO

VARSÓVIA
1º DE NOVEMBRO DE 1939

Witold aproximou-se da cidade em sua bicicleta barulhenta, incerto sobre o que encontraria ou qual forma sua resistência tomaria. A estrada principal para Varsóvia estava coalhada de postos de controle alemães, portanto, Witold se ateve a estradas secundárias, tomando conhecimento de fragmentos de notícias. Não havia nada sobre ofensivas inglesas ou francesas, mas, como a maioria dos poloneses, ele supôs que um dos dois estaria a caminho. A melhor oportunidade de expulsar os alemães estava em planejar uma revolta para coincidir com um ataque aliado. Witold sabia que havia outros que se sentiam como ele; só precisava comunicar-se com eles e começar a construir uma rede.[1]

Ao acercar-se do rio Vístula, Witold misturou-se à multidão que cruzava a única ponte ainda inteira sobre o rio. A visão da agora arruinada cidade de Varsóvia no horizonte deve tê-lo deixado perplexo. Escolas, hospitais e igrejas haviam sido bombardeados. Um prédio de quarenta apartamentos "parecia ter tido sua seção central inteira cavada com uma concha de sorvete por um gigante". Os habitantes tinham feito trilhas através dos escombros. Centenas de pessoas fizeram uma pausa no cruzamento da rua Marszałkowska com a avenida Jerozolimskie para acender velas diante de uma gigantesca pilha de escombros que marcava a maior vala comum da cidade. Vidro quebrado chiava sob os pés. O chefe de propaganda do Reich, Joseph Goebbels, visitando a cidade, concluiu: "Isto é o inferno. Uma cidade reduzida a ruínas. Nossas bombas e projéteis fizeram um trabalho meticuloso". Mesmo nos trechos de Varsóvia intocados pelas bombas uma mudança havia ocorrido. "À primeira vista, tudo assemelhava-se a como tinha sido antes, mas de algum modo estava diferente, submersa na estranha atmosfera de uma cidade em luto", lembrou uma testemunha.[2]

Witold encaminhou-se para o apartamento de um amigo na parte sul. Seu choque e desânimo à visão da cidade devastada foram colocados em segundo plano pela necessidade prática de compreender os planos dos nazistas e decidir a forma que a resistência tomaria. Em outubro, a terrível visão racial de Hitler para a Polônia ocupada havia se tornado clara. A metade ocidental das novas propriedades da Alemanha seria anexada ao Reich e todos os não alemães – mais de cinco milhões de católicos poloneses e de judeus – seriam expulsos para dar lugar a colonos alemães. O território restante, que incluía Varsóvia e Cracóvia, iria se tornar uma colônia alemã com uma hierarquia brutal. Hitler nomeou o seu antigo advogado, Hans Frank, administrador do "Governo Geral dos Territórios Poloneses Ocupados" e deu ordens "para explorá-lo sem piedade".[3]

Segundo essa regra autoritária, os alemães eram a raça principal, adicionalmente aos alemães étnicos vivendo na Polônia que concordaram em assinar um registro especial, o "Volksliste". Receberam empregos na administração, casas confiscadas de famílias judias e uso exclusivo de parques, telefones públicos e táxis. Os transportes públicos e os cinemas também foram segregados e apareceram avisos em lojas com os dizeres: "Proibido para poloneses e judeus".[4]

Os poloneses étnicos, como membros da raça eslava mais fraca, deveriam servir como operários ou seriam forçados a trabalhar para o Reich. Hitler os considerava arianos com algum sangue germânico diluído pela mistura com outras raças. Dezenas de milhares de poloneses foram deportados para a Alemanha naquele outono. Os grupos de extermínio da SS, conhecidos como *Einsatzgruppen*, anteciparam-se à Resistência, reunindo e fuzilando algo em torno de vinte mil membros das classes instruídas e profissionais polonesas – advogados, professores, médicos, jornalistas ou simplesmente quem tivesse uma aparência de intelectual – e enterraram os corpos em valas comuns. Escolas de ensino médio e universidades também foram fechadas com a justificativa de que os poloneses precisavam apenas das "possibilidades educacionais que demonstrassem a eles o seu destino étnico".[5]

Por último, estavam os poloneses judeus, que Hitler não considerava sequer uma raça, mas uma subespécie parasitária de humanos empenhados em destruir o povo alemão. Hitler ameaçara os judeus da Europa com a aniquilação caso "financistas judeus internacionais" provocassem outra guerra mundial. Mas, no outono de 1939, a liderança nazista ainda estava formulando planos para os dois milhões de judeus – número dez vezes maior ao daqueles que viviam na Alemanha – que a invasão trouxera para seu controle. O vice-chefe da SS, Reinhard Heydrich, notificou as unidades da SS em setembro que o problema judaico seria tratado de forma progressiva e emitiu uma ordem de que os judeus fossem reunidos nas cidades e aprontados para deportação a uma reserva junto à nova fronteira com a União Soviética. Nesse ínterim, seriam obrigados a usar uma estrela de Davi na manga, a marcar suas lojas e comércios do mesmo modo e submetidos a um assédio contínuo. "Um prazer, afinal, ser capaz de combater fisicamente a raça judaica", declarou Frank em um discurso em novembro. "Quanto mais morrerem, melhor".[6]

É quase certo que Witold tenha tomado conhecimento dos decretos oficiais de Frank, aplicados em postes de iluminação pela cidade, e tenha compreendido que os alemães queriam destruir a Polônia dilacerando o seu tecido social e colocando os grupos étnicos uns contra os outros. Ficou encorajado, portanto, por sinais de resistência: adesivos declarando "Nós não ligamos a mínima" (uma tradução direta da expressão idiomática em polonês é: "Vocês estão no fundo da nossa bunda") e um cartaz gigante de Hitler no centro da cidade ao qual haviam sido adicionadas costeletas encaracoladas e orelhas compridas. Em 9 de novembro, Witold contatou o seu coconspirador Jan Włodarkiewicz e combinou um encontro de potenciais recrutas no apartamento da sua concunhada no bairro de Żoliborz, ao norte. Witold apressou-se pelas ruas chuvosas tentando chegar antes do toque de recolher às dezenove horas. Żoliborz havia sido relativamente pouco atingido pelas bombas, embora as janelas da maioria dos apartamentos estivessem quebradas e a eletricidade não estivesse funcionando, então, Witold teve que esperar alguém entrar no prédio para também fazê-lo.[7]

Sua concunhada, Eleonora Ostrowska, morava em um apartamento de dois quartos no terceiro andar. Ela mostrou-lhe o interior, junto com o filho de dois anos, Marek. Os dois haviam se encontrado muito pouco anteriormente. Ela era uma encantadora e forte mulher de trinta anos, com os cabelos louros escuros penteados para trás presos em um coque, lábios finos e olhos azuis claros. Seu marido, Edward, irmão de Maria, era um oficial da cavalaria que estava desaparecido desde o início da guerra, o que a deixara sozinha para cuidar de Marek, ao mesmo tempo que mantinha o emprego no Ministério da Agricultura, um dos poucos departamentos governamentais que os nazistas não haviam abolido.[8]

Jan foi um dos próximos a chegar, arquejando e tropeçando nos degraus. No caminho de Varsóvia, ele tinha levado um tiro no peito que, de alguma forma, não havia atingido nenhum órgão vital, e ficou se recuperando na casa da mãe. Chegaram mais seis pessoas, a maioria oficiais e ativistas estudantis selecionados por Jan. Eleonora cobriu as janelas com papel pardo, mas estava frio e eles mantiveram os casacos. Reuniram-se em volta da mesa da sala de estar e Eleonora acendeu uma vela.[9]

Jan chegara a algumas duras conclusões sobre a situação: a Polônia tinha perdido porque seus líderes não conseguiram criar uma nação católica e usar o manancial de fé do país contra os invasores. Jan acreditava que precisavam ver na derrota da Polônia uma oportunidade de reconstruir o país em torno das crenças cristãs e despertar o fervor religioso da geração mais jovem. Ele nutria ambições de apelar a grupos de direita, mas por enquanto pensava em lançar um apelo mobilizador de resistência à dupla ocupação do país.[10]

Witold com certeza compartilhava da raiva de Jan pelo regime anterior, um sentimento comum em Varsóvia, mas raramente dividia a sua fé com os outros e temia que uma missão declaradamente religiosa afastasse potenciais aliados. Naquele momento, é provável que estivesse mais interessado em avaliar se estavam prontos para os sacrifícios necessários para construir um movimento de resistência em segredo.[11]

Conversaram sobre estratégias até tarde da noite antes de chegarem ao assunto de suas funções. Jan seria o líder e Witold, o recrutador-chefe. Eles se chamariam *Tajna Armia Polska*, o Exército Polonês Secreto. Ao amanhecer, saíram do apartamento para a Catedral do Campo dos Militares Poloneses na rua Długa. Era uma igreja barroca no limite da Cidade Velha. Conheciam um padre chamado Jan Zieja e pediram-lhe para ser testemunha do seu juramento. Ajoelharam-se no altar e na penumbra juraram servir a Deus, a nação polonesa e uns aos outros. Receberam a bênção antes de saírem, com os olhos turvos, porém exultantes.[12]

*

O inverno chegou cedo naquele ano, quando Witold começou a recrutar. A neve caía abundante, o Vístula congelou e uma centena de células de resistência como a de Witold brotou por toda a cidade. Havia grupos liderados por oficiais (como o dele), agitadores comunistas, sindicalistas, coletivos de artistas e até mesmo um grupo de químicos planejando uma guerra biológica. Os alemães haviam tomado pontos de encontro populares, como os hotéis Bristol e Adria, mas surgiram outros, que se tornaram conhecidos refúgios clandestinos. No U Elny Gistedt – batizado em homenagem à cantora sueca que abriu o lugar para oferecer trabalho a amigos artistas desempregados –, grupos de conspiradores debruçavam-se sobre as mesas vestidos com casacos de pele. A maior parte dos indivíduos se conhecia e compartilhava as últimas notícias dos arredores da cidade ou trechos captados de aparelhos de rádio ilegais sobre a contraofensiva aliada, aguardada para a primavera.[13]

Ao mesmo tempo, um mercado paralelo floresceu perto da estação ferroviária central comercializando roupas e alimentos, dólares, diamantes e documentos falsos. Os camponeses do interior contrabandeavam mercadorias na bainha das suas roupas, em bolsas escondidas ou enfiadas em casacos e sutiãs.[14]

"Jamais tinha visto bustos tão grandes como na Polônia daquele tempo", recordou Stefan Korboński, um membro da Resistência. Um contrabandista empreendedor trouxe para a cidade porcos abatidos escondidos em caixões. Os alemães, ocupados em instalar sua administração, realizavam apenas inspeções superficiais e mesmo quando alguém era descoberto podia safar-se com um suborno ou, em raras ocasiões, com um pouco de humor, como foi o caso de um contrabandista que tentou disfarçar um cavalo trotador de camponesa. "Quando foi descoberto pelos guardas, até mesmo eles, embora desprovidos de qualquer senso de humor, quase morreram de rir", Korboński escreveu.[15]

Witold evitava reuniões públicas e procurou recrutas que compartilhassem da sua circunspecção e discrição naturais. Assimilou uma verdade fundamental do trabalho da Resistência: nacionalidade, língua e cultura formavam laços importantes em qualquer grupo, mas, no fim das contas, a sua rede contava com uma qualidade mais básica, a confiança. O ato de recrutamento significava colocar sua vida nas mãos dos recrutas e vice-versa. Às vezes, aqueles a quem Witold selecionava eram surpreendidos por sua confiança neles.[16]

"Por que você confia em mim?", perguntou um homem.[17]

"Caro rapaz, você tem que confiar nas pessoas", Witold respondeu.[18]

Nem sempre ele era bem-sucedido e ficava constantemente preocupado que um membro da equipe ávido demais os expusesse. Naquele inverno, o Tajna Armia Polska elaborou um manual de conselhos para novos recrutas, advertindo sobre como "pessoas enlouqueceram com a atividade de resistência e foram pegas com muita facilidade... Se quisermos vingança contra os alemães, temos que sobreviver tempo suficiente para perpetrá-la".[19]

Witold fez o melhor que pôde para incorporar essa cautela nos outros e sempre tinha tempo para ouvir os seus problemas. Ele cuidava de seu jovem exército, que em dezembro já somava quase cem integrantes, em sua maioria homens moços. "Ele era uma pessoa muito sensível", lembrou Eleonora, "os problemas das outras pessoas tinham efeito sobre ele". Um soldado recrutado brincou com admiração que Witold era a "babá" do grupo.[20]

Witold sabia que havia pouco que o seu grupo pudesse fazer para se opor de forma direta à ocupação, mas se fosse capaz de reunir de antemão detalhes dos planos nazistas, poderia prevenir vítimas em potencial. O chefe da inteligência do Tajna Armia Polska, Jerzy Skoczyński, começou a cultivar contatos na polícia. Os alemães haviam preservado a corporação polonesa anterior à guerra, em grande parte restringindo-a às tarefas básicas de manter a ordem pública, mas muitas vezes ela era avisada das principais operações com antecedência, e os contatos de Jerzy começaram a informá-lo sobre elas.[21]

Ainda assim, a Resistência esforçou-se para entender o ritmo desorientador com que os nazistas estavam levando a cabo seus planos. Naquele inverno, a SS começou as deportações em massa de poloneses das províncias do oeste do país anexadas recentemente, enquanto a temperatura flertava com valores negativos. Caminhões para transporte de gado lotados com famílias em parte congeladas chegavam diariamente à principal estação ferroviária de Varsóvia, e quando as portas eram abertas, cadáveres rígidos tombavam no chão como estátuas. Os sobreviventes tinham que dormir nas ruínas ou então nas casas de amigos e familiares já abarrotadas. Em janeiro de 1940, mais de cento e cinquenta mil poloneses – católicos e judeus, sem distinção – tinham sido deportados para dar espaço a colonos alemães, e havia planos para expulsar mais centenas de milhares.[22]

Os alemães não tomaram quaisquer providências para o afluxo de refugiados na cidade. Em vez de fornecer comida extra para os refugiados, o governador Frank anunciou um racionamento alimentar nacional: cerca de seiscentas calorias por dia para os chamados poloneses arianos e quinhentas calorias por dia para judeus, menos de um terço do necessário para sobreviver (os alemães na Polônia tinham direito a duas mil e seiscentas). Os cartões de racionamento só poderiam ser usados em lojas designadas, e havia poucas opções: pão misturado com "farinha" de serragem, marmelada feita de beterraba, o amargo café de bolotas e batatas, o único alimento constante na dieta de todos (foram publicados vários livros de receitas dedicados exclusivamente à batata). O mercado paralelo compensava um pouco a escassez, mas muitos passaram fome. Multidões de refugiados desnutridos começaram a mendigar nas esquinas.[23]

As condições da cidade suja e superpovoada logo levaram a surtos de tifo, tuberculose e difteria. Poucas doenças aterrorizavam mais os alemães do que o tifo, a febre do piolho que assolou o front oriental durante a Primeira Guerra Mundial e matou cerca de três milhões de pessoas. Os oficiais nazistas culpavam os judeus, a quem consideravam propensos a infecções, pelo surto em Varsóvia, e planejaram restringir os residentes judeus a um gueto para ajudar a conter a doença.[24]

Frank estava ciente de que a brutalidade de suas políticas estava deixando a Resistência agitada e era preciso erradicá-la com rapidez. Aquela primavera testemunhou uma escalada acentuada da execução dos inimigos reais ou imaginários dos nazistas. Diversos grupos clandestinos foram desmantelados e seus membros, assassinados em massa na floresta de Palmiry ao norte de Varsóvia, junto com advogados, dentistas e até mesmo o maior jogador de xadrez do país. No entanto, tais represálias pouco fizeram para conter a Resistência, e, na verdade, serviram para selecionar os grupos mais descuidados e encorajar o crescimento dos mais competentes. A força dominante que emergiu dessas prisões foi a Związek Walki Zbrojnej, ou União para a Luta Armada, que ganhou o apoio do governo polonês no exílio, estabelecido recentemente na França. Apesar de alguns no Tajna Armia Polska encararem a União como rival, Witold pensava em cooperação, e até mesmo a fusão era inevitável; eles precisariam unir forças para expulsar os nazistas quando o momento de uma revolta se apresentasse. Mas, por ora, ele via uma vantagem em manter as organizações separadas, durante as medidas repressivas alemãs, para se concentrar na coleta de informações.[25]

Jerzy, o chefe da inteligência, estava empenhado em reprimir poloneses que tinham começado a colaborar com os invasores, a maioria proveniente da comunidade de um milhão de alemães étnicos do país. Os nazistas confiaram em tais informantes para impor a ordem racial. Apesar das alegações de cientistas nazistas de que era possível distinguir anatomicamente as raças, a verdade é que a maioria dos alemães tinha dificuldade para diferenciar os poloneses étnicos dos judeus assimilados e precisava de informantes para lhes contar e revelar a matriz oculta da sociedade polonesa. Os informantes tiraram o máximo proveito de seu poder para perpetrar vinganças mesquinhas. “Em todas as comunidades havia pessoas que não tinham escrúpulos para livrar-se de problemas ou denunciar um marido, esposa ou amante indesejados”, observou um membro da Resistência. Independentemente de sua motivação, os delatores representavam uma ameaça real para a Resistência. Trabalhar para os alemães tinha que vir com um custo, ou mais pessoas poderiam ser atraídas para a colaboração, fosse por interesse próprio ou por desespero.[26]

Os informantes reuniam-se com frequência em um clube noturno localizado no subsolo da rua Nowy Świat chamado Café Bodega. As instalações pertenciam à esposa polonesa do embaixador italiano, que oferecia proteção ao estabelecimento por causa de sua singular atração: o jazz. Embora a repulsa de Hitler pela "Negermusik" fosse bem conhecida, ela não havia sido oficialmente banida, e a Gestapo tolerou o Bodega porque viram em seu ambiente escuro e barulhento o lugar perfeito para encontrar informantes, fosse no bar ou em uma das mesas reservadas ao lado do palco.[27]

Jerzy montou um pequeno posto de observação em cima de uma tipografia em frente à entrada do clube, a partir do qual tomava nota dos clientes e tirava fotos de prováveis informantes quando as luzes tremeluzentes da rua permitiam. Ele também começou a trabalhar com a equipe de garçons para ouvir conversas e às vezes enviava homens para se apresentarem como informantes e assim denunciar os verdadeiros colaboradores para a Gestapo por algum crime inventado. Era bastante comum no Bodega ver uma falange de homens da Gestapo arrastando um delator aos protestos. O líder da banda e baterista, um homem negro chamado George Scott, cujo pai afro-americano conhecera a mãe polonesa trabalhando em um circo, em nenhuma dessas ocasiões parou de tocar a sua miscelânea selvagem de ritmos.[28]

*

Naquela primavera, Witold enfim soube por meio de contatos que Maria e as crianças tinham chegado à fazenda da mãe em Ostrów Mazowiecka. Apressou-se para visitá-los, pegando uma linha de ônibus inconstante que os alemães raramente inspecionavam. Depois da alegria de ver a família de novo, Witold ouviu taciturno o relato de Maria sobre os perigos com que tinham se deparado durante a sua ausência.[29]

As forças soviéticas que haviam ocupado o leste da Polônia não foram menos brutais do que os nazistas no oeste. Ao chegar a Lida, a polícia secreta soviética começou a deportar os poloneses instruídos para os gulags da Sibéria ou a realocá-los para a Ásia central. Maria fora alertada antes do Natal de que ela e os filhos seriam presos em breve e só teve tempo de fazer a mala com algumas roupas e fugir em uma carroça, deixando para trás o cachorro da família, Nero. Durante a maior parte do inverno, eles se esconderam com amigos da família em Krupa, para cujos filhos Maria tinha dado aulas. Quando o frio diminuiu, pegaram o trem para a nova fronteira entre a União Soviética e o Reich. Na pequena cidade de Wołkowysk, a cerca de trinta quilômetros da fronteira, foram parados pela polícia russa e Maria foi levada para interrogatório em um bunker subterrâneo perto da estação de trem, enquanto as crianças tiveram que esperar durante a noite na prefeitura nas proximidades. Quando por fim foi solta na manhã seguinte, sem o seu dinheiro e a aliança de casamento, Andrzej, de oito anos, estava catatônico devido ao medo e ao frio.[30]

Conseguiram chegar à casa de um primo em uma cidade vizinha, onde descansaram por uma semana, e tentaram outra vez seguir para a casa dos pais. Desta vez, contrataram um guia para atravessá-los sorrateiramente pela fronteira à noite. A temperatura estava abaixo de zero e uma lua cheia iluminava a terra de ninguém flagelada pelo vento. No meio do caminho, Andrzej tropeçou e caiu sobre um rolo de arame farpado, que enroscou na sua jaqueta de pele de carneiro. Naquele momento, a luz de um holofote alemão varreu a área e os pegou enquanto lutavam para libertar a jaqueta. Foram rapidamente capturados, mas tiveram sorte: os guardas da fronteira mostraram pouco interesse no caso deles e os deixaram passar.[31]

Muita coisa havia acontecido em Ostrów Mazowiecka desde que Witold partira, mas um incidente se destacou dos outros. No dia 11 de novembro, os alemães tinham feito marchar trezentos e sessenta e quatro homens, mulheres e crianças judeus em direção à floresta nos arredores da cidade e os assassinaram a tiros, assim cometendo um dos primeiros massacres genocidas do gênero. O local de execução ficava a cerca de dois quilômetros da casa de seus sogros e contíguo ao pomar da família, onde Andrzej gostava de brincar (embora lhe tenham dito para não ir ao local, Andrzej foi, e encontrou o boné encharcado de um menino entre as árvores). Witold com certeza ficou perturbado com os assassinatos e com a indiferença dos moradores sobreviventes. Dado o antissemitismo da cidade, é provável que alguns tenham recebido bem o fato de os nazistas estarem se livrando dos judeus locais.[32]

Witold fez o que pôde para garantir que a família estivesse instalada de maneira adequada e então voltou para Varsóvia, descobrindo lá que Jan também estava flertando com o antissemitismo. Witold sabia que já há algum tempo Jan queria produzir um boletim informativo em nome do grupo. A Resistência foi inundada com publicações de diferentes matizes políticos – 84 títulos foram publicados em 1940 –, mas Jan queria um boletim que abordasse os alicerces morais da Resistência. Pelo menos foi assim que ele o descreveu para pessoas como Witold e Jadwiga Tereszczenko, uma amiga de Jan que concordara em ser a editora.[33]

Witold não se opôs à ideia e, de fato, ajudou a organizar um dos pontos de distribuição em uma mercearia na rua Żelazna, perto de onde estava hospedado. Mas, nas primeiras edições de *Znak*, ou "O Sinal", leu artigos que pareciam retirados diretamente dos manifestos de grupos de direita do pré-guerra: a retórica estridente sobre uma nação polonesa para os poloneses, a criação de um "verdadeiro país cristão", perspectivas perturbadoras próximas daquelas dos ultranacionalistas que viram na ocupação nazista um meio de se livrarem dos judeus de uma vez por todas.[34]

Witold explicou a Jan, da forma mais diplomática que pôde, que, diante da crescente repressão alemã, os poloneses deveriam se unir. A editora Jadwiga também levantou a questão do antissemitismo entre os poloneses com outros colaboradores durante as sessões de escrita em seu apartamento, que seguiam madrugada adentro, mas eles descartaram as suas preocupações: os judeus não sabiam de que lado estavam e era melhor que fossem embora. Ao mesmo tempo, muros estavam sendo erguidos ao redor do gueto e as famílias judaicas estavam sendo forçadas a se mudar, incluindo o vizinho de porta de Jadwiga. Em vez de ajudá-los, os poloneses étnicos em seu bloco pegavam para si tudo que era deixado para trás. Era necessário que houvesse um despertar moral entre os poloneses, Jadwiga acreditava, começando com o mandamento "amar o próximo".[35]

No entanto, Jan não se convenceu, e começou a trabalhar em um manifesto de direita para a organização que parecia querer transformar em um movimento político. Também iniciou conversas com grupos nacionalistas sobre uma possível união, incluindo um grupo cujos membros haviam sondado os alemães quanto à formação de uma administração fantoche dos nazistas. Jan estava nitidamente perdendo o rumo e Witold sentiu-se compelido a agir pelas costas do amigo a fim de fazê-lo parar.[36]

Em algum momento naquela primavera, Witold procurou o chefe do grupo rival Związek Walki Zbrojnej, o Coronel Stefan Rowecki, para discutir uma união de forças. O homem de quarenta e dois anos insistiu em que houvesse uma divisão estrita entre questões militares e políticas, além de apoiar a criação de uma administração civil da Resistência que respondesse diretamente ao governo no exílio na França e que se manifestasse regular e favoravelmente à criação de um país "verdadeiramente democrático", com direitos iguais para os judeus poloneses. Rowecki, um fã confesso de Sherlock Holmes que já empregara uma variedade de disfarces, nem sempre expressava os próprios pontos de vista, mas era um observador astuto do estado de espírito nacional. Havia escrito para a liderança polonesa na França sobre as suas inquietações de que os nazistas estavam alimentando o ódio racial de modo deliberado para desviar os poloneses de atividades antigermânicas. Houve uma escalada significativa nos ataques contra os judeus por parte de poloneses étnicos, Rowecki relatou, e ele estava preocupado que um político de direita pudesse surgir como um pau mandado alemão que usaria a perseguição aos judeus para unificar o país.[37]

Como Witold, Rowecki tinha poucas ilusões sobre o que a Resistência poderia alcançar contra o poder dos invasores. Seus pequenos atos de resistência não passavam de meros aborrecimentos para os alemães. Mas sentia que serviam a um propósito mais profundo de elevar o moral e manter a unidade. Enquanto isso, queria que a Resistência começasse a documentar os crimes nazistas para informar o Ocidente e pressionar os Aliados a agir. Mais de seis meses haviam se passado desde que a Grã-Bretanha e a França declararam guerra à Alemanha em defesa da Polônia, mas, à exceção de algumas campanhas de distribuição de panfletos, nenhum dos dois havia lançado até agora uma ofensiva significativa contra os alemães.[38]

Rowecki havia estabelecido uma rede de mensageiros que viajavam em segredo por passagens remotas das Montanhas Tatras polonesas e já tinha enviado alguns relatórios importantes para a França. Até o momento, eles continuavam tendo que estimular a imaginação dos líderes ocidentais, embora os alemães houvessem ficado constrangidos por causa de alguns dos relatórios divulgados e até libertado um grupo de acadêmicos detidos, depois de um clamor internacional. Rowecki acreditava que os detalhes acumulados ajudariam a fortalecer a decisão dos britânicos e dos franceses de reagir.[39]

Witold ficou impressionado com o caráter daquele homem calmo e reservado, e convencido da necessidade de se submeterem a sua autoridade. Mas Jan rejeitou de imediato uma união na reunião seguinte, salientando que tinha enviado o próprio mensageiro para o governo polonês no exílio para aprovação. Jan então anunciou que o manifesto que ele tinha preparado seria assinado em conjunto com vários grupos nacionalistas radicais.[40]

"Essa declaração destruiria todo o nosso trabalho!", Witold exclamou. "Vamos nos concentrar na luta armada. Podemos nos preocupar com assuntos constitucionais mais tarde."[41]

Jan pareceu desconcertado. Ele estava seguro de que Witold iria alinhar-se com ele. Em vez disso, vários outros concordaram com Witold, incluindo o novo chefe de equipe do grupo, um destemido coronel chamado Władysław Surmacki. Jan cedeu e concordou em reunir-se com Rowecki, em uma espécie de vitória para Witold.[42]

Mas Jan seguiu adiante, insistindo com o seu manifesto, que causou tanta divisão quanto Witold temia. Não havia referências a judeus ou outras minorias no artigo, mas ficava claro nas entrelinhas. "A Polônia tem que ser cristã", o texto anunciava, "e a Polônia tem que ser fundamentada em torno da nossa identidade nacional". Aqueles que se opusessem a tais ideias deveriam ser "removidos das nossas terras". Witold sabia que a parceria deles estava arruinada. "Externamente concordamos em continuar administrando a organização", Witold recordou, mas não havia como esconder o "profundo ressentimento".[43]

*

Em 10 de maio, Hitler lançou suas tropas em direção a Luxemburgo e aos Países Baixos a caminho da França. Este era o momento pelo qual a Resistência tinha esperado, quando o poderio combinado dos Aliados iria enfrentar os alemães, derrotá-los ou então distraí-los o suficiente para fazer valer a pena uma revolta na Polônia. A mãe idosa de Jan tinha instalado um rádio no seu apartamento para que pudessem ouvir a BBC. Eles se reuniam para ouvir com avidez no início e depois com crescente desesperança, quando as forças alemãs derrotaram os britânicos em Dunquerque e entraram triunfalmente em Paris. Logo ficou evidente que a Alemanha estava prestes a infligir uma derrota cataclísmica aos franceses e que a guerra iria prolongar-se indefinidamente.[44]

O governador Frank percebeu que, com a França perdida e a Grã-Bretanha à beira da derrota, ele não precisaria mais se preocupar com a cobertura negativa nos meios de comunicação estrangeiros e ordenou a detenção em massa de homens em idade militar. Em 20 de junho, trezentas e cinquenta e oito pessoas foram executadas na floresta de Palmiry ao norte de Varsóvia. Outras milhares foram encaminhadas aos campos de concentração na Alemanha. Em uma ocasião, Witold quase foi pego quando a SS fez uma batida no apartamento de Eleonora. Ele ouviu caminhões na rua e só teve tempo de esconder documentos da Resistência sob as tábuas do assoalho e se esgueirar para fora antes de a polícia irromper porta adentro e vasculhar o apartamento. Mudou de esconderijo em esconderijo e começou a usar os documentos de identidade de um Tomasz Serafiński, que obteve em um desses locais.[45]

A intensificação da perseguição alemã prejudicou a rede. Uma batida da Gestapo no Bodega prendeu a maior parte da equipe de garçons. Suas vagas foram preenchidas por novos recrutas, mas desta vez a Gestapo conseguiu plantar um espião entre eles. Era uma polonesa jovem e frívola que se apaixonara por um oficial da SS, e ela forneceu vários nomes a ele, incluindo o de um dos colegas de Witold, que também era seu tio, um ginecologista chamado Władysław Dering. Em 3 de julho de 1940, pouco antes do amanhecer, a SS arrastou Dering e a esposa para fora de seu apartamento.[46]

A Resistência não tinha certeza do que havia acontecido com Dering, mas havia boatos de que a SS tinha aberto naquele mês de junho, em um antigo quartel do exército polonês nos arredores da pequena cidade de Oświęcim, um campo de concentração que os alemães chamavam de Auschwitz. Tais campos eram um recurso comum da vida política na Alemanha desde a ascensão de Hitler ao poder. Sob decreto de estado de emergência, Hitler aprovara a prisão por tempo indeterminado ou "custódia protetora" de qualquer cidadão que a SS julgasse ser um inimigo do estado. No início da guerra, os nazistas já haviam detido milhares de políticos, ativistas de esquerda, judeus, gays e outros dos assim chamados desviantes sociais em meia dúzia de campos.[47]

Os nazistas não foram pioneiros no conceito de prender seus adversários, mas Auschwitz foi diferente por ser o primeiro campo alemão em solo estrangeiro e o primeiro a ter como alvo um grupo em função da nacionalidade, neste caso poloneses. Naquele momento, os alemães não faziam distinção entre as origens étnicas dos poloneses enviados ao campo: os católicos predominavam, mas havia judeus e alemães étnicos entre os primeiros prisioneiros. O objetivo de Auschwitz era esmagar a resiliência de homens como Witold.[48]

A Resistência sabia pouco sobre o lugar, mas ouviu que os alemães estavam despachando cada vez mais prisioneiros para o campo. Em agosto daquele ano, mais de mil pessoas foram enviadas para lá. As cartas dos prisioneiros eram muito censuradas e revelavam pouco, mas o número de avisos de morte que a SS encaminhava para as famílias dos prisioneiros falecidos e seus objetos pessoais, vez ou outra salpicados de sangue (os alemães logo interromperam essa prática por razões óbvias), eram indícios da violência do lugar.[49]

Algumas semanas mais tarde, em agosto, o chefe de equipe do Tajna Armia Polska, Władysław Surmacki, foi encarcerado e Jan convocou uma reunião de emergência no apartamento de Jadwiga para falar sobre as prisões. O calor estava sufocante e fumaça de cigarro pairava no ar. Jan pediu silêncio. Começou anunciando a fusão do grupo com a corrente principal da Resistência, tal como Witold havia insistido.[50]

Então, Jan virou-se para Witold. A tensão entre os dois homens era palpável.

"Uma grande honra recaiu sobre você", Jan disse de modo forçado.[51]

Ele explicou que o assunto do campo de concentração de Auschwitz tinha surgido em suas discussões com Rowecki. Ele acreditava que, enquanto o lugar permanecesse envolto em sigilo, os alemães poderiam safar-se de qualquer coisa. Ele precisava de alguém para se infiltrar no campo, obter informações e, se possível, criar uma célula de resistência e organizar uma fuga.[52]

"Mencionei o seu nome para Rowecki como o único oficial capaz de fazer isso", Jan disse.[53]

A sala virou-se para Witold para observar a sua reação, ao mesmo tempo em que ele lutava para esconder o choque. Witold soube de imediato que estava sendo punido pela sua recusa em apoiar a ideologia de Jan e não queria dar a ele a satisfação de uma reação. Jan prosseguiu: um informante da polícia o havia alertado sobre a próxima tentativa alemã de esmagar a Resistência, que envolveria a detenção em massa de centenas de poloneses nas ruas. A SS planejava enviar a Auschwitz qualquer pessoa com instrução ou que parecesse um intelectual. Aqueles que fossem suspeitos de trabalhar para a Resistência provavelmente seriam logo fuzilados.

Considerando os riscos, Jan não poderia ordenar que Witold assumisse a missão.

Precisava que ele se voluntariasse.[54]

A mente de Witold ficou a mil. Seus instintos lhe diziam para rejeitar a oferta. Submeter-se de propósito a uma detenção em massa feita pelos alemães era loucura. Mesmo que os alemães não atirassem nele de imediato, ainda assim poderia ser interrogado e exposto. E se conseguisse chegar a Auschwitz? Se o campo fosse tão violento quanto a Resistência temia, suas perspectivas de criar um grupo de resistência e organizar uma insurreição pareciam sombrias. E, se fosse apenas mais uma instalação de confinamento, ele poderia passar meses ou mais definhando em cativeiro enquanto o centro da ação estava em Varsóvia? Pesou os riscos levando em conta o fato de que havia pressionado Jan a aceitar a liderança de Rowecki. Que recado passaria se se esquivasse ao primeiro pedido de Rowecki? Estava encurralado.[55]

Respondeu a Jan que precisava de tempo para pensar. Os dias se passavam e ele refletia detidamente sobre a decisão a tomar. Em seus escritos posteriores, Witold não faz menção a temer por sua própria segurança, mas se preocupava com a família. Maria tinha aceitado seu trabalho junto à Resistência em Varsóvia, o que lhe permitia fazer visitas ocasionais a Ostrów Mazowiecka e estar disponível no caso de uma emergência. Ir para Auschwitz significava abandoná-la e potencialmente expor a família a represálias alemãs, se fosse descoberto.[56]

As detenções começaram em 12 de agosto, mas Witold hesitou. Homens da SS e da polícia montaram bloqueios nas ruas principais ao redor do centro da cidade e começaram a capturar homens em idade militar. "É claro que a ação não foi conduzida de maneira particularmente delicada", observou o jornalista Ludwik Landau. "Os bondes eram parados sob a mira das baionetas, e os alemães ameaçavam usá-las se alguém tentasse escapar; aparentemente, duas pessoas foram mortas tentando, a primeira com baioneta, a segunda com um tiro". Mais de mil e quinhentos homens foram presos ao longo de uma tarde. Witold guardou os pensamentos para si. "Ficava ruminando o assunto em silêncio, e eu sabia que não devia perguntar nada a ele", Eleonora relembrou.[57]

Jan encontrou Witold alguns dias depois com novidades. A presença de Dering e Surmacki foi confirmada em Auschwitz. "Oh, você perdeu uma boa oportunidade", ele o alfinetou.[58]

Witold não registrou a sua resposta, mas saber que os seus colegas estavam no campo pode ter sido o fator decisivo para persuadi-lo a deixar o receio de lado e aceitar a missão. Ele era amigo de Dering desde a campanha bolchevique e Surmacki fora seu vizinho na área de Lida.[59]

Ele estava pronto para se voluntariar, contou para Jan, e planejou ser levado na segunda detenção, programada para acontecer em Żoliborz em algumas semanas. Tomada a decisão, ele se atinha agora aos aspectos práticos de preparar-se para a sua prisão iminente, entregando a administração do seu papel no recrutamento para outros. Fez uma última viagem para ver Maria e as crianças, mas decidiu não contar sobre a missão. Era melhor que ela pudesse alegar completo desconhecimento se a Gestapo a interrogasse. Maria só sabia que ele havia sido selecionado para uma missão importante e que Witold mais uma vez escolheu o seu país no lugar da família.[60]

*

Em 18 de setembro, Witold pôs os seus pertences em uma mochila e dirigiu-se ao apartamento de Eleonora. Era provável que os alemães dessem uma batida no quarteirão durante a varredura da área na manhã seguinte. Houve um ar de última ceia enquanto jantava com ela e o sobrinho, Marek. Witold aparentava calma quando o menino foi colocado na cama no quarto ao lado, e ele e Eleonora checaram o apartamento duas vezes para garantir que não houvesse documentos incriminatórios à mão.[61]

Repassou o plano com Eleonora de novo. Se conseguisse chegar ao campo, ela seria o seu ponto de contato com Jan, que transmitiria as informações colhidas para a liderança da Resistência. Os prisioneiros no campo eram autorizados a enviar cartas censuradas para casa, mas ele precisava encontrar outro meio de contrabandear os relatórios. Eleonora seria a primeira pessoa que a Gestapo interrogaria se os seus esforços fossem descobertos. Mas Eleonora conhecia os riscos; na verdade, estava ainda mais inabalável do que Witold, o que deve ter sido reconfortante quando ele se acomodou no sofá da sala para dormir. Ele esperava que o nome de Tomasz Serafiński, que ele planejava usar, mantivesse sua família a salvo.[62]

Witold acordou e se vestiu antes do nascer do sol na manhã de 19 de setembro. Não precisou esperar muito para ouvir o ronco dos caminhões Daimler se aproximando. Alguns momentos depois, houve uma batida na porta. Eleonora, também já vestida, abriu. O zelador Jan Kiliański estava em pé no corredor, tenso e atemorizado.[63]

"Os alemães estão aqui", ele anunciou. Reconheceu Witold, mas não sabia de seu plano. "Esconda-se no porão se quiser, ou saia pelos jardins nos fundos."[64]

"Obrigado, Jan", agradeceu Witold. Ele se retirou para o quarto que Eleonora compartilhava com Marek. O menino estava de pé na cama, de olhos arregalados. Eles já podiam ouvir as batidas fortes nas portas, os estrondos e os berros das ordens dos alemães lá fora. O ursinho favorito de Marek havia caído no chão, e Witold inclinou-se para apanhá-lo e devolvê-lo à criança. O menino estava assustado, mas sabia que não devia chorar. A porta do prédio foi aberta com violência e passos duros golpeavam os degraus de concreto, seguidos de gritos e choro.[65]

Kiliański apareceu de novo à porta. "Eles estão dentro do prédio. É a sua última chance".

"Obrigado, Jan", Witold disse outra vez, e o zelador foi embora.

Então, houve um baque na porta e um soldado irrompeu, brandindo a arma. "De pé, de pé", ele gritou, mas Witold já tinha vestido a jaqueta e, em vez de fugir, andou devagar em direção ao homem. Em voz baixa, sussurrou para Eleonora: "Informe que a ordem foi cumprida".

Havia mais soldados e policiais à paisana nas escadas. Eles o escoltaram e a outros homens do edifício até a rua. Estava amanhecendo e Witold reconheceu o seu vizinho grandalhão Sławek Szpakowski entre os prisioneiros. Devia haver cem ou mais a essa altura, alguns carregando sacolas e casacos, como se estivessem partindo para uma viagem de negócios, outros descalços e ainda de pijama.[66]

Depois de terminarem as buscas, os alemães os conduziram para a praça Wilson, a oitocentos metros de distância, onde uma fila de soldados verificou os papéis, liberou aqueles considerados trabalhadores essenciais, operários de fábrica, ferroviários e assim por diante, e ordenou ao restante que subisse nas caçambas cobertas dos caminhões. Witold juntou-se aos outros e todos subiram a bordo desordenadamente, à medida que os motores dos veículos ganhavam vida. A luz da entrada iluminava os rostos pálidos. Todos sabiam que cair nas mãos dos alemães significava um perigo grave. Apenas Witold tinha uma vaga ideia dos horrores que os aguardavam.[67]

CAPÍTULO 3

CHEGADA

AUSCHWITZ
21 DE SETEMBRO DE 1940

Os caminhões seguiram até um quartel de cavalaria, onde Witold e os demais desembarcaram. Foram levados a um salão de equitação e registrados em mesas, além de destituídos de seus objetos de valor. Em seguida, receberam ordens de se deitarem no chão de terra dura. Guardas com metralhadoras garantiam a obediência dos prisioneiros, cujo número somava mais de mil. Foram mantidos nessa posição naquele dia e no seguinte. Alguns sussurravam em voz baixa entre si, ganhando chutes dos guardas que passavam.[1]

Na manhã do dia 21 de setembro, foram levados de volta aos caminhões, que os conduziriam a uma estação de trem, onde uma fila de vagões de carga os aguardava. Witold juntou-se a sessenta outros e espremeu-se em um dos caminhões. Os alemães não lhes deram comida ou água, apenas um único balde para se aliviarem, que logo transbordou para o chão coberto de cal. Os prisioneiros ao redor de Witold partilhavam um olhar vazio, e o balanço lento do trem e o ar quente e fétido fizeram muitos dormirem, tombados uns contra os outros no chão. Alguns vigiavam pelas frestas nas paredes do vagão, espiando através delas por um sinal do que estava por vir.[2]

O trem parou depois do anoitecer. Em algum ponto da ferrovia a porta de um vagão de carga abriu-se num estrondo e seguiram-se gritos, berros e latidos de cães. Witold sentiu a multidão se movimentar dentro do vagão.

A porta foi aberta com violência e uma luz atordoou a multidão. Aos gritos de "Fora! Fora! Fora!" os prisioneiros avançaram em direção à saída e tombaram para a frente. Witold lutou para manter o equilíbrio sob a pressão dos corpos. Por um momento, foi iluminado na porta pelos holofotes, vislumbrou o céu noturno e a chuva fina e desabou na multidão. Chocou-se contra o cascalho dos trilhos, tropeçou quando um porrete passou zunindo por sua cabeça. Homens com bastões desferiram golpes naqueles que caíam e empurravam os retardatários de dentro do trem. Mãos o agarraram. Ele se libertou e se juntou aos outros, meio correndo, meio tropeçando, atravessando um campo lamacento junto aos demais.[3]

De cada lado da coluna de maltrapilhos, os guardas da SS fumavam e riam entre si. Ordenaram que um prisioneiro corresse até o mourão de uma cerca ao lado da trilha. O homem, confuso, cambaleou naquela direção para, então, ser abatido a tiros pelos guardas. A coluna parou e os guardas retiraram mais dez homens da multidão, executando-os também. Responsabilidade coletiva pela "fuga", anunciou um dos alemães. A marcha foi retomada; os corpos dos homens mortos foram arrastados para a parte de trás da coluna por outros prisioneiros, ao mesmo tempo em que os cães de guarda tentavam abocanhar seus calcanhares.[4]

Witold estava tão absorvido pelo caos da cena que mal notou a cerca de arame farpado pairando na escuridão, tampouco o portão e a treliça de ferro coroando a entrada com as palavras ARBEIT MACHT FREI. *O Trabalho Liberta*. Além do portão havia fileiras de barracões de tijolos, com janelas escuras e sem grades. Ladearam um campo de manobras fortemente iluminado onde uma fila de homens vestindo brim listrado portando porretes aguardava. Eles usavam casacos com a palavra KAPO identificada nos braços, e com seus chapéus sem abas pareciam marinheiros. Posicionaram os prisioneiros em filas de dez e foram tirando seus relógios, anéis e outros objetos de valor.[5]

Na frente de Witold, um kapo perguntou a um dos prisioneiros qual era sua profissão. Juiz, o homem respondeu. O kapo deu um grito de triunfo e o atacou com o seu porrete, lançando-o ao chão. Os outros brutamontes listrados se juntaram e passaram a golpear o homem na cabeça, no corpo, na genitália, até que restasse do prisioneiro não mais do que uma pasta ensanguentada no chão. O kapo, com o uniforme respingado de sangue, virou-se para a multidão e declarou: "Este é o Campo de Concentração de Auschwitz, meus caros senhores".[6]

Repetidamente, os kapos separavam médicos, advogados, professores e quaisquer judeus para espancamento. Demorou um pouco para Witold perceber que o alvo eram os instruídos, mas fazia sentido, uma vez que o objetivo declarado dos alemães era reduzir os poloneses a meras mercadorias.[7]

Os caídos eram arrastados para o final de cada fila, e no momento em que bateram na tira de metal indicando a hora da chamada, diversas pilhas tinham sido acumuladas. Fritz Seidler, o Obersturmführer da SS, um homem de trinta e três anos dos arredores de Leipzig que anteriormente havia sido construtor, dirigiu-se aos recém-chegados de cima de um muro baixo ao lado do pátio. "Que nenhum de vocês jamais pense que deixará este lugar vivo", ele declarou. "As rações foram calculadas para que vocês sobrevivam por apenas seis semanas. Qualquer um que viva por mais tempo provavelmente está roubando, e qualquer um que roubar será enviado para a unidade penal, onde não viverá por muito tempo".[8]

O discurso foi seguido por mais golpes, à medida que grupos de cem homens eram levados para um dos edifícios térreos ao lado do pátio. Lá foram despidos, depositaram seus pertences em sacos de papel ao lado da entrada, e jogaram todos os alimentos em um carrinho de mão antes de ingressarem no edifício, um de cada vez. Quando chegou a vez de Witold, ele encontrou um pedaço de pão em seu bolso e, sem pensar, descartou-o.[9]

Dentro do prédio, entrou em uma pequena sala pintada de branco, onde homens nus aguardavam em fila frente a uma mesa para receber seus números de identificação de prisioneiro em um pequeno cartão. O de Witold era 4859. Na sala ao lado, um grupo de barbeiros curvados sobre uma fileira de bancos baixos raspava cabeças, axilas e genitais de prisioneiros com lâminas cegas. A pele em carne viva era rapidamente esfregada com desinfetante. Em seguida, vinha o banheiro, onde Witold levou um golpe de porrete no rosto de um kapo porque, o homem disse, ele não estava segurando o cartão de identidade entre os dentes. Witold cuspiu dois molares, um bocado de sangue, e continuou em frente. Os prisioneiros judeus, reconhecidos por suas circuncisões, eram abordados com especial fúria, esmurrados e espancados sobre o chão escorregadio. Na última sala, Witold recebeu o uniforme de brim usado pelos prisioneiros, listrado em azul e branco – um conjunto que consistia de uma jaqueta que abotoava até o pescoço e calças –, e um par de tamancos de madeira de tamanho errado. Alguns dos prisioneiros também receberam um boné redondo sem aba.[10]

Quando ele saiu do prédio, o dia já havia amanhecido, revelando o campo de manobras, cujas laterais formavam um declive de um lado ao outro, acumulando-se em um canto um enorme lamaçal cinza. As construções ao longo da praça tinham telhados de duas águas e eram em sua maioria rebocadas de branco, embora algumas expusessem os tijolos avermelhados por baixo. Dois lados da praça eram abertos, um dava para o campo no qual provavelmente haviam desembarcado e o outro para a uma estrada e uma fileira de árvores ao longo do que parecia a margem de um rio. Um único fio de arame farpado delimitava a área cercada, com postos da guarda de madeira a cada trinta metros.[11]

Os prisioneiros foram dispostos em fila mais uma vez e encaminhados a um bloco, que correspondia a um único andar de cada barracão. Eles continuavam sendo intimidados pelos kapos, ainda que no pálido alvorecer os homens ferozes parecessem menores do que antes. Os prisioneiros mal reconheciam uns aos outros: alguns trajavam uniformes muito largos ou muito apertados; outros, uniformes velhos do exército; alguns andavam descalços ou calçavam tamancos. Haviam sido destituídos e despojados de seus pertences e nasceram de novo neste mundo novo e brutal.[12]

O bloco de Witold era o 17A, localizado no segundo andar de um barracão na praça, onde os prisioneiros foram amontoados em grupos de cem para cada dormitório de cerca de trinta metros quadrados. O bloco tinha paredes nuas, azulejos antigos e lâmpadas antiquadas que conferiam ao edifício um ar de reformatório vitoriano. Exaustos, Witold e os outros costuraram seus números nas camisas, junto com um triângulo vermelho que indicava sua condição de prisioneiros políticos. Por fim, colocaram colchões finos de juta no chão para descansar no que restava da noite. Witold compartilhou o seu com outros dois homens; deitaram-se aconchegados uns contra os outros, usando os tamancos e os uniformes listrados como travesseiros. A janela estava fechada e as paredes, úmidas com a condensação. Os homens gemiam, roncavam e praguejavam uns contra os outros ao tentarem mudar de posição. O choque de Witold dera lugar a um leve torpor. Ele tinha conseguido entrar no campo. Agora seu trabalho teria que começar.[13]

*

Witold mal havia fechado os olhos quando um gongo soou e Alois Staller, o kapo alemão que administrava o bloco, irrompeu e atacou todos os que ainda não estavam de pé. Os prisioneiros apressaram-se para empilhar os seus colchões, recolheram latas de sopa e espremeram-se para sair do dormitório enquanto Staller esvaziava os outros. Witold então correu escada abaixo, os tamancos de madeira batendo ruidosamente, para vestir-se do lado de fora.[14]

A neblina estendia-se a partir do rio, transformando o campo em uma tigela de leite. Witold seguiu as formas escuras dos outros conforme se apressavam da parte de trás do edifício para a latrina, que consistia em uma vala aberta sobre a qual uma viga havia sido colocada longitudinalmente. Uma fila já havia se formado e um kapo contava vinte homens na coluna e dava três segundos a cada grupo. Lavar-se era obrigatório, mas os prisioneiros tinham acesso a apenas uma cisterna no pátio, em torno da qual uma confusão de homens se acotovelava e empurrava. Witold lutou para encher com um pouco de água salobra a sua lata, antes de um sinal não visível dispersar a multidão como pássaros assustados.[15]

O café da manhã era servido nos dormitórios. Um dos auxiliares de Staller distribuía conchas de um líquido de sabor amargo tirado de um tonel de metal. Diziam ser café. Os homens engoliam a bebida de uma só vez, empilhavam as xícaras e retornavam para fora, onde prisioneiros de transportes anteriores, mais magros e macilentos, buscando por notícias do mundo exterior, aglomeravam-se ao redor dos recém-chegados. Estes, por sua vez, perguntavam aos mais antigos sobre o campo. Você precisa ter olhos na nuca, era tudo que lhes diziam.[16]

Staller saiu do prédio caminhando com ares de importância. Um ex-trabalhador da construção civil e ex-comunista da Renânia, tinha trinta e cinco anos, um nariz longo e fino e orelhas que se projetavam formando ângulos estranhos. Fora preso em 1934 por afixar cartazes antinazistas em sua cidade natal e detido por tempo indeterminado no sistema de campos de concentração. "O caráter defeituoso do prisioneiro significa que ele deve ser considerado um inimigo do estado", concluíra o diretor da prisão em um relatório contra a sua liberdade condicional.[17]

Qualquer que tenha sido a iniciativa de resistência que Staller certa vez possa ter demonstrado havia desaparecido, e ele foi recompensado por sua disposição em servir com a posição de kapo em Auschwitz. Seu irmão, um soldado, tinha sido morto durante a invasão da Polônia. Ele odiava de coração os poloneses e os culpava pelo início da guerra. Na sua presença, os prisioneiros deveriam chamá-lo de "Herr Kapo", tirar os bonés e levantar-se, mas no campo fora apelidado de "Alois Sanguinário". Ele tinha seu próprio quarto no topo da escada.[18]

A administração diária dos campos era realizada por kapos como Staller, que recebiam comida extra e eram dispensados de trabalhos forçados, desde que mantivessem os outros prisioneiros na linha. O sistema de kapos tinha sido bem instituído em outros campos de concentração, mas a vontade declarada de Hitler de destruir inimigos raciais acrescentou uma intensidade homicida ao trabalho e dura rotina militar que os kapos de Auschwitz forçavam os prisioneiros a supotar. Os judeus e os padres eram submetidos a um tratamento ainda mais rigoroso em uma unidade penal especial, que raramente contava com mais do que algumas centenas de prisioneiros.[19]

Os kapos eram pressionados a provar constantemente a sua crueldade. "Assim que não estivermos mais satisfeitos com ele, não mais será um kapo e voltará a se juntar aos outros detentos", Himmler explicou a um grupo de generais em 1944. "Ele sabe que vão espancá-lo até a morte na primeira noite após o seu retorno". Em Auschwitz, os kapos eram prisioneiros alemães que tomaram conhecimento do sistema no campo de concentração de Sachsenhausen, nos arredores de Berlim. Tinham liberdade para designar auxiliares em seus blocos, em geral poloneses da região que falassem alemão. O assistente de Staller, Kazik, não tinha escrúpulos em espancar poloneses e procurava agradar outros prisioneiros a fim de obter informações, as quais repassava para Staller em troca de comida extra.[20]

Naquela primeira manhã, Staller organizou os prisioneiros em fileiras de dez com os homens mais altos no final de cada uma. Os detentos mais antigos conheciam o exercício e orientavam os que não falavam alemão. Os prisioneiros tinham que gritar sua posição na fila, novamente em alemão, caso contrário seriam espancados.[21]

Staller selecionou Witold e alguns outros que falavam um alemão razoável e levou-os para dentro, no corredor do segundo andar. Enfileirou-os de frente para a parede e Staller os instruiu a se curvarem para receber o que ele chamou de "cinco das boas". O kapo os golpeou com força com seu porrete e Witold teve que cerrar os dentes para não gritar. Seu sentimento de passividade havia persistido desde a noite anterior. Os prisioneiros aparentemente ganharam a aprovação de Staller, porque o kapo lhes disse que seriam supervisores de dormitório e teriam seus próprios porretes. A surra foi "só para vocês sentirem o gostinho e usarem os porretes do mesmo jeito, para assegurar a higiene e a disciplina no bloco".[22]

Witold voltou a se reunir com os detentos na praça para a chamada. Os prisioneiros dos outros blocos agruparam-se em fileiras. Bateram na tira de metal pendurada em um poste no pátio e os primeiros homens da SS apareceram em uniformes verdes de campo e botas de cano alto de couro de bezerro. Os números em cada bloco foram verificados duas vezes e em seguida registrados por um alemão com cara de bebê, que também fazia as vezes de carrasco do campo, o Hauptscharführer da SS Gerhard Palitzsch. Cinco mil almas, a julgar pelo número de identificação de Witold, além dos mortos de um dia para o outro que tinham sido empilhados no final de cada fileira. Witold e os outros tiveram que permanecer em posição de sentido até a contagem ser concluída e, em seguida, ao comando "tirar os bonés", remover as boinas caso as tivessem e batê-las contra as coxas. Poucos conseguiam realizar o exercício com perfeição, e ele foi repetido até o subcomandante, o Hauptsturmführer da SS Karl Fritzsch, sinalizar que estava satisfeito. Com uma voz áspera, ele se dirigiu aos prisioneiros.[23]

"A sua Polônia está morta para sempre e agora vocês vão pagar com trabalho pelos seus crimes", ele declarou. "Olhem lá, para a chaminé. Olhem!". Ele apontou para um prédio oculto pela fileira de barracões.[24]

"Aquele é o crematório. Três mil graus de calor. A chaminé é o seu único caminho para a liberdade."[25]

Após o discurso, um grupo de kapos retirou um prisioneiro da multidão e o espancou até ele ficar ensanguentado e imóvel, enquanto os guardas da torre vigiavam com metralhadoras. "Eles queriam nos alquebrar", recordou um prisioneiro, Władysław Bartoszewski, "e atingiram seu objetivo, porque começamos a sentir medo".[26]

*

O gongo soou outra vez e os prisioneiros foram dispensados. Era domingo, dia de descanso, quando os prisioneiros ficavam confinados em seus barracões para que pudessem se limpar e fazer a barba. Os recém-chegados, no entanto, foram mantidos no pátio, a fim de praticar exercícios militares. Foi permitido a Witold, como supervisor de dormitório, voltar para o bloco, mas com certeza ele conseguiu entrever pelas janelas do andar de cima o que ocorria lá fora. Staller, porrete na mão, instruía os recém-chegados a ficar em posição de sentido e a retirar os bonés com gestos exagerados. A ação deveria ser desempenhada simultaneamente e Staller punia com "esporte" em grupo as infrações: flexões sem fim, agachamentos, saltos e quaisquer outros exercícios extenuantes que pudesse imaginar. Os kapos dos outros blocos faziam o mesmo com os detentos pelos quais eram responsáveis. Logo o pátio era cruzado por dezenas de prisioneiros correndo, pulando, dando cambalhotas e girando os braços como bailarinas. Os kapos perseguiam os prisioneiros enfraquecidos, para deleite dos guardas da SS.[27]

Witold ainda estava em choque. Como muitos prisioneiros, ele sentia que tinha deslizado para dentro de um sonho acordado nas suas primeiras horas no campo. O mundo aparentava ser o mesmo, mas as pessoas nele pareciam estranhas, até mesmo macabras. Terminou de arrumar o pequeno quarto e explorou o bloco, que consistia de meia dúzia de dormitórios que davam para um único corredor encardido no segundo andar. Os prisioneiros nos outros dormitórios não prestaram atenção nele. Estavam imersos em seus próprios assuntos, brigando por causa de um par de agulhas para consertar as roupas sujas ou então largados contra a parede. Em um dos dormitórios, o barbeiro do bloco raspava cabeças e corpos. Cobrava um pedaço de pão para usar uma lâmina mais afiada.[28]

Os detentos sofriam uma mudança de personalidade no campo. A violência incessante rompia os laços entre os prisioneiros, que eram forçados a se voltarem para si a fim de sobreviverem. Tornavam-se "irritadiços, desconfiados e, em casos extremos, até traiçoeiros", recordou um prisioneiro. "Como a grande maioria dos detentos adota essas características, até mesmo uma pessoa calma deve assumir uma postura agressiva". Alguns prisioneiros organizavam-se em pequenas gangues para cuidar uns dos outros, mas parece que isso apenas aumentava os confrontos e a violência. Os prisioneiros com frequência denunciavam uns aos outros para os kapos. Normalmente, eram fofocas insignificantes, motivadas pela esperança de se ganhar um pouco mais de comida, mas às vezes informantes ouviam conversas descuidadas do trabalho de resistência em Varsóvia, o que levava a interrogatórios e execuções. Grande parte dos judeus que haviam escapado da identificação inicial nos chuveiros eram denunciados para os kapos e enviados para a unidade penal para um duro trabalho extra.[29]

A lista de regulamentos oficiais do campo – e de potenciais violações – era incompreensivelmente longa e, dada a malícia particular que marcava o nacional-socialismo, cobria os detalhes mais íntimos. As infrações incluíam: conversar no trabalho, fumar, lentidão, colocar a mão no bolso de outra pessoa, andar, correr sem a pose atlética apropriada, ficar sem fazer nada, encostar em uma parede recém-pintada, vestir roupas sujas, saudar um homem da SS de modo incorreto, olhar despudoradamente, arrumar a cama de maneira desleixada, aliviar-se em momento e lugar impróprios. E a lista continuava.[30]

A SS punia o descumprimento das regras com açoites e espancamentos, destinados a fortalecer a cadeia de comando. Os castigos eram administrados formalmente na praça da chamada. Mas, na prática, os kapos lidavam com as infrações imediatamente, de acordo com seus caprichos. O grande volume de potenciais transgressões significava que praticamente a todo momento um prisioneiro violava alguma regra, assegurando-se assim um constante reinado de terror.[31]

No entanto, era possível sobreviver se você mantivesse a cabeça baixa. Era a única lei que de fato importava: não se exponha, não seja o primeiro a entrar ou o último a sair, não seja muito rápido ou muito lento. Evite contato com os kapos, mas, quando impossível, mostre-se submisso, prestativo, simpático com eles. "Nunca deixe que eles saibam o que você sabe, porque você sabe que eles são uns merdas", um preso escreveu após a guerra. "E se você estiver a ponto de apanhar, sempre caia no primeiro soco".[32]

Os primeiros dias eram os mais difíceis para os recém-chegados, antes de adquirirem a sua "pele de campo". Os prisioneiros que não conseguiam aceitar a ordem moral subvertida do campo eram liquidados com rapidez, como o detento que reclamou com um homem da SS da violência dos kapos e foi prontamente espancado até morrer. Alguns perdiam a vontade de viver e se tornavam presas dos demais. Outros tornavam-se perversos como os kapos. A maioria se adaptava da forma que pudesse a essa existência restrita, tentando preservar tanta dignidade quanto possível.[33]

Havia apenas uma regra entre os detentos – não roubar comida de outro homem. Mas isso não os impedia de inventar mil esquemas para arrancar um pouco mais de alimento de seus colegas prisioneiros. A comida era a moeda do campo: um botão sobressalente, uma lasca de sabão, agulha e linha, uma carta para escrever, um maço de cigarros valia uma porção de pão ou mais. Os recém-chegados eram explorados até que se vissem famintos o bastante para entender o valor de uma refeição.[34]

Witold logo aprendeu as regras, mas se perguntava como seria possível conectar-se aos prisioneiros ou inspirá-los a se juntar a uma célula de resistência, uma vez que a única preocupação de todos era simplesmente arrumar comida suficiente para sobreviver. Ele já sentia pontadas de fome e se arrependeu de ter jogado fora o seu pedaço de pão quando o gongo para o almoço soou. Como supervisor de dormitório, sua tarefa era buscar e distribuir sopa, que vinha em caldeirões de cinquenta litros da cozinha a céu aberto do outro lado da praça. Ele se apressou através do campo de manobras com os outros supervisores. Um deles, Karol Świętorzecki, vinha da mesma parte de Kresy que Witold, e devem ter trocado detalhes de suas vidas anteriores, mas evitaram falar demais, no caso de alguém ouvir a conversa.[35]

Após cinco horas de exercícios na praça, os prisioneiros pareciam esgotados e alguns já estavam imóveis no chão. Witold e Karol movimentaram-se com dificuldade com os caldeirões de volta para o quarto ao mesmo tempo em que os prisioneiros reuniram-se para a chamada de meio-dia, que terminou depressa. A sopa rala de cevada e batata era servida nos quartos, embora os prisioneiros fossem obrigados a comer ao ar livre. Os veteranos, letárgicos pela manhã, empurravam-se em volta do caldeirão, tentando ser servidos primeiro. Os supervisores muitas vezes tinham que usar as conchas de madeira para bater em suas mãos e cabeças.[36]

Os recém-chegados, suados e cobertos de poeira, olhavam incrédulos para as suas tigelas insignificantes. Os veteranos terminavam de comer rapidamente e voltavam para a fila mais uma vez para implorar aos supervisores que lhes dessem mais sopa. Witold deu-se conta do seu poder enquanto distribuía as porções e todos os olhos estavam voltados para ele.[37]

*

Como era domingo, à tarde os prisioneiros podiam sair dos blocos e perambular por onde quisessem. Para evitar confusão, muitos ficavam em seus quartos ou visitavam amigos em outros barracões; alguns reuniam-se em torno das entradas escuras ou no centro da praça, mesmo sabendo que, ao aproximar-se da cerca, podiam tomar um tiro. Essa era a chance de Witold procurar por Dering, que, estava chegando à conclusão, talvez já estivesse morto.

O nevoeiro tinha se dissipado e o campo de manobras brilhava na luz escassa do outono. No entorno, uma pista para o treinamento de cavalos ainda estava visível. O campo inteiro não tinha mais do que oito mil metros quadrados, e uma curta caminhada em qualquer direção levava à cerca de arame farpado. Os vinte edifícios do campo eram dispostos ao longo de ruas que conduziam à praça principal. Um bloco térreo em frente ao depósito onde eles haviam sido raspados na noite anterior abrigava o hospital do campo. Na realidade, tratava-se de alguns poucos quartos destinados a abrigar prisioneiros doentes demais para trabalhar, nos quais eram deixados para se recuperarem por conta própria ou morrer. Não havia remédios para tratamento, mas a SS precisava manter uma aparência de cuidados adequados aos presidiários. As instalações de internação alemãs para cidadãos estrangeiros deveriam estar abertas às inspeções da Cruz Vermelha Internacional, e embora a SS raramente desse acesso aos seus campos para pessoas de fora, gostava de manter a ilusão de que tudo era transparente.[38]

Witold tinha um palpite de que encontraria Dering no hospital, mas não sabia como ser admitido, então, nesse meio-tempo, avaliou o restante do campo. No canto mais distante, havia um bloco reservado para a unidade penal, que abrigava judeus e padres. No canto oposto, entre dois barracões, havia uma pequena cozinha ao ar livre com um galpão também pequeno que pertencia a uma unidade de carpintaria. O escritório de registro do campo, contendo os arquivos sobre os prisioneiros, ficava ao lado do portão principal e da guarita.[39]

Ao lado de uma multidão de prisioneiros, Witold avistou um belo homem sentado em uma pilha de pedras. Usava os próprios sapatos sujos – a SS tinha ficado sem tamancos –, como se tivesse sido capturado durante um jantar. A camisa listrada estava enrolada nas costas e um outro detento examinava seus hematomas.

"Aqueles kapos malditos não entendem nada de exercícios militares", o homem sobre as pedras reclamou com amargura. "Se me deixassem assumir o comando, eu faria esse bloco inteiro marchar como se estivesse em um desfile – e sem bater em ninguém!"[40]

A ideia era tão absurda que o seu colega, um rapaz alto e magricela, com um olhar travesso, não se conteve. "Onde você pensa que está? Na academia militar treinando cadetes? Olhe só para você – parece mais um vagabundo ou um condenado do que um oficial. Temos que esquecer o que fomos e fazermos o melhor com o que resta de nós".[41]

Witold se aproximou e perguntou se eles eram oficiais. O travesso apresentou-se como Konstanty Piekarski, embora fosse conhecido por Kon ou Kot, "gato" em polonês. O homem ferido chamava-se Mieczysław Lebisz, e ambos eram tenentes na artilharia a cavalo e haviam chegado na noite anterior, como Witold. Mietek quase havia sido morto no banheiro, depois de protestar junto aos kapos sobre o tratamento dado a um prisioneiro judeu.

Os três trocaram informações. Kon monopolizou a conversa, compartilhando inclusive seus triunfos de salto a cavalo na cavalaria, o que fez Witold sorrir. Ele estava prestes a afastar-se quando o kapo que cuidava do bloco de Kon, um alemão corpulento, apareceu movendo-se pesadamente. Queria voluntários e, como ninguém se ofereceu, Hans apontou para dez homens, Kon e Witold incluídos, para segui-lo até o seu bloco a fim de encherem colchões com lascas de madeira. Foi uma tarefa bem fácil, e com certeza preferível para

Kon do que os exercícios da tarde. Da praça, eles podiam ouvir o som das surras e depois, por certo tempo, um canto desconexo.[42]

Enquanto trabalhavam, Witold perguntou cordialmente ao jovem sobre sua carreira. "Ele falou com gentileza, sem autoridade, um homem que preferia ouvir a expressar opiniões". Ele não percebeu que Witold o estava testando como um recruta em potencial.[43]

Houve uma última chamada antes do jantar, em que os prisioneiros doentes que buscavam ser admitidos ao hospital foram obrigados a se despir e caminhar diante do subcomandante Fritzsch. A maioria era despachada de volta às fileiras com um golpe ou dois; só aqueles com membros quebrados ou esgotamento grave eram enviados para o hospital. Witold pensou de novo em Dering e deve ter se perguntado como entrar no prédio sem sujeitar-se a um exame. Os mortos do dia foram empilhados, contados e levados para o crematório.[44]

Após a chamada, os prisioneiros retornaram aos dormitórios para o jantar. Cada bloco tinha uma pequena cota de pães vindos de uma padaria do lado de fora do campo. O trabalho de Witold era dividir o pão escuro e pesado em porções de cerca de duzentos e cinquenta gramas, que ele servia com uma tira de toucinho e uma xícara de café preparado com água suja. Os prisioneiros mais velhos aconselharam os recém-chegados a guardar um pouco do pão para o café da manhã, mas a maioria estava faminta demais para resistir.[45]

Depois do jantar, Kazik, o auxiliar do kapo, ensinou a canção do campo aos recém-chegados, a melodia animada que Witold tinha ouvido naquela tarde. Kazik explicou que Alois era muito musical e ficaria desapontado com uma performance medíocre. Em uma voz estridente e melancólica, que teria sido ridícula em outras circunstâncias, Kazik iniciou o verso de abertura adaptado de uma canção militar: "Estou no campo de Auschwitz, por um dia, um mês, um ano / Mas estou feliz e gosto de pensar nos meus entes queridos que estão longe daqui". Praticaram durante o restante da noite, com Alois vez ou outra aparecendo à porta, inclinando-se para a frente para escutar com as mãos cruzadas atrás das costas, como se estivesse se divertindo.[46]

Por fim, o gongo soou para as luzes serem apagadas, os colchões foram colocados no chão e cada um dos prisioneiros se deitou para que Witold pudesse contá-los e informar Staller. Em seguida, o kapo caminhou ao lado dos homens enfileirados, ordenando que um ou outro lhe mostrasse um pé para verificar se estava limpo. Os infratores foram punidos com alguns golpes nas nádegas, até que Alois, com a respiração pesada, enfim apagou as luzes. Depois de um dia no campo, Witold deve ter concluído que qualquer esperança de organizar uma fuga era ingênua. Precisava repensar a sua missão e concentrar-se na coleta de informações para alertar Varsóvia sobre as condições no campo. O simples fato de sobreviver por tempo suficiente para enviar uma mensagem para Varsóvia já seria difícil. Esperava que Dering tivesse algumas respostas – se conseguisse encontrá-lo.[47]

CAPÍTULO 4

SOBREVIVENTES

AUSCHWITZ
23 DE SETEMBRO DE 1940

Na manhã seguinte, depois da chamada, Witold dirigiu-se ao bloco do hospital para procurar por Dering. Os kapos estavam reunindo prisioneiros para formar equipes que trabalhariam fora do campo. Os recém-chegados convergiam confusos para o portão enquanto um capataz gritava que seriam todos açoitados. Witold ficou surpreso ao ver o homem, um polonês, virar-se de costas para os guardas da SS e dar uma piscada de cumplicidade para os prisioneiros.[1]

Ele se juntou a uma fila de detentos machucados do lado de fora do hospital no barracão térreo, esperando para ser examinado. O kapo alemão Hans Bock, que supervisionava as admissões, não tinha treinamento. A SS proibira os prisioneiros com conhecimento médico de trabalharem lá sob o pretexto de serem intelectuais, embora isso não tenha impedido alguns médicos de fingirem ser trabalhadores para entrar na equipe. Vestido com o seu casaco branco, Bock estava nos degraus da entrada do hospital com um estetoscópio de madeira na mão. Era raro que agisse com brutalidade, algo incomum para um kapo, ainda que tivesse outros vícios, como oferecer trabalho no hospital para jovens prisioneiros em troca de favores sexuais.[2]

Witold arrumou uma desculpa para passar por Bock e entrar no prédio. Lá dentro, encontrou um longo corredor onde prisioneiros ficavam nus para exames complementares. Outros eram lavados com água gelada em um banheiro. A maior parte dos quartos restantes eram enfermarias, em que os doentes deitavam-se em fileiras apertadas no chão. O bloco fedia a podridão e excrementos.[3]

Witold encontrou Dering em uma das enfermarias. Estava pálido, magro e praticamente irreconhecível. Usava uma roupa de atendente e tinha dificuldade para ficar em pé sobre as pernas estranhamente inchadas. É possível que tenham se refugiado em uma sala de enfermeiros na parte de trás do bloco para conversarem. Após sua chegada ao campo, Dering foi mandado para a equipe de construção de estradas, uma das tarefas mais brutais disponíveis. Alguns dias depois ele foi levado semiconsciente e febril para o hospital. Bock o rejeitara de início, mas Dering teve sorte, já que um colega de Varsóvia, Marian Dipont, viu-o fazendo exercícios de punição na praça e persuadiu Bock a mudar de ideia. Depois conseguiu um trabalho para Dering nas enfermarias, que ele assumiu após recuperar-se.[4]

Dering concordou com a avaliação de Witold de que uma fuga era inconcebível. Mesmo uma tentativa de um só detento era tarefa quase impossível dada a vigilância constante. Apenas um prisioneiro conseguira passar correndo sob o arame farpado em julho. A SS respondeu com uma contagem em formação brutal de vinte horas. Dering também salientou a Witold que ele ainda estava para experimentar a verdadeira assassina do campo. Os porretes dos kapos eram uma coisa. Poderiam ser evitados com bom senso e um pouco de sorte. O perigo real, ele explicou, era a fome. O Obersturmführer da SS Seidler, que havia discursado para eles naquela primeira noite, tinha exagerado apenas um pouco quando dissera que eles tinham três meses de vida. A ração diária designada aos prisioneiros consistia de mil e oitocentas calorias, quase a metade do que um homem executando trabalhos pesados necessitaria.

Levando em conta que os kapos furtavam suprimentos e os prisioneiros os surrupiavam uns dos outros, a maioria dos presidiários estava em uma rápida dieta de fome (mais tarde, a SS inventou uma fórmula simples para calcular o tempo de sobrevivência: Expectativa de vida em meses = 5.000 / Déficit de calorias).[5]

O campo já havia criado muitos apelidos para aqueles à beira da inanição: aleijados, abandonados, pedras preciosas, mas o apelido que pegou era "Muselmänner" ou "muçulmanos", em referência ao modo como balançavam para a frente e para trás de tanta fraqueza, como se estivessem orando. É provável que Witold já tivesse visto alguns deles no campo. A gordura de suas bochechas tinha sido consumida, dando aos crânios uma aparência bulbosa, grande demais para suas compleições esqueléticas e membros alongados. Em geral, perambulavam pelas cozinhas à procura de restos para comer e eram presa fácil para os kapos, que os escolhiam para maus-tratos.[6]

A percepção de Dering sobre o campo moldou o pensamento de Witold sobre as prioridades da Resistência. A primeira delas deveria ser ajudar os companheiros presos a sobreviverem. Compreendeu que a falta de comida no campo era tanto a ameaça mortal quanto a formação do alicerce corrosivo do sistema dos kapos. Muitos prisioneiros tinham tanta fome que fariam qualquer coisa por um pouco mais de comida, incluindo denunciar os companheiros para a SS. O campo tinha um pequeno escritório da Gestapo – oficialmente conhecido como Departamento Político – ao lado do portão principal, onde se formava uma fila de detentos em grande parte das manhãs e das noites. O restante dos prisioneiros evitava os informantes, mas havia pouco a ser feito, uma vez que a hierarquia do campo incrementava a sua proteção, e era impossível prever quem alcançaria o ponto de ruptura para se transformar em um delator. De alguma forma, Witold teria que forjar uma coalizão capaz de resistir à tentação dos kapos.[7]

Para isso, era crucial que a comida fosse distribuída de modo mais equitativo. Witold achava que poderia convencer alguns dos supervisores dos dormitórios a fazê-lo apelando para a sua fé e patriotismo, mas isso não bastaria para persuadir a maioria. Para competir com os kapos, Witold precisaria oferecer comida e segurança. Ele não tinha ideia de como viabilizar a última, mas obter provisões extras talvez fosse possível. Dering havia informado que o colega deles de Varsóvia, Władysław Surmacki, ainda estava vivo e trabalhava no escritório de construção da SS com uma equipe de prisioneiros agrimensores em projetos de construção nos arredores do campo. Surmacki tinha feito contato com uma família local perto da estação de trem que fornecia suprimentos para ele trazer para o campo por baixo do uniforme. Foi um primeiro contato com o exterior que abriu a possibilidade não apenas de comida extra, mas do envio de informações sobre o terrível tratamento dispensado aos prisioneiros no campo para Rowecki em Varsóvia, que por sua vez poderia informar os britânicos e pressionar por retaliação.[8]

Naquela época, o nome Auschwitz era desconhecido pelos oficiais britânicos, embora eles compreendessem o papel do sistema de campos de concentração nazistas para esmagar a oposição. De fato, o governo britânico tinha publicado um relatório oficial em 1939 descrevendo o tratamento brutal imposto aos prisioneiros nos campos de Dachau e Buchenwald. O chefe da propaganda nazista Goebbels negou as alegações com veemência e acusou os britânicos de tentar difamar os alemães com histórias de atrocidades, como as usadas durante a guerra anterior. Contudo, a liderança nazista ainda era suscetível à acusação de maus-tratos e permitia inspeções limitadas a algumas de suas prisões. As autoridades do campo também insistiam que os detentos escrevessem para casa duas vezes por mês em alemão dizendo que estavam bem. Os censores da correspondência garantiam a observância da ordem.[9]

Witold sabia pouco de política, mas sabia instintivamente que os outros reagiriam ao campo com tanto horror quanto ele. Naquela noite, os recém-chegados reuniram-se cedo para a chamada – estavam seguindo ordens com mais eficiência – e observaram o retorno das outras equipes de trabalho. Colunas de homens alquebrados arrastavam os mortos ou os carregavam em carrinhos de mão, os membros batendo contra as laterais, para serem despejados na praça e contados.[10]

O bloco de Witold estava localizado em frente ao dos padres e judeus da unidade penal, que faziam o trabalho mais penoso de todos nas minas de cascalho. Os judeus se distinguiam pela estrela amarela em seus uniformes sujos. O kapo desse bloco era um ex-barbeiro obeso de Berlim chamado Ernst Krankemann, que tinha sido internado em um manicômio antes da guerra e remetido ao programa de esterilização nazista, mas acabou em Auschwitz. Até os outros kapos tinham medo dele. "Ele era um verme horrível e repulsivo", um prisioneiro escreveu mais tarde. "Um pedaço gigante de carne e gordura, dotado de uma força descomunal".[11]

Krankemann carregava uma faca na manga e Witold observou-o caminhando por uma fileira, esfaqueando aqueles que julgava terem saído da fila. Ele selecionou um homem, provavelmente um judeu, e o esmurrou até matá-lo. Witold já havia testemunhado uma dezena de assassinatos até então, mas este pareceu despertá-lo de seu torpor contínuo. Olhando para a fila de detentos, teve certeza de que sentiam a mesma coisa: uma fúria incandescente que atravessava o medo coletivo e a apatia. Pela primeira vez desde a sua chegada, Witold achou que poderia ter êxito em agrupar uma força capaz de lutar contra os kapos. Se pudesse reunir um número de homens suficiente, poderiam começar a pressionar os prisioneiros e convencê-los a deixar de denunciar uns aos outros e ajudar os mais fracos.[12]

*

A euforia durou pouco. As tentativas de Witold para cultivar um espírito de coletividade no seu dormitório não encontrou respaldo em Staller. O kapo parecia entender por instinto que a capacidade de Witold de manter o dormitório em ordem sem força bruta era um desafio para o etos do campo. Ele solicitou a Witold que usasse métodos mais violentos e certa manhã o alemão por fim explodiu, chutando-o para fora do bloco por três dias para procurar trabalho no campo.

"Só para você sentir o gostinho", Staller disse, "e começar a valorizar o conforto e a paz que você tem aqui no bloco".[13]

Os veteranos sabiam como entrar em uma boa equipe no tumulto que se seguia à chamada, mas Witold não tinha aprendido o truque e foi enviado para as minas de cascalho. O campo fora erguido sobre um leito de rio antigo, então havia muitas pedras soltas e uma mina ao lado do portão principal. Um grupo de detentos usava pás para encher os carrinhos de mão com cascalho, enquanto outro operava a carga prancha acima em uma trilha bem batida. Havia kapos a cada dez metros portando porretes.[14]

Witold foi alocado no segundo grupo. A carga de cascalho estava pesada e Witold lutava para manter o equilíbrio quando a chuva prenunciada pelo céu escuro começou a cair. Ele e os outros tiveram que correr com os carrinhos de mão, e a trilha ao longo da cerca do campo logo ficou lamacenta e traiçoeira. Fazendo a curva, ele percebeu afinal para que serviam as pedras: apontando para o céu, ali estava a coluna escura do crematório, envolta em fumaça como uma mortalha. Witold a tinha visto de relance de fora do portão, mas essa era a primeira vez em que chegava tão perto, e a fumaça se impregnava em suas narinas com o cheiro horripilantemente doce de carne assada.[15]

A instalação funcionava há apenas um mês, mas a administração do campo já se perguntava se ela seria capaz de atender às necessidades "mesmo em uma época bastante boa do ano". O edifício baixo ao lado da chaminé continha um forno a base de queima de coque com isolamento duplo capaz de incinerar setenta cadáveres em vinte e quatro horas. A SS já pedira outro forno e também queria aumentar a taxa de queima da fornalha existente utilizando isolamento térmico, que consistia em separar a parede do edifício com uma plataforma inclinada que agora Witold estava ajudando a construir.[16]

Depois de uma ou duas horas correndo com carrinhos de mão entulhados, Witold estava esgotado. Ele fazia intervalos para descansar quando podia, mas os kapos batiam naqueles que eles flagravam enrolando. As pausas mais longas ocorriam quando os kapos decidiam matar alguém que havia caído ou derrubado a carga. Nesses momentos, a coluna parava e Witold respirava profundamente para tentar acalmar o coração acelerado. Passado algum tempo, e sem se dar conta disso, ele começou a intuir quais seriam os próximos a sucumbir, "algum advogado com uma barriga grande... um professor de óculos... um senhor mais velho..." – e a prever quando seria a sua próxima pausa.[17]

No fim do dia ele mal andava. A chamada da noite fora interminável, debaixo de chuva, e ele precisou de toda a sua força de vontade para guardar um pouco de pão para a manhã seguinte. Acordou dolorido, com fome e vestiu as roupas encharcadas. No terceiro dia, estava enfraquecendo rapidamente, e sabia que não demoraria muito para que os kapos o atacassem.[18]

Na hora do almoço, Staller anunciou que ele poderia voltar para o bloco.

"Agora você sabe o que significa trabalhar no campo", Staller disse-lhe. "Tome cuidado com o seu trabalho no bloco, ou eu vou chutar você daqui para sempre."[19]

Mas Witold não estava disposto a submeter-se ao alemão. Certa manhã, após a chamada, relatou a Alois que havia três homens doentes no bloco que não podiam ir trabalhar. Staller mergulhou em um de seus acessos de fúria. Ele decididamente achava que Witold deveria ter dado uma surra nos homens.

"Um homem doente no meu bloco?!!... Eu não tenho homens doentes!... Todos trabalham... você também! Chega!"[20]

Ele invadiu o dormitório. Dois dos homens estavam recostados junto à parede, arquejando, possivelmente chorando. Um terceiro estava ajoelhado no canto.

O kapo apontou para ele. "O que ele está fazendo?"

"Ele está rezando", Witold respondeu.

"Ele está rezando?", Staller perguntou, incrédulo. "Quem o ensinou a fazer isso?"[21]

Staller começou a gritar que o homem era um idiota, que não havia Deus, que era ele, e não Deus, quem lhe dava pão. Mas não encostou um dedo no homem. Em vez disso, reservou sua ira para os outros dois, espancando-os sem piedade até que conseguiram se arrastar a seus pés.

"Veja!", Staller gritou. "Eu disse que não estavam doentes! Eles estão andando, eles podem trabalhar! Saiam! Vão trabalhar! E você também!"[22]

E, com isso, expulsou Witold do bloco para sempre. Sua missão estava em perigo agora, mas como ele poderia liderar outros homens se permitisse a si mesmo comprometer-se? Como as equipes já tinham partido para o trabalho do dia, Witold juntou-se aos inválidos do hospital para os exercícios de punição na praça. Não havia kapos por perto para passar o treinamento, então ficaram em posição de sentido e esperaram. Depois de dois dias de chuva, fazia frio. Alguns dos prisioneiros não tinham bonés, meias ou mesmo calçados, e sentiam a umidade do rio passar através do brim do uniforme. Tremiam, seus lábios e suas mãos tornaram-se azulados, mas não se mexeram. Staller por fim apareceu. Aparentemente, tinha levado o preso que rezava ao hospital para tratamento – era um homem estranho esse kapo. Quando Staller viu Witold, parou e gargalhou.[23]

"A vida está se esvaindo", ele disse, estendendo a mão e sacudindo os dedos, simulando chuva.[24]

Depois de algumas horas, o sol brilhou através da névoa e um grupo de funcionários chegou para começar o treinamento. Costumava comandar as sessões um kapo chamado Leo Wietschorek, um homem pálido de quarenta anos, sobrancelhas finas e olhos castanhos lânguidos. Wietschorek gostava de tocar gaita nos degraus de seu bloco depois de uma sessão particularmente sanguinária. Ordenou que os prisioneiros formassem um círculo e anunciou a primeira ordem: pular, pular, pular como um sapo. Witold descobriu na hora que seria impossível com os seus tamancos de tamanho errado. A alternativa era segurar os tamancos nas mãos, expondo as solas de seus pés ao cascalho áspero da praça, mas ele pulou assim mesmo. Seus pés logo estavam lacerados e sangrando, e cada salto os rasgava ainda mais. O único momento de descanso vinha quando um deles caía e Wietschorek ou um dos outros kapos o liquidava. Os kapos faziam piada enquanto espancavam o homem até a morte, zombando dos sons oriundos de sua agonia.[25]

Witold foi levado de volta à infância em Sukurcze. Lembrou-se de um grupo de trabalhadores da fazenda torturando algum animal que tinham capturado. O bicho agonizava e guinchava de medo, mas eles continuavam rindo. Witold ficara aterrorizado com aquela crueldade, mas descartou o incidente e cresceu acreditando na bondade intrínseca das pessoas. Mas agora se recordava daquele animal morto e se deu conta do quanto tinha sido ingênuo. Quando criança testemunhara o homem como realmente era, carniceiro e cruel. E ainda assim teria que batalhar contra tais pensamentos se esperava encontrar uma base de entendimento com os prisioneiros e persuadi-los a se sacrificar uns pelos outros.[26]

À tarde, a unidade penal juntou-se a Witold e aos outros. O campo possuía um rolo compressor gigante usado na construção de estradas que foi concebido para ser puxado por quatro pares de cavalos. Cinquenta prisioneiros judeus foram atrelados à barra de tração. Um segundo rolo menor era puxado por vinte padres. Montado triunfante sobre o primeiro rolo estava a massa trêmula de Krankemann. Ele segurava o porrete no ar como um cetro e batia sem parar na cabeça de um detento. Cruzava a praça de um lado para o outro, e se alguém caísse por causa de seus golpes ou devido à exaustão, insistia que passassem o rolo por cima deles. O exercício de selvageria não cessou até a chamada da tarde, quando Krankemann desmontou para inspecionar os corpos esmagados e os sobreviventes do dia foram dispensados.[27]

*

Na terceira manhã, Witold achou que não sobreviveria ao dia. Estava em pé junto aos outros no círculo, de costas para o portão. As equipes caminhavam para o trabalho, o subcomandante Fritzsch verificava os números, a punição estava prestes a começar. Algum instinto fez com que Witold olhasse para trás e avistasse o kapo encarregado das atribuições das equipes vindo rapidamente em sua direção. Seu nome era Otto Küsel, tinha trinta e um anos e era um ladrãozinho andarilho de Berlim. Witold estava tão desesperado que se adiantou para apresentar-se.[28]

"Você por acaso não é instalador de fogões, é?", Otto perguntou.[29]

"Sim, senhor. Sou instalador de fogões", Witold mentiu.[30]

"Mas é dos bons?"

"Claro, dos bons."

Otto disse-lhe para escolher outros quatro e segui-lo.

Ele correu para o galpão de trabalho perto do portão e Witold, agarrando os homens que estavam mais próximos, seguiu-o, apanhando baldes, martelos, espátulas de pedreiro e cal. Otto devia ter se esquecido de formar uma equipe de trabalho, daí sua afobação e disposição para acreditar em Witold. A equipe enfileirou-se perto do portão a tempo de ser apresentada a Fritzsch. Dois guardas foram designados para acompanhá-los.[31]

Mal acreditando na sorte, Witold viu-se andando em campo aberto na direção da estação de trem. A névoa ainda se agarrava às esparsas casas de campo e áreas por cultivar ao lado da estrada. A SS tinha reivindicado o território em torno do campo para seus próprios fins e estavam removendo os moradores: as melhores casas perto da estação e ao longo do rio foram confiscadas para as famílias dos oficiais da SS. O restante fora demolido e os resíduos, reutilizados em outros projetos de construção.[32]

A velha cidade de Oświęcim ocupava a região baixa na margem oposta do rio Sola, a menos de dois quilômetros do campo. Predominava na linha do horizonte um castelo do século XIV que já tinha pertencido à família Haberfeld, uma grande produtora de vodca e licor, que o usou para armazenar um renomado schnapps e vodca saborizada. Ainda que a área rural da região fosse em grande parte polonesa, metade da cidade era judia. Na assim chamada rua dos Judeus, havia meia dúzia de sinagogas, cheders (escolas para crianças judias), e ieshivás (seminários religiosos). Nas noites de verão, o próprio rio transformava-se em um mikvá, ou banho ritual, quando centenas de homens judeus vestindo gadarbine preto e meias brancas convergiam para os seus bancos de areia. Como era de se esperar, os alemães ficavam enojados com esses moradores e as condições da cidade, que passavam "uma impressão de extrema imundície e miséria". A SS já havia incendiado a Grande Sinagoga, um dos maiores edifícios da cidade, e tinha planos de deportar a população judaica para um gueto próximo.[33]

O pequeno destacamento de Witold foi levado a uma casa geminada e apresentado a um oficial da SS. Sua esposa estava chegando, o oficial explicou, e ele queria reformar a cozinha. Será que seriam capazes de deslocar os azulejos de cerâmica para uma parede diferente e o fogão para outro cômodo? O oficial parecia civilizado, quase normal. Ele não precisava de cinco trabalhadores para a tarefa, disse, como se estivesse envergonhado, mas não se importaria se alguns deles apenas arrumassem o sótão, desde que o trabalho fosse benfeito. Tendo dito isso, foi-se.[34]

Quando os dois guardas postaram-se do lado de fora, os prisioneiros foram deixados à própria sorte. Witold perguntou para os outros se algum deles sabia alguma coisa sobre fogões, o que, é claro, não sabiam, então colocou-os para trabalhar removendo os azulejos enquanto ele se concentrava em desmontar o fogão e a tubulação. Qual seria a dificuldade? Sua vida talvez dependesse deste trabalho, mas pelo menos não havia a ameaça imediata de uma surra. De uma das janelas, avistou quintais e varais. Ouviu crianças brincando nas proximidades e os sinos da igreja tocando.[35]

De repente, sentiu que poderia chorar com a lembrança repentina de que a vida continuava, indiferente ao sofrimento de todos eles. Sabia que tinha deixado a própria família em relativa segurança em Ostrów Mazowiecka, mas isso não era conforto, agora que tinha conhecimento da existência desse mundo abominável e que a qualquer momento Maria poderia ser pega e trazida para Auschwitz ou algum outro lugar como aquele. Então, ele pensou no homem da SS cuja casa estavam reformando, em como ele falou animadamente sobre a chegada da esposa, sem dúvida imaginando a sua alegria ao ver a cozinha nova. Fora do campo, esse oficial da SS tinha a aparência de um homem respeitável, mas tão logo atravessava o portão tornava-se um homicida sádico. O fato de que ele poderia habitar os dois mundos ao mesmo tempo era o mais monstruoso de tudo.[36]

A raiva que fluía por ele agora era nova. Era um desejo de vingança. Estava na hora de começar a recrutar um exército.

CAPÍTULO 5

RESISTÊNCIA

AUSCHWITZ
OUTUBRO DE 1940

Witold trabalhou no fogão por vários dias, solucionando as coisas à medida em que aconteciam, removendo com cuidado cada válvula, cada cano, e memorizando sua posição. Sabia que se cometesse um erro a sua mentira seria revelada rapidamente, mas em seu estado enfraquecido ele não tinha certeza de ter memorizado tudo corretamente. Na noite anterior à que o fogão deveria ser testado, Witold voltou-se em desespero para o capataz que tinha piscado para os detentos no portão, pedindo ajuda. Seus instintos estavam corretos. O capataz era um capitão do exército polonês chamado Michał Romanowicz, que se ofereceu para colocá-lo em outro pequeno destacamento de trabalho. Witold decidiu então confiar em Michał e contou a ele qual era a sua verdadeira missão. Por sua vez, o capataz concordou sem hesitação em fazer um juramento de servir a Polônia e à Resistência. Na manhã seguinte, em vez de apresentar-se no grupo de instaladores de fogão, Witold saiu pelo portão com outra equipe. Ouviu os kapos chamando o seu número e procurando por ele entre os prisioneiros, mas não olhou para trás.[1]

A sua nova equipe estava cuidando do jardim de uma grande casa de campo perto do crematório. Witold logo soube que a propriedade pertencia ao comandante do campo, Rudolf Höss. A liderança nazista tinha começado a desenvolver planos para a colonização total do que restara da Europa

Oriental, o que exigia a escravização ou a expulsão da população eslava, e Auschwitz fora um teste para o futuro domínio colonial. Como muitos nazistas de alta patente, Höss via-se como um fazendeiro chamado ao dever com relutância que havia elaborado um plano naquele outono para transformar Auschwitz em uma vasta propriedade agrícola movida pelo trabalho de presidiários. "As possibilidades que existiam aqui nunca tinham sido possíveis na própria Alemanha", escreveu da cela de uma prisão polonesa após a guerra. "Com certeza havia trabalhadores disponíveis em número suficiente. Todos os experimentos agrícolas necessários seriam testados lá".[2]

Os detentos nivelaram a terra e criaram canteiros de acordo com o projeto do comandante. Choveu forte naquele dia e no seguinte. Em determinado momento, um kapo que passava ordenou que trabalhassem sem camisa; quando a chuva diminuiu, eles "fumegavam como cavalos depois de uma corrida", Witold lembrou. Os homens trabalhavam para se manterem aquecidos, transportando terra para os canteiros e esmagando tijolos para os caminhos entre eles. Não tiveram chance de se secar e choveu durante a chamada da noite, portanto, o campo todo foi para a cama com as roupas molhadas.[3]

No final de um segundo dia no jardim, Michał veio outra vez em seu socorro. Quando se encontraram na praça depois da chamada, Witold notou que Michał estava satisfeito consigo mesmo. Explicou que as suas performances no portão tinham rendido uma promoção. Ele agora seria responsável por um destacamento de vinte homens que descarregariam os trens com suprimentos para os depósitos do campo. Ele poderia escolher a própria equipe. Foi uma oportunidade excelente para convocar e avaliar recrutas para a Resistência. Witold só conhecia Michał há alguns dias, mas já confiava inteiramente nele. Michał tinha alguns nomes em mente; Witold sugeriu o seu companheiro de colchão, Sławek, com quem fora preso em Varsóvia.[4]

Havia uma desvantagem no plano: os depósitos eram conhecidos por acabar com os prisioneiros. Mas Michał não tinha intenção de trabalhar lá de fato. Na manhã seguinte, ele e seus homens foram para as construções situadas ao lado das linhas férreas pelas quais Witold chegara ao campo. Michał simplesmente informou aos kapos no local que o seu destacamento tinha ordens de demolir uma das casas de campo na área do lado oposto. Isso lhes soou plausível, dadas as operações de remoção que a SS promovia ao redor do campo, e ele foi dispensado.[5]

A casa de campo que escolheu situava-se no terreno de uma mansão já reduzida a escombros e cujos jardins foram transformados em lama pelos pés dos detentos que traziam para fora as entranhas da construção, móveis, batentes de portas, parapeitos de janelas para queimá-las em uma fogueira no pátio. Outros carregavam entulho de paredes já demolidas em carrinhos de mão, que empurravam pelo lamaçal para uma estrada sendo construída nas proximidades. No local onde ficava o pomar da mansão havia um emaranhado de galhos quebrados, macieiras com manchas acinzentadas e uma pereira despedaçada cujo cerne laranja brilhante estava à mostra.[6]

Eles foram deixados sozinhos na casa onde trabalhavam. Michał acertou um relógio e certificou-se de que dois carrinhos estivessem carregados com entulho, prontos para serem levados para fora se um kapo se aproximasse, mas, sob a chuva, nenhum apareceu. A equipe trabalhou na casa do modo mais lento possível, apenas para se manterem aquecidos, e assegurando-se de que o telhado fosse mantido intacto até que o interior fosse esvaziado. Witold teve tempo de discutir a criação da primeira célula e o que estava procurando nos recrutas. Acabou por perceber que a experiência passada não significava nada no campo, e tanto um integrante leal da Resistência em Varsóvia como um oficial condecorado poderiam tornar-se informantes da Gestapo tão rapidamente quanto qualquer outra pessoa. O campo tinha o condão de descascar as falsas aparências e revelar a verdadeira personalidade de um homem. "Alguns deslizaram para um pântano moral", escreveu Witold mais tarde. "Outros lapidaram em si mesmos um caráter do mais fino cristal".[7]

Witold teve que ponderar com cuidado em quem confiar e procurou por pequenos sinais de comportamento altruísta entre os prisioneiros: a partilha de um pedaço de pão ou o cuidado com um amigo doente. Então, prosseguiu, sondando com delicadeza as suas motivações e selecionando os mais calmos e reservados. Explicou-lhes que a abnegação que já demonstravam estava no centro da missão. Seus recrutas não deveriam pedir para repetir comida "mesmo se [as suas] vísceras estivessem gritando", Witold insistiu, ao passo que os supervisores de quarto tinham o dever de dividir o alimento uniformemente e servir os mais fracos primeiro. Tais padrões de exigência nem sempre foram mantidos, mas para quebrar o poder dos kapos eles precisavam provar que a bondade poderia durar.[8]

Ele também chegou a algumas duras conclusões: nem todos poderiam ser salvos física ou espiritualmente. Alguns prisioneiros pareciam já ter abraçado a hierarquia do campo e competiam entre si para ganhar a admiração dos kapos; outros desistiram quase que de imediato e recusaram-se a fazer parte. E havia aqueles que não podiam ser salvos, como os padres e judeus mantidos à parte na unidade penal e, portanto, inacessíveis.[9]

Witold rastreou mais dois de seus ex-colegas de Varsóvia, Jerzy de Virion e Roman Zagner, nos quais sabia que podia confiar. Por sugestão de Dering, também avaliou um rapaz exuberante de dezoito anos chamado Eugeniusz Obojski, de apelido Gienek, que trabalhava no necrotério do hospital. Junto com Dering e Władysław Surmacki, formaram o que Witold chamou de "cinco". Usando os mesmos princípios de Resistência que empregara em Varsóvia, os homens se conheceriam entre si, porém, ninguém mais nas células subsequentes que Witold criasse. Dering ficaria responsável pelo hospital; Surmacki, pelas relações externas; e Witold seria o recrutador-chefe.[10]

Uma vez criada sua primeira célula, lançou-se ao trabalho de recrutar outros, tentando selecionar homens em cada equipe de trabalho para ampliar o alcance da organização. Os finais de tarde, entre a chamada e o toque de recolher, eram a melhor hora para recrutar. Os guardas da SS retiravam-se para as torres de guarda deixando os kapos no comando e os prisioneiros ficavam livres para se movimentar pelo campo. Alguns gostavam de visitar amigos nos blocos vizinhos, fofocar ou trocar histórias, mas era perigoso permanecer nos blocos e correr o risco de encontrar um kapo ou ser entreouvido.[11]

Witold preferia andar na faixa entre os barracões e a cerca mais próxima do rio, que se tornou o passeio não oficial do campo. A água não era visível por detrás do arame farpado, mas era possível avistar os antigos salgueiros ao longo das margens. A estrada principal para a cidade também passava desse lado, e embora o tráfego visto através dos arames fosse em sua maioria de veículos militares, o movimento parecia conectá-los à vida lá fora. Nas noites claras e mais quentes a faixa ficava apinhada. Em geral, um mercado paralelo florescia em uma extremidade, onde os prisioneiros faziam trocas: uma barra de margarina surrupiada da cozinha comprava um cigarro e um pão cuidadosamente desviado poderia conseguir quase tudo, embora os prisioneiros tivessem que ser cuidadosos e verificar se o pão não tinha sido esvaziado e preenchido com serragem.[12]

Witold conduzia um recruta em potencial para fora do alcance do ouvido do bando de prisioneiros e calmamente contava que ele havia sido selecionado para a Resistência. A maioria logo aceitava, mas alguns eram reticentes, como Kon, seu conhecido desde o primeiro dia. Ele tinha perdido a vitalidade e estava coberto de equimoses e contusões após duas semanas descarregando trens de carga nos depósitos. Lá, o kapo chefe era um predador de um braço só chamado Siegruth, que alegava ser um barão de uma área alemã da Letônia que tinha sido condenado por contrabando de seda, embora a história sempre mudasse. Gostava de derrubar prisioneiros com um único golpe de seu braço bom e depois pisoteá-los e chutá-los.[13]

Witold levou Kon para o lado. "O que tenho a dizer a você, Kon, é em grande confiança", ele disse. "Você deve jurar sobre a honra do seu oficial que não vai mencionar a ninguém sem o meu consentimento".[14]

"Se é um segredo tão importante, você tem a minha palavra", Kon assegurou com cautela.[15]

Explicou que o seu verdadeiro nome era Witold Pilecki.

"Se este é o seu segredo", Kon disse, rindo, "então talvez eu deva contar a você que na verdade tenho vinte e quatro anos, sou um ano mais velho do que os alemães pensam. Dei como data do meu novo aniversário um dia que não vou esquecer – o três de maio, dia da Constituição polonesa. Além disso, sou um estudante de engenharia que supostamente nunca esteve no exército."

"Não interrompa", Witold disse com severidade, e em seguida explicou que tinha vindo de forma voluntária para Auschwitz.

"Você deve ser louco!", o jovem exclamou, claramente impressionado. "Quem em sã consciência faria tal coisa? Como você fez? Não me diga que você pediu à Gestapo a gentileza de enviá-lo para Auschwitz por alguns anos?"

"Por favor, não brinque", Witold respondeu. Ele explicou que a Resistência considerava Auschwitz o centro do esforço alemão para esmagá-la e que o campo continuaria a se expandir. Era vital para a Resistência que uma célula operasse ali.[16]

"Se o que você está falando é verdade", Kon respondeu, "você é um grande herói ou um grande idiota."

Parecia que Kon achava a segunda opção mais provável. Ele contou a Witold com amargura que tinha sido preso por causa da estupidez de um oficial veterano da Resistência de Varsóvia, que havia sido pego com uma lista de nomes que continha o dele. Duvidou da capacidade de Witold de reunir uma força da Resistência e não sabia o que poderia conseguir em um campo, tendo em vista os riscos que os rodeavam.

Witold esclareceu que estavam apenas começando. "O primeiro e mais imediato objetivo é ajudar os mais fracos entre nós a sobreviver ao campo", explicou.

Kon pareceu surpreso com a sugestão de que alguém pudesse sobreviver. Tinha aceitado a promessa alemã de que sua morte era inevitável. Agora, de repente, não tinha tanta certeza.

Por fim, disse: "Talvez eu esteja ficando tão maluco quanto você, mas vamos tentar".

Seguindo um impulso, Witold o abraçou. "Contamos com você", ele disse.

*

A primeira neve caiu em flocos pesados e úmidos, que permaneciam na pele enquanto desmontavam o telhado da casa de campo em outubro. Witold trabalhava de costas para as rajadas geladas de vento que vinham uivando das longínquas Montanhas Tatra. Seus pensamentos se voltaram para a questão de como enviar um relatório para Varsóvia e provocar um protesto internacional.[17]

A família com a qual Surmacki tinha feito amizade, os Stupka, viviam perto da estação ferroviária e, sempre que os agrimensores se aproximavam, a mãe, Helena, uma mulher comunicativa de quarenta e dois anos, cabelos curtos e batom vermelho brilhante, recepcionava os guardas com vodca e comida. Enquanto eles bebiam no andar de cima, os agrimensores iam para o banheiro do andar térreo, onde Helena em geral escondia um pouco de comida ou medicamentos. Ela também começou a deixar anotações com notícias da guerra que o seu marido, um engenheiro, ouvia em um receptor ilegal de rádio no trabalho. Witold ficou aliviado ao saber que a Inglaterra ainda resistia à invasão e assegurou-se de que os seus recrutas espalhassem a notícia depois da chamada para elevar o moral. Mas quando chegou a hora de enviar um relatório para Varsóvia, Helena não pôde ajudar: não tinha conexões com a capital ou quaisquer papéis falsos que lhe permitissem viajar.[18]

Witold enviou duas mensagens codificadas para a sua concunhada Eleonora via correio do campo. "A titia está bem, com saúde e manda lembranças para todos". E um pouco depois: "A titia está plantando árvores, que estão crescendo muito bem". Mesmo esse nível de contato com Eleonora era perigoso, então ele resolveu que essas seriam as suas únicas cartas. Witold precisava identificar um método alternativo de alcançar Varsóvia.[19]

Nesse meio-tempo, o campo estava crescendo rapidamente, com transportes trazendo centenas de prisioneiros toda semana. Os dormitórios estavam apinhados. Os prisioneiros passaram a trabalhar em novos andares que seriam adicionados aos blocos existentes. Também foram escavadas fundações em um canto da praça da chamada para a construção de novos barracões. Era doloroso assistir aos recém-chegados sendo alquebrados. "Lembrem-se, não tentem consolá-los", os veteranos aconselhavam, "porque dessa forma eles vão morrer. Nossa tarefa é tentar ajudá-los a se adaptar". Outros eram menos complacentes. "Era fácil esquecer que um recém-chegado ainda não havia adquirido... uma casca protetora", recordou um prisioneiro. "A perplexidade da pessoa, as explosões emocionais e o desânimo frequentemente inspiravam zombaria e desprezo".[20]

Os recém-chegados também faziam com que os veteranos, como Witold, se dessem conta daquilo em que haviam se transformado. Como Dering havia previsto, os prisioneiros que chegaram com Witold estavam famintos e o medo pairava sobre todos os blocos. As multidões de Muselmänner que permaneciam do lado de fora da cozinha depois do trabalho tinham se transformado em centenas. Witold sentiu o próprio corpo se modificando. De manhã, acordava com as pontadas excruciantes da fome e estranhos calafrios nos pés. As articulações doíam e a pele descamava em flocos amarelos. Tremia o tempo todo e achava cada vez mais difícil focar nas questões da Resistência. Em vez de discutirem sobre o assunto, Sławek e ele falavam compulsivamente sobre comida, degustando as palavras como se tivessem sabor. O petisco favorito de Witold em Sukurcze eram os pepinos pequenos da horta mergulhados em mel cor de âmbar dos campos de trevo. Sławek sonhava com um prato cheio de blinis de batata, fritos na manteiga até tostar nas bordas e cobertos de coalhada picante, que ele prometeu preparar para Witold quando saíssem. Nesse ínterim, cavavam procurando umas poucas beterrabas para forragem, duras como pedras, que o agricultor havia plantado para os animais. Eles as roíam cruas, mas as raízes não bastavam para satisfazer a fome dos dois.[21]

Raspando o chão congelado em busca de comida, dominado pela ânsia animalesca de sobreviver, tentou agarrar-se à ideia da sua missão. Ele soube por Kon e por outros que a SS havia descarregado armas nos depósitos para fornecer para as tropas, e era exatamente o que precisavam roubar se uma fuga algum dia se tornasse viável. Porém, até mesmo vislumbrar a missão estava acima de sua capacidade; talvez a única chance de alívio seria se os Aliados simplesmente bombardeassem o campo para colocar um fim ao sofrimento dos prisioneiros.[22]

Em meados de outubro, eles terminaram de demolir a casa de campo, abrindo caminho na terra congelada para retirar as fundações até que só restasse o solo revirado. Alguém salvou um quadro de Nossa Senhora em moldura dourada dos escombros da casa e o pendurou em um arbusto próximo. No tempo frio, a umidade sobre o vidro tinha congelado, formando uma delicada filigrana na extensão do rosto que encobria tudo exceto os olhos. Aqueles olhos lembraram Witold da sua esposa, Maria, um fato que ele registrou sem emoção; tudo o que sentia era um imenso vazio.[23]

*

Michał anunciou que havia descoberto uma forma de enviar um relatório para Varsóvia quando começaram a trabalhar demolindo a casa seguinte. Havia ocasiões em que as autoridades do campo soltavam prisioneiros, mediante o pagamento de um polpudo suborno em Varsóvia. Os libertados faziam um juramento de manter sigilo total sobre o que haviam testemunhado em Auschwitz ou enfrentariam outra prisão imediata. E, na maioria dos casos, isso era suficiente para garantir a obediência.[24]

Michał conhecia um jovem oficial, Aleksander Wielopolski, que estava para ser solto a qualquer momento. A família era aristocrática e havia apelado com sucesso por sua libertação diretamente junto ao Reichsmarschall Hermann Göring. Aleksander, de trinta anos, tinha lutado na Resistência com um grupo quixotesco de nobres, conhecido como os Mosqueteiros, que havia preparado vários esquemas para atacar os alemães com armas químicas. Ele prontamente concordou com a missão de levar um relatório a Varsóvia.[25]

A SS permanecia suscetível à acusação de estar abusando dos prisioneiros. Aleksander tinha sido colocado no bloco de quarentena, liberado do trabalho e em geral foi bem alimentado. Um exame médico final determinaria se Aleksander estava apresentável o suficiente para libertação. Michał conhecia o kapo do bloco de quarentena e estava confiante de que poderia ir até lá para entregar uma mensagem. Era perigoso demais escrever um relatório para Aleksander levar, assim sendo, deveriam preparar uma mensagem oral para ele memorizar.[26]

A perspectiva de entrar em contato com os colegas da Resistência em Varsóvia deu uma injeção de energia a Witold. Mesmo em seu estado exaurido, nunca deixou de compilar mentalmente todos os crimes que testemunhara. Os detalhes ainda pareciam insuficientes para descrever a magnitude da brutalidade dos nazistas.

Precisava de fatos, mas o número de mortos era um segredo muito bem guardado. Então, um dia, no trabalho, de repente ocorreu-lhe: os nazistas haviam codificado essa informação nos números costurados em suas camisas. A cada prisioneiro registrado no campo atribuía-se um número de acordo com a ordem de chegada – nos carregamentos mais recentes de outubro de 1940, os números estavam na casa dos seis mil. No entanto, o número de prisioneiros na chamada girava em torno de apenas cinco mil. Em outras palavras, mil homens haviam perecido, muitos deles desde que o tempo esfriara. Nesse ritmo, todos estariam mortos em breve.[27]

Os números desalentadores revelaram a Witold a situação desesperadora. Tinha refletido seriamente sobre a ideia de se bombardear o campo. Talvez não fosse tão louca quanto parecia. O campo estava localizado a cerca de dois mil e oitocentos quilômetros da base aérea britânica mais próxima, no limite extremo da distância que um avião poderia voar e retornar com segurança. Mas, em teoria, um esquadrão de uma dezena de bombardeiros Wellington usando auxiliares poderia alcançar o campo carregando uma carga de cerca de quinhentos quilos de explosivos em cada avião – mais do que o bastante para destruir ou danificar seriamente o campo. Witold reconheceu que muitos prisioneiros morreriam no ataque, mas pelo menos a "tortura monstruosa" (como ele expressou mais tarde para Aleksander) teria fim e, no caos de um ataque aéreo, alguns conseguiriam fugir. Ele acreditava que ninguém morreria em vão se Auschwitz fosse destruído.[28]

A decisão de bombardear o campo foi "o pedido urgente e bem pensado enviado em nome dos companheiros mediante o testemunho de seu tormento", ele instruiu Aleksander a dizer. Devido ao fato de que os aviões britânicos não tinham radar a bordo, e, sendo assim, dependiam de pontos de referência no solo para navegação, Witold também incluiu algumas instruções para encontrarem o campo seguindo o rio Vístula, e sugeriu que os bombardeiros mirassem os depósitos de armazenamento de armas e munições.[29]

Michał instruiu Aleksander em pessoa e se assegurou de que ele memorizasse todos os pontos. A sua libertação estava prevista para ocorrer em 31 de outubro, uma quinta-feira, mas pouco antes da sua partida o campo foi submetido a um novo tormento. Na chamada do meio-dia daquela segunda-feira, a contagem de prisioneiros não bateu. Isso em si não era incomum: os homens da SS com frequência atrapalhavam-se com seus números, mas daquela vez, de fato, estava faltando um prisioneiro. A sirene do campo soou e um Fritzsch furioso anunciou que ninguém sairia da praça até que o fugitivo tivesse sido encontrado. As panelas de sopa na cozinha não foram tocadas.[30]

A chuva fina da manhã virou granizo e o vento de noroeste aumentou, açoitando os homens em pé na primeira fila com camadas de gelo. Os prisioneiros estavam proibidos de se moverem, por isso, Witold tensionava e relaxava os músculos para se aquecer, mas em vão. Encharcados e com os tornozelos enterrados fundo na lama de neve derretida, os homens balançavam e tremiam. Quando a noite caiu e a nevasca começou, passaram a cair, um a um.[31]

No hospital, o kapo Bock mantinha os enfermeiros de prontidão. Dering foi colocado na entrada da unidade penal. Trabalhando como carregador de maca, começou trazendo os presidiários feridos. "Foi terrível ver esses homens", lembrou Dering após a guerra. "Em coma, semiconscientes, rastejando, cambaleando como bêbados, balbuciando com dificuldade e sem coerência, cobertos de saliva e espumando pela boca, morrendo, ofegantes em seu último suspiro".[32]

Os doentes e feridos foram despidos no banheiro e borrifados com água, de acordo com o regulamento de se lavarem todas as pessoas admitidas. Foram colocados no chão em uma das alas, com cobertores finos. Quando a sala encheu, foram alinhados no corredor. E vieram outros mais. A única coisa que os enfermeiros tinham para dar a eles era o café de bolota.[33]

Por fim, o prisioneiro que "havia escapado" foi encontrado tarde da noite, morto, atrás de uma pilha de troncos em um pátio de trabalho. Os homens ainda foram mantidos na praça até as vinte e uma horas, quando Fritzsch os liberou. Toda a massa de prisioneiros, tremendo, dirigiu-se para o hospital. Os atendentes tiveram que manter a porta fechada enquanto os doentes tentavam forçar a entrada. Bock, enfurecido, correu para pegar o porrete e abriu a porta para enfrentar a multidão, que andou depressa de volta para os blocos. Pela manhã, oitenta e seis tinham morrido de pneumonia, e seus cadáveres estavam empilhados no necrotério do hospital. O corpo do dito fugitivo foi colocado em exibição no portão.[34]

Witold tinha suportado bastante bem o frio do dia anterior, mas Michał contraíra uma tosse. Insistindo que estava bem, manteve a sua habitual posição de vigia ao lado da construção que estavam demolindo. A tempestade havia desaparecido, o sol de fim do outono brilhava intermitentemente e qualquer melancolia que Witold ainda sentisse devido à chamada foi superada no dia seguinte com a notícia de que Aleksander havia sido libertado. Varsóvia logo tomaria conhecimento da verdade. Com certeza, providências seriam tomadas.[35]

Deveria ter sido um momento a ser saboreado, mas a tosse de Michał piorava. Ele era atormentado por espasmos secos e tinha começado a cuspir sangue. Continuou com sua performance habitual de gritar e xingar na frente dos outros kapos, e pelos dias seguintes insistiu em ficar de vigia. Mas à noite estava exaurido. Na manhã seguinte acordou com febre, o rosto vermelho e cambaleando tanto que ficou deitado na casa a maior parte do dia, tossindo e tremendo no chão.[36]

Após a chamada, Witold levou-o a Dering, que diagnosticou pneumonia e fez com que fosse internado no hospital. Dering tinha se recuperado totalmente do seu martírio anterior e se fez tão útil na enfermaria que Bock lhe deu o trabalho de examinar os prisioneiros (fechando os olhos para o fato de ele ser um médico). Escolher quem viveria ou morreria todos os dias era um trabalho infernal, mas dava a Dering o poder real de salvar vidas. Em circunstâncias normais, Michał tomaria antibióticos e era provável que se recuperasse em poucas semanas. Embora Dering tivesse tido sucesso em admiti-lo no hospital, não tinha medicamentos para dar. Michał faleceu alguns dias depois. Witold só mencionou essa morte em seus escritos posteriores, mas disse isto: “Então, assistimos a morte lenta de um camarada e morremos, por assim dizer, com ele... E se morremos assim, digamos, noventa vezes, então, sem dúvida, nós nos tornamos outra pessoa”.[37]

A luta para sobreviver era tão grande que não poderia haver algum momento especial para marcar a morte de Michał. Seu cadáver foi empilhado na praça para ser contado junto com os outros. Um homem da SS espetava cada lado do peito com uma lança para se certificar de que estavam mortos antes que os corpos fossem jogados em uma carreta com reboque. Havia muitos mortos no fim de cada dia a serem transportados para o crematório em caixões.[38]

*

Sem a proteção de Michał, Witold e o restante da equipe foram trabalhar nos depósitos, descarregando trens sob o olhar dos kapos. Um dos seus primeiros recrutas, Kon, já o havia avisado sobre Siegruth, o maneta, mas eram igualmente sanguinários dois kapos chamados August, apelidados de “preto” e “branco” para distingui-los. E havia a gangue de adolescentes auxiliares dos kapos, em sua maior parte poloneses da região fronteiriça que redescobriram a sua ancestralidade germânica e se deleitavam em assediar os detentos que cambaleavam com as suas cargas pesadas ao saírem dos trens. Um dos adolescentes foi encontrado enforcado no barracão, mas isso de pouco adiantou para convencer os demais a desistir dos maus-tratos.[39]

Staller também assumiu uma equipe de trabalho que cavaria valas nas proximidades. Devido ao influxo de prisioneiros, os barracões de Staller foram convertidos em depósitos adicionais e Witold e os outros prisioneiros foram transferidos para blocos diferentes. Staller, sem bloco para cuidar, foi forçado a sair. Não deixava de ser irônico que o homem que havia chutado Witold para fora do bloco agora assumisse, ele também, um aspecto doente e passasse frio sob a chuva. Tinha perdido um pouco de sua paixão por espancar prisioneiros e passava a maior parte do tempo em uma pequena cabana com fogão a lenha que havia construído.[40]

Witold fazia o possível para evitar Staller, embora Kon trabalhasse em sua equipe e fosse obrigado a lidar com ele. Em determinado momento, Staller pediu carpinteiros para construir uma mesa para sua cabana e Kon, desesperado por algum trabalho interno, havia se voluntariado, apesar da sua falta de competência. Obstinadamente, tentou construir uma mesa pregando várias pranchas para fazer o tampo, mas os pregos se projetavam para fora em toda a extensão do objeto.[41]

“O que é isso?”, Staller exclamou após a inspeção. “Uma cama para algum faquir indiano? Vou rolar você nesses pregos até você ficar tão furado que o fedor vai vazar de você!”[42]

“É óbvio que esses pregos são compridos demais”, Kon apressou-se em responder. “É por isso que eles estão saindo. Nós os usaremos temporariamente até você conseguir uns mais curtos.”

Staller não parecia estar certo de que um carpinteiro realmente argumentaria daquele modo, mas concordou em trazer pregos mais curtos. Kon apoiou rápido a superfície sobre as quatro pernas, bateu mais alguns pregos, encostou a obra contra a parede e fugiu ainda a tempo de encontrar outra equipe de trabalho. Mais tarde, ele viu Staller perambulando pelos campos brandindo uma das pernas da mesa.

As histórias de Kon passando a perna em Staller proporcionavam a Witold uma breve trégua da tristeza. Os trens chegavam todos os dias aos ramais ferroviários trazendo barras de ferro, tijolos, tubulações, azulejos e sacos de cimento de quarenta e cinco quilos. Tudo tinha que ser descarregado com rapidez. Witold vinha conservando suas forças há semanas, mas agora estava queimando as últimas reservas.[43]

A essa altura, ele era um Muselmänn em todos os sentidos, menos em espírito. Mesmo descansando, o corpo doía. A pele estava brilhante, translúcida e sensível ao toque; os dedos, orelhas e nariz ficaram azuis devido à má circulação. Um sinal revelador do seu emagrecimento extremo era o inchaço nas pernas e pés, causado pelo fato de o corpo demorar mais tempo para reduzir o seu teor de água do que de gorduras e de tecido muscular. Era quase impossível vestir as calças e os tamancos de manhã. Ele conseguia enfiar o polegar nas pernas como se fossem feitas de massa de pão.[44]

Seus pensamentos eram caóticos, incoerentes e às vezes perdia a consciência ao voltar para o campo à noite, mas de algum modo conseguia continuar andando. Então, o seu cérebro se recuperava, devagar no início, antes que, com um sobressalto, ele percebesse o quanto esteve perto de tropeçar. Então ordenava a si mesmo: "Você não vai desistir por nada neste mundo!" Via o crematório, a chaminé fumegante contra o céu, e finalmente compreendeu o verdadeiro significado daquelas letras de ferro sobre o portão do campo: *O trabalho liberta*, isto é, "liberta a alma do corpo... enviando esse corpo... para o crematório".[45]

E os seus pensamentos divagavam mais uma vez. Só sabia que tinha conseguido voltar para o beliche porque acordava na manhã seguinte para começar de novo. As horas pareciam durar semanas, mas depois semanas inteiras passavam em um piscar de olhos. A única constante era a fome e então o frio. Ainda era só novembro, mas já havia neve acumulada na praça de manobras e as suas sobrancelhas se emolduravam de gelo. À noite, nos blocos sem aquecimento, ele abraçava o companheiro de colchão para se aquecer. Alguns dos prisioneiros receberam bonés e jaquetas de uma remessa de outro campo de concentração, mas as novas roupas só trouxeram uma nova tortura: piolhos, que infestaram o campo imediatamente. Logo os prisioneiros desenvolveram o ritual noturno de eliminar os insetos de suas roupas íntimas e cobertores, mas a despeito da quantidade que Witold e os outros conseguissem matar, ainda sentiam as perninhas repulsivas rastejando sobre si quando deitavam nos colchões. Dormir era impossível.[46]

Em momentos como esse, faminto, com frio e comido vivo, Witold descobriu que conseguia desconectar sua mente do sofrimento do corpo. O espírito planava e ele olhava para baixo, para o seu próprio corpo, com uma espécie de pena, como faria com um mendigo na rua. "Embora o corpo passasse por tormentos, a pessoa às vezes sentia-se esplêndida mentalmente", ele relembrou.[47]

Dering estava cada vez mais alarmado com a condição de Witold. No fim de novembro, combinou de encontrá-lo no hospital, mas mal conseguiu reconhecê-lo em meio à multidão de miseráveis magérrimos e fétidos pressionando contra a porta para entrar. A SS convertera três barracões adicionais em blocos hospitalares em reconhecimento do fato de que quase um quarto do campo estava ou doente ou ferido, mas mesmo assim nunca havia espaço suficiente.[48]

Lançando o olhar de especialista sobre o amigo, Dering perguntou como ele estava e se ofereceu para admiti-lo no hospital e talvez até arranjar-lhe um emprego.

Witold insistiu que estava bem. Era raro os que entravam no hospital como pacientes saírem de lá vivos. Além disso, a maioria de seus recrutas estava em pior forma do que ele. "Como teria sido se eu tivesse reclamado uma única vez que me sentia mal... ou que estava fraco... e que estava tão sobrecarregado de trabalho que buscava algo para me salvar?", ele escreveu mais tarde. "Era óbvio que, se agisse assim, eu seria incapaz de inspirar qualquer outra pessoa ou exigir qualquer coisa deles". Em seguida, arranjou um trabalho no hospital para Kon, que estava nas últimas.[49]

*

Por fim, Witold teve que se salvar. Um de seus recrutas, Ferdynand Trojnicki, estava empregado em uma oficina de carpintaria localizada em um barracão ao lado do portão principal. O kapo era um alemão étnico da Polônia chamado Wilhelm Westrych, que não era tão violento quanto os outros. Ferdynand disse que poderia marcar uma entrevista com ele, mas Witold teria que impressionar o homem com algo diferente de carpintaria. Witold decidiu dar o passo corajoso de dizer que estava no campo sob pseudônimo e era de fato um dos aristocratas mais ricos da Polônia, um cavalheiro que certamente recompensaria Westrych por uma boa ação. Westrych fora bem preparado por Ferdynand, pois pareceu comprar a história. Westrych seria solto em breve e talvez tenha visto uma oportunidade de ser favorecido. Seja como for, Witold obteve o trabalho de carpintaria e conseguiu uma vaga na oficina para Sławek logo em seguida.[50]

Depois dos depósitos, Witold passou os primeiros dias com os carpinteiros em estado de choque retardado. A oficina era limpa. Havia um fogão de ladrilhos no canto. Não ocorriam espancamentos. Ele recebeu um casaco, boné e meias. Claro, ele e os outros tinham que executar algum trabalho em madeira, mas Westrych os protegia do escrutínio dos outros kapos.[51]

Em seu novo conforto, Witold pôde desfrutar da notícia que sacudiu o campo alguns dias depois. Os últimos prisioneiros a chegar informaram aos outros detentos que as notícias sobre Auschwitz tinham alcançado Varsóvia em novembro. A Resistência tinha publicado um relatório completo no seu jornal principal e as pessoas estavam falando sobre os horrores do campo. Witold deve ter pensado que não demoraria muito para Londres ser informada e entrar em ação.[52]

Com a aproximação do Natal, a notoriedade repentina do campo aparentemente forçou uma mudança. Ao saber do suplício dos prisioneiros, o arcebispo da Polônia, Adam Sapieha, escreveu ao comandante Höss perguntando se a igreja poderia enviar mantimentos e organizar uma missa de Natal. Höss concordou com a entrega de um único lote de alimentos com peso não superior a um quilo para cada prisioneiro, mas não com a missa; a sua clemência estendia-se apenas àquele ponto, e ele tinha ideias próprias sobre como mostrar respeito à ocasião.[53]

Naquela época amarga, os prisioneiros passavam as noites nos blocos ensaiando a versão alemã de "Noite Feliz". A certa altura, Witold ouviu o som da música emanando da sala ao lado da oficina dos carpinteiros (quando ele olhou, viu uma miscelânea de kapos resfolegando e bufando nos seus instrumentos). Na véspera de Natal, os prisioneiros retornaram do trabalho mais cedo e encontraram uma árvore de Natal enorme instalada ao lado da cozinha. Tão alta quanto as torres de vigia, a árvore havia sido recoberta de folhas presas com agulhas e enfeitada com luzes coloridas, que pareciam dançar quando os galhos balançavam ao vento. Por brincadeira, como se fossem presentes sob a árvore, a SS tinha empilhado os corpos dos prisioneiros que morreram naquele dia na unidade penal, judeus em sua maior parte.[54]

Um pequeno palco foi construído ao lado da árvore e, depois da chamada, o Hauptscharführer da SS Palitzsch apresentou-se ao lado de um kapo tocando acordeão, outro com um violão e um terceiro conduzindo o canto. Tocaram os acordes de abertura de "Noite Feliz" e, em uníssono, as fileiras reunidas de prisioneiros participaram. Retornaram aos seus blocos sem dizer uma palavra.[55]

*

O tempo ainda estava frio quando os prisioneiros voltaram ao trabalho alguns dias mais tarde. A neve entre os blocos tinha endurecido, formando crostas de gelo, e a praça da chamada era um mar congelado de sulcos e depressões no solo. Witold estava satisfeito com o seu trabalho em ambiente fechado, mas isso trazia outros problemas. Westrych tinha encontrado trabalho para ele e um colega como ajudantes em um dos blocos hospitalares reservados para os chamados convalescentes. Os pacientes se amontoavam em cinco alas pequenas, cem em cada sala. A maior parte não passava de esqueletos com pernas inchadas, de aparência grotesca. Outros tinham abcessos abertos do tamanho de pratos ou membros quebrados dispostos em ângulos estranhos que haviam sido deixados sem tratamento. Gemiam e choramingavam sob trapos imundos. Os piolhos rastejavam sobre seus corpos. O fedor de excremento e imundície era tão opressivo que as janelas eram mantidas abertas, apesar das temperaturas congelantes.[56]

O kapo do hospital instruiu-os a construir um corredor de madeira em cada sala. Não demorou muito para que o outro carpinteiro começasse a reclamar que estava se sentindo mal. No outro dia, já estava tossindo, mal podia manter-se em pé, e foi colocado em uma das alas, com pneumonia. Na manhã seguinte, estava morto. Witold, que ainda não tinha pego sequer um resfriado, sentiu a doença tocá-lo e em seguida instalar-se devagar. No começo, foi uma sensação morna e lúgubre, como se ele tivesse entrado em uma banheira para um banho morno que entorpeceu seus sentidos. Sentia um impulso irresistível de descansar, fechar os olhos, esquecer, mas sabia que precisava evitar deitar-se em um daqueles colchões sujos a todo custo. Os calafrios começaram e ele passou a tremer com violência, as articulações doíam e a luz machucava os olhos. Cambaleou até encontrar Dering, que diagnosticou infecção pulmonar e febre, mas não tinha medicamentos para oferecer.[57]

Conseguiu passar as chamadas seguintes sem entrar em colapso. Justo quando achou que poderia recuperar-se por completo, a SS anunciou uma desinfestação de piolhos no campo inteiro aquela noite. Todo prisioneiro deveria tomar um banho e ter as roupas fumigadas. O bloco de Witold recebeu ordem de ir para o depósito e mandaram tirar as roupas para que os prisioneiros se lavassem. O banho não durou muito, mas horas se passaram até suas roupas serem devolvidas, e eles tiveram de ficar em pé esperando. Um dos quartos do bloco havia sido convertido em uma instalação simples para desinfestação de piolhos: portas e janelas foram vedadas com tiras de papel e um ventilador foi instalado. Os alemães usaram um agente para desinfestação formulado com cianureto, conhecido pelo nome comercial Zyklon B. Eram pastilhas azuis que se transformavam em gás em contato com o ar. O Zyklon B era extremamente tóxico, portanto, os prisioneiros usavam máscaras de gás para espalhar as pastilhas ao redor das pilhas de roupas e em seguida arejavam a sala antes de recolher as peças.[58]

O dia estava raiando quando as roupas chegaram, tingidas de azul e cheirando a amêndoas amargas. Ao sair do bloco do depósito, Witold mal conseguiu dar os passos necessários para atravessar a rua antes de desabar. Passar a noite em pé por fim o consumira. Enfermeiros o arrastaram para o hospital, ele foi despido de novo, mergulhado em mais água fria, e o seu número foi escrito no peito com tinta indelével. Recebeu uma bata de hospital e cuecas sujas, foi levado para o mesmo quarto onde esteve trabalhando e jogado sobre um capacho purulento. Estava exausto demais para se mover, porém, foi incapaz de dormir, já que assim que se esticou os piolhos aglomeraram-se sobre ele. Ficou horrorizado ao olhar para o cobertor, ao ver as dobras abarrotadas com piolhos que pareciam escamas de peixe reluzentes. Tinham diferentes formas e tamanhos: listrados, escamosos, brancos, cinzentos e os vermelhos brilhantes já empanturrados de sangue.[59]

Ele matou tantos deles que suas mãos ficaram ensanguentadas, mas era inútil. O inválido à direita permanecia imóvel, o rosto coberto por uma crosta de piolhos que haviam se enterrado na sua pele. O detento à esquerda já estava morto. Witold duvidou de que tivesse forças para lutar, ou até mesmo de que quisesse. Pediu papel e lápis a um dos enfermeiros para escrever um bilhete curto para Dering.[60]

"Se você não me tirar daqui agora", conseguiu rabiscar, "vou usar toda a energia que me resta para combater os piolhos. Na minha condição atual, estou me aproximando rapidamente da chaminé do crematório".[61]

Informou-lhe onde estava e pediu ao enfermeiro que levasse o bilhete imediatamente. Algumas horas mais tarde, Dering e outro enfermeiro apareceram, acompanhados por Bock. Dering fingiu realizar algum tipo de exame; apesar de sua influência crescente no hospital, ainda precisava ser cauteloso.

"O que há de errado com esse sujeito?", perguntou, parando ao lado de Witold. "Você pode examiná-lo?", disse para o outro enfermeiro. Dering então diagnosticou Witold com pneumonia do pulmão esquerdo e disse que iria levá-lo para exames no dispensário. Eles o ajudaram a ficar de pé e praticamente o carregaram para o outro bloco, onde um dos quartos do andar de cima tinha sido mobiliado com camas e colchões novos que ainda não tinham sido infestados por piolhos. Witold tinha uma cama para si. Ele se esticou e caiu em um sono profundo e duradouro, quaisquer pensamentos sobre a Resistência se desvanecendo.[62]

CAPÍTULO 6

COMANDO DE BOMBARDEIROS

VARSÓVIA
OUTUBRO DE 1940

O mensageiro Aleksander Wielopolski embarcou no primeiro trem para Varsóvia após a sua libertação do campo no fim de outubro. Aos poloneses se reservavam apenas os vagões de terceira classe sem aquecimento no final do trem, mas pelo menos não havia alemães. A cabeça raspada atraiu olhares fixos e ele estava ansioso para descansar na casa da família no interior, mas fora imbuído de uma missão maior: o relatório de Witold.[1]

Aleksander pegou um riquixá nas ruas cinzentas e chuvosas de Varsóvia e seguiu até o apartamento do seu primo Stefan Dembiński, com quem tinha trabalhado nos Mosqueteiros. Stefan apressou-se a deixar Aleksander entrar e ofereceu a ele a comida que tinha. Muita coisa havia mudado em Varsóvia nas seis semanas em que Aleksander esteve preso. O muro de tijolos e arame farpado do gueto estava quase pronto e as famílias judias já tinham sido expulsas à força do "bairro ariano" da cidade. Os poloneses foram na direção oposta, tomando todas as casas judaicas de que os alemães não tivessem se apropriado. O fechamento do gueto era esperado a qualquer momento, e cartazes nas esquinas avisavam que os judeus encontrados do lado de fora dos muros seriam mortos. Em todos os lugares a comida era escassa e as doenças, abundantes, em especial o tifo.[2]

Aleksander levou um dia ou dois para marcar uma reunião com o chefe dos Mosqueteiros, Stefan Witkowski, e um vice do líder da Resistência, Stefan Rowecki. Desde a prisão de Witold, o grupo de Rowecki tinha incorporado a maioria dos outros, à exceção de alguns grupos radicais, o que incluía o Mosqueteiros. Witkowski, um engenheiro aeronáutico extravagante que construía foguetes no seu tempo livre, valorizava demais a sua autonomia para receber ordens de Rowecki, mas os dois homens haviam chegado a um acordo. A coleta de informações era uma atividade central, já que a Resistência consolidara sua força e era um trunfo valioso para os britânicos, que estavam ávidos por informações sobre os movimentos das tropas alemãs e a produção de material bélico.[3]

A descrição de Aleksander do campo era a evidência que Rowecki vinha procurando de crimes alemães praticados contra os prisioneiros que violavassem a lei internacional. A Convenção de Haia de 1907 salvaguardava os direitos dos prisioneiros de guerra e oferecia um pouco de proteção aos civis contra a prisão arbitrária e maus-tratos. Os nazistas alegavam que, como a Polônia tinha deixado de existir, os seus cidadãos estavam agora sujeitos ao mesmo regime de detenção por tempo indeterminado a que se submetiam os alemães. Porém, mesmo com esse raciocínio, o elevado número de mortos de Auschwitz, que superava o de outros campos de concentração alemães, sugeria que os poloneses estavam sendo submetidos a um tratamento sem precedentes, e isso exigia uma resposta internacional dos Aliados. Era evidente que seria necessário mais do que palavras para persuadir os alemães. O que Rowecki deve ter achado mais contundente no relatório de Witold foi o pedido, implicitamente endereçado aos britânicos, de que o campo fosse bombardeado, o que evidenciava o desespero dos prisioneiros. Aqui estava uma oportunidade de transformar informações em ação aliada contra os alemães, desde que os britânicos fossem convencidos.[4]

Rowecki providenciou que o relatório de Witold fosse documentado por escrito e o incluiu em um informe de dez páginas sobre as condições na

Polônia. O relatório descrevia com brevidade o tratamento estarrecedor dos prisioneiros e indicava a localização do campo e a existência de depósitos da SS contendo alimentos, roupas e possíveis armas.

"Os prisioneiros imploram ao governo polonês, pelo amor de Deus, que esses depósitos sejam bombardeados" para terminar com o seu tormento, assim dizia o relato. O bombardeio criaria pânico e daria aos prisioneiros uma chance de escapar. "Se eles [os detentos] morrerem no ataque, será um alívio, consideradas as condições", o relatório afirmava, concluindo com as palavras de Witold: "Este é um pedido urgente e bem pensado, enviado em nome de companheiros como testemunho do seu tormento".[5]

Rowecki planejou enviar o relatório para Londres, onde o governo polonês no exílio se estabelecera depois da queda da França sob a liderança do general Władysław Sikorski, um ex-primeiro-ministro e, antes da guerra, oponente do governo de direita da Polônia. Sikorski passava os relatórios da Resistência aos britânicos com regularidade para aumentar a conscientização e pressionar por ações de retaliação contra os alemães. O desafio de Rowecki era fazer chegar a Londres o relatório de Auschwitz. Ele tinha um radiotransmissor, que enviava apenas mensagens curtas e tinha de ser usado esporadicamente para que não fosse detectado. Os mensageiros também representavam riscos. A rota mais comum era pelas passagens nevadas das Montanhas Tatra para a Eslováquia e a seguir para a Hungria, mas os alemães haviam se infiltrado na rede naquele outono, então um novo trajeto precisava ser encontrado. Witkowski sugeriu que contactassem uma nobre do seu conhecimento chamada Julia Lubomirska, que planejava fugir para a Suíça neutra com a meia-irmã. A princesa de trinta e cinco anos tinha fugido do território controlado pela União Soviética depois dos seus pais serem assassinados pela polícia secreta russa e estava ansiosa para deixar a guerra para trás.[6]

Um dia ou dois mais tarde, no início de novembro, Julia embarcou em um trem para a Suíça com o breve relatório e instruções. A viagem de mais de mil e quinhentos quilômetros até Genebra levou mais de vinte e quatro horas, mas tudo correu bem e ela conseguiu entregar o relatório a Stanisław Radziwill, o encarregado de negócios da Polônia na Liga das Nações.[7]

A próxima etapa levou várias semanas para ser organizada. A delegação selecionou o irmão de Stefan Dembinski, Stanisław, para levar o material através da região não ocupada do sul da França e dos Pirineus até Madri. O correio chegou à capital espanhola por volta de 10 de dezembro e repassou o relatório, junto com uma nota curta, para o oficial de chancelaria local polonês, de onde seguiu seu caminho em uma mala diplomática com destino a Londres.[8]

*

O relatório chegou ao quartel-general polonês no Hotel Rubens, em frente ao Palácio de Buckingham, em 27 de dezembro, durante uma rápida pausa no bombardeio aéreo alemão da cidade, que ficou conhecido como Blitz. A guerra não estava indo bem para os Aliados. Seis meses após a capitulação da França, os britânicos estavam no limite contra as forças italianas na África, o único front ativo, ao mesmo tempo em que os submarinos alemães ameaçavam estrangular o suprimento transatlântico de alimentos e equipamentos vindos dos Estados Unidos, que permaneciam nos bastidores.

Até então, Sikorski tinha se empenhado em desenvolver um relacionamento produtivo com os seus anfitriões britânicos. As autoridades britânicas pouco conheciam sobre a Polônia, e o que sabiam resumia-se ao estereótipo de estrangeiros peculiares e indisciplinados com nomes difíceis de pronunciar. "Alguma coisa Sozzle", é como Winston Churchill supostamente se referira ao militar de alta patente Kazimierz Sosnkowski. O ministro das Relações Exteriores, August Zaleski, era "um notório preguiçoso", de acordo com um relatório do governo britânico, e o ministro das Finanças, Adam Koc, foi descrito como "amigável, mas não 'audacioso'". Já quanto ao próprio Sikorski, os britânicos achavam que ele poderia muito bem ser o pior da turma.[9]

"[A sua] vaidade é tão colossal, e é lamentável que seja encorajado a mostrá-la em certos círculos aqui", observou o embaixador britânico para o governo polonês no exílio, Sir Howard Kennard. "Alguma coisa precisa ser feita para fazê-lo perceber que não é o único peixe do mar."[10]

Na verdade, Sikorski sabia muito bem dos comentários dos seus rivais e estava igualmente frustrado com os anfitriões britânicos, que, ele acreditava, tinham ignorado os seus alertas sobre a Blitzkrieg alemã. Ademais, muitas vezes pareciam tratar as forças polonesas com desrespeito, apesar de elas terem demonstrado a sua eficácia durante a Batalha da Grã-Bretanha, quando o Esquadrão Polonês 303 havia abatido mais aviões alemães do que qualquer outra unidade.[11]

O relacionamento desconfortável também refletiu-se em como os relatórios da Resistência polonesa sobre a brutalidade alemã foram recebidos. Os britânicos evitaram divulgar o material, pois as autoridades suspeitavam ter surgido como propaganda e seria improvável que elevasse o moral em casa. O uso de histórias de atrocidades fabricadas pelo governo britânico durante a Primeira Guerra Mundial, como a alegação de que os alemães utilizaram cadáveres para fabricar sabão, tinham sido expostas como mentiras nos anos subsequentes, fomentando ressentimento e uma desconfiança pública generalizada. Frank Roberts, o primeiro secretário interino do Departamento Central do Ministério das Relações Exteriores, chegou ao ponto de duvidar da exatidão do relatório polonês como um todo. Até aquele momento, os britânicos haviam se limitado a uma declaração geral sobre os "ataques brutais dos alemães contra a população civil, que desafiam os princípios aceitos da lei internacional".[12]

Sikorski também enfrentou o desafio de chamar a atenção para as atrocidades cometidas na Polônia enquanto a própria Grã-Bretanha se encontrava sob ataques devastadores. Hitler ordenou que a blitz contra Londres e outras cidades despedaçasse a infraestrutura britânica e subvertesse a vontade do povo. A partir de 7 de setembro, a cidade foi bombardeada quase todas as noites; vinte e sete mil e quinhentas bombas choveram dos céus londrinos, matando dezoito mil pessoas, a maioria na região do East End e das docas, deixando centenas de milhares de pessoas desabrigadas. Os alemães misturavam bombas incendiárias em suas cargas; assim, na maior parte das noites, um inferno feroz engolfava uma parte ou outra da cidade.[13]

Quando as sirenes soavam, indicando que os bombardeiros estavam a doze minutos, os moradores corriam para porões ou estruturas pré-fabricadas em jardins. Como os abrigos públicos se enchiam rapidamente, as pessoas reuniam-se em igrejas, pontes ferroviárias e no metrô de Londres. Os passageiros que trabalhavam até tarde passavam por plataforma após plataforma repletas de "tubeites", como se tornaram conhecidas essas comunidades temporárias que chegavam aos milhares de integrantes. A princípio, as autoridades desaprovaram o uso das estações, mas por fim concordaram em distribuir chá e pãezinhos em algumas e realizar exames de saúde em busca de piolhos e sarna.[14]

Ninguém em Londres dormia muito com o som surdo das bombas, a queda das construções e o matraquear das baterias antiaéreas. Alguns residentes traumatizados pela guerra simplesmente passavam dias a fio no metrô para não arriscar perder os seus lugares. Alguns reclamavam do estado dos abrigos em áreas mais pobres e acreditavam que grupos privilegiados, como os judeus, tinham abrigos melhores do que os seus – reflexo do difundido antissemitismo que mascarava a realidade. A maioria estava adaptada às circunstâncias extremas e encontrava camaradagem entre os companheiros sofredores. Churchill, que havia assumido em maio após a queda do ineficiente Chamberlain, fez questão de visitar os locais bombardeados e conversar com os sobreviventes. À noite, ele se postava no telhado de sua acomodação segura com vista para o Parque Saint James e assistia à destruição da cidade. O moral britânico não havia sido alquebrado, mas o ataque violento deixava pouco tempo para considerações acerca do destino dos prisioneiros no continente.[15]

Em um esforço para melhorar as relações com os britânicos e alcançar um apoio maior para a Resistência, naquele outono Sikorski tinha concordado em colaborar com uma organização clandestina nova conhecida como Executiva de Operações Especiais (Special Operations Executive, SOE), que os britânicos criaram para realizar ataques de sabotagem e subversão no continente. Infelizmente, a SOE não teve um bom começo. Era liderada por um socialista, educado em Eton, chamado Hugh Dalton, que também serviu como Ministro da Economia de Guerra. A sua maneira intimidadora não o havia tornado benquisto pelos outros funcionários em Whitehall, e uma decisão inicial da SOE de contratar civis em vez de soldados para atrair grupos de esquerda no continente também tinha dado errado. Os contadores, advogados e banqueiros que admitira tinham uma variedade de planos para causar caos, mas não sabiam como executá-los. O fato de Dalton ter trazido consigo a maioria dos sócios que trabalhavam para a firma de advogados Slaughter e May inspirou um comentário sagaz de um funcionário: "Estávamos mais para 'talvez seja possível' do que para 'vamos detonar'".* Na verdade, a SOE poderia ter falhado por completo naquele inverno, não fosse a parceria de Dalton com os poloneses, que permitiu-lhe reivindicar alguns dos sucessos da Resistência polonesa como se fossem seus.[16]

Apesar do início questionável de Dalton, ele era o interlocutor óbvio para Sikorski recorrer quando o relatório de Witold alcançou a sede do quartel-general polonês no Hotel Rubens, em frente ao Palácio de

* Adaptação do jogo de palavras constante no original — *we seemed to be all 'may' and no 'slaughter'* — com os termos "may" (que exprime ideia de possibilidade) e "slaughter" (que tem como uma das acepções "derrotar completamente") (N.T.)

Buckingham. Na verdade, quando o relatório chegou, Sikorski estava com Dalton visitando tropas polonesas aquarteladas na Escócia naquele Natal, em um esforço para cimentar o relacionamento. É provável que Sikorski tenha tomado conhecimento de Auschwitz e trazido o relatório à atenção de Dalton durante o tempo que passaram juntos na Escócia ou no retorno a Londres. Dalton, que tinha tido alguns desentendimentos com Whitehall, provavelmente compreendeu os obstáculos que enfrentaria para obter autorização ao pedido de Witold de bombardear o campo. Tentar falar diretamente com Churchill poderia não resultar em nada, dada a sua agenda. O Ministério das Relações Exteriores também podia ser descartado por sua relutância anterior em envolver-se com a questão dos crimes alemães. A melhor opção foi, portanto, levar o pedido de Witold direto à Força Aérea Real Britânica (Royal Air Force – RAF).[17]

Em 4 de janeiro de 1941, o assessor de Sikorski, Stefan Zamoyski, preparou uma versão de uma única página do relatório retirando a maior parte dos detalhes sobre as condições no campo para se concentrar na missão de bombardeio. Passou adiante esta versão para o chefe do Comando de Bombardeiros, Richard Peirse, em seu quartel-general na pequena vila de Walters Ash, próxima de High Wycombe em Buckinghamshire, a uma distância segura de Londres. A pausa nos bombardeios sobre Londres havia terminado em 29 de dezembro, quando, pouco depois das dezoito horas, em uma noite fria e clara, com uma "lua de bombardeiro", as sirenes soaram e o ataque aéreo recomeçou; vinte e duas mil bombas caíram na capital em apenas três horas, muitas delas com dispositivos incendiários, causando o que ficou conhecido como o segundo grande incêndio de Londres.[18]

O pedido de Witold cruzou a mesa de Peirse durante um momento de introspecção para a Força Aérea Britânica. Embora Churchill tivesse feito da campanha de bombardeio estratégico da Alemanha a sua principal prioridade, a RAF tinha dificuldade para manter a sua pequena frota de bombardeiros no ar, quanto mais para atingir qualquer coisa na Alemanha. Em outubro, a RAF possuía duzentos e noventa aeronaves utilizáveis, mas havia perdido quase um terço por volta do fim de novembro, a imensa maioria em acidentes causados pelo envio prematuro de tripulações recém-treinadas e mal equipadas ao combate. A falta de radar significava que, com uma cobertura de nuvens pesadas, a melhor estratégia era simplesmente lançar as bombas depois de se ter voado o tempo certo. Como resultado, uma grande quantidade de bombas caía longe dos alvos e com frequência deixava os alemães indecisos sobre qual teria sido o alvo de determinado ataque. Uma tripulação se deparou com uma tempestade magnética e deu a volta sem perceber. Espreitando no escuro por um ponto de referência, os homens afinal avistaram um rio que pensaram ser o Reno e um campo de aviação, alvo da operação. Foi só em sua jornada de retorno que perceberam que estavam sobrevoando a Grã-Bretanha o tempo todo e tinham jogado as bombas em uma estação da RAF em Bassingbourn, Cambridgeshire.[19]

"Deplorável", foi a definição de Churchill para o desempenho da RAF, e insistiu que aprimorassem o desempenho. Ele era a favor da retaliação contra cidades alemãs, por isso pelo menos parecia ter alguma chance de sucesso, e ordenou o primeiro ataque contra Mannheim em dezembro. Mas Peirse e seu superior, Charles Portal, chefe de tripulação da RAF, questionavam a moralidade do ataque a civis e mantinham a crença de que a única maneira de eliminar a Alemanha da guerra era atacar sua produção de guerra, o que significava bombardear instalações industriais. Na realidade, usando os relatórios amplamente exagerados das tripulações aéreas, Peirse parecia acreditar que a sua estratégia estava sendo bem-sucedida e conseguiu ganhar mais tempo. Um grande bombardeio da produção alemã de combustível sintético foi planejado para o Ano Novo. Mas então o pedido de Witold aterrissou em sua mesa.[20]

A ideia de bombardear Auschwitz intrigou Peirse. Ele reconheceu que bombardear o campo não tinha valor estratégico, mas achava que um ataque poderia repercutir politicamente caso fosse bem-sucedido. Os quase três mil quilômetros da viagem de ida e volta da base aérea de Stradishall, em Suffolk, até Auschwitz corresponderiam à missão mais longa da RAF até então. O bombardeio só seria possível se as aeronaves transportassem combustível extra e uma carga reduzida. Peirse poderia garantir a precisão do seu bombardeiro, mas sabia que, quanto menor o número de bombas que jogassem, menor a chance de atingirem o alvo. O pedido original de Witold incluía instruções úteis para se encontrar o campo, mas a ideia de acertar um depósito de munição, como ele havia sugerido, era um tanto inviável.[21]

No dia 8 de janeiro, ele enviou o pedido a Portal, no Ministério do Ar, departamento do governo britânico responsável por administrar os assuntos da RAF em Londres, dizendo que, embora a missão fosse possível, exigia uma decisão política, já que os planos atuais do Comando de Bombardeiros envolviam ataques massivos à produção de combustível sintético da Alemanha. Peirse não fez menção ao suplício dos prisioneiros, o que não era de se admirar. No decorrer da transmissão do pedido para Londres, a ideia do ataque aéreo tinha chamado a atenção de todos, ao passo que a descrição dos horrores no campo foi reduzida a uma única linha. Desprovido desse contexto, o pedido de Witold perdia seu imperativo moral.[22]

A resposta de Portal alguns dias depois foi curta e direta:

"Creio que você vai concordar que, além de quaisquer considerações políticas, um ataque ao campo de concentração polonês em Oświęcim é um desvio indesejável e é improvável que atinja o seu objetivo. A carga de bombas que poderia ser transportada até o alvo, dada a limitação de nossas forças, dificilmente causaria estragos suficientes para que os prisioneiros conseguissem escapar."[23]

A avaliação de Portal era precisa e, na realidade, subestimava a dificuldade extrema de se atingir o campo. Mas ele não foi capaz de reconhecer que um ataque a Auschwitz em 1940 alertaria o mundo para o campo e que, ao recusar-se a bombardear a instalação, rejeitava uma oportunidade de os britânicos fazerem uma declaração política contra as atrocidades nazistas e estabelecia um precedente para a não intervenção.

Seja como for, Peirse não protestou contra a decisão de Portal e foi encarregado de dar a notícia a Sikorski. Em uma carta de 15 de janeiro, ele foi cuidadoso ao ressaltar as dificuldades práticas da missão. "Um bombardeio aéreo dessa natureza teria de ser extremamente preciso a fim de não causar vítimas graves entre os próprios prisioneiros", ele escreveu, acrescentando que "tal precisão não pode ser garantida".[24]

A resposta de Sikorski não foi registrada, mas parece que Dalton assegurou-lhe que deveriam continuar tentando. Nesse meio-tempo, a SOE lançou um programa nas terras altas do oeste da Escócia para treinar exilados poloneses como espiões. O plano de Dalton era lançar os homens de paraquedas na Polônia com equipamento de rádio e ordens para estabelecer contato com Varsóvia e contrabandear informações para a Grã-Bretanha. Para Sikorski, era um endosso das informações que a sua rede havia fornecido até aquele momento e um convite dos ingleses para que providenciassem mais.[25]

Os três primeiros paraquedistas chegaram à base aérea de Stradishall, em Suffolk, no fim da tarde de 15 de fevereiro. A noite apresentava apenas uma faixa grossa de nuvens. A previsão era de céu claro na Polônia. Eles vestiram macacões longos e luvas até o cotovelo para as cinco horas de viagem. As mochilas continham roupas civis, adaptadas com cuidado ao estilo polonês, vários maços de cigarros, aparelhos de barbear alemães e um tablete de cianureto para cada homem, escondido em um botão, em caso de captura. Além disso, mais cerca de quatrocentos quilos de equipamentos – quatro radiotransmissores de rádio e muita dinamite – estavam armazenados em recipientes especialmente projetados para resistir ao impacto sem explodir. Antes de partirem, Sikorski lhe disse: "Vocês são a vanguarda da Polônia. Vocês têm que mostrar ao mundo que mesmo agora, mesmo nas circunstâncias atuais, é possível aterrissar na Polônia".[26]

O Whitley MK1 deu uma guinada na pista e subiu progressivamente sobre o Mar do Norte. Uma vez sobre o continente, um vento frio começou a soprar através dos ventiladores da aeronave e os homens se inclinaram uns contra os outros em busca de calor. Estava frio demais para dormir e era difícil conversar por causa do ronco dos motores. Houve disparos de baterias antiaéreas contra o avião na costa holandesa e holofotes inimigos flagaram-no em Dusseldorf, mas as defesas aéreas alemãs eram mínimas e a maioria das cidades não operava blecautes. Por volta da meia noite, avistaram as luzes de Berlim antes que as nuvens começassem a ficar espessas perto da fronteira polonesa. O piloto, o tenente aviador Francis Keast, talvez traído por sua falta de familiaridade com a rota, desviou-se do curso e só percebeu que tinha ultrapassado o seu ponto de referência quando avistou as Montanhas Tatra, na fronteira eslovaca.[27]

Não havia tempo nem combustível para ajustar o curso; os homens teriam que saltar onde estavam, o que acabou por ser quase diretamente sobre Auschwitz. Um dos tripulantes abriu rápido a porta lateral feita sob medida para o Whitley. Os paraquedistas deram uma olhada na lua cheia cintilando sobre as montanhas nevadas e em seguida saltaram no escuro em sucessão acelerada. Keast fez outra passagem para lançar o equipamento antes de subir para longe das montanhas e voltar à altitude de cruzeiro.[28]

Devido à quietude da noite, os prisioneiros devem ter ouvido o ruído surdo dos motores gêmeos Rolls-Royce do Whitley sem imaginar o que significava. Os paraquedistas aterrissaram e o avião retornou em segurança. Não haveria nenhuma ajuda para eles desta vez, mas a missão provou para Sikorski que os britânicos podiam chegar a Auschwitz.

PARTE II

CAPÍTULO 7

RÁDIO

AUSCHWITZ
JANEIRO DE 1941

Witold ficou de cama por dez dias, febril, alternando sonhos com pensamentos, só com a certeza da passagem do dia para a noite e vice-versa. Havia ocasiões em que sentia a janela aberta, ou uma esponja áspera no corpo e a sopa quente pressionada contra os lábios. Outros pacientes chegaram, gemendo e choramingando, então de repente tudo ficava muito calmo depois do som de um tiro ou de uma surra nas proximidades. Os mesmos músicos do Natal estavam praticando agora uma valsa bávara para o subcomandante Fritzsch, cuja melodia flutuava até o quarto à noite.[1]

No décimo dia, a febre passou e ele recuperou as forças devagar. Os enfermeiros continuavam alimentando Witold, que passou a andar cambaleando pela ala, até que Dering o julgou suficientemente recuperado para ser transferido ao bloco dos convalescentes. O fato de Dering ter abrigado Witold por tanto tempo no hospital foi de grande importância para a Resistência. Dering tinha aberto caminho para a confiança do Hauptsturmführer da SS Max Popiersch, o médico que supervisionava o hospital, elogiando falsamente a ordem racial nazista e demonstrando rigidez com os prisioneiros. Popiersch estava ansioso para provar que o nacional-socialismo era compatível com a ética médica e estava feliz em permitir que Dering realizasse seus deveres médicos para salvar vidas.[2]

Witold ajudava os enfermeiros como podia e logo entrou no ritmo do bloco. Todo paciente tinha que se lavar ao amanhecer. Eles eram conduzidos de forma bruta ou carregados dos beliches de três andares instalados recentemente até o banheiro para serem despidos das roupas íntimas sujas de excrementos e das ataduras de papel que grudavam nas feridas como cola. Os convalescentes eram então molhados sob chuveiros de água fria. Um enfermeiro lembrou como a massa de corpos tremendo lembrava "uma besta mortalmente ferida observando seus mil elos nos estertores da morte". Em seguida, os pacientes eram arrastados de volta para as camas e os pisos eram esfregados com água sanitária, os baldes com sujeira eram esvaziados e as janelas eram abertas para se dissipar o fedor.[3]

O atendimento começava às nove em uma das salas do andar de baixo e durava a maior parte do dia. Popiersch fazia-se presente apenas durante a primeira hora, deixando o funcionamento do hospital para o Oberscharführer da SS Josef Klehr, um marceneiro austríaco que gostava de pensar em si próprio como médico. Klehr chegava ao hospital de motocicleta e esperava até que um enfermeiro viesse polir a pintura, que outro lhe retirasse as botas e lavasse seus pés à mesa do escritório e que um terceiro, ao mesmo tempo, cuidasse de suas unhas. Enquanto isso, ele fumava cachimbo "como um paxá", segundo a recordação de um prisioneiro.[4]

Por sorte, Klehr estava mais preocupado em organizar a venda ilícita do minúsculo suprimento de morfina do hospital para os homens da SS e para os kapos, e assim os enfermeiros podiam cuidar dos pacientes. Naquele fevereiro, a temperatura atingiu os trinta graus Celsius negativos, tão frio que o gelo se acumulava nas sobrancelhas e nos cílios dos prisioneiros. Eles tinham recebido casacos que na verdade não passavam de camisas de algodão que iam até o joelho. Alguns presidiários como Witold tinham recebido pacotes de roupas de baixo da família, mas a maioria era obrigada a vestir secretamente camadas extras de sacos de cimento ou qualquer outro material que pudessem encontrar, correndo o risco de punição severa. Durante os períodos mais frios, a SS mantinha os prisioneiros dentro dos blocos, mas a chamada era sempre na praça, e dezenas iam para o hospital com mãos e pés brancos, duros e congelados, que logo ficavam pretos por causa do apodrecimento.[5]

Em uma noite gelada com o vento a bater contra as janelas, um guarda da SS levou doze judeus da unidade penal para o hospital com os pés severamente gangrenados. Alguns dos enfermeiros tinham se reunido para conversar sobre um exemplar de jornal alemão que havia sido contrabandeado para dentro do campo quando Dering de repente gritou pedindo auxílio. Era incomum que os judeus da unidade penal fossem tratados, e o médico polonês queria que o trabalho fosse feito rapidamente. Os homens em sofrimento removeram os tamancos e revelaram pés desprovidos de carne, com os ossos expostos. Os próprios ossos já tinham ficado marrons, provavelmente também tinham congelado.[6]

"Basta polvilhar os ossos com pó desinfetante e aplicar algumas ataduras de papel", Dering ordenou e foi embora. Kon, um dos enfermeiros convocados para ajudar, deu início ao trabalho envolvendo os pés dos homens em ataduras de pano para tentar aliviar o atrito, mas Dering, monitorando à distância, vociferou: "Ataduras de papel!".[7]

Kon foi até Dering e falou com calma: "Quando eles saírem na neve, aquelas ataduras vão durar menos de cinco minutos".[8]

"Sim", ele respondeu. "E quanto tempo você acha que eles vão sobreviver depois que saírem daqui? Mais de cinco minutos? Uma hora? Talvez duas? Temos poucas ataduras de algodão e precisamos delas onde sejam úteis."

Kon compreendia que algumas das demonstrações de crueldade de Dering tinham a intenção de impressionar a SS e ganhar a sua confiança, mas achou que ele havia ido longe demais desta vez, principalmente porque havia um suprimento secreto de ataduras e medicamentos para uso exclusivo dos kapos. Kon acreditava que qualquer prisioneiro que procurasse ganhar favores dos alemães tendia a ser moralmente corrupto. Mas ele não tratou do incidente com Witold, reconhecendo que Dering era simplesmente importante demais para que corressem o risco de se indispor com ele.[9]

*

Dering mostrou seu valor algumas semanas mais tarde, quando certa noite levou Witold ao escritório de Popiersch no bloco principal do hospital. Um rádio estava sobre a mesa, possivelmente um dos modelos da Telefunken, populares na SS: uma caixa de madeira envernizada com curvas Art Déco e dois botões para ajustar a frequência em cada lado da tela do alto-falante. Dering explicou que organizara seu furto da oficina elétrica do campo e então preparara um esconderijo para ele sob as tábuas do assoalho ao lado da pia. Tinha ajustado a antena quando as linhas telefônicas estavam sendo instaladas no bloco do lado oposto.[10]

Dering acionou o botão e esperou que as válvulas do rádio esquentassem e o alto-falante zumbisse. Girou o botão, o sinal oscilou e estalou, e então os dois homens ficaram maravilhados com os sons esquecidos do mundo: canções, jingles e vozes falando em alemão, italiano, eslovaco e grego; as principais estações comerciais e estatais usavam frequências em ondas curtas, assim como as unidades militares, pilotos de aeronaves e pescadores no mar.[11]

Dering procurou a BBC, que, ao contrário das transmissoras alemãs, rigidamente controladas, era em grande parte precisa (o governo britânico tinha concluído que relatar as notícias, mesmo as ruins para os Aliados, tornava a estação mais confiável e, portanto, amplamente sintonizada). Apesar dos esforços alemães para bloquear o sinal, o serviço da BBC no idioma alemão era cada vez mais popular dentro do Reich e podia ser captado pelo rádio Volksempfänger, produzido em massa e apelidado de “focinho de Goebbels". O chefe de propaganda recorrera a operações de prisão em massa e etiquetas sobre os botões de sintonia advertiam que ouvir estações de rádio estrangeiras era um crime contra o povo alemão, mas tais medidas foram não mais que apenas parcialmente bem-sucedidas.[12]

Dering e Witold giraram os botões até ouvirem as quatro batidas – código Morse para vitória – indicando um boletim de notícias da BBC. Em seguida, a emocionante saudação: "Aqui é a Inglaterra... Aqui é a Inglaterra...". Não se atreveram a ouvir por muito tempo. Mas voltaram na noite seguinte e na próxima. As notícias eram ruins. A Grã-Bretanha afastara a ameaça da invasão iminente, mas os alemães continuavam a bombardear as cidades britânicas. Em março, o general alemão Erwin Rommel tinha desembarcado na Líbia para reforçar a inexpressiva ofensiva italiana e de imediato assumiu a iniciativa contra os britânicos. Os alemães pareciam prestes a tomar o Egito e o Canal de Suez. E, o crucial, os Estados Unidos continuavam nos bastidores.[13]

Witold poderia supor, a partir do noticiário, que provavelmente os britânicos estariam pressionados demais para atacar Auschwitz, mas ele não estava disposto a desistir de denunciar os crimes alemães no campo. Tinha certeza de que o acúmulo do horror acabaria por fim a obrigar os Aliados a enxergar o campo como ele: um ataque à humanidade que exigia ação.

Nesse ínterim, utilizou o seu antigo colega de bloco, Karol, para divulgar o pouco que houvesse de boas notícias entre os prisioneiros (não tinha certeza se o moral frágil do campo aguentaria a verdade nua e crua) e foi gratificado nas noites seguintes ao ver grupos animados de prisioneiros na praça discutindo sobre um submarino afundado no meio do Atlântico ou um italiano derrotado nas terras altas da Etiópia.[14] "As pessoas viviam disso", relembrou um detento. "Renovávamos nossas energias com essas notícias".[15]

Witold estava quase recuperado no fim de fevereiro. Depois de obter um conjunto do uniforme de prisioneiro para substituir a sua bata de hospital e de recuperar a sua antiga caixa de ferramentas para disfarçar, ele pôde se movimentar no campo e trabalhar pela Resistência, ao mesmo tempo em que nominalmente ainda era um paciente do hospital. Tal estratagema teria sido impossível de contemplar pouco tempo antes, mas depois de seis meses no campo ele havia aprendido as rotinas diárias dos kapos e quais trechos do campo deveria evitar. A Resistência também tinha crescido em tamanho para mais de cem homens, alcançando a maior parte dos pequenos destacamentos de trabalho. Seu impacto já podia ser sentido nos blocos quando exortavam outros prisioneiros a trabalhar em conjunto e a apoiar os homens que julgassem propensos a se voltar contra os alemães. Witold também encorajou seus recrutas a moderar o comportamento dos kapos com pequenos subornos – uma barra de margarina roubada da cozinha ou um pedaço de pão que os agrimensores contrabandeavam para o campo – e convenceu-os a buscar posições de poder dentro de suas equipes.[16]

Como o campo se expandia, constantemente havia vagas para kapos e capatazes, mas não prisioneiros alemães suficientes para preenchê-las. Otto Küsel, que administrava o escritório de trabalho do campo, parecia de fato querer ajudar os outros detentos, pois aprendeu um pouco de polonês e nunca solicitou pagamento para organizar transferências dos homens de Witold. Um recruta conseguiu o trabalho de kapo em um novo bloco; um segundo administrava os estábulos. Assim eles podiam abrigar outros prisioneiros, garantir um pouco de comida extra e exercer certo controle sobre o campo.[17]

Witold visitava Karol quase todos os dias nos estábulos onde ele trabalhava para contar as últimas notícias do rádio. Era sempre recebido com um petisco especial: uma pequena panela de alumínio de farelo de trigo misturado com água e, o mais raro dos prazeres, açúcar. O campo tinha recebido um carregamento de açúcar para alimentar os cavalos e, apesar de estar contaminado com sal e carvão, Karol descobriu que, se adicionasse água, o sal se dissolveria mais rápido que o açúcar e poderia ser descartado (o carvão era bom para diarreia). A mistura resultante era o "melhor bolo", Witold brincou com Karol. Para acompanhar, tomavam um copo de leite – Karol persuadira a SS de que o seu garanhão premiado precisava de um balde todos os dias (é claro que o garanhão nunca tomou uma gota, embora Karol tivesse o cuidado de passar espuma de leite ao redor de sua boca).[18]

Karol tinha as próprias notícias para dar a Witold num dia do início de março. O campo havia sido fechado para a visita de um oficial alemão desconhecido. A comitiva visitou os estábulos e Karol reconheceu o Reichsführer da SS Heinrich Himmler. O chefe de segurança tinha vindo para ordenar uma grande expansão no campo de dez para trinta mil prisioneiros, com o potencial de tornar-se o maior campo de concentração no Reich. Himmler estava entusiasmado em desenvolver o potencial econômico dos seus campos e foi acompanhado por executivos da gigante industrial IG Farben. Esperava persuadi-los a investir em uma fábrica de combustível sintético e de borracha nas proximidades, que seria construída por detentos mediante uma pequena taxa por prisioneiro.[19]

Witold colheu informações sobre algumas das intenções de Himmler nos dias seguintes. O escritório de construção da SS ao lado do campo utilizou prisioneiros para esboçar os desenhos arquitetônicos da expansão. Władysław Surmacki, o agrimensor, havia estabelecido diversos contatos no escritório com os detentos empregados na elaboração de mapas, e tomou conhecimento de planos para a construção de doze blocos novos na praça da chamada e de mais andares nos edifícios existentes para ampliar significativamente a capacidade do campo. Naquele mês, novos transportes de prisioneiros poloneses começaram a chegar todos os dias e os blocos transbordaram de recém-chegados desorientados, fossem eles pessoas capturadas aleatoriamente nas ruas ou detidas por terem real ou alegadamente resistido a trabalhar para os alemães.[20]

Witold achou a expansão do campo desanimadora, mas procurou tirar partido do influxo intensificando o recrutamento. Ele e Karol caminhavam por entre a multidão na praça quase todas as noites procurando por militares e membros da Resistência para recrutar. Manteve o recrutamento rápido, e raramente contava aos selecionados mais do que a missão geral e o nome de um ou dois outros contatos dos seus núcleos de comando, que ele chamava de "cinco". Ele era a única pessoa que conhecia todos na organização e, apesar de ter dado aos cinco a autonomia para deslocar membros entre grupos ou distribuir comida extra, as decisões mais importantes eram tomadas por ele. Para passar o mais despercebido possível, transmitia suas mensagens por intermédio de alguns confidentes, como Karol.[21]

O crescimento da Resistência aumentou sua influência sobre o campo, mas também a probabilidade de a rede ser detectada. As autoridades do campo já suspeitavam da existência de uma Resistência. A SS presumia que os prisioneiros haviam se segregado em gangues, como era comum em outros campos, e que existia um mercado paralelo que permitia que alguns prisioneiros sobrevivessem por mais tempo do que os três meses previstos. Mas não haviam juntado as peças do tamanho da organização de Witold ou se dado conta de que era afiliada ao movimento de Resistência em Varsóvia. Os homens de Witold fizeram o possível para identificar informantes, tanto se esquivando deles como ameaçando-os com espancamentos.[22]

Havia ocasiões em que a Gestapo vasculhava os seus arquivos à procura de prisioneiros com um registro anterior de trabalho na Resistência. Na chamada da manhã, esses prisioneiros eram convocados e executados nas minas de cascalho mais tarde. Witold perdeu vários recrutas dessa maneira. Ele confiava que o seu próprio registro estava limpo, mas isso não eliminava o risco de ser identificado na praça por acidente. Isso quase aconteceu uma noite depois do trabalho. Witold e Karol estavam caminhando em meio à multidão, verificando os recém-chegados, quando de repente alguém gritou o nome de Witold, o verdadeiro. Ele se virou e viu um amigo de Varsóvia andando rápido em sua direção.[23]

"Ah, então você está aí!", ele exclamou. "A Gestapo de Varsóvia cortou as minhas nádegas em pedacinhos perguntando o que acontecera com Witold."[24]

O uso de seu nome verdadeiro era uma sentença de morte. "Felizmente, não havia complicações entre nós", comentou Witold mais tarde. Witold fez o melhor que pôde para afastar o homem dali de maneira despreocupada e fazê-lo jurar segredo. Ainda assim, vários detentos haviam testemunhado o encontro.[25]

O incidente foi um lembrete de que ele precisava manter um comportamento discreto. Mais ou menos nessa época, no início de março de 1941, a SS instalou uma câmara escura no bloco de roupas e selecionou diversos prisioneiros com experiência em câmeras para tirar fotos dos prisioneiros. Witold teve que fazer fila junto com os homens do seu transporte e em um cálculo rápido constatou que mais de um quarto já havia morrido. Quando chegou a sua vez, ele se sentou em um banquinho giratório com uma haste de metal posicionada atrás da cabeça para manter o rosto alinhado com a lente. "Não sorria, não chore...", instruiu o operador, a primeira ordem tão absurda que quase garantia um sorriso. Witold manteve os olhos fixos, mas pressionou o queixo contra o pescoço para distorcer suas feições, no caso de a Gestapo encontrar uma foto dele.[26]

Mas ele quase foi esperto demais. Alguns dias mais tarde, foi chamado ao bloco do depósito. A SS tinha um pequeno escritório de registros no prédio, onde ficavam armazenados todos os documentos do campo, incluindo as fotos dos detentos. A sala continha inúmeros armários para arquivos e, sentado a uma mesa, um oficial da SS folheava a papelada. Parecia irritado. Depois de Witold cumprimentá-lo e informar o seu número, o homem pegou algumas fotos de prisioneiros e pediu-lhe que os identificasse. Witold não os conhecia. A sala continha inúmeros armários para arquivos e, sentado a uma mesa, um oficial da SS folheava a papelada, embora pudesse ver pelos números que tinham sido registrados no campo ao mesmo tempo que ele. Era altamente suspeito, disse o alemão, que ele não reconhecesse aqueles com quem viajou. Em seguida, olhou para a fotografia de Witold e então de volta para ele.

"Não parece nada com você", o oficial da SS exclamou.[27]

Witold explicou que a aparência inchada era sintoma de um problema nos rins. O homem da SS lançou um longo olhar e depois o mandou embora. Não foi nada, Witold disse a si mesmo. Mas, algumas horas depois, de volta ao hospital, Dering foi alertado de que Witold seria convocado no dia seguinte. Witold suspeitou de imediato de que havia sido identificado. O único prisioneiro fora da organização ciente de que ele estava no campo sob pseudônimo era o carpinteiro Wilhelm Westrych, o kapo libertado duas semanas antes. Teria sido traído?[28]

Sua única chance era apresentar uma explicação plausível para a confusão; a negação o conduziria à tortura. Dering o treinara para fingir sintomas de meningite, o que poderia levá-lo ao hospital a fim de que pudesse recuperar as forças ou, embora Dering não tenha dito, tomar uma dose de cianureto.

Na manhã seguinte, o número de Witold foi lido na chamada, adicionalmente aos de cerca de vinte prisioneiros. O gongo soou, eles foram para o bloco de registros e enfileirados no corredor enquanto seus números eram conferidos. Witold foi selecionado e conduzido à sala de correspondência.

Vários homens da SS, que em suas mesas se debruçavam sobre cartas de prisioneiros com conteúdo suspeito, ergueram os olhos. Um dos alemães o chamou com um gesto.

"Ah, meu rapaz", ele disse. "Por que você não está escrevendo cartas?"[29]

Witold de repente percebeu o motivo de ter sido convocado e quase riu alto. Era verdade que ele não estava escrevendo cartas por medo de expor Eleonora, mas havia previsto que isso poderia alertar a SS e tinha um punhado de cartas com a marcação "rejeitada" feita pelo escritório de censura no bloco.[30]

"Eu tenho escrito", ele disse ao homem, e podia provar.

"É mesmo? Ele tem provas!", o alemão zombou.[31]

O homem da SS mandou um guarda escoltar Witold de volta ao seu bloco para pegar as cartas. Ele estava a salvo. Mas qualquer satisfação que pudesse sentir era ofuscada pelo som dos tiros na mina de cascalho, que executavam os outros prisioneiros chamados com ele naquela manhã.[32]

*

A primavera deixou os prisioneiros inquietos. Os kapos começaram a organizar lutas de boxe aos domingos atrás da cozinha, onde ficavam parcialmente escondidos da visão das torres de guarda. Lutavam entre si, ou, às vezes, espancavam algum prisioneiro desesperado. Um domingo de março à tarde, Witold e alguns outros prisioneiros estavam no pátio, provavelmente catando piolhos das roupas, um afazer compulsório no fim de semana, quando todos ouviram os gritos de uma competição. Um prisioneiro correu em direção a eles, corado de excitação. O kapo do matadouro do campo, Walter Duning, estava se oferecendo para lutar contra qualquer um que ousasse enfrentá-lo.

"Ouvi falar que alguns de vocês sabem lutar boxe", ele disse. O prêmio era um pedaço de pão.[33]

Todos olharam para Tadeusz Pietrzykowski, cuja camisa descansava sobre uma pilha de tijolos ao lado de uma das minas. Teddy, como era conhecido, era um recruta recente que tinha treinado como peso-galo em Varsóvia, embora dificilmente estivesse em forma para lutar.[34]

O supervisor do quarto de Teddy o advertiu de que era uma loucura, Duning era conhecido por quebrar mandíbulas. Teddy apenas deu de ombros e correu pelas poças da praça em direção à cozinha, onde uma aglomeração de kapos e seus seguidores se acotovelavam para conseguir um lugar para enxergar. Duning, musculoso, noventa quilos, tirou a camisa no centro de um ringue improvisado. Ele havia sido campeão dos pesos médios de Munique e conseguia quanta comida quisesse no trabalho. Ao ver o pequeno Teddy, a multidão entoou: "Ele vai matar você, vai devorar você".[35]

A fome de Teddy superou o medo. Ele entrou no ringue e alguém lhe deu um par de luvas de operário enquanto Duning observava. Teddy estendeu as luvas para um toque, Duning levantou um único punho indiferente em retorno e, em seguida, Bruno Brodniewicz, o chefe dos kapos e árbitro, gritou: "Lutem".[36]

O alemão avançou rápido, tentando acabar com Teddy, e não se incomodou de manter os punhos para cima. Teddy conseguiu dar um soco de esquerda antes de sair do caminho. Duning avançou de novo, ainda gingando de forma descontrolada. Teddy saltou para perto e desferiu outro golpe. Repetiu-se o padrão, até que o gongo da chamada soou para marcar o fim do primeiro round. "Bate no alemão!" Os gritos vieram de alguns poloneses na multidão, sentindo-se encorajados.[37]

Teddy mais do que depressa levantou a luva pedindo que parassem, mas assim que o próximo round começou e Teddy deu um gancho de esquerda que tirou sangue do nariz do alemão, os prisioneiros começaram a cantar de novo. Desta vez, Bruno pegou o seu porrete e começou a acertar a seção mais ruidosa de detentos. Rapidamente Duning juntou-se a ele, o sangue escorrendo pelo peito. Os prisioneiros se dispersaram, exceto Teddy, que ainda estava no ringue, temendo o pior. Duning aproximou-se e retirou as luvas, arremessando-as ao chão. Então, apertou a mão do jovem polonês e o conduziu até o seu bloco.

"Quando você comeu pela última vez?", ele perguntou no caminho.[38]

"Ontem", Teddy respondeu.[39]

Duning entregou-lhe metade de um pão e um pedaço de carne. "Muito bom, rapaz, muito bom", foi tudo o que disse. Teddy correu de volta para o seu bloco para compartilhar o prêmio e depois conseguiu um trabalho valorizado nos estábulos.

Ao longo do dia, um grande burburinho elevou-se no campo com histórias sobre a luta, que a cada relato se tornava mais épica. Na praça, Witold ouviu um grupo de coronéis que havia chegado ao campo em março falando em insurreição e fuga. Na maioria das noites, eles eram vistos andando para cima e para baixo no passeio ao longo do rio, como se estivessem em um desfile. Pouco tempo antes, esse caminho tinha sido plantado com uma alameda de bétulas prateadas e recebido um nome de rua, "Birkenallee". Uma placa de madeira tinha sido entalhada retratando dois homens sentados em um banco, enquanto um terceiro sentava-se ao lado com um ouvido enorme voltado na direção deles. Pelas informações que coletou, um dos coronéis atacaria o portão principal e escaparia para reunir as forças que conseguisse na cidade local. Outro coronel permaneceria no campo até que o reforço chegasse.

Witold achou o plano mal concebido e prematuro, visto que cada coronel havia recrutado apenas alguns homens. Ele se absteve de contatá-los, preocupado com a indiscrição e ponderando que poderiam tentar usar a patente superior contra ele. Mas precisava ficar de olho neles, pois uma operação prematura poderia levar a medidas repressivas alemãs. As suas próprias considerações sobre uma fuga ainda eram incipientes. Deduziu que os seus homens potencialmente poderiam arranjar armamento nos depósitos, formar um pequeno arsenal escondido na oficina de metalurgia e depois tomar o portão principal. Mas ele ainda considerava a maior parte dos prisioneiros muito fraca para chegar longe, e a SS com certeza se vingaria de um modo terrível das centenas, senão milhares, deixadas para trás.[40]

Ele queria orientação de Varsóvia sobre como lidar com os coronéis e por volta de abril começou a trabalhar em um relatório. Karol, seu companheiro de bloco, seria libertado, pois sua família mexeu uns pauzinhos em Varsóvia. O cavalariço desengonçado havia se tornado um importante tenente, mas não poderia haver ninguém melhor para estabelecer uma conexão com Varsóvia. Ao preparar o relatório para Karol levar, Witold teve a chance de fazer um balanço dos sucessos recentes da Resistência: a expansão contínua da organização e a sua capacidade de sustentar vidas por mais tempo do que os alemães pretendiam, a rede de contrabando e o posto de escuta de rádio de Dering. Mas aqueles sucessos foram medidos em relação ao crescente número de mortos. Mais de quinze mil prisioneiros haviam entrado em Auschwitz desde a sua abertura, porém, menos de um ano depois, apenas oito mil e quinhentos ainda estavam vivos. O campo estava se expandindo com rapidez, com novos blocos em construção ao longo da praça da chamada, e a guarnição da SS tinha dobrado de tamanho. A segurança também tinha endurecido; o único fio de arame farpado em volta do perímetro havia sido substituído por uma fileira dupla de cercas eletrificadas, e o Comandante Höss havia instituído uma nova e cruel forma de punição coletiva no caso de fugas: dez prisioneiros do bloco do fugitivo eram escolhidos de modo aleatório para morrer de fome em represália. (Na primeira vez que isso aconteceu, Marian Batko, um professor de física de Cracóvia de quarenta anos, voluntariou-se para tomar o lugar do adolescente que havia sido selecionado, para espanto daqueles que testemunharam esse autossacrifício.)[41]

Witold incluiu todos esses detalhes no relatório oral que pediu para Karol memorizar e não lhe confiou qualquer mensagem para levar à sua família. A verdade é que ele não queria deixar o campo com o seu trabalho apenas iniciando. Recentemente, havia retornado à sua função de carpinteiro e parecia estranho admitir, mas estava quase se sentindo feliz.[42]

Witold encontrou um jeito de estar perto do portão para ver o amigo partir. O tempo estava ameno. Karol vestia o mesmo terno com o qual tinha sido preso, inclusive as abotoaduras. O ator de Varsóvia Stefan Jaracz foi libertado ao mesmo tempo. Ele estava com tuberculose e havia sofrido uma ulceração por congelamento tão profunda que os ossos dos dedos estavam expostos. Ambos foram cobertos com pó no exame médico para esconder as feridas e suas bochechas, esfregadas com suco de beterraba. Parecia que estavam saindo para uma última aparição no palco.[43]

Quando Karol estava prestes a sair, olhou para Witold e o viu imerso em pensamentos por um instante. Então, Witold olhou para ele e piscou.[44]

Alguns dias depois, o comandante Höss apareceu nos estábulos para se preparar para um de seus costumeiros passeios a cavalo pelos campos, durante os quais inspecionava o seu domínio. Teddy, o boxeador, tomara nota do hábito e, nessa ocasião, pôs um alfinete sob a sela do cavalo. Mal Höss colocou a perna sobre a sela, o cavalo disparou a galope, e o comandante teve que agarrar-se a ele para não cair. Teddy assistiu com prazer ao cavalo escoiceando, até parar e em seguida saltar em outra direção. Pouco depois, o animal voltou trotando sem o dono. Höss foi levado para o hospital de maca e com uma grave torção na perna. Teddy e os outros deram boas risadas sobre o ocorrido mais tarde. Não era uma insurreição – ainda –, mas pelo menos um nazista havia sido derrubado.[45]

CAPÍTULO 8

EXPERIMENTOS

AUSCHWITZ
JUNHO DE 1941

Enquanto aguardava a resposta de Varsóvia, Witold ouvia a BBC para inteirar-se das menções ao campo. Mas não houve nenhuma. Os alemães haviam conquistado os Balcãs e derrotado os britânicos em Creta. Na Líbia, os homens de Rommel avançavam sobre o Cairo. A orquestra do campo, uma presença diária no portão, tocava marchas militares para os detentos que partiam e retornavam do trabalho. Eles às vezes observavam os homens da SS de folga, tomando banhos de sol em seus jardins no fim da tarde ou brincando com os filhos no rio Sola.[1]

Os prisioneiros encontraram conforto no tempo quente, mas o clima ameno trouxe também o primeiro surto de tifo ao campo. A doença era disseminada pelos piolhos, endêmicos nos blocos imundos e superlotados. Os prisioneiros eram infectados ao introduzirem as fezes do inseto quando coçavam a pele depois de uma mordida. Inicialmente, a doença apresentava sintomas parecidos com os da gripe, assim como manchas vermelhas no tronco e nos braços, como se houvesse pequenas joias embutidas na pele. Mas logo ela progredia, e os doentes eram acometidos de alucinações febris, narcose e resposta imune catastrófica, à medida que as bactérias colonizavam as paredes dos vasos sanguíneos e dos principais órgãos.[2]

"Uma enfermaria lotada de pacientes com tifo na segunda semana da enfermidade assemelha-se mais a um hospício do que à ala de um hospital", um médico escreveu. Em geral, os pacientes precisavam ser amarrados para que não atacassem os funcionários nem se atirassem pelas janelas ou das escadas. Os quatro blocos do hospital estavam lotados de pacientes delirantes, cujos gritos mantinham o campo com os nervos à flor da pele. Não havia cura e as taxas de sobrevivência eram baixas, mas aqueles que se recuperavam ficavam imunizados contra a reinfecção.[3]

O método mais fácil de conter a doença era aliviar as condições anti-higiênicas, mas a SS preferiu usar métodos muito ineficazes contra a infestação de piolhos, como imergir os prisioneiros em tanques com uma solução de cloro. Dering e os outros enfermeiros escutavam resmungos sinistros entre os médicos da SS sobre a necessidade de as enfermarias serem desocupadas. "Qual é o sentido de manter tantos prisioneiros doentes no hospital?", questionou um médico recém-chegado, o Sturmbannführer da SS Siegfried Schwela. Alguns dos médicos começaram a realizar experimentos, injetando nos pacientes várias substâncias – peróxido de hidrogênio, gasolina, evipan (hexobarbital), peridrol, éter – em uma aparente tentativa de praticar eutanásia nos doentes.[4]

Na chamada da manhã de 22 de junho, Witold notou uma atmosfera nova e estranha no campo. Os guardas pareciam quietos, abatidos, como se estivessem com medo. Os kapos não bateram tanto nos prisioneiros quanto o habitual. A notícia se espalhou com rapidez: a Alemanha tinha invadido a União Soviética. Witold procurou Dering para confirmar as notícias que ouvira no rádio. O ódio de Hitler à União Soviética era bem conhecido, mas a ideia de que os alemães abririam uma segunda frente parecia inacreditável. No entanto, a BBC confirmou que nas primeiras horas da manhã a Alemanha tinha atacado a União Soviética com o maior exército já montado: quatro milhões de homens retirados das potências do Eixo e seiscentos mil tanques e veículos motorizados espalhados por um front de mil e seiscentos quilômetros. Em seu rastro, a Einsatzgruppen da SS e unidades policiais militarizadas conhecidas como Orpo seguiam as operações de "limpeza" dirigidas aos agentes comunistas e homens judeus em idade militar que fossem acusados de ser simpatizantes. Hitler ainda não havia concebido a Solução Final, mas acreditava que o comunismo era uma invenção judaica que pretendia subjugar a raça ariana e que os judeus eram, portanto, alvos que deviam ser eliminados. Chegara a hora, Hitler anunciou, de agir contra "esta conspiração dos judeus anglo-saxões belicistas e judeus detentores de poder do Centro Bolchevique em Moscou". Em poucas semanas, a SS também estava atirando em mulheres e crianças judias, em um primeiro passo em direção ao genocídio.[5]

Witold não sabia nada dos eventos a leste e é possível que considerasse o foco de Hitler na dimensão judaica da invasão a retórica habitual do líder nazista. Ele analisou a invasão de uma perspectiva militar e isso o encheu de esperança. Hitler poderia causar a Stalin um golpe terrível, mas os alemães sofreriam para lutar em duas frentes e com certeza seriam derrotados. Em breve, a Polônia poderia reaver a sua independência. Sua confiança foi compartilhada pelos outros homens. Naquela noite, viu uma multidão exultante reunida em volta de um dos novos coronéis no campo, Aleksander Stawarz, que esboçava no cascalho da praça como se daria a derrota dos alemães.[6]

Mas logo surgiram relatos do avanço rápido dos alemães através das províncias do leste da Polônia ocupadas pelos soviéticos. Brześć Litewski caiu, em seguida Białystok, Lwów, Tarnopol, Pińsk. O Exército Vermelho entrou em colapso tão depressa que as notícias da BBC começaram a soar como propaganda nazista. Centenas de milhares de soldados soviéticos eram capturados toda semana e mantidos em grandes prisões com pouca comida e água. O regime de Stalin parecia à beira do colapso. A liderança nazista elaborou planos para uma ocupação de longo prazo do território soviético. Em julho, algumas semanas após o início da invasão, várias centenas de prisioneiros de guerra soviéticos chegaram a Auschwitz e foram brutalmente espancados até a morte no cascalho por kapos armados com pás e picaretas.[7]

O desespero assolou o campo enquanto as vitórias alemãs se acumulavam naquele verão. A maioria dos dias começava com um prisioneiro correndo para a cerca elétrica para morrer com a carga de 220 volts ou com uma saraivada de balas; "indo para os fios", como os prisioneiros chamavam. A SS deixava os corpos pendurados como espantalhos até a chamada da noite.[8]

Os homens mais jovens de Witold estavam particularmente abalados. "Estou vendo que você se rendeu ao mau humor", Witold disse com delicadeza a Edward Ciesielski, um rapaz de dezenove anos com covinhas no queixo e bochechas de bebê.[9]

"Lembre-se, nós não temos permissão para sucumbir mentalmente sob nenhuma circunstância. As vitórias dos alemães só adiam a sua derrota final. E vai acontecer, mais cedo ou mais tarde."

"Conto apenas com o senhor", Edek disse, usando uma mão enfaixada para enxugar as lágrimas.[10]

À noite, Witold confortava o seu companheiro de colchão mais recente – Wincenty Gawron, um artista de vinte e um anos das montanhas Tatra, ao sul de Cracóvia – com histórias de suas fugas durante a campanha bolchevique. Em geral, o jovem dormia quando ele chegava ao momento em que atacava as posições dos russos a cavalo. Em seu íntimo, entretanto, Witold tinha dúvidas. E se a Alemanha ganhasse? Talvez fosse melhor levantar e morrer lutando do que esperar pela desgraça?[11]

*

Algumas semanas mais tarde, o comandante Höss fez um anúncio curioso na chamada da manhã. Era um homem magro, de boca redonda e olhos escuros. A multidão de detentos em fileiras teve que se esforçar para ouvi-lo. "Todos os doentes ou aleijados podem se apresentar para uma consulta no sanatório", ele disse. "Todos serão curados lá. Por favor, dirijam-se ao departamento de roupas."[12]

Witold assistiu com preocupação à multidão heterogênea cambaleando para o bloco de depósito para informar seus nomes. Em seguida, ele procurou por Dering, que lhe contou que a equipe do hospital tinha recebido ordens para elaborar uma lista de "incuráveis". Dering prometeu descobrir mais a respeito. Ele havia incrementado sua influência ao convencer os alemães a promovê-lo a cirurgião-chefe e ao organizar uma sala de cirurgia completa, com mesa, éter e um conjunto de bisturis, tesouras, serras e grampos. A SS pretendia usar Dering e a instalação para praticar as suas habilidades cirúrgicas em presidiários. Porém, Dering esperava colocá-la igualmente em uso para salvá-los. A posição também conferia-lhe autoridade para aceitar pacientes e determinar a sua permanência na enfermaria de recuperação – o poder, em outras palavras, de transformá-la em um abrigo para a Resistência. Dering perguntou a Bock se a SS pretendia tratar os incuráveis e recebeu a garantia de que a oferta alemã era sincera.[13]

Ele apresentou a sua lista de incuráveis em julho. Algumas semanas depois, em 28 de julho, uma comissão médica chegou ao hospital para uma seleção adicional. O dia estava quente, então o médico da SS Popiersch montou a estrutura na rua. O Sturmbannführer da SS Horst Schumann, diretor do declarado sanatório, penteado com elegância, tomou assento a uma mesa com os seus assistentes e os primeiros prisioneiros coxearam para a frente. Klehr pegou os cartões médicos dos mais doentes e os enviou para o bloco de roupas para serem desinfestados de piolhos e receberem roupas e cobertores limpos.[14]

"Caras de sorte", os outros prisioneiros disseram. A comissão visitou cada bloco hospitalar e, com o passar das horas, os pacientes ficaram cada vez mais desesperados para entrar na lista, fingindo tosse, mancando e subornando os enfermeiros com pão. "Me leve, me leve", gritou um detento, Aleksander Kolodziejczak, levantando a mão para mostrar o polegar amputado por causa de uma lesão antiga. Schumann assentiu gentilmente e acrescentou o seu nome à lista, que cresceu para quinhentos e setenta e cinco pacientes, cerca de um quinto do hospital.[15]

Os doentes já estavam a caminho do trem que os esperava quando um dos médicos da SS deixou escapar a verdade para Dering. Os selecionados não iriam para um spa. Estavam sendo encaminhados a um centro médico secreto nos arredores de Dresden e era quase certo que estavam condenados. O que ele não sabia era que a instalação fazia parte de um programa nazista para eliminar os cidadãos alemães considerados mentalmente doentes ou incapacitados. O chamado programa T4 havia sido estabelecido em 1939 e serviu como um tipo de laboratório para o desenvolvimento de métodos destinados à execução de grandes grupos de pessoas. Seus médicos foram pioneiros no envenenamento por gás em massa: as pessoas eram trancadas em salas fechadas e preenchidas com monóxido de carbono. O programa deveria ser secreto, mas tornou-se público quando dezenas de milhares de pessoas, muitas delas crianças, foram mortas nos dois anos seguintes. A inquietação pública forçou a liderança nazista a suspender o programa.[16]

Himmler, entretanto, viu no programa um possível modelo para a eliminação de "elementos não produtivos" dos campos de concentração, cujo número de prisioneiros doentes havia aumentado enormemente no inverno de 1940. Ele havia chegado a um acordo com os especialistas em assassinato do programa T4 para selecionar prisioneiros doentes para o envenenamento por gás naquela primavera, ao mesmo tempo em que encorajava a equipe médica do campo a experimentar diferentes formas de eutanásia, como Dering já havia testemunhado.[17]

Dering assistiu impotente aos presidiários caminhando devagar no campo em direção ao trem que os esperava. A SS havia equipado os vagões com colchões, travesseiros e garrafas de café para manter a ilusão de que saíam para o feriado. A visão dos pacientes embarcando com entusiasmo e se instalando no trem foi demais para o kapo Krankemann.[18]

"Vocês serão todos envenenados por gás, seus idiotas", ele teria deixado escapar, de acordo com um relato. Com o pânico instaurado, o subcomandante Fritzsch sacou a pistola e ordenou que Krankemann fosse enforcado com o seu próprio cinto nas traves do vagão. Siegruth, o kapo maneta, recebeu ordens de embarcar no transporte também.[19]

Os pertences e roupas dos prisioneiros mortos foram devolvidos ao campo alguns dias depois. Um dos médicos da SS confirmou para Dering que eles haviam sido envenenados com monóxido de carbono, exceto Siegruth, assassinado no trem pelos prisioneiros. Dering vinha mantendo os seus medos para si, talvez esperando que não fosse verdade, mas era inútil agora. A notícia chocou os enfermeiros. A ideia do extermínio em massa era um novo horror. "Daquele ponto em diante, percebemos que a SS poderia fazer qualquer coisa", recordou um enfermeiro.

Naquele verão, Dering e outros enfermeiros passaram a sofrer uma pressão crescente para eliminar pacientes doentes com injeções. O atendente Klehr tinha descoberto que uma dose de fenol administrada por seringa direto no coração matava mais rápido, e rotineiramente matava uma dúzia de pacientes por dia. Os médicos da SS justificavam esses assassinatos dizendo ser atos de misericórdia. "O dever do médico é curar pacientes, mas só os que podem ser curados. Devemos impedir o sofrimento dos outros", Schwela declarou.[20]

Um dia, Dering tratava de um prisioneiro sedado e deitado sobre a mesa quando um médico alemão chamou a sua atenção para uma seringa em uma mesa lateral cheia de um líquido rosa-amarelado. É uma dose de glicose, o homem disse. Os olhos dele o traíram com um lampejo de excitação. Dering pegou a seringa, sabendo que era fenol.[21]

"Sinto muito, não posso fazer isso", ele disse suavemente, retornando a agulha para a mesa. O alemão parecia mais desapontado do que zangado. Ordenou que Dering ficasse confinado ao bloco por duas semanas e depois instruiu que outra pessoa, possivelmente Klehr, injetasse o conteúdo no homem. O paciente estrebuchou e morreu diante dele, uma mancha rosa florescendo em seu peito. Mas Dering, que mais tarde enfrentaria acusações de crimes de guerra por causa das cirurgias experimentais, nem sempre objetou, preferindo acreditar que poderia salvar mais vidas se participasse do processo.[22]

*

Surgiram boatos de que outro transporte estava sendo organizado. Dering e Witold iniciaram uma campanha para alertar aos prisioneiros que não se voluntariassem. Mas a SS planejava realizar a próxima rodada de seleções e execuções dentro do campo, agora que havia estabelecido a lógica e eficácia do uso de gás para envenenamento em massa dos detentos. Além do mais, os alemães queriam expandir o programa para enfrentar o influxo previsto de prisioneiros de guerra soviéticos. Himmler havia chegado a um acordo com os militares alemães e cem mil soviéticos seriam enviados a Auschwitz. Ele esperava empregar a maior parte deles em trabalhos forçados, à medida que descobria e eliminava agentes comunistas e judeus em suas fileiras.[23]

Quando a segunda seleção se aproximou, Dering ajudou a liberar quaisquer pacientes capazes de andar. Isso diminuiu os números, mas com a epidemia de tifo ainda disseminada, centenas ficaram presos nas enfermarias.

No fim das contas, deu a Schwela uma lista contendo alguns dos prisioneiros mais doentes com a esperança de que isso o satisfizesse.[24]

No fim de agosto, um kapo do hospital ordenou que os blocos fossem limpos com mais cuidado do que o habitual e avisou aos prisioneiros que a próxima seleção poderia começar a qualquer dia. Dering redobrou seus esforços para esvaziar as enfermarias e instruir os que ficariam quanto ao que dizer para minimizar a gravidade de suas enfermidades quando os alemães iniciassem o abate. Para sua frustração, alguns prisioneiros não quiseram acreditar nele, preferindo confiar na promessa de Schwela de visitar um spa.[25]

Ele e Witold presumiram que a SS enviaria o próximo transporte de prisioneiros para Dresden, mas havia sinais de que os alemães tinham um novo plano em mente. Durante semanas, houve rumores de que um trem com detentos especiais deveria chegar a qualquer dia. O bloco da unidade penal no canto do campo foi esvaziado e as janelas semienterradas dos níveis do porão, preenchidas com concreto. Alguns prisioneiros pensaram que os alemães estavam construindo um abrigo antiaéreo para se proteger de uma ofensiva aliada que deveria ocorrer em breve. Outros não tinham tanta certeza. Um bloqueio do campo, que incluiu o confinamento dos prisioneiros em seus quartos, foi anunciado duas vezes, mas em ambas as vezes os homens foram liberados sem incidentes.[26]

Então, em uma manhã no início de setembro, Schwela e dois outros médicos entraram de repente no hospital para anunciar que a seleção seria iniciada. O céu estava cinzento e o ar, pesado de umidade. Nos blocos, o cloro pinicava as narinas, mas pouco fazia para esconder o fedor. Schwela instalou-se em uma mesa e instruiu os prisioneiros a se apresentarem. Ele fumava e sorria de maneira simpática, apontando para os candidatos e prometendo alívio, as cinzas de cigarro acumulando-se no chão embaixo dele enquanto Klehr assinalava os números. Dering conseguiu resolver o caso de alguns, mas Schwela pretendia preencher uma cota. Praticamente o bloco inteiro de pacientes tuberculosos foi selecionado e não houve liberações para doenças infecciosas.[27]

Schwela acrescentou quase duzentos e cinquenta prisioneiros à lista de Dering e se declarou satisfeito ao meio-dia. Enviou os cartões dos escolhidos para o prédio do hospital principal e os enfermeiros começaram a transportar os doentes para o porão do bloco penal, onde esperariam o suposto trem. Muitos não foram capazes de andar os cerca de cem metros, e os enfermeiros os carregaram em macas até os degraus do porão, a partir de onde tiveram de ser carregados nas costas até as celas abaixo.[28]

Um enfermeiro, Jan Wolny, lembra-se de que o homem nas suas costas o agarrou com tanta força que ele não conseguia respirar, não largando do seu pescoço nem quando chegaram aos quartos abafados e mal-iluminados. Só quando um homem da SS os derrubou no chão é que Jan pôde desvencilhar-se. Olhou para trás e viu a luz da escada iluminar o rosto do homem por um momento. Em seguida, saiu apressado.[29]

"Você via nos rostos aterrorizados que eles haviam se dado conta de que iam morrer", recordou Konrad Szweda, outro dos que transportaram os doentes. Ele tinha sido padre antes da guerra e sussurrava absolvições para aqueles que carregava. Os pacientes comatosos foram empilhados uns sobre os outros, como se já estivessem mortos.[30]

O restante dos prisioneiros recebeu ordens de ficar em seus blocos. Tensos e nervosos, não conseguiam dormir, mas também não sentiam vontade de conversar.

*

Naquela reunião de prisioneiros no escuro, Witold sentou-se, aguardando. Então, ouviu o som de pesados motores a diesel. Aqueles que ousaram espreitar pelas janelas contaram que viram uma procissão de caminhões trazendo um novo transporte de prisioneiros. Os homens usavam uniformes sujos e bonés *ushanka*. Soviéticos, talvez seiscentos no total. Homens da SS os escoltaram até o pátio fechado do bloco penal.[31]

Os caminhões partiram e o silêncio permaneceu por um tempo, mas ainda assim poucos dormiram. Pouco depois da meia-noite, Witold ouviu um grito vindo do bloco penal. Não era uma única voz, mas muitas, subindo e descendo oitavas. Havia palavras em meio aos gritos, mas elas se sobrepunham umas às outras. O mesmo som angustiado continuou, e então, o silêncio.[32]

No dia seguinte, um sábado, o campo estava pipocando de boatos, assim como no próximo: um prisioneiro tinha visto homens da SS com máscaras de gás, outro ouvira um alemão falando que os soviéticos tinham levado o que mereciam. Na segunda-feira, após a chamada da noite, houve outro bloqueio nos blocos e atividade no bloco penal. Na manhã seguinte, o enfermeiro de nome Tadeusz Słowiaczek localizou Witold para passar uma mensagem de Dering. Tadeusz tremia e mantinha um olhar aterrorizado ao falar. Os gritos da outra noite, ele balbuciou, eram o som de oitocentos e cinquenta homens sendo envenenados por gás. Os pacientes que tinham sido levados até lá e os soviéticos que vieram depois estavam todos mortos. Tadeusz e os outros enfermeiros tinham passado a maior parte da noite anterior carregando os corpos. O relato era apavorante. O Comandante Höss havia reunido os trabalhadores médicos na rua e obrigou-os a jurar segredo. Em seguida, conduziu-os até o porão do bloco penal, vestiu uma máscara de gás e desceu a escada. Surgiu alguns momentos depois, e fez sinal para os enfermeiros o acompanharem.[33]

As portas das celas estavam escancaradas e à luz fraca de uma única lâmpada eles enxergavam o conteúdo de cada sala. Os mortos estavam tão apertados, tão pressionados uns contra os outros em cada espaço, que ainda permaneciam em pé, com membros enroscados, olhos esbugalhados, bocas abertas e dentes à mostra em gritos silenciosos. As roupas estavam em pedaços nos pontos onde eles devem ter se agarrado uns aos outros, e vários tinham marcas de mordidas. Onde quer que houvesse carne exposta, a pele adquiria uma tonalidade escura e azulada. Cada porta emoldurava a mesma cena. Mais adiante no corredor estavam os pacientes do hospital que tinham sido colocados em celas menos abarrotadas. Pareciam ter deduzido o que estava por vir: alguns tinham enchido a boca e as narinas com farrapos. Espalhadas no chão havia pequenas pastilhas azuis que alguns dos enfermeiros reconheceram como o agente de desinfestação Zyklon B. O lugar já fedia a carne em decomposição.[34]

Diversos atendentes vomitaram, mas Gienek, o funcionário do necrotério do hospital, permaneceu calmo e orientou os demais a começar pelos corpos dos pacientes, que pareciam menos emaranhados do que os soviéticos. Eles os carregaram até o banheiro para serem despidos, cada cadáver levado por dois homens, até que descobriram que era mais rápido simplesmente arrastar os corpos sobre o chão escorregadio. Os pacientes estavam nus, mas os soviéticos estavam vestidos. Roupas, cigarros e demais pertences foram amontoados em uma pilha. Vez ou outra, um homem da SS enfiava alguma bugiganga no bolso caso achasse que ninguém estava olhando.[35]

Teofil, o outro funcionário do necrotério, permaneceu do lado de fora para supervisionar os cadáveres sendo colocados em carroças. Então, os mortos recebiam a indignidade final de terem as bocas abertas à força e quaisquer obturações e dentaduras de ouro eram removidas na base do fórceps. Por último, os corpos foram transportados para o crematório. Os enfermeiros trabalharam a noite toda, mas mal haviam limpado metade das salas.

Tadeusz já não soava compreensível quando terminou de contar a história a Witold. "Não está vendo?", ele disse, "Isso é apenas o começo. O que impede os alemães de nos envenenar a todos com gás, agora que eles se deram conta de como é fácil matar?".[36]

Os enfermeiros retornaram naquela noite para acabar de carregar os cadáveres para as carroças. Os corpos tinham começado a inchar e estavam escorregadios por causa da chuva leve. Usaram os cintos para envolver os braços e as pernas e conseguir tração adicional ao arremessarem os corpos a bordo. Gienek supervisionava o trabalho quando uma carga empilhada com oitenta corpos balançou e tombou, enterrando um enfermeiro sob uma pilha de cadáveres que deslizaram para o chão como peixes molhados. Os outros correram para remover os mortos, libertando afinal o homem quase sufocado. Os guardas da SS riram e buscaram alguns enfermeiros extras, incluindo Dering, para levar os corpos nas costas até o crematório. O necrotério já estava cheio, então puseram os cadáveres do lado de fora da porta.[37]

Witold não conseguia compreender as intenções dos nazistas. A princípio, o envenenamento por gás de pacientes do hospital em Dresden pelo menos se enquadrava na lógica de eliminar os que não podiam trabalhar. Não fazia sentido para a SS matar trabalhadores em potencial, abdicando assim de mão de obra. Porém, reconheceu a natureza sem precedentes do experimento de envenenamento por gás e tinha certeza de que as notícias do massacre provocariam uma resposta. Em 14 de setembro, um dos enfermeiros, Marian Dipont, foi libertado do campo, e é provável que tenha levado um primeiro relatório de testemunha ocular do envenenamento por gás para Varsóvia e feito um relato oral. Nos dias seguintes, os prisioneiros discutiram nervosamente o avanço das tropas alemãs em direção a Moscou e o colapso iminente da União Soviética, ao mesmo tempo em que Witold tentava cavar mais informações, mas o experimento na unidade penal não se repetiu.[38]

Uma semana depois, o bloco de Witold foi selecionado para ser usado como instalação extra de desinfestação de piolhos, e ele foi transferido para um barracão adjacente ao perímetro, de frente para o crematório. O tempo tinha esfriado e um vento forte açoitava as ruas. A chamada estava prestes a começar e Witold saía rapidamente do prédio quando viu os guardas da SS usando as coronhas dos rifles para direcionar uma coluna comprida de homens, completamente nus e dispostos em fileiras de cinco, para dentro do crematório. Witold supôs que seriam os soviéticos que haviam chegado na noite anterior ao campo e que tivessem recebido roupas íntimas e uniformes, embora tenha se perguntado sobre o uso do crematório para aquele propósito.

Naquela noite, ele soube que a SS tinha usado buracos especialmente abertos no telhado para esvaziar latas de Zyklon B sobre os homens, que gritavam desesperados. Quando o último prisioneiro ficou em silêncio, a SS utilizou o sistema de ventilação do necrotério para remover o gás da sala e descartou os corpos nos fornos do bloco ao lado. Todo o procedimento levou apenas algumas horas e ganhou a aprovação imediata de Höss. Os alemães tinham criado a primeira câmara de gás do campo com poder de matar em escala industrial.[39]

Witold possivelmente reconheceu a lógica sinistra de assassinar os soviéticos no crematório. Mas ainda não concebia um programa de extermínio em massa baseado em ideologia. Deduziu que os soviéticos tinham sido mortos porque o alojamento para eles não estava pronto. Sua conclusão foi reforçada alguns dias depois, quando vários blocos no campo foram cercados com arame farpado e designados como "Campo de prisioneiros de guerra soviéticos".[40]

Em outubro, o primeiro trem de carga trazendo centenas de prisioneiros de guerra soviéticos chegou. Os homens foram forçados a se despir e a pular em um tonel de desinfetante fétido antes de serem conduzidos com violência para o campo, de onde um grito se ouviu: "Eles estão vindo".

Os kapos enxotaram os outros prisioneiros para os seus respectivos blocos. Estava claro e frio, e a primeira geada veio, emoldurando as janelas dos blocos com gelo, mas Witold era capaz de entrever os soviéticos, agachados do lado de fora de seus blocos, nus e tremendo. Alguns dos homens da SS tinham câmeras e tiravam fotos. Deixaram os soviéticos no pátio durante a noite, e eles berravam no frio.[41]

Na manhã seguinte, o campo acordou e viu os infelizes, ainda agachados, mas cinzentos e imóveis. Nuvens escuras tinham chegado com o vento congelante do norte. O amigo de Witold da carpintaria, Michał, foi vê-los. "Eles vão acabar com essas pessoas", ele relatou ao retornar. "O kapo diz que eles vão ficar lá fora até a noite". Ele pegou um cigarro e se atrapalhou com os fósforos. Os russos também não tinham sido alimentados.[42]

"Quem mata prisioneiros de guerra nunca vencerá o conflito", um preso observou. "Quando a outra parte descobrir, será uma luta até a morte."[43]

Os transportes com prisioneiros de guerra soviéticos chegavam a cada intervalo de poucos dias depois daquilo. Witold reconheceu que as atrocidades alemãs contra o conjunto de soldados abriam um precedente tão perigoso que o seu suplício pedia a atenção da Resistência. Isso exigiu que ele cruzasse uma barreira emocional, tendo em vista o papel da União Soviética na destruição e ocupação de seu país. Na verdade, nota-se o tom contido com que descreve a difícil situação dos soviéticos. Por um breve período, considerou forjar uma aliança com eles, mas os enfermeiros poloneses designados para cuidar dos soviéticos em um hospital rudimentar do bloco informaram que os homens estavam muito desmoralizados e esgotados para Witold arriscar-se a confiar neles. Em vez disso, Witold dedicou-se a relatar a situação em que se encontravam. Preparou um segundo relatório oral sobre os experimentos com envenenamento por gás e o súbito influxo de prisioneiros de guerra soviéticos, possivelmente enviado para fora do campo em 22 de outubro por outro prisioneiro libertado chamado Czesław Wąsowski.[44]

No início de novembro, o contingente soviético no campo chegava a dez mil – quase equiparando-se ao de poloneses. Foram colocados para trabalhar em um novo projeto fora dos portões: um novo campo para cem mil prisioneiros de guerra em uma área de pântanos e bosques de bétulas prateadas que deu ao lugar o seu nome, Brzezinka, ou Birkenau em alemão. Os soviéticos começaram a trabalhar demolindo uma aldeia polonesa perto do local para guardar suprimentos para os novos barracões. A SS planejava erguer cento e setenta e quatro barracões de tijolos em um terreno pantanoso com mais de oito mil metros quadrados, além de um novo crematório.[45]

Witold só podia conjecturar sobre qual seria o papel do campo depois de concluído: a se considerar apenas o tamanho, os nazistas deviam estar planejando fazer dele o ponto central de recolhimento dos prisioneiros soviéticos. Witold pode ter suposto que eles trabalhariam até a morte. O contingente soviético voltava mancando do trabalho todos os dias, puxando carrinhos de colheita abarrotados de camaradas mortos ou incapazes de locomover. Como o crematório existente não conseguia dar conta da carga, a SS mudou de estratégia, passando a enterrar os corpos nas florestas de Birkenau. Depois que o chão congelou, eles passaram a empilhá-los em um dos blocos soviéticos no campo principal, enchendo o porão primeiro, em seguida os próximos dois andares, à medida que os mortos substituíam os vivos.[46]

Witold estava determinado a descobrir quantos estavam morrendo e colocou um recruta no escritório de registros do campo, onde os prisioneiros trabalhavam como funcionários. Segundo sua fonte, três mil, cento e cinquenta prisioneiros soviéticos tinham morrido em pouco mais de um mês – número superior ao de poloneses que haviam perecido no primeiro ano de existência do campo. Witold não pôde vislumbrar a direção que o campo seguiria – a própria liderança nazista ainda tinha que decidir –, mas constatou que os horrores estavam aumentando e que até agora os seus relatórios tinham falhado em provocar uma resposta aliada. O próximo mensageiro, o carpinteiro Ferdynand Trojnicki, foi solto em meados de novembro com notícias de Birkenau e os números mais recentes. O agrimensor do campo Władysław Surmacki partiu algumas semanas depois levando um relato semelhante. Em cada ocasião, Witold puxava os homens de lado e os fazia repetir a sua mensagem várias vezes, até ter certeza de que tinham memorizado os detalhes e entendido como utilizar os fatos para justificar a ação.[47]

Nesse ínterim, começou a entender, com relutância, que a sua única esperança era organizar uma revolta no campo. A guarnição da SS havia dobrado nos últimos meses para cerca de dois mil. Muitos, provavelmente a maior parte dos seus homens, seriam mortos em uma luta. Mas talvez suas vidas fossem o custo necessário para se destruir o campo. Precisaria dos coronéis. Witold vinha monitorando os oficiais há meses com crescente respeito pelo modo como haviam desenvolvido as próprias células e evitado ser detectados. Juntos, poderiam chegar ao número de quase mil homens – o suficiente para causar algum dano.[48]

Witold sabia que a etiqueta militar exigiria que cedesse o controle no caso de uma resistência conjunta. Acima de todos, tinha passado a respeitar um oficial discreto de Bydgoszcz, no oeste da Polônia, chamado Kazimierz Rawicz. Durante a invasão alemã, a unidade de Rawicz fora uma das poucas a lutar até o final. Ambos tinham começado a trabalhar em um antigo complexo de curtumes fora do campo, onde a SS empregara várias centenas de trabalhadores qualificados. Os trabalhadores do couro, serralheiros, ferreiros e alfaiates estavam instalados em suas próprias oficinas e tinham como obrigação produzir itens de primeira necessidade para o campo, mas os kapos haviam criado um pequeno negócio para oferecer os serviços dos detentos aos homens da SS. Relativamente bem alimentados e raramente espancados, o número de trabalhadores nos curtumes chegava às centenas, e Witold os visualizava como a vanguarda de qualquer operação.[49]

Os dois homens se encontraram em uma noite fria de novembro ao lado do bloco do hospital. Rawicz concordou com Witold que uma força de mil homens poderia destruir pelo menos algumas das linhas de trem do campo e das proximidades, e a ação criaria uma janela de oportunidade para a fuga de prisioneiros. Também afirmou ter um contato em Varsóvia e sugeriu que apresentassem o plano para a liderança da Resistência para aprovação.[50]

Witold sabia que a insurreição levaria meses para ser planejada e que organizar um exército daquele tamanho ao longo desse período envolveria inúmeros riscos, mas foi trabalhar nos dias seguintes com um senso de propósito renovado. As constantes idas e vindas dos homens da SS aos prédios do curtume o aproximavam perigosamente dos seus algozes. Höss passou por lá para pedir um carro em miniatura para o filho mais velho, Fritzsch veio em seguida e encomendou castiçais entalhados com a Branca de Neve e os sete anões. Depois, Fritz Seidler, que tinha ameaçado Witold de morte iminente na sua primeira noite no campo, foi até a mesa dele na oficina de entalhe, onde o amigo Wincenty trabalhava em um retrato de Hitler para o kapo. Seidler observou a pintura e os homens com olhos estreitos. Todos ficaram tensos à espera do veredicto.[51]

"Ficou bom", ele disse por fim. "Quando estiver pronto, vou levá-lo e pendurá-lo em casa."[52]

"Uma honra, senhor", interveio o kapo. "É uma grande honra."[53]

No caminho de volta do trabalho com os outros, Witold demonstrava ansiedade para atacar. Sempre que podia, reservava algum tempo para planejar com os outros. Um dos recrutas tinha preparado um esconderijo no salão principal do complexo de curtumes. A sala continha uma dúzia de poços profundos contendo soluções químicas. Os curtidores tinham mantido vazio um dos poços e usaram troncos amarrados com tiras de couro em processo de secagem para cobrir a abertura. O poço era o lugar perfeito para discutir assuntos da Resistência. Os curtidores costumavam servir orelhas de vaca e de porco assadas no forno da sala de secagem. Tinham outro agrado para oferecer: um banho no grande tanque de água quente para deixar as peles de molho. "Tomei um banho e me senti como já havia muito não me sentira, um homem livre", Witold recordou. "Era inconcebível".[54]

Tais momentos não poderiam durar, nem ele assim desejava, com a revolta se aproximando e a morte à espreita. Em 11 de novembro, Dia do Armistício, a SS convocou cerca de cento e sessenta prisioneiros na chamada e os conduziu para um pátio fechado que tinha sido construído pouco tempo antes ao lado do bloco penal. Os homens foram executados um a um com uma espingarda de ferrolho de ação pneumática, do tipo usado para matar gado. O sangue era tanto que escorreu pela sarjeta, depois sob o portão, dali para o pátio e então para a rua.[55]

Witold ainda estava no trabalho quando soube do ocorrido. Sentou-se em silêncio, a expressão taciturna. Um dos entalhadores irrompeu em lágrimas. Otto, o amigável kapo alemão, cambaleou.

"Deus não existe!", ele declarou, as mãos tremendo ao manusear um cigarro. "Eles não podem se safar. Eles têm que perder a guerra por causa dessa perversidade."[56]

"Você acha mesmo?", um dos entalhadores perguntou, com um tom de voz ligeiramente contrariado.[57]

"Faço o que posso", Otto disse.[58]

"Sei disso, eu sei", respondeu o entalhador. "Mas tente não pensar sobre qualquer outra coisa até pararmos esses malditos."

Alguns dias depois, Witold disse a Wincenty que o número de homens da SS guardando o curtume tinha sido reduzido para vinte. Em um dia em dezembro, mal havia uns dez. Talvez houvessem sido acometidos por uma intoxicação alimentar; não importava.[59]

"Está vendo?", Witold sussurrou para Wincenty quando chegaram à oficina. "Nós poderíamos dominá-los facilmente, vestir os uniformes e surpreender o campo."[60]

Wincenty queria rir, mas o olhar de Witold e sua voz estavam diferentes.

"É factível na teoria", o homem mais jovem se limitou a dizer.[61]

O próximo estágio havia começado.

CAPÍTULO 9

MUDANÇAS

VARSÓVIA
NOVEMBRO DE 1941

O líder da Resistência Stefan Rowecki recebeu os relatórios de Witold sobre o envenenamento por gás dos prisioneiros de guerra soviéticos naquele outono. Ele, assim como Witold, não tinha certeza do que fazer em relação a esse desdobramento. Seguramente, era uma violação da lei internacional, mas Rowecki o associou ao projeto racial alemão que estava testemunhando em Varsóvia. A política alemã para os poloneses católicos era brutal. Sofriam com o toque de recolher, com o racionamento e com as detenções em massa. E isso quando não eram encaminhados para os campos de trabalho no Reich ou para a execução sumária. Porém, os nazistas tinham parado com as matanças sistemáticas, enxergando algum valor racial na população e estabelecendo institutos especiais para avaliar quais poloneses poderiam ser aceitos como alemães.[1]

Em contrapartida, a política em relação aos judeus era sanguinária. Os alemães tinham amontoado os quatrocentos mil membros da comunidade judaica nas ruas apertadas do gueto, onde milhares de pessoas morriam por mês devido à escassez de alimentos e de cuidados médicos. Além do mais, os homens de Rowecki haviam relatado que os alemães – e alguns poloneses colaboradores – promoviam fuzilamentos em massa de judeus. Rowecki via esses incidentes como *pogroms* alemães isolados e como o início de uma campanha de assassinatos em massa.[2]

O envenenamento por gás em Auschwitz também parecia ser um caso pontual, e os colegas de Rowecki teorizaram que o gás era uma nova arma sendo testada para utilização no front. A notícia de que o campo se tornaria uma grande instalação para os prisioneiros de guerra soviéticos sugeria que os nazistas queriam explorá-los como trabalhadores escravos, assim como os poloneses.[3]

Rowecki mandou redigir os relatórios de Witold e os entregou ao seu melhor mensageiro, Sven Norrman, um sueco austero de quarenta e oito anos que administrava a filial de uma empresa de engenharia elétrica sueca em Varsóvia. Norrman desprezava o que os nazistas estavam fazendo com a cidade que o adotara e acreditava que, como estrangeiro, tinha o dever de compartilhar o que via. A neutralidade da Suécia na guerra significava que ele podia viajar entre a Polônia e Estocolmo, o que o tornava o mensageiro ideal. Rowecki se encontrava com Norrman com regularidade no U Elny Gistedt, no centro da cidade, onde sabiam que podiam usufruir da discrição da anfitriã, de uma refeição decente com produtos adquiridos no mercado paralelo e de cerveja servida secretamente em copos de papel.[4]

Norrman partiu para Berlim em meados de novembro levando os relatórios sobre os envenenamentos por gás em um rolo de microfilme de 16 ou 35 mm escondido no fundo falso da mala. O microfilme tinha sido desenvolvido antes da guerra para preservar os jornais, e um único rolo produzido usando-se uma câmera equipada com uma lente microscópica podia conter duas mil e quatrocentas páginas de relatórios. Tinha a vantagem de ser ilegível a olho nu, proporcionando tempo em caso de captura.[5]

Norrman professou em voz alta a sua admiração pelo nacional-socialismo aos seus companheiros no trem e passou pelo aeroporto Tempelhof de Berlim sem problemas até embarcar no avião Douglas para Estocolmo. Apesar da pressão alemã, os poloneses mantiveram aberta a sua missão diplomática na capital sueca. Norrman deve ter entregue o microfilme lá, de modo a ser enviado pelo correio clandestino operado pelos britânicos na ponta norte da Noruega para a base aérea de Leuchars perto de Saint Andrews, na costa escocesa. Dali o relatório foi remetido a Londres para um exame minucioso pelas autoridades britânicas antes de finalmente chegar ao líder polonês, Władysław Sikorski, em seu quartel-general no hotel Rubens, no final de novembro.[6]

*

O relatório chegou a Londres quando as autoridades britânicas estavam desenvolvendo a própria compreensão das atrocidades alemãs cometidas na União Soviética. A ameaça imediata de uma invasão da Grã-Bretanha havia diminuído, e embora a Luftwaffe continuasse a atacar as cidades britânicas, a Blitz era menos intensa. Os londrinos comentavam aqui e ali que o pior já havia passado, mas Churchill sabia que a guerra alcançara um momento crítico.

"Toda semana os pelotões de fuzilamento [de Hitler] estão ocupados em uma dúzia de lugares", Churchill havia dito aos ouvintes de rádio em 3 de maio de 1941. "Às segundas-feiras, ele atira nos holandeses. Às terças, nos noruegueses. Quartas-feiras, franceses ou belgas posicionam-se contra o muro. Quintas-feiras são os tchecos que devem sofrer e agora há os sérvios e os gregos para preencher a sua repulsiva lista de execuções. Mas sempre, todos os dias, há os poloneses."[7]

Essas declarações públicas de Churchill se adequavam à narrativa estabelecida da brutalidade alemã e se destinavam principalmente a lembrar os ouvintes britânicos da necessidade de continuar lutando contra Hitler. Mas Churchill também sabia que o início da ofensiva alemã contra a União Soviética em junho de 1941 marcava uma mudança perturbadora na natureza das atrocidades nazistas. Os criptógrafos britânicos em Bletchley Park estavam escutando alguns dos sinais que os alemães enviavam por meio das chamadas máquinas Enigma, um dispositivo que usava rotores para embaralhar letras de forma mecânica. Os alemães estavam tão confiantes de que os códigos da Enigma não poderiam ser decifrados que era raro que os trocassem, mas a inteligência polonesa desenvolvera uma réplica secreta de uma versão inicial da máquina e a havia repassado para os britânicos em 1939. No fim de junho de 1941, os criptógrafos começaram a interceptar mensagens de rádio enviadas pelas unidades policiais militares Orpo para Berlim listando a enorme quantidade de judeus que tinham fuzilado, junto com os assim chamados *partisan* e simpatizantes dos bolcheviques.[8]

Os números eram tão absurdamente elevados que os analistas britânicos, a princípio, não sabiam ao certo o que fazer com as mensagens que estavam decodificando.

"É duvidoso que todos aqueles executados como 'judeus' fossem de fato judeus", escreveu um analista. "Muitos, sem dúvida, não eram judeus, mas o fato de esta categoria invariavelmente produzir os maiores números evidencia que esse é o motivo para matar mais aceitável para as Altas Autoridades."[9]

No fim de agosto de 1941, Churchill já havia compreendido que a campanha nazista contra os judeus era sanguinária e sem precedentes. Porém, do mesmo modo que Rowecki em Varsóvia e Witold no campo, ele falhou em identificá-la como genocida. Ele sabia das políticas nazistas pré-guerra de perseguição aos judeus alemães e da ameaça de Hitler de fazer todos os judeus pagarem pela guerra, mas parece que não associou o dogma nazista aos detalhes expostos da Rússia. Em 25 de agosto, ele informou aos ouvintes da BBC que "dezenas de milhares – literalmente dezenas de milhares – de execuções a sangue frio estavam sendo perpetradas pelas tropas policiais alemãs contra os patriotas russos que defendem o seu solo nativo... estamos presenciando um crime inominável".[10]

O discurso produziu manchetes, mas também ressaltou os desafios envolvidos em chamar atenção para a carnificina. É provável que Churchill não tenha mencionado que muitos dos milhares de mortos eram judeus para disfarçar a origem do material. Mas a omissão também refletia o raciocínio de alguns funcionários de que concentrar-se no flagelo dos judeus poderia insuflar o antissemitismo doméstico, um argumento que traduzia em grande parte o próprio racismo desses funcionários.[11]

Victor Cavendish-Bentinck, o presidente da Comissão Conjunta de Inteligência, permanecia cético em relação aos fatos, apesar de ser um dos poucos funcionários com acesso às mensagens interceptadas pela polícia alemã. Quando tomou conhecimento, a partir de fontes soviéticas, do massacre de trinta e três mil judeus na ravina de Babi Yar nos arredores de Kiev, no fim de setembro, chamou o relatório de "produto da imaginação eslava" e lembrou que a própria Grã-Bretanha tinha "lançado rumores de atrocidades e horrores para vários propósitos" durante a guerra anterior. E concluiu: "Não tenho dúvidas de que esse jogo é utilizado em profusão". Quanto às atrocidades nazistas, se havia alguma, esse era um assunto a ser melhor tratado se deixado para depois da guerra.[12]

É certo que o antissemitismo desempenhou um papel no fracasso coletivo do governo britânico em lidar com as provas. Porém, também contribuiu para tal a absoluta novidade histórica e a magnitude do crime. Como o teólogo holandês Willem Visser 't Hooft escreveu depois da guerra: "As pessoas não conseguiam encontrar lugar em sua consciência para um horror tão inimaginável, elas não tinham imaginação para tal, tampouco coragem para enfrentá-lo". Era possível, concluiu Hooft, viver no "crepúsculo entre saber e não saber". Dito de outra maneira, até os oficiais britânicos aceitarem a realidade dos extermínios em massa, fosse pelo peso das evidências ou por um repentino salto de empatia, não havia chance de se mudar o crepúsculo.[13]

*

O líder polonês Sikorski representava a melhor esperança de se trazer a atenção britânica para Auschwitz, que ele reconhecia como um epicentro das atrocidades nazistas e um alvo militar claro que poderia usar para recorrer à Grã-Bretanha no esforço de libertação da Polônia. No verão de 1941, o governo polonês no exílio tinha divulgado o primeiro relato sobre o campo de concentração de Auschwitz no idioma inglês em um jornal quinzenal do governo, fundamentado em grande parte no primeiro relatório de Witold. Mas embora o governo britânico tenha permitido que os poloneses disseminassem tal material, absteve-se de endossar as suas descobertas. E, o mais importante, aconselhou os editores de jornais a evitar o tema. "Material de absoluto 'horror', tais como as histórias de tortura nos campos de concentração... repele a mente normal", informou um memorando do Ministério do Interior britânico em julho de 1941. "Uma certa quantidade de horror é necessária, mas deve ser usada com muita parcimônia e abordar sempre o tratamento dado a pessoas indiscutivelmente inocentes. Não a adversários políticos violentos. E não aos judeus". Os jornais britânicos ainda tinham detalhes sobre o campo para publicar, mas os leitores continuavam a encarar as histórias de atrocidades com ceticismo ou com uma crescente sensação de fadiga. "Você desliga o rádio quando o locutor começa a falar sobre os guetos de Varsóvia", George Orwell anotou em seu diário.[14]

Sikorski tentou persuadir os britânicos a emitir uma declaração mais ampla condenando as atrocidades alemãs na esperança de criar um clamor favorável a bombardeios contra alvos alemães na Polônia. Contudo, o Ministério das Relações Exteriores estava relutante em endossar a proposta de Sikorski, que era vista como um desvio do esforço de guerra principal. O caso de Sikorski parecia perdido, até que o presidente dos Estados Unidos,

Franklin Roosevelt, fez um discurso sobre os crimes alemães na França e advertiu que haveria uma "retaliação terrível" caso eles continuassem.[15]

Parecia um sinal de que os Estados Unidos estavam se preparando para a guerra. Churchill, ansioso para cortejar os americanos, emitiu a própria declaração de que a punição por crimes de guerra era agora um dos principais objetivos do conflito. O ministro das Relações Exteriores Anthony Eden logo concordou em sediar uma conferência sobre esses crimes em janeiro, quando seria apresentada uma declaração conjunta polonesa e tcheca.[16]

Sikorski encomendou para a conferência a elaboração de um compêndio de crimes alemães chamado "O Livro Negro da Polônia". O material contido no primeiro relato de Auschwitz de Witold foi destacado na parte do livro em que se discutiam os campos de concentração. Os autores se concentraram principalmente nos crimes nazistas contra poloneses. O tratamento aos judeus poloneses no gueto foi descrito de forma breve, mas não os assassinatos em massa de judeus em território controlado pela União Soviética, pois nesse caso seria necessário discutir o papel dos poloneses em alguns dos massacres. Também não foram mencionados os experimentos com gás contra os prisioneiros de guerra soviéticos em Auschwitz. Apesar disso, Sikorski esperava que o livro incentivasse o apoio à sua proposta de uma campanha de bombardeio.[17]

Essa esperança fortaleceu-se quando os Estados Unidos entraram na guerra, depois do ataque japonês à Frota do Pacífico estacionada em Pearl Harbor, em 7 de dezembro. Os britânicos não estavam mais sozinhos e Churchill poderia começar a pensar de maneira concreta em uma invasão conjunta do continente, talvez já no próximo ano. A Conferência de Saint James em Westminster, como ficou conhecida, foi o primeiro encontro dos países aliados com Eden, o embaixador dos EUA Anthony Drexel Biddle e seu colega russo, além de uma série de funcionários de outros governos no exílio. Todos ouviram em 11 de janeiro o discurso de abertura de Sikorski, no qual ele procurou reunir os Aliados em torno da questão dos crimes alemães e estabelecer os princípios da retaliação.[18]

"Que sirva de advertência a todos que estão causando danos aos civis em nossos países, pois serão punidos", ele declarou no encontro. "Que seja também uma centelha de esperança para os milhões de pessoas que estão fazendo o seu trabalho nos países ocupados. Eles saberão agora que haverá uma punição para os agressores."[19]

Não se alcançou um consenso sobre qual deveria ser a forma da retaliação. Mas Sikorski sabia que era essencial reunir mais evidências das atrocidades nazistas. Vinha insistindo com Dalton que organizasse mais saltos de paraquedas para os integrantes poloneses da Executiva de Operações Especiais (SOE). Os céus nublados e a preocupação da Grã-Bretanha em apoiar o esforço de guerra russo significava que apenas três lançamentos aéreos tinham sido concluídos até aquela data. Sikorski sabia que precisavam defender a ação – e rápido.[20]

CAPÍTULO 10

PARAÍSO

AUSCHWITZ
NATAL, 1941

Os homens de Witold estavam animados com o plano de insurgir-se, mas ele se preocupava por não ter recebido nenhuma notícia de Varsóvia desde que havia chegado ao campo. Suas mensagens estariam sendo repassadas? Teria falhado ao transmitir a natureza assombrosa dos crimes que havia testemunhado? A BBC informara que Churchill e Roosevelt estavam considerando uma invasão do continente até o final de 1942. De alguma forma, Witold precisava fazê-los ver que Auschwitz representava o coração do mal dos nazistas. Assim, quando Rawicz finalizou os planos para a revolta, Witold voltou sua atenção para os preparativos alemães de rápida expansão do campo.

Ficou intrigado ao saber por seus homens que eles haviam encontrado outra célula de Resistência executando a própria operação de coleta de informações. O líder era um parlamentar bem conhecido, um ativista de esquerda chamado Stanisław Dubois, que havia sido preso antes da guerra por sua oposição ao governo de direita e às políticas antissemitas. Ele havia chegado a Auschwitz no mesmo transporte de Witold sob um nome falso, mas a Gestapo o havia chamado de volta a Varsóvia para interrogatório. Retornou a Auschwitz no início do verão e formou uma célula socialista.[1]

Witold manteve distância no início, talvez temendo que o homem ainda estivesse sob observação da Gestapo, mas os alemães pareciam ter deixado o ativista em paz. Stanisław – Stasiek para os amigos – podia ser encontrado quase todas as noites fora do seu bloco fumando um cigarro, de modo desafiador. Não tinha um físico imponente, relembrou um amigo. "Ele era um pouco pálido, mas tinha olhos brilhantes. Era determinado e, de certa maneira, impertinente". Witold aproximou-se de Stasiek depois de descobrir que ambos tinham plantado recrutas no quartel-general da SS, e os dois homens concordaram em coordenar esforços.[2]

Eles se encontraram novamente com outros líderes da Resistência na véspera de Natal, dia de folga no campo. Fazia menos vinte e cinco graus Celsius naquela noite, a neve caía em flocos de cristal e durante a chamada os guardas da SS pareciam ansiosos para se abrigar. Os prisioneiros retornaram aos barracões para a sopa e o pão e os kapos os deixaram em paz. Wincenty havia contrabandeado um pequeno abeto para um dos quartos e o decorou com anjos, estrelas e uma águia, que ele entalhara em raízes comestíveis na cozinha. O professor Roman Rybarski, um político de direita, fez um discurso e distribuiu bolachas de Natal contrabandeadas. Abraçou Stasiek, um ex-adversário político, para grande satisfação de Witold. "Alguém tinha que mostrar aos poloneses, todos os dias, uma montanha de cadáveres dos seus compatriotas para que houvesse reconciliação", ele observou.[3]

O melhor discurso daquela noite foi o mais simples, feito pelo supervisor do bloco. "Caros amigos!", ele declarou. "Ofereçam apoio e sejam bondosos uns com os outros, para que a chaminé elimine o mínimo possível de fumaça".[4]

Quando voltaram para seus blocos naquela noite, ouviram um guarda alemão em uma das torres de vigia assobiando "Noite Feliz".[5]

O escritório de registros da SS apresentou a Witold e Stasiek uma coleção valiosa de dados. O escritório continha um livro-razão conhecido como *Stärkebuch*, ou livro diário de contagem, no qual eram anotadas as novas chegadas, transferências, solturas e cada morte, incluindo a causa provável.

Os prisioneiros selecionados para interrogatório ou execução eram listados com antecedência. Ali estava a prova documental de que a Resistência necessitava para demonstrar os crimes nazistas na totalidade. Até aquela altura, Witold proibira os demais de manter registros escritos por questões de segurança, mas compreendeu que a extensão total das atrocidades só poderia ser preservada de modo preciso se fosse em papel, então concordou com uma mudança na norma.[6]

Em janeiro de 1942, os recrutas de Witold e Stasiek no escritório de registros começaram a fazer uma cópia do *Stärkebuch*. Era impossível realizar a tarefa durante o dia, mas, quando múltiplos transportes chegavam ao mesmo tempo, os funcionários às vezes precisavam trabalhar durante a noite, com pouca ou nenhuma supervisão. Os papéis eram levados para o bloco do depósito, onde outro membro da Resistência punha as informações em ordem e escondia os documentos. Stasiek então preparava relatórios por escrito para os agrimensores levarem para fora do campo. Em março de 1942, ele calculou que haviam sido registrados no campo trinta mil poloneses, dos quais onze mil, cento e trinta e dois ainda estavam vivos. O número incluía cerca de dois mil judeus poloneses trazidos para o campo, cuja maioria estava morta. Dos doze mil prisioneiros de guerra soviéticos que haviam chegado ao campo, menos de cem estavam vivos.[7]

A liderança da operação de contrabando tinha recaído sobre um engenheiro de aparência plácida chamado Kazimierz Jarzebowski, que dirigia um dos grupos de detentos agrimensores. Ele escondia os documentos nos cilindros de mapas ou nas partes ocas dos componentes das ferramentas de medição, e depois deixava o material em vários pontos de coleta nas áreas ao redor do campo para ser recolhido por Helena Stupka e outros.[8]

Helena tinha lançado mão do seu filho de seis anos, Jacek, para entregar e coletar mensagens desde que a família fora despejada à força de sua casa perto do campo e mandada para o outro lado do rio. Jacek esperava perto da ponte os agrimensores passarem e sabia que poderia aproximar-se se estivessem cantando uma certa melodia, o que significava que os homens da SS tinham sido subornados. Uma vez, o menino confundiu a melodia e um guarda o pegou pelas orelhas, mas, em um golpe de sorte, carregou-o de volta para a ponte.[9]

Enquanto a Resistência preparava os seus relatórios para contrabandear, Witold encontrou um método mais direto para entrar em contato com o mundo exterior. Até fevereiro de 1942, havia uma área do campo que a Resistência tinha sido incapaz de penetrar: a sala do rádio do quartel-general da SS, de onde as autoridades dos campos conversavam com Berlim. Auschwitz, como outros campos de concentração, tinha a chamada máquina Enigma para codificação de mensagens e uma central telefônica para comunicação interna. Sem o conhecimento dos alemães, os britânicos tinham começado a interceptar o tráfego de rádio de Auschwitz em janeiro, que continha alguns dos dados que Witold e Stasiek estavam copiando e contrabandeando para fora do campo. As interceptações confirmaram a crueldade meticulosa que ocorria em Auschwitz, mas não captaram a maneira cada vez mais sistemática com que os prisioneiros estavam sendo mortos – exatamente o tipo de cenário que apenas Witold poderia ter fornecido.[10]

Os prisioneiros eram proibidos de se aproximar da sala de rádio, mas um dos recrutas de Witold, um estudante de engenharia chamado Zbigniew Ruszczyński, trabalhava em uma sala de rádio menor no escritório de construção, que funcionava como depósito de peças sobressalentes. Ele acreditava que ali encontraria todo o necessário para construírem o seu próprio radiotransmissor.[11]

Seria um dispositivo simples, capaz de transmitir apenas código Morse, portanto, Zbigniew precisava apenas de uma bateria com um interruptor para criar uma corrente, um par de válvulas para aumentar a frequência e vários metros de fio de cobre, parte do qual, enrolado em uma bobina, conduziria o sinal para a antena. As válvulas continham cilindros de vácuo, a parte mais delicada de qualquer rádio e, como tal, a mais difícil de contrabandear para o campo. Se Zbigniew estivesse certo, sua engenhoca seria ouvida em Varsóvia e além.[12]

Entretanto, primeiro teriam que roubar o equipamento e levá-lo para dentro do campo para a montagem. Witold se ofereceu para a missão e escolheu Kon para juntar-se a ele. O jovem recruta era tido como um dos ladrões ou "organizadores" mais ousados no campo, graças a um pequeno repertório de truques de mágica que aprendera na universidade. Após impressionar Fritz Biesgen, o kapo alemão que comandava a equipe, com um truque para surrupiar cigarros, conseguira um emprego na cozinha da SS fora do campo, e preparava comida para os guardas. O kapo, apelidado de Mamma, reconheceu o valor de ter alguém com habilidades para furtar em sua equipe, e logo convenceu Kon a afanar salsichas e contrabandeá-las para o campo sob a camisa. Mamma pagava os guardas com uma porção, pegava a sua parte e deixava um pouco para Kon distribuir.[13]

Witold havia testemunhado as habilidades de Kon na praça em uma noite há algumas semanas. Tinha ouvido um tumulto no portão e viu os guardas batendo em um homem que pegaram surrupiando um pedaço de salame. Ordenaram que o homem corresse entre os postes da cerca elétrica e a seguir atiraram nele por tentativa de fuga. Kon fora o próximo na fila e passou pela inspeção sem incidentes.

"Nós temíamos que você estivesse carregando comida", Witold exclamou quando eles se encontraram. "Graças a Deus você não estava."[14]

"Não sei como consegui passar", Kon respondeu. E puxou para fora as duas salsichas que tinha escondido na cintura.

Witold sorrira e declarara que ele era melhor ladrão do que oficial.

Um dia antes da operação do rádio, ele chamou Kon para fora do bloco para conversarem.

"Quando vocês dois pegarem todos os filés da churrascaria secreta, não esqueçam dos amigos!", um colega gritou para eles.[15]

Estava frio do lado de fora, a neve se amontoava ao redor dos prédios. Kon estava impaciente e comentou que eram os únicos na praça.

"Você está certo, não podemos andar aqui", Witold admitiu. "Vamos fingir que estou doente e você está me levando para o hospital."[16]

Ele se apoiou em Kon e fingiu mancar.

"Tenho que pedir a você que faça um grande sacrifício pela organização", Witold começou a dizer. Ele explicou a missão. Kon parecia não se incomodar com a tarefa, mas ficou descontente por deixar o seu emprego na cozinha. Witold garantiu que poderia voltar a ele após a conclusão da tarefa. Mudar de tarefa era relativamente simples com a ajuda de Otto no escritório de trabalho. Witold contou a Kon que já havia pedido a Mamma que o deixasse ir por uma semana, e o kapo do escritório de construção estava ansioso por uma ajuda extra.

"Parece que não tenho escolha", Kon reconheceu.[17]

No dia seguinte, Witold e Kon juntaram-se a uma dúzia de detentos no escritório de construção para trabalhar nos mapas de Birkenau. Os nazistas haviam previsto que Auschwitz abrigaria um influxo de prisioneiros de guerra soviéticos capturados na sequência da vitória no leste. Mas aqueles planos foram modificados quando ficou claro que a Alemanha não derrotaria a União Soviética tão rápido como se supunha. No início de 1942, muitos dos três milhões de soldados capturados no verão anterior estavam mortos e era pouco provável que os militares alemães fizessem mais prisioneiros tão cedo. Em vez disso, a Alemanha agora enfrentava o poder bélico combinado de Grã-Bretanha, Estados Unidos e União Soviética, e penaria para subjugá-lo. Hitler há muito tempo ameaçava resolver o chamado problema judaico no caso do combate assumir proporções de um conflito global. No inverno de 1941, os nazistas tinham acelerado o programa de extermínio que hoje chamamos de Holocausto.[18]

Os historiadores chegaram a acreditar na existência de uma única ordem de Hitler para explicar essa mudança, mas, na realidade, o Holocausto refletia o recrudescimento dos diversos processos sanguinários que ocorriam em todos os níveis do regime nazista. O programa de eutanásia T4, pioneiro em 1939, representou uma vertente. Assim como os experimentos da SS nos campos de concentração para eliminar os detentos doentes e os prisioneiros de guerra. Os fuzilamentos em massa de homens, mulheres e crianças judias por Einsatzgruppene da SS e as unidades policiais Orpo na União Soviética marcaram o início do genocídio e concentraram a atenção nazista na busca de métodos mais industriais para matar. O programa T4 já contava com caminhões adaptados para matar, também por envenenamento, os pacientes que vivessem longe demais de uma câmara de gás. Em novembro de 1941, Himmler aprovou o emprego desses caminhões na Rússia ocupada para poupar seus homens do trauma de atirar em civis. Caminhões semelhantes foram usados em Chelmno, no oeste da Polônia, que se tornou a primeira das quatro instalações regionais de envenenamento por gás destinada a matar judeus do leste europeu. Em janeiro de 1942, altos funcionários nazistas e do estado reuniram-se no subúrbio berlinense de Wannsee para discutir planos de deportar judeus do restante da Europa para o leste ocupado, tanto para serem assassinados de imediato como para trabalhos forçados até a morte. Deram a esse programa secreto o título de Solução Final.[19]

Himmler foi responsável por colocar em prática as políticas que acabariam por tornar Auschwitz o epicentro do Holocausto. Mas o seu pensamento inicial sobre o campo refletia a natureza muitas vezes *ad hoc* da elaboração das políticas nazistas. A falta de prisioneiros de guerra soviéticos em Birkenau significava que havia um campo vazio, então Himmler propôs preenchê-lo com judeus. Umas poucas semanas mais tarde, no começo de fevereiro de 1942, Himmler informou à hierarquia de Auschwitz que haveria um primeiro transporte da Eslováquia e da França no mês seguinte, levando a uma correria no escritório de construção que Witold estava testemunhando agora.[20] O arquiteto-chefe do campo, o Hauptsturmführer da SS Karl Bischoff, reconhecendo que estava atrasado na construção dos barracões em Birkenau, solicitou trocá-los por estábulos de madeira pré-fabricados, cuja montagem seria mais rápida e para os quais era necessário traçar os mapas. Um grande e novo crematório, a princípio destinado ao campo principal, também foi transferido para Birkenau.

Witold não tinha conhecimento dos planos nazistas para a exploração e extermínio em massa de judeus. É possível que ele tenha ouvido os arquitetos da SS discutindo a chegada de trabalhadores judeus. Mas, em sua mente, ele deve ter interpretado esse fato como uma consequência da conhecida prática nazista de explorar mão de obra polonesa e soviética. Ademais, é provável que Witold interpretasse a falta de prisioneiros de guerra soviéticos como uma indicação do fracasso alemão no front oriental.

Witold captou as informações que pôde e encontrou um momento para sair da sua mesa e esquadrinhar o prédio antes do furto. Era uma construção térrea com várias salas que dava para um corredor central. A sala do rádio estava em uma extremidade e seu acesso era restrito, mas pela porta era possível ver uma banca com equipamentos de rádio. Isso foi, no entanto, o mais próximo que ousou chegar.[21]

Depois de uma semana de furtos cuidadosos, o homem do rádio de Witold, Zbigniew, tinha reunido as peças de que precisava para construir um radiotransmissor. Uma tarde Witold se aproximou da mesa de Kon com o rosto corado. Zbigniew tinha deixado as peças em uma caixa no banheiro. Tinham que ser retiradas imediatamente.

"Vou dar uma olhada", Kon respondeu.[22]

Alguns minutos depois, Witold ouviu um estrondo no corredor e logo em seguida Kon gritou: "Onde vocês pensam que vão? Fora daqui, seus porcos!".

Kon reapareceu na sala, aparentemente despreocupado. O kapo perguntou que gritaria era aquela.

“Ah, não foi nada”, Kon falou. “Dois Muselmänner imundos queriam se esconder no nosso banheiro e mandei que voltassem ao trabalho.”

E lançou um olhar rápido para Witold.

“O que aconteceu lá de fato?”, Witold perguntou, quando afinal foram deixados sozinhos.[23]

Kon explicou que quase fora descoberto por uma dupla de prisioneiros quando estava escondendo a caixa em um armário de suprimentos no corredor. Por sorte, foram afugentados quando gritou com eles.

O novo esconderijo era melhor que o do banheiro, mas também temporário. Os conspiradores discutiram soluções naquela noite do lado de fora dos blocos. Só conseguiriam trazer a caixa para o campo sem serem descobertos se empregassem uma das equipes das carretas. Concordaram que a do necrotério tinha mais probabilidade de escapar da inspeção no portão e Witold saiu para encontrar Gienek, que concordou em pegar a caixa de um fosso de lixo na parte de trás do edifício. Mas ainda restava o problema de como levar a caixa para o fosso, que ficava a quase duzentos metros do edifício em um descampado ao lado da estrada principal. Witold disse que deveriam refletir sobre a solução, mas no dia seguinte não haviam chegado a uma resposta.

Ele passou a manhã preocupado que alguém encontrasse a caixa. Só quando a noite se anunciou Witold enfim bolou um plano. A SS estava trabalhando até tarde para terminar os mapas, por isso, a sopa foi servida no escritório. Quando terminaram de comer, Witold inclinou-se para Kon e sussurrou: “Vou testar o guarda da SS para ver a quantas anda o seu humor”.[24]

Pediu para ir ao banheiro.

“Vá”, o guarda respondeu, “mas não tente nada estúpido ou vou encher você de buracos”.[25]

O homem abriu a porta do corredor e montou guarda sob o batente.

Witold voltou rápido. Notou que a janela do banheiro não tinha barras e dava para o depósito de lixo. Um deles poderia subir, depositar a caixa e voltar correndo.

"Como você vai tirar aquele rádio enorme do armário sem chamar a atenção do guarda da SS?", Kon perguntou.[26]

"Vou fingir que estou com diarreia e pedir para ir ao banheiro a cada quinze ou vinte minutos. Durante uma dessas idas, você vai começar a fazer uns truques de mágica para todos. Prenda a atenção do guarda para mantê-lo longe da porta. Quando você achar que há tempo suficiente para eu tirar o rádio, diga em voz alta: 'Agora, observem com muita atenção!' Esse é o meu sinal."

Kon sorriu. "Tudo bem", ele disse.

Witold começou a gemer, segurando a barriga, enquanto Kon tentava atrair a atenção do kapo ao fazer uma moeda dançar sobre os nós dos dedos. O kapo não ficou impressionado.

"Não há nada de engraçado nisso!", ele gritou. "Volte ao trabalho!"[27]

Witold foi autorizado a ir ao banheiro, mas só havia se passado um minuto quando o guarda ficou desconfiado e decidiu verificar. Felizmente, estava na posição correta, mas o guarda permaneceu ali. Witold retornou. Não havia chance de se fazer qualquer movimento.

O carrinho da cozinha chegou com café de bolotas. Durante o intervalo, Kon começou a executar os seus truques de novo, desta vez de forma bastante aberta. Um dos guardas alemães tinha um baralho de cartas no bolso e desafiou Kon a mostrar o que sabia fazer.

Kon pegou algumas cartas do baralho. "Observem com muita atenção!", ele disse, e em seguida começou um truque simples em que uma carta se transformava em outra. Ele o realizou diversas vezes, até que os guardas da SS quiseram saber como era feito. Witold pediu para ir ao banheiro e desta vez os guardas fizeram apenas um sinal autorizando. No corredor, forçou as portas dos armários de abastecimento, tirou a caixa da prateleira e foi a passos lentos até o banheiro, onde colocou a caixa no parapeito da janela.[28]

Kon foi ao banheiro em seguida. Witold esperou nervosamente. Depois de alguns minutos, ouviu um barulho lá fora e o som de guardas gritando. Os homens da SS dentro da sala ergueram os olhos. Ele tinha que fazer alguma coisa. "Banheiro!", ele gritou, e então correu para o corredor e começou a bater na porta.[29]

"Saia daí!", berrou. "Você não vê que eu vou fazer nas calças?"

Não conseguiu pensar em nenhum outro modo de desviar a atenção do tumulto do lado de fora. Ele ouviu alguém se arrastando de volta pela janela.

"Como pode simplesmente ficar sentado aí e me deixar sofrer?", Witold continuou a gritar.

Kon imediatamente entendeu o estratagema e gritou de volta: "Você já acampou aqui metade da noite! Daqui a pouco é a sua vez!"[30]

Kon saiu pouco depois e fez um sinal de positivo para Witold antes de voltar para a sala. No caminho de volta para o campo, Kon contou que tropeçou em uma lixeira e o barulho alertou alguns homens da SS nas proximidades. Por sorte, conseguiu voltar para o prédio antes que pudessem localizá-lo. Gienek recolheu a caixa alguns dias depois.

Witold providenciou que o radiotransmissor fosse instalado no porão do bloco dos convalescentes, que poucos homens da SS frequentavam com medo de pegar uma doença. A Alfred Stössel, um atendente conhecido como Fred que era um dos poucos poloneses de origem alemã a fazer parte da Resistência, foi atribuída a responsabilidade de guardar o aparelho, enquanto Zbigniew o montava. Alguns dias mais tarde, Zbigniew admitiu para Witold, encabulado, que precisaria de mais uma ou duas peças, mas ele sabia onde poderiam obtê-las.[31]

*

A primavera chegou cedo naquele ano. O sol aquecia as árvores sem folhas e as primeiras andorinhas apareceram. No início de março, os últimos soviéticos sobreviventes foram transferidos para os barracões concluídos pouco tempo antes em Birkenau. Os presidiários referiam-se ironicamente a Birkenau como "paraíso" porque ser enviado para lá significava a morte. Os blocos cercados dos soviéticos no campo principal não ficaram vazios por muito tempo. Depois do furto do rádio, Witold voltou ao trabalho no curtume, onde um dos kapos comentou sobre a chegada de mulheres ao campo. Os outros prisioneiros descartaram os boatos. Mas então, na tarde de 19 de março, um grito foi ouvido.[32]

"Elas estão vindo!"[33]

Não eram as primeiras judias que Himmler ordenara que fossem enviadas para o campo, mas um grupo de prisioneiras políticas polonesas. Todos se apressaram em direção às janelas para dar uma olhada nos cinco caminhões da SS trazendo as mulheres.[34]

Um carpinteiro chamado Kluska surgiu correndo pouco tempo depois para confirmar a chegada das mulheres ao portão principal e, por incrível que parecesse, sua própria noiva, Zosia, estava entre elas, envolta em seu casaco de pele marrom favorito. Os olhares deles se cruzaram.[35]

"A partir de agora, a partir deste instante, tenho um propósito na vida", revelou-lhes Kluska. "Vou cuidar dela. Vou dar a minha comida para ela, vou alimentá-la."[36]

Elas vão ser tratadas como os homens, murmurou Witold a Wincenty.[37]

Naquela noite, estavam caminhando de volta para o campo quando um homem da SS se afastou da coluna antes de ela chegar ao crematório. Ele falou com o kapo, que ficou pálido de repente e, quase em pânico, ordenou que todos corressem e olhassem para a esquerda, direção oposta ao edifício. "Quem não obedecer será baleado!", ameaçou.[38]

Trataram de se apressar para o campo. Wincenty olhou rapidamente para o crematório. O portão que dividia a cerca alta de madeira estava aberto, revelando corpos empilhados de mulheres e meninas. Os trabalhadores do crematório despiam as mortas. Um dos cadáveres ainda estava usando um casaco de pele.[39]

As mulheres judias da Eslováquia chegaram no fim daquele mês. Foram despidas e depiladas, receberam os uniformes sujos e manchados de sangue dos soviéticos mortos e, em seguida, direcionadas para alguns dos mesmos blocos. No dia seguinte, já formavam equipes de trabalho. Permissão para envolverem as cabeças feridas e raspadas com lenços ou pedaços de pano foi a única concessão à sua feminilidade. Wincenty recordou-se de como ele e seus companheiros de bloco se aglomeravam nas janelas para olhar as mulheres caminhando. Seu amigo tinha se apaixonado por uma das moças: "Rózia, lá vai a minha Rózia. Olhem para ela, que bela figura. Com que estilo ela amarrou aquele lenço na cabeça!"[40]

Mas o desejo não durou muito, pois a saúde das mulheres se deteriorava. "Inicialmente aguentaram bem", Witold observou, "mas perderam depressa o brilho dos olhos, os sorrisos e a primavera em seus passos".[41]

A chegada das mulheres anunciava outras mudanças. Ouviram rumores de que os homens judeus tinham começado a chegar a Birkenau. A primeira informação concreta chegou até a Resistência no começo de abril. Os eletricistas do campo principal estavam fornecendo energia para a cerca em torno de Birkenau, entre eles um dos homens de Stasiek, Henryk Porębski. Ele relatou que transportes com cerca de mil judeus chegavam todos os dias da Eslováquia, e um deles tinha vindo da França. Os recém-chegados foram largados em um desvio de linha da ferrovia e a seguir caminharam por quase dois quilômetros até o campo, onde ocuparam os barracões antes usados pelos soviéticos e os estábulos de cavalos, sendo jogados na vasta planície enlameada. Foram designados para as mesmas tarefas sanguinárias, cavando valas e construindo estradas.[42]

Witold confirmou a informação com uns poucos judeus franceses trazidos para o campo principal em abril. A partir dessas conversas, teve uma ideia do escopo das ações nazistas contra os judeus por toda a Europa, embora ainda não tivesse noção dos planos de extermínio. Os homens tinham vindo do campo de concentração de Drancy nos subúrbios de Paris e de outra instalação nos arredores de Compiègne; no início de 1942, cerca de dez mil judeus, franceses e estrangeiros, tinham sido detidos em regiões da França ocupada. Os homens com quem Witold falou haviam deixado suas famílias para trás e lhes fora dito que trabalhariam em fábricas no leste; de fato, a SS tinha tratado os registrados no campo principal – como os interlocutores de Witold – surpreendentemente bem em comparação aos seus compatriotas em Birkenau, e lhes foi solicitado que escrevessem cartas para casa atestando o fato.[43]

Witold deduziu que a SS estava tentando usar as cartas para enganar outros judeus, persuadindo-os a embarcar em transportes na França, e parece que ele tentou avisar os franceses recém-chegados de que os judeus eram tratados de maneira monstruosa no campo, mas foi ignorado; pelo menos, mais tarde, chamou os judeus com quem interagiu de "teimosos insensatos" e passou a notar como um kapo judeu no bloco penal acabava logo com eles, assim que a tarefa de escrever a carta estivesse concluída, enterrando com o pé uma pá nos seus pescoços.[44]

*

A pressa para receber notícias levou Witold a se convencer de que precisava enviar outro mensageiro a Varsóvia, mas os alemães não estavam mais libertando tantos prisioneiros. Witold especulou que eles queriam impedir o vazamento de notícias sobre as mudanças no campo. Qualquer que fosse o motivo, foi forçado a considerar outras opções. Por volta dessa época, um recruta seu no escritório da Gestapo local o informou de que Berlim havia ordenado a suspensão das punições coletivas em casos de fuga. O alto comando da Wehrmacht aparentemente queria evitar que os prisioneiros alemães sob custódia aliada fossem punidos de modo semelhante. Witold entendeu de imediato a importância da mensagem: ele poderia organizar fugas dos seus mensageiros sem arriscar a vida de outros.[45]

Os perigos ainda eram extremamente altos. Houve cerca de vinte tentativas de fuga em 1941 e todas, exceto duas, acabaram em morte. A maior parte envolvia corridas impulsivas de detentos nas equipes de trabalho fora do campo e terminava com uma chuva de balas; mas mesmo as tentativas mais bem organizadas exigiam sorte para evitar os grupos de busca alemães, que faziam um pente fino na área com cachorros. Aqueles que conseguiam fugir ainda corriam o risco de serem pegos por outras unidades policiais, uma vez que as suas descrições eram divulgadas para os escritórios regionais de segurança.[46]

Witold havia identificado um ponto de fuga promissor em uma propriedade agrícola vizinha conhecida como Harmęże, onde a SS estava usando o trabalho de prisioneiros para expandir os viveiros de peixes e de criação de coelhos angorá para produção de lã. Os prisioneiros ficavam em uma mansão e supostamente a guarda era negligente. Além do mais, alguém que conseguisse fugir já estaria a vários quilômetros de distância do campo.[47]

O líder da Resistência Rawicz se opôs com veemência à ideia de se tentar uma fuga. É provável que não confiasse que não haveria represálias e temesse os desdobramentos se o mensageiro fosse pego e obrigado a revelar sob tortura os segredos da rede. Witold tentou tranquilizá-lo sobre a rota e o mensageiro selecionado, Stefan Bielecki, que ele conhecia da Resistência em Varsóvia e em quem confiava. Mas Rawicz não se convenceu.[48]

Witold decidiu ir em frente assim mesmo; a informação que queria enviar sobre o influxo maciço de judeus para Birkenau era importante demais para esperar. Por outro lado, Stefan havia sido identificado como um provável sabotador em seu arquivo na Gestapo, tendo sido preso em Varsóvia em posse de uma arma de fogo. A SS poderia executá-lo a qualquer momento em um de seus abates periódicos.[49]

*

Utilizando seus contatos no escritório de trabalho, Witold providenciou a transferência de Stefan para Harmęże e continuou a reunir provas sobre as remessas de judeus. Em abril, um de seus recrutas, Jan Karcz, foi enviado à unidade penal em Birkenau como punição, mas conseguiu registrar-se como paciente do hospital do campo e enviou uma mensagem por meio dos eletricistas informando que estava formando uma célula.[50]

No início de maio, um transporte de judeus em vagões de gado foi desembarcado perto dos depósitos. Em vez de irem para Birkenau, eles andaram em filas para o campo principal – homens, mulheres e, pela primeira vez, crianças. O campo foi colocado em bloqueio, e Witold e os outros prisioneiros receberam ordem de deitar no chão. Mas Teddy, o boxeador, conseguiu se esconder em uma manjedoura perto da janela do estábulo em frente ao crematório. Ele assistiu à procissão de cerca de seiscentos judeus que, conduzidos por um rabino usando quipá e talit em torno dos ombros, entrou no pátio do crematório. O guarda da SS no portão golpeou o rabino no rosto com o rifle, mandando o quipá para os ares. Em seguida, os portões do pátio se fecharam atrás do grupo.[51]

O Untersturmführer da SS Maximilian Grabner, um ex-policial de Viena de temperamento nervoso, apareceu no telhado do crematório com diversos oficiais e dirigiu-se às pessoas reunidas abaixo. Um caminhão estava estacionado nas proximidades. Anunciou que elas seriam desinfetadas. "Nós não queremos nenhuma epidemia no campo. Depois vocês serão levados aos seus barracões, onde vão tomar uma sopa quente. Vocês serão empregados de acordo com suas qualificações profissionais".[52]

"No que você trabalha?", ele perguntou a um homem. "É sapateiro? Precisamos de sapateiros com urgência. Quando terminarmos, apresente-se a mim imediatamente!"

As primeiras famílias atravessaram as portas pintadas de azul da construção. Os homens da SS entraram com eles, brincando e tranquilizando-os, até a sala ficar cheia. Em seguida, eles se retiraram e a porta fechou. O primeiro pânico se instalou enquanto a porta era parafusada. Vozes irritadas e estressadas saíam pelas aberturas no teto de concreto.

"Não se queimem enquanto tomam banho!", Grabner gritou em tom de deboche para os que estavam lá dentro.

Os homens da SS, usando máscaras de gás, juntaram-se a ele no telhado com pequenas latas, que começaram a abrir antes de se posicionarem sobre as aberturas. Alguém do lado de dentro deve ter visto um rosto com máscara, porque os gritos começaram.[53]

Grabner fez um sinal para o motorista do caminhão, que ligou o motor e acelerou para abafar o barulho. Os gritos ainda eram audíveis. Grabner deu a ordem e os homens com máscaras de gás esvaziaram as latas no espaço abaixo.

Alguns minutos se passaram e os gritos foram enfraquecendo, depois veio o silêncio. O ventilador foi ligado e a sala, aberta. Um destacamento de judeus do bloco penal começou a separar a massa de corpos que seriam incinerados. A SS ordenou que, antes, os cadáveres fossem despidos e que os objetos de valor fossem confiscados. As roupas foram guardadas em sacos; joias, relógios e dinheiro, armazenados em recipientes separados. Bolsas e mochilas também foram esvaziadas. Por fim, as bocas dos cadáveres foram examinadas para que as obturações e próteses de ouro pudessem ser removidas com alicate. Os cadáveres foram empilhados e a sala, higienizada. Um odor sutil de corpos úmidos permaneceu.[54]

A execução marcou o início do extermínio em massa sistemático de judeus em Auschwitz. Outro carregamento de homens, mulheres e crianças foi envenenado por gás alguns dias depois, e depois mais um. As primeiras vítimas do campo eram em sua maioria de cidades próximas, e parece que a liderança nazista, a princípio, via o campo como parte da rede de centros regionais de extermínio que vinha sendo estabelecida na Polônia naquela primavera, destinada principalmente aos judeus do Leste Europeu. Outro carregamento de judeus foi envenenado por gás alguns dias depois, e então outro. Witold foi informado dos detalhes por Teddy e outros prisioneiros que trabalhavam nos fornos. Reconheceu nos assassinatos um novo desenvolvimento terrível, mas tinha apenas uma vaga noção do que estava acontecendo em outros lugares da Polônia. Ademais, sem pistas na BBC, ele ainda não tinha se dado conta do plano nazista de exterminar os judeus só porque eram judeus. Quando os soviéticos foram envenenados por gás, ele supôs que o motivo era a falta de espaço para eles no campo. A hipótese foi confirmada quando as execuções foram interrompidas, na sequência da construção de novos barracões em Birkenau. Depois de ouvir que os cadáveres dos judeus eram despidos, Witold criou uma nova teoria: os nazistas deviam estar matando judeus para pilhá-los. De qualquer maneira, ele sabia que esse mal superava tudo o que havia testemunhado no campo.[55]

O pessoal dos crematórios mal conseguia acompanhar o ritmo das execuções. Depois de vários envenenamentos por gás, os fornos superaqueceram e a chaminé começou a rachar. Enquanto a densa fumaça enchia o prédio, a SS teve que sair correndo para montar as mangueiras e extinguir o incêndio que se havia iniciado. No momento em que o carro de bombeiros do campo chegou ao local, os fornos apresentavam uma cor vermelha reluzente e a equipe só pôde jogar água no exterior do edifício, lançando nuvens gigantescas de vapor para o ar.[56]

A chaminé rachada parecia indicar aos presidiários o fim dos assassinatos em massa. Os corpos restantes foram carregados em caminhões e levados para a floresta de Birkenau, onde foram despejados em uma vala comum ao lado das covas dos soviéticos. Mas não demorou muito para Witold perceber que o envenenamento tinha só mudado de lugar, para um local mais isolado na floresta próxima de Birkenau. Henryk, o eletricista, relatou que uma instalação de algum tipo estava sendo erguida na mata, uma casa de campo de tijolos vermelhos para a qual estavam levando um cabo elétrico de 220 volts a partir da vila local. A casa era pequena e não havia mais nada no terreno, salvo duas macieiras começando a florir. A SS trouxe empreiteiros alemães para colocar tijolos nas janelas e reforçar as portas e o teto. No início de maio, os primeiros grupos de judeus foram enviados para lá e desapareceram entre as bétulas e os pinheiros.[57]

Nesse ínterim, Henryk fez amizade com vários judeus integrantes de uma equipe de trabalho especial conhecida como Sonderkommando, que a SS havia criado para operar na floresta. Os trabalhadores judeus eram mantidos isolados dos outros detentos, embora pudessem interagir brevemente com eles nas bombas de água. Eles confirmaram para Henryk que grupos de famílias judaicas estavam sendo envenenados por gás. Eles não testemunhavam o que acontecia em sua chegada à casinha vermelha, mas, depois, quando a porta da frente era aberta, deparavam-se com a evidência: cadáveres nus e retorcidos de homens, mulheres e crianças queimados de azul pelo gás Zyklon B. Os homens da equipe especial foram instruídos a puxar os corpos para fora, verificar se havia dentes de ouro e arrastá-los para as covas que haviam cavado para servir de vala comum.[58]

Dias após tomar conhecimento dos envenenamentos por gás, Witold pôs em prática seu plano de fuga. Era preciso informar Varsóvia. Stefan Bielecki tinha estado em posição em Harmęże por diversas semanas. Witold pensara em outro prisioneiro para juntar-se a ele. Wincenty estava em choque desde que testemunhara o massacre das presas políticas. Witold deve ter visto algo de si mesmo no jovem encantador e estranhamente vulnerável, que tinha levado a sério a sua ordem para compartilhar e dar qualquer comida que recebesse por suas pinturas para os amigos e os Muselmänner. Às vezes, Witold tinha que lembrá-lo de cuidar de si mesmo, mas era nítido que Wincenty estava perdendo a vontade de viver. Em uma ocasião, Witold o havia flagrado preparando-se para cometer suicídio jogando-se contra a cerca elétrica.[59]

A disposição de Wincenty melhorou um pouco, mas depois ele foi atingido pela gripe e internado no hospital, ao lado de um cadáver e de um prisioneiro demente em camisa de força que ferira o próprio corpo. Wincenty se recuperou, mas algo ainda não estava certo com ele, pois confidenciou a Witold que não conseguiria durar muito tempo mais. Witold apresentou-lhe o plano de fuga em maio daquele ano e, como esperava, a perspectiva de liberdade deu uma injeção de ânimo no amigo. Então, eles se concentraram nos preparativos.[60]

Na manhã seguinte, Wincenty conseguiu um pouco de pão extra e um conjunto de roupas civis para usar sob o uniforme. No hospital, tinha escrito um diário em papel de carta roubado que fornecia um retrato extraordinário do campo. "À noite, além do arame farpado, consigo enxergar as montanhas, as quais admiro com saudade", escreveu em uma anotação. "Mil judeus chegam ao campo e nós estamos confinados nos blocos. Eles recebem uniformes soviéticos e ordens de ficar do lado de fora a noite toda antes de ir para [Birkenau] e para o paraíso...". Ele estava determinado a contrabandear o diário e alguns de seus esboços para fora do campo. Para guardar os papéis, convenceu um dos carpinteiros a fazer para ele uma caixa de madeira de tília, com um montanhês da Polônia entalhado na tampa.[61]

No dia 15 de maio, uma sexta-feira, Wincenty procurou Witold para contar que estava tudo preparado para a sua partida na manhã seguinte. Witold o levou para fora do bloco para as últimas instruções. Stefan já tinha recebido as orientações orais, mas Wincenty acrescentaria os desenvolvimentos recentes.

"Você precisa detalhar como os alemães trataram os prisioneiros de guerra soviéticos. Mas o mais importante é a matança em massa de judeus", Witold disse. Wincenty precisava alertar o quartel-general de que as crianças e os idosos estavam sendo envenenados com gás logo na chegada ao campo e os outros, em especial os jovens e saudáveis, trabalhavam até a morte em Birkenau.[62]

Conforme explicou, os alemães traziam judeus para o campo sob o pretexto de que trabalhariam na indústria bélica, mas o seu propósito real era roubá-los e assassiná-los sistematicamente. "Deste modo, [os alemães] apoderavam-se com facilidade da riqueza necessária para ganhar a guerra", Witold disse. Ele não podia ainda, claro, visualizar a realidade maior, mas suas conjecturas não eram de todo erradas: os objetos de valor retirados dos mortos eram encaminhados para o banco central alemão para financiar a guerra e as roupas e sapatos iam para as famílias comuns. Nada disso, porém, compensava a crescente espiral de custos do conflito. Era vital, disse ao recruta, que a Resistência informasse Londres imediatamente para que o mundo viesse socorrer os judeus.[63]

Wincenty ficou em silêncio por uns instantes, tocado pela responsabilidade que Witold estava lhe confiando. Encararam-se à meia-luz, e isso foi tudo.[64]

*

A manhã seguinte anunciou-se clara e brilhante. Da janela do bloco do hospital, Wincenty avistou uma coluna de mulheres andando e nela, Rózia, que definhava. Pegou o seu material, incluindo a tinta e os pincéis, e, escondendo-o sob as roupas, apressou-se para sair a tempo de ver Witold caminhando para fora do portão principal. A charrete da cozinha com destino a Harmęże já estava esperando e ele subiu para o assento ao lado do kapo, que lhe entregou as rédeas. No portão, os papéis de Wincenty foram verificados e sua transferência para Harmęże, confirmada. Um guarda da SS juntou-se a eles e partiram com o cavalo a trote. O trajeto os levou para os trilhos das ferrovias e logo chegaram aos limites de Birkenau. Era a primeira vez que Wincenty via o lugar, e suas fileiras de barracões o assustaram.[65]

Passaram pelo campo e logo chegaram aos prados de Harmęże, onde um grupo de mulheres judias estava lavrando a terra ao lado da estrada. Algumas precisavam ir ao banheiro. Os guardas da SS gritaram para elas urinarem no chão na frente deles. Wincenty estremeceu, mas se consolou com as palavras de Witold. "Se o meu plano for bem-sucedido, o mundo inteiro vai saber o que está acontecendo com os judeus aqui", ele recordou.[66]

A charrete parou do lado de fora de uma mansão impassível na pequena aldeia. Os prisioneiros já estavam trabalhando nos viveiros de peixes e nos campos ao redor. O kapo viu o pincel de Wincenty e ordenou-lhe que pintasse alguma coisa, então ele fez o esboço de um galo no quintal e um inventário rápido da construção. Os prisioneiros moravam no segundo andar, onde ficavam trancados todas as noites atrás das janelas com grades de ferro. No térreo, viu principalmente oficinas, mas não havia grades. A cerca baixa ao redor da casa não tinha arame farpado.[67]

Estava parecendo mais fácil do que ele tinha suspeitado, Wincenty ponderou, mas primeiro tinha que falar com Stefan, que retornou à casa para a chamada do meio-dia com os outros cerca de oitenta prisioneiros ali alojados.[68]

Stefan, um homem magro e intenso de rosto assimétrico e um dos olhos com visão reduzida, reconheceu Wincenty como um dos confidentes de Witold. Logo depois da chamada, puxou-o pelo braço e murmurou: "Por que você veio para cá? Você não sabe que todos os homens deste barracão vão ser substituídos por mulheres em duas semanas?"[69]

"Não se preocupe, estou planejando escapar muito antes disso", Wincenty revelou.[70]

"Se é assim, então a coisa muda de figura", Stefan disse, sorrindo. "Que tal esta noite?"

Ele não estava brincando. "Eu topo", Wincenty disse. Apertaram as mãos e pegaram o almoço de sopa de beterraba e três cascas de batata, enquanto Stefan explicava seu plano. Fugiriam correndo depois do jantar, quando as portas do andar de cima eram deixadas abertas por quinze minutos para os prisioneiros usarem os banheiros. A latrina ficava na parte de trás da construção, na beira do bosque cerrado que levava até o Vístula. Era a rota de fuga óbvia, e por essa razão Stefan pretendia escapar por uma janela da frente do edifício e caminhar na direção oposta, para os viveiros de peixes e campos de plantações. O terreno era mais aberto, mas se cortassem caminho pela água confundiriam os cachorros.

Stefan partiu para o turno da tarde e retornou por volta das dezessete horas, quando as sombras já se alongavam. Wincenty terminou o desenho do galo e um bando de galinhas para deleite do kapo, que o recompensou com um quarto no andar térreo. À medida que a hora da fuga se aproximava, Stefan foi ficando cada vez mais agitado. Apontou por um instante para a janela de uma das salas do piso térreo, usadas para o trabalho de carpintaria. "Nossa janela para a liberdade", disse. Ele tinha o hábito de arrumar o quarto durante os quinze minutos de intervalo para uso do sanitário, portanto, os guardas estavam acostumados a vê-lo por ali.[71]

"O guarda não vai desconfiar se eu aparecer também?", Wincenty perguntou.

"É disso que eu tenho medo", respondeu. Eles teriam de agir em uma hora, e sua percepção dos riscos aumentava.

O jantar consistiu de um pedaço de pão, uma colher de marmelada e um pouco de chá amargo. Era sábado, e dois barbeiros raspavam cabeças no andar térreo. Os dois guardas da SS estavam relaxados, fumando no corredor enquanto lá fora a noite se aproximava. Um dos guardas saía periodicamente para escoltar algum preso até o banheiro. Wincenty e Stefan estavam tão tensos que era difícil comer.

Wincenty foi depressa ao seu quarto para pegar a caixa de madeira, e então não havia nada a fazer a não ser tentar a sorte com os guardas. Stefan passou pelos dois homens da SS e entrou na oficina de carpintaria, com Wincenty em seus calcanhares. Os alemães não olharam para cima, Stefan fechou a porta rápido e agarrou um machado pesado de uma bancada de trabalho. Respirava com dificuldade e ficou lá, paralisado, esperando para ver se um guarda surgiria.[72]

"Largue isso!", Wincenty avisou, e subiu em uma mesa sob a janela que Stefan havia identificado. O trinco estava quebrado e ele a abriu com bastante facilidade. Wincenty saiu, Stefan logo atrás dele. Juntos escalaram a cerca e começaram a correr de um lado da estrada, tentando manter-se próximos à cobertura dos salgueiros que ladeavam o caminho. Estava quase escuro agora, e os sapos coaxavam. Chegaram a uma curva a algumas centenas de metros da casa e Stefan apontou para um pequeno dique que corria perpendicular à estrada em direção a um grande lago que brilhava na escuridão. Cortaram a estrada para a plantação ao redor quando ouviram um grito. Retornaram o olhar e viram os dois guardas da SS irromperem pela porta da frente e correrem para trás da casa em direção ao rio Vístula, como Stefan havia previsto que fariam. Os dois fugitivos tropeçavam no campo desnivelado e tinham alcançado os juncos da margem do lago quando, para seu horror, viram um soldado vindo em uma bicicleta na direção oposta, margeando a borda do lago.[73]

"Pelo amor de Deus", Stefan sussurrou, e mergulhou na água. Wincenty o seguiu. O que mais poderiam fazer? O lago estava escuro e frio. Wincenty prendeu a respiração pelo tempo que conseguiu, sabendo que tinham sido avistados. Quando enfim pôs a cabeça fora da água para recuperar o fôlego, lá estava o homem da SS, a cerca de dez metros de distância, olhando para ele à meia-luz.[74]

"Meu Jesus, minha Nossa Senhora", murmurou Wincenty, mergulhando para debaixo d'água e esperando o fim. Mas quando voltou para a superfície alguns momentos depois, ficou estupefato ao ver o homem de volta na bicicleta, pedalando para longe deles em direção à casa. Ele tinha esquecido a arma.[75]

Stefan subiu ofegante, viu o guarda em retirada e de imediato disparou pela água rasa até a margem oposta. Wincenty virou-se para o campo por um momento e gritou: "Que se explodam", e seguiu em frente.[76]

Alcançou Stefan do outro lado e juntos correram através dos campos de plantações antes de desaparecerem na noite.

CAPÍTULO 11

NAPOLEON

VARSÓVIA
JUNHO DE 1942

Stefan e Wincenty correram as próximas horas no escuro, tentando seguir as estrelas. Em determinado ponto, viram os faróis de duas motos da SS, deitaram de barriga para baixo e se esconderam nos sulcos de um campo arado. Chegaram ao rio Soła depois da meia-noite. Havia nuvens no céu agora, e eles procuraram abrigo do frio em um celeiro por uma hora ou duas antes de tentar a travessia. O rio parecia cinza na madrugada. Os dois homens se deram as mãos para se equilibrarem melhor contra a corrente. A água alcançou-lhes o peito em um ponto e Stefan desequilibrou-se. Wincenty, utilizando a sua caixa de madeira como boia, conseguiu alcançar a margem mais distante e puxá-lo para fora. Correram em direção ao bosque, tiraram as roupas molhadas e esperaram, nus, até escurecer novamente, e em seguida continuaram com as vestimentas encharcadas.[1]

Eles viajaram apenas à noite nos dias seguintes, sempre pela floresta, e ficando em casas de camponeses quando podiam. Eles se dirigiram ao sul, para os arredores de Cracóvia, rumo às colinas de Limanowa, aldeia natal de Wincenty, onde ele se reuniu com a família. Mais tarde, lembrou os detalhes inebriantes da sua primeira refeição em casa: frango e batatas, depois mais frango, e um copo de cerveja caseira para comemorar o seu retorno "do outro mundo". Wincenty estava fraco demais para viajar, por isso, Stefan partiu para Varsóvia sozinho algumas semanas depois.[2]

*

A cidade estava tumultuada quando o mensageiro de Witold, Stefan, chegou, no fim de junho de 1942. Os alemães haviam retomado a campanha na Rússia, lançando ofensivas contra os campos de petróleo do Cáucaso, e a estação central ferroviária estava lotada de soldados a caminho do front. Dizia-se no gueto que os judeus logo seriam deportados para a Sibéria, tão logo os alemães finalizassem o seu grande avanço decisivo. Havia histórias tenebrosas de outros lugares na Polônia onde judeus estavam sendo envenenados com gás, em caminhões e em câmaras especialmente projetadas.[3]

Àquela altura, o líder da Resistência Rowecki já tomara conhecimento das intenções genocidas dos nazistas. Os relatos dos poucos sobreviventes judeus que haviam escapado dos massacres chegaram à capital, confirmando a existência de locais de execução em territórios soviéticos e do campo de extermínio em Chelmno. Os relatos foram compilados no gueto por um grupo de historiadores, assistentes sociais e rabinos que fizeram contato com Rowecki por intermédio de um dos líderes da organização trabalhista judaica conhecida como Bund. Rowecki tinha criado um Departamento de Assuntos Judaicos em fevereiro para documentar e divulgar as atrocidades cometidas contra os judeus. As histórias sobre o extermínio em massa tinham sido divulgadas durante o mês de abril no jornal da Resistência. Em maio, Rowecki recebeu o primeiro relatório do Bund, que apresentava a dimensão dos assassinatos no leste. O Bund concluiu – com precisão – que setecentos mil judeus já haviam perecido, vítimas de um plano sistemático para "aniquilar todos os judeus da Europa", e exigiu uma resposta imediata dos Aliados. Rowecki microfilmou o documento e encarregou seu mensageiro Sven Norrman de levá-lo a Londres.[4]

Em resposta ao relatório, a BBC transmitiu um discurso do líder polonês Sikorski exigindo represálias imediatas para "pôr fim à fúria dos assassinos alemães e salvar mais de centenas de milhares de vítimas inocentes da aniquilação inevitável". O relatório foi manchete no *Daily Telegraph* e no *Times* de Londres. De início, o *The New York Times* trouxe a notícia na parte inferior de uma coluna, mas acabou por publicar uma matéria de página inteira. A repercussão fez com que a comunidade judaica agisse. Em 21 de julho, uma manifestação contra as atrocidades nazistas organizada pelo American Jewish Congress e pela Bnai Brith no Madison Square Garden, em Nova York, atraiu uma multidão de vinte mil pessoas. Tanto Roosevelt quanto Churchill enviaram declarações que foram lidas no encontro. Porém, embora tenham sido recebidas como manifestações de apoio, na verdade omitiam o fato de que a ideologia alemã para os judeus havia se tornado genocida. Em vez disso, caracterizaram a perseguição aos judeus como indistinguível da perseguição alemã a todos os povos europeus.[5]

"Cidadãos, independentemente da crença religiosa, compartilham a tristeza dos nossos concidadãos judeus causada pela selvageria dos nazistas contra as vítimas do seu povo", Roosevelt declarou. Ele prometeu que os nazistas seriam tão malsucedidos no "extermínio de suas vítimas quanto o seriam na escravização da humanidade" e que o "dia do acerto de contas" chegaria. Churchill, que tinha conhecimento dos fuzilamentos em massa de judeus há quase um ano, afirmou apenas que eles estavam entre as "primeiras vítimas de Hitler" e na vanguarda da resistência à violência nazista.[6]

Adicionalmente, nenhum dos líderes considerou que o assassinato de judeus exigia uma resposta direta, como uma ação militar direcionada do tipo que Sikorski vinha exigindo, ou assistência humanitária para os milhares que buscavam fugir da Europa. De fato, os diplomatas britânicos agiam ativamente para impedir que os refugiados alcançassem a Palestina, temendo instabilidades no protetorado britânico. O Departamento de Estado dos EUA, por sua vez, manteve inalterada sua cota de migrantes europeus, embora sequer chegasse a conceder o número total de vistos previstos. Ambos os governos defenderam a sua reticência com argumentos agora familiares: medo de estimular o antissemitismo em casa e de se desviar o foco do esforço de guerra.[7]

Nesse meio-tempo, um comitê interagências do Escritório de Informação de Guerra dos Estados Unidos sugeriu restringir por completo as notícias de atrocidades porque poderiam inspirar sentimentos "mórbidos". A cobertura do extermínio em massa desapareceu da imprensa. "O Bund deveria ter escrito que [os alemães] mataram sete mil pessoas", lamentou o líder do partido socialista polonês em Londres. "Assim, poderíamos passar a notícia para os britânicos com uma pequena chance de eles acreditarem em nós".[8]

O fracasso do relatório do Bund em chamar a atenção foi uma decepção profunda para os líderes judeus em Varsóvia e provavelmente influenciou a abordagem de Rowecki ao relatório de Witold sobre o assassinato em massa de judeus e aos dados de Stasiek que chegaram naquele meio-tempo. O governo polonês no exílio fazia de tudo para convencer os oficiais britânicos e americanos sobre o papel do campo. Em julho, o governo polonês no exílio discorreu sobre Auschwitz na sua principal publicação em inglês. Baseado nas primeiras mensagens de Witold, o texto incluía um relato dos experimentos com gás contra os prisioneiros de guerra soviéticos no ano anterior. O interesse pelo artigo foi insignificante – os funcionários aliados parecem ter registrado o fato de que o campo era um lugar de uma crueldade especial e concluíram que havia pouco a ser feito. No artigo, a descrição da construção da fábrica da IG Farben perto do campo atraiu mais interesse, pois este seria um alvo em potencial para bombardeio, mas não antes de seu término.[9]

Para que o relatório mais recente de Witold causasse algum impacto, Rowecki teria que superar barreiras consideráveis de indiferença e ceticismo. Precisava de alguém que visse por si mesmo o que estava acontecendo nas cercanias do campo e que depois pudesse viajar para o oeste e servir como testemunha. Ele tinha o homem certo em mente para essa missão perigosa: um agente polonês treinado pela SOE chamado Napoleon Segieda. O cabo de trinta e dois anos de idade havia descido de paraquedas na Polônia em novembro para reunir provas de crimes nazistas, entre outras tarefas. Na verdade, ele deveria ter voltado para Londres meses antes, mas estava impossibilitado de sair do país após a prisão de mensageiros da rede que deveria ter usado para retornar.[10]

Napoleon já havia demonstrado suas habilidades como agente no início da guerra, ao fugir de um campo de prisioneiros de guerra alemão pedalando a sua bicicleta através da França ocupada pelos nazistas e, em seguida, atravessando os Pirineus em pleno inverno. A história de sua fuga foi divulgada em uma publicação do exército polonês na Grã-Bretanha e levou à sua seleção para o posto de mensageiro. Ele vinha de uma família de agricultores da aldeia de Lisewo Kościelne, nas planícies da Polônia central, mas não tinha sido feito para a vida rural. Não possuía muita instrução, mas absorvia conhecimento com a intensidade de um autodidata. Num momento estava discutindo as teorias de Darwin na igreja (tendo sido barrado da atividade religiosa como resultado, sobre o que professou não se importar nem um pouco) e, no outro, tentando a sorte com uma plantação de sementes de cominho, que ele estava convencido de que o deixaria rico. Quando contraiu tuberculose, por volta de 1935, inventou o próprio método de tratamento, que consistia em correr descalço pelos campos ao amanhecer, e jurava que isso o curara. Havia trabalhado como ativista de um partido político que prometia melhorar as condições dos camponeses (chamado Partido Camponês) e alistou-se no exército na década de 1930 porque era a melhor opção para escapar da pobreza rural. A guerra, quando chegou, não tinha sido um desastre para ele; trouxera-lhe oportunidades.[11]

Após a seleção para o posto de mensageiro, Napoleon se juntou a um grupo de cerca de sessenta potenciais agentes da Polônia que a SOE estava treinando nas cercanias do Castelo de Lochailort, nas montanhas escocesas, no período entre o verão e o outono de 1941. Dois veteranos britânicos do Imperial Shanghai Constabulary administravam o campo de treinamento, que incluía o manuseio de armas pequenas e o estudo de artes marciais. William "Destruidor de Shanghai" Fairbanks costumava apresentar o curso da seguinte forma: "Quero que vocês consigam pensar nas maneiras mais sujas e mais sangrentas de se destruir um ser humano". Um truque ideal para refeições que Napoleon aprendeu consistia em mergulhar sobre uma mesa puxando ao mesmo tempo a toalha a fim de sufocar um dos convidados com ela. Em seguida, passou por um treinamento de salto de paraquedas na base aérea de Ringway, nos arredores de Manchester, e, em uma instalação da SOE em Hertfordshire, aprendeu a enviar mensagens codificadas e aprimorou sua fluência no idioma alemão.[12]

Ao chegar a Varsóvia, Napoleon logo ganhou a reputação de solucionador de problemas, tendo em vista as prisões dos outros mensageiros. Ele inventou um novo método de transmissão de informações que demonstrava o seu modo de pensar inovador. O problema com a rede da Resistência até aquele momento, Napoleon concluiu, era que cada esconderijo na rota e cada entrega de material de um agente para o próximo aumentava a probabilidade de infiltração.

Sendo assim, Napoleon decidiu cortar a cadeia por inteiro e esconder as mensagens no trem expresso que fazia a viagem entre Varsóvia e a Basileia, na fronteira suíço-alemã. Tinha encontrado o esconderijo perfeito para os documentos: atrás do espelho do banheiro do trem. Ele só precisaria de agentes capazes de subir e descer do trem rapidamente nas duas cidades servidas pela viagem.[13]

Napoleon estava voltando da Suíça depois de um teste quando recebeu a ordem de viajar para Auschwitz para verificar os últimos relatórios. Partiu para o campo por volta de 18 de julho, justo quando se ouviam notícias de que toda a rede de mensageiros sueca também havia sido presa. Só Sven Norrman havia escapado, pois estava em Estocolmo na época, mas era evidente que não poderia retornar. As prisões significavam que as conexões de Rowecki com o mundo exterior estavam temporariamente reduzidas a breves transmissões de rádio – e a Napoleon. O que quer que encontrasse em Auschwitz, ele próprio teria que levar para o oeste.[14]

*

Napoleon foi contatado no interior ou nos arredores da estação de trem de Oświęcim pela figura esguia de Wojciech Jekiełek, um agente local. Wojciech pertencia ao mesmo Partido Camponês de Napoleon e compartilhava de suas frustrações com a desigualdade social anterior à guerra na Polônia. Fora ativista antes da guerra em sua aldeia, Osiek, a menos de vinte quilômetros de Oświęcim. Era comum vê-lo andando a passos largos pelos campos de plantações com uma pilha de panfletos ou pedalando a sua bicicleta seguido pelo cachorro da família, chamado jocosamente de Hitler.

Desde a invasão, Wojciech vinha construindo uma rede de moradores para combater os esforços da SS de substituir as famílias polonesas por colonos alemães. Também estabeleceu conexões com prisioneiros no campo por meio de duas mulheres locais, Helena Płotnicka e Władysława Kożusznik, que levavam comida e medicamentos para os prisioneiros. Helena, de quarenta anos e mãe de cinco filhos, assava pão em sua pequena casa de madeira durante o dia, quando as pessoas estavam no trabalho, e era improvável que o cheiro de cerca de dez pães no forno atraísse a atenção. Ela e Władysława, de trinta e sete anos de idade, cortavam o pão para que a distribuição entre os prisioneiros fosse rápida e depois saíam com os embrulhos quando escurecia. Deixavam os pacotes em áreas próximas ao campo visitadas com regularidade pelos agrimensores e pela equipe de trabalho dos jardineiros. Elas quase foram pegas em diversas ocasiões, e o comandante Höss havia escrito para a polícia local queixando-se de ver mulheres polonesas "carregadas com sacos e pacotes" nas proximidades de Rajsko – talvez referindo-se a Władysława e Helena.[15]

O sofrimento dos prisioneiros também havia inspirado Wojciech a começar uma coleta de provas dos crimes nazistas. Algumas semanas antes da chegada de Napoleon, Helena e Władysława levaram uma carta escondida entre as fatias de pão pedindo que informações fossem enviadas de volta pelos agrimensores. Ele recebeu uma carta de volta de Stasiek dizendo que ficaria feliz em atendê-lo.[16]

Foi fácil reconhecer Wojciech na estação, com seus escassos cabelos louros e o bigode inglês estilo guidão ("a águia careca", era como os amigos o chamavam). Havia postos de controle da SS guardados por muitos homens nas estradas que levavam ao campo. O comandante Höss ordenara um bloqueio depois do último surto de tifo e o ar estava quente e fétido. Os dois homens caminharam apressados por estradas secundárias até Osiek, onde Wojciech vivia em uma cabana modesta de dois quartos com a esposa e a filha de dezesseis anos. A casa era cercada por plantações de batatas e parcialmente escondida da estrada por uma pereira.[17]

Wojciech sentou-se com Napoleon à mesa da cozinha e mostrou-lhe o material que havia coletado sobre o campo. É provável que estivesse familiarizado com o relatório de Stasiek sobre a mortalidade do lugar, que relatara que dez mil judeus tinham sido mortos por envenenamento por gás e seus corpos jogados em valas comuns. Também tinha uma coleção de cartas de outro correspondente para mostrar a Napoleon. O autor desconhecido pedia que armas fossem escondidas ao redor do campo em preparação para uma revolta. Ao folhear as missivas, ele percebeu um tom cada vez mais desesperado.[18]

"Não nos permitiremos ser mortos como ovelhas!", declarava uma delas. "Não podemos mais esperar para começar a revolta."[19]

"Bombardeiem este campo!", implorava outra. Soava a Napoleon como se algo particularmente dramático tivesse ocorrido. Mas o quê? Ele pediu a Wojciech que escrevesse de volta para Stasiek e o informasse de que um mensageiro de Londres havia chegado e ele deveria enviar toda informação que pudesse.

Helena e Władysława partiram para o campo alguns dias mais tarde com suprimentos e uma carta de Wojciech solicitando provas dos crimes nazistas. O marido de Władysława estava descontente com os riscos que ela estava correndo e implorou que ficasse em casa. "Ninguém era capaz de impedir Helena quando ela punha uma coisa na cabeça", lembrou o filho de Władysława, Józef. "As duas eram assim".[20]

PARTE III

CAPÍTULO 12

PRAZO FINAL

AUSCHWITZ
MAIO DE 1942

Witold tinha ouvido a sirene soar na noite da fuga de Wincenty e Stefan. Teriam sido pegos? Em caso afirmativo, falariam sobre a Resistência? Ele não tinha como saber. Pelo menos não houve represálias por causa do incidente. Isso não significava que Witold estivesse seguro. Os alemães sabiam que existia uma Resistência, mas ainda achavam que se tratava basicamente de uma gangue de prisioneiros. Mas, à medida que Rawicz, líder escolhido a dedo por Witold, preparava o plano para uma revolta, a SS pareceu suspeitar da verdadeira natureza da Resistência. O primeiro sinal de problema foi o surgimento, na entrada do campo, de uma caixa de correio selada, na qual os prisioneiros podiam discretamente postar denúncias em troca de comida. Witold ordenou que um de seus homens que trabalhavam com o ferreiro forjasse uma chave-mestra, que usaram para remover provas que incriminassem a Resistência.[1]

Uma tarde, Kon, com o rosto lívido, puxou Witold de lado e disse que um dos novos recrutas no curtume era um provável agente da Gestapo. As fontes de Kon eram parte de um grupo de prisioneiros que dividiram uma célula com o homem em Cracóvia. Dois do grupo, as fontes disseram, haviam sido executados abertamente e, ao que tudo indicava, a SS tivera conhecimento das conversas do grupo.[2]

Os informantes de Witold no escritório da Gestapo acreditavam que o homem estava trabalhando em uma "missão especial". Witold tinha fornecido ao agente apenas as linhas gerais da missão de resistência, mas não havia como escapar do fato de que ele havia sido exposto. A questão era saber se o homem já havia passado o seu relatório à Gestapo. Não podiam simplesmente matá-lo sem levantar suspeitas. Dering sugeriu administrar-lhe uma dose de óleo de cróton, um purgante de ação rápida. Isso o faria ser admitido no hospital, onde Dering poderia convencer os médicos da SS a selecioná-lo para a injeção de fenol.[3]

Naquela tarde, a equipe do curtume preparou um guisado e serviu ao espião uma porção misturada com óleo de cróton. Ele estava visivelmente passando mal na hora da chamada, e correu em direção ao portão principal no momento da dispensa. Homens de Witold o interceptaram e o conduziram para o hospital, onde foi registrado como portador de meningite aguda. O médico da SS aprovou sua execução após um exame superficial.[4]

Witold tinha certeza de que o homem havia passado o seu número para Grabner, o chefe da Gestapo, mas percebeu que, de alguma forma, ele tinha escapado quando, semanas mais tarde, os alemães recorreram a um método mais contundente para atacar a Resistência. Qualquer prisioneiro com registro anterior ou patente de oficial foi convocado para um interrogatório na chamada da manhã e, em geral, baleado horas mais tarde. A tática sugeria que a Gestapo não tinha pistas concretas sobre a Resistência, mas era certo que os alemães estavam fechando o cerco, e a abordagem quase aleatória ainda custou a Witold muitos de seus melhores homens antes da revolta planejada.[5]

Em uma manhã de maio, Rawicz foi chamado para o interrogatório. De alguma forma, conseguiu convencer a Gestapo de que estavam enganados (seu nome falso provavelmente ajudou). Mas Rawicz ficou inquieto e sentiu que havia chegado a hora de iniciar a insurreição. O maior desafio era a gigantesca disparidade do poder de fogo. Naquela primavera, a guarnição da SS havia sido expandida para dois mil e quinhentos homens e incluía uma unidade de resposta rápida com capacidade de mobilização em trinta minutos. Rawicz acreditava que eles encontrariam cerca de um terço da guarnição de licença ou fora de serviço em qualquer momento que desejassem agir, mas, ainda assim, seus mil homens estariam em séria desvantagem numérica.[6]

A única coisa que tinham a seu favor era o elemento surpresa. Se atacassem no fim da tarde, quando as equipes estivessem retornando do trabalho e o campo concentrasse seu fluxo máximo de pessoas, teriam alguns minutos preciosos para que um grupo dominasse os guardas no portão e nas torres de vigia. Ao mesmo tempo, um segundo grupo se apoderaria do depósito de armas de reserva no escritório de construção e começaria a distribuí-las entre os nove mil prisioneiros do campo principal. Ele esperava que os detentos tirassem proveito da ocasião e se juntassem a eles. Seu plano era, então, avançar a noite até Kęty, uma cidade de colinas arborizadas a menos de vinte quilômetros ao sul do campo. Rawicz imaginava que um pequeno contingente de prisioneiros poderia tomar a cidade enquanto o restante escapava para a floresta.[7]

Witold considerou o plano viável, mas poderia terminar facilmente em carnificina. Mesmo que fossem bem-sucedidos, os alemães se vingariam contra os que ficassem para trás. Pelo menos um quarto dos prisioneiros estava confinado no bloco do hospital, sem possibilidade de se locomover. E ainda havia os vários milhares de prisioneiros em Birkenau, a cinco quilômetros de distância. Rawicz ponderou que essas baixas seriam compensadas pelos planos que ele tinha de tornar o campo inoperável mediante a explosão de depósitos, trens, material circulante e da ponte da linha principal para Cracóvia.[8]

Mas Witold ainda não estava convencido. A única maneira de impedir um banho de sangue, ele acreditava, era coordenar a revolta com um ataque de distração levado a cabo pelas forças de Resistência fora do campo. Rawicz concordou, mas deixou claro que não poderiam continuar esperando indefinidamente, não com dezenas de pessoas morrendo todos os dias. O plano que enviou para Rowecki em maio por intermédio de um prisioneiro libertado transmitia um ultimato: o campo estava preparado para agir sozinho se não recebessem notícias de Varsóvia até 1º de junho.[9]

*

Esperaram o restante do mês, enquanto as tensões e o número de mortos aumentavam. Não era apenas com as execuções diárias que os prisioneiros tinham de lidar: outro surto de tifo fazia com que a SS matasse até cem pacientes por dia usando fenol. Klehr, o ajudante, tinha desenvolvido um processo de execução eficiente em sua sala de "operações" no bloco dos convalescentes. Um assistente trazia a vítima, acomodava-a em uma banqueta e puxava-lhe os ombros para trás para expor o peito, a fim de que Klehr enfiasse a agulha com mais facilidade no coração do homem. Em seguida, outro assistente arrastava o corpo para fora. Klehr conseguia descartar uma dúzia de prisioneiros em meia hora usando esse método. A matança deteve o surto temporariamente, até que se espalhou a notícia de que o hospital deveria ser evitado e os doentes tinham de permanecer nos blocos o máximo de tempo possível.

A Resistência contrabandeava medicamentos para os doentes e tramou um plano de revide que utilizaria a única arma que não poderia ser detectada: piolhos infectados. É provável que a ideia tenha sido concebida por Witold Kosztowny, um enfermeiro e ex-bacteriologista a quem a SS tinha encarregado de desenvolver vacinas contra o tifo. Uma vacina parcialmente eficaz havia sido desenvolvida na década de 1930. O processo consistia em infectar piolhos individualmente, alimentá-los com sangue humano e coletar suas fezes, agora contaminadas de tifo. As fezes eram então modificadas em fenol, secas e transformadas em comprimidos. Os detalhes do programa de Auschwitz são nebulosos, mas parece que Schwela e os outros médicos da SS achavam que poderiam replicar o processo de fabricação das pílulas. Kosztowny foi autorizado a montar um pequeno laboratório no porão do hospital principal para a coleta em frascos de piolhos infectados encontrados nos pacientes hospitalizados nas enfermarias. Esses frascos, a Resistência percebeu, poderiam ser usados como arma biológica.[10]

O desafio era conceber um modo de atacar os alemães com piolhos suficientes para causar uma infecção. A SS tinha reduzido o contato com prisioneiros por medo de contaminação. Não havia mais jogos de cartas nos blocos com os kapos e até mesmo os prisioneiros saudáveis que trabalhavam no quartel-general da SS eram receosamente evitados. Um homem da SS usava um lenço para abrir e fechar portas das salas utilizadas por prisioneiros. Só o fato de alguém se aproximar o suficiente para depositar um inseto de meio centímetro em um guarda levantaria suspeitas. Alguns detentos tentaram transformar a palha de seus colchões em zarabatanas para atirar os piolhos; um instrumento de ataque dramático, mas ineficiente.[11]

Outra ideia, mais simples, consistia em localizar algum vestiário usado pela SS e esvaziar um frasco de piolhos em uma jaqueta ou capa. Os guardas mantinham-se cuidadosamente vestidos ao andarem pelo campo, mas havia um lugar onde eles se despiam com frequência: o hospital da SS, perto do crematório. Somente os guardas e suas famílias podiam ser tratados lá, e os funcionários eram praticamente todos alemães. Os únicos prisioneiros autorizados a entrar no hospital eram os zeladores. Teddy, o boxeador, trabalhava na limpeza e concordou em lançar um ataque.[12]

Um dia, em meados de maio, ele pegou um frasco de piolhos com Kosztowny antes do trabalho. Chegou ao hospital da SS e encontrou uma fileira de casacos e jaquetas de oficiais no vestiário, e esvaziou o frasco com cuidado em vários colarinhos. Não demorou muito e os primeiros casos de tifo entre os alemães foram registrados no campo. O alvo seguinte de Dering foi Schwela, o médico da SS que supervisionava o programa de injeções de fenol. Um dia flagrara o alemão olhando para a sua cabeça de um modo estranho.[13]

"Tão perfeitamente redonda", Schwela havia comentado. "Gostaria de ter uma assim."[14]

"Esta você não pode ter", Dering respondera, levando na brincadeira.[15]

"Veremos", Schwela disse.

Teddy provavelmente foi o responsável pela ação. Um dia, Schwela estava reclamando de febre e suando profusamente sob o uniforme. No dia seguinte, estava gemendo, na cama, coberto de manchas vermelhas, e então morreu. Ou, como Dering colocou, ele "se mudou para o lugar certo para ele: o inferno". É possível que Schwela tivesse sido infectado em uma de suas visitas ao hospital, mas a Resistência jurava que fora ela a responsável por pegar o homem. Em seguida, atacaram o carrasco do campo, Gerhard Palitzsch, e começaram a despejar piolhos no leito de kapos odiados, como Leo, cuja morte algumas semanas mais tarde foi celebrada no campo inteiro.[16]

A campanha elevou o moral, mas pouco fez para aliviar a ansiedade crescente com a aproximação da data da revolta. Em 27 de maio, a SS convocou mais de quinhentos nomes na chamada da manhã. O medo percorreu a multidão. Cento e sessenta e oito homens foram levados de imediato ao bloco penal para serem executados. Ao passarem, uma voz solitária começou a cantar o hino nacional polonês, e a ela se juntaram as vozes dos demais condenados. Os outros trezentos homens juntaram-se à unidade penal em Birkenau. Os blocos ganharam vida com pedidos de que a insurreição ocorresse naquela noite mesmo.[17]

Witold pediu paciência, mas até ele achava a espera intolerável. O tempo havia esquentado. O céu estava claro e as flores de jasmim da árvore próxima à entrada enchia o campo com o seu perfume. Eles estavam prontos há semanas. "Quanto tempo mais até que possamos voar para cima de vocês?", teria pensado consigo mesmo ao passar pelos guardas e pela orquestra no portão. O dia 1º de junho chegou sem notícia alguma de Varsóvia. Alguns homens murmuravam amargamente sobre a liderança da Resistência e ameaçavam tomar as rédeas da situação. Conseguiram enviar para Wojciech em Osiek uma mensagem dizendo que não podiam esperar muito tempo mais.[18]

Witold, Stasiek ou um dos outros líderes da Resistência redigiu as mensagens que alcançaram Wojciech em Osiek dizendo que não podiam esperar mais para dar início à insurreição.

Então, a fonte de Witold no escritório da Gestapo revelou que os trezentos homens enviados para Birkenau seriam fuzilados em pequenos grupos para evitar inquietação. Doze foram executados em 4 de junho. Dois dias depois, mais nove foram mortos. Os homens da companhia penal enviaram a Witold um aviso de que planejavam revidar.[19]

"Devemos nos tornar nada além de fumaça no ar dentro em breve, por isso, confirmo que vamos tentar a nossa sorte amanhã durante o trabalho... Temos pouca chance de sucesso", escreveu um deles. "Dê adeus à minha família, e se você puder e ainda estiver vivo, diga-lhes que, se eu tiver morrido, morri lutando."[20]

Witold sentiu pena dos homens, mas considerou o panorama geral. Era quase certo que uma tentativa de fuga em Birkenau levasse a uma repressão no campo inteiro no exato momento em que a autorização chegasse de Varsóvia. Rawicz concordou que os homens em Birkenau precisavam esperar Varsóvia, e mandou o disciplinado Fred cancelar a operação.[21]

Fred conseguiu entrar em uma das ambulâncias muitas vezes usadas pelas autoridades do campo para transportar o Zyklon B às câmaras de gás. A unidade penal localizava-se em um dos barracões de pedra construídos pelos soviéticos no lado nordeste do campo, sendo separada por arame farpado das intermináveis fileiras de estábulos de madeira que tinham sido construídos apressadamente para abrigar o influxo de prisioneiros judeus. Ele chegou pouco antes do toque de recolher, e apenas alguns poucos judeus permaneciam do lado de fora dos barracões, esqueléticos e sujos. A cerca elétrica tinha sido ligada para a noite e os fios cantavam com a corrente.[22]

Alguns dos homens no complexo penal foram dispensados por ordem de Rawicz. Mas a maioria insistiu que era melhor morrer lutando do que esperar ser fuzilado. No fim, concordaram em adiar a ação até a tarde do dia seguinte.[23]

O dia 12 de junho amanheceu encoberto. Os homens condenados começaram a trabalhar em uma vala de drenagem. Poucos comeram no almoço, à espera de um sinal. Então, de repente, espalhou-se que a revolta começaria às dezoito horas, quando o primeiro apito soasse para retornarem ao campo.[24]

Os detentos voltaram ao trabalho. Começou a chover. Alguns guardas se abrigaram sob as árvores. O apito tocou cedo. Eram só catorze e trinta. Os trabalhos estariam encerrados ou era só uma pausa? Alguns dos prisioneiros começaram a rebelar-se; outros permaneceram parados no lugar. Um jovem prisioneiro, August Kowalczyk, levantou a pá para acertar o guarda mais próximo, mas o homem saiu correndo atrás de outro prisioneiro que estava fugindo. Ele aproveitou a oportunidade para engatinhar até a estrada, sentiu o sibilo de uma bala e, em seguida, correu por um terreno aberto para uma área com árvores perto do Vístula. Com balas zunindo ao seu redor, arrancou o uniforme listrado da prisão, alcançou a margem do rio e mergulhou nas águas verde-acinzentadas.[25]

Witold ouvia impotente o som de tiros a distância. Os detalhes foram surgindo nos dias seguintes. Apenas August e um outro prisioneiro tinham conseguido escapar. O restante foi levado de volta para os seus barracões e mantido sob vigilância pesada. Hans Aumeier, o subcomandante, exigiu que informassem os nomes dos líderes. Quando ninguém respondeu, ele caminhou pelas fileiras atirando na cabeça dos homens, parando apenas para recarregar, até que dezessete estavam mortos. O seu assistente matou mais três. Os prisioneiros que restaram receberam ordem de se despir. As suas mãos foram amarradas atrás das costas com arame farpado e, em seguida, foram todos levados através de Birkenau até a casinha vermelha no bosque para serem envenenados por gás.[26]

A SS aplicou uma vingança total. Mais de duzentos detentos foram fuzilados dia 14 de junho; cento e vinte, alguns dias depois. Todas as manhãs os novos números eram lidos. O medo consumia os prisioneiros. À noite, preparavam mensagens de despedida para os entes queridos e discutiam se era melhor morrer fuzilado, envenenado por gás ou com a injeção de fenol. O moral estava perigosamente baixo.[27]

*

Eugeniusz Bendera, um mecânico da garagem da SS, resolveu tratar do assunto com as próprias mãos ao ser avisado de que o seu nome estava na lista. Eugeniusz trabalhava com regularidade no sedã Steyr 220 dos oficiais. O carro preto, equipado com motor seis cilindros de 2,3 litros, era o veículo mais rápido do campo, e ele fantasiava roubá-lo e acelerar para a liberdade. Compartilhou o sonho com o amigo Kazimierz Piechowski, ou Kazik, que ressaltou que ele nunca passaria do posto de controle que vigiava a chegada ao campo, a menos que estivesse com um uniforme da SS e falasse alemão. Kazik era fluente. E também sabia onde os alemães guardavam os uniformes sobressalentes. Eles tinham um plano.[28]

Witold achou a ideia tão inesperada que poderia funcionar. Providenciou para que um de seus homens, Stanisław Jaster, de vinte anos, os acompanhasse como seu mensageiro e pediu-lhe para memorizar o relatório seguinte. Reforçou a Jaster que os Aliados tinham de tomar conhecimento da revolta de Birkenau e do envenenamento dos judeus por gás e atacar o campo imediatamente. É possível que Witold já tivesse ouvido na BBC sobre a brigada de paraquedistas poloneses que estava treinando na Escócia para uma invasão aliada do continente, porque ele disse a Jaster que, se duzentos soldados paraquedistas aterrissassem perto dos depósitos, eles poderiam invadir os armazéns de armas e entregá-las aos prisioneiros.[29]

A fuga foi marcada para sábado, 13 de junho, na hora do almoço, quando seria quase certo que o depósito e a garagem estivessem vazios. Józef Lempart, um monge, também juntou-se ao grupo de fuga e o abençoou quando os detentos foram chamados à praça para a chamada do meio-dia. Kazik tinha arranjado um carrinho carregado de lixo da cozinha para servir como desculpa para saírem do campo – havia um depósito de lixo ao lado da estrada principal – e os guardas, como seria de se esperar, permitiram que passassem.[30]

Assim que os homens se afastaram do raio de visão, mudaram de direção e seguiram para o depósito, entrando através de uma portinhola para carvão na lateral. O depósito que abrigava os uniformes estava trancado, mas Kazik abriu a porta com um chute. A sala continha prateleiras com uniformes de campo cinza empilhados. Kazik apanhou um traje de sargento e uma arma. Concordaram que, se fossem parados, ele atiraria neles para evitar a captura. Eugeniusz correu para a garagem para buscar o carro. Pegou os outros em uma porta lateral do depósito. Kazik sentou-se no banco do passageiro e arrancaram para a estrada.[31]

Eugeniusz viu a barreira a trezentos metros de distância e tirou o pé do acelerador. A cem metros, ainda não havia movimento dos guardas. Kazik abriu o coldre e colocou a mão na arma. Cinquenta metros. Eles quase podiam vislumbrar o interior da guarita. Eugeniusz estava suando. Parou o carro.

"Kazik, faça alguma coisa", Jaster sussurrou do banco de trás.[32]

Kazik se inclinou para fora da janela e gritou em alemão para abrirem o portão. Um guarda obediente apareceu, correu com naturalidade para a barreira metálica e a ergueu. Eugeniusz resistiu ao impulso de pisar fundo no acelerador e avançou devagar. Passaram pelo subcomandante Aumeier, que andava a cavalo, e o saudaram com um "Heil Hitler". Aumeier retornou a continência e então estavam livres.[33]

Witold esperou ansiosamente a sirene soar. Cada momento passado lhe dava esperança. A SS percebeu que faltavam quatro homens na chamada da noite. Diante dos prisioneiros reunidos, Aumeier fez um discurso raivoso ao perceber que havia sido enganado. Em seguida, atirou seu quepe no chão e de repente desatou a rir.[34]

Mas nenhuma notícia chegou de Varsóvia. Os alemães transferiram Rawicz para outro campo no início de julho. Sua partida significava que Witold era mais uma vez o líder de fato da Resistência, e a decisão sobre a insurreição recaiu sobre ele. A tentativa fracassada em Birkenau tinha demonstrado que um levante no campo principal sem ajuda externa terminaria em massacre. Teriam que esperar, mesmo que isso significasse suportar mais execuções.[35]

Nesse ínterim, os alemães estavam transformando Auschwitz, outrora uma instalação regional de extermínio, no núcleo central da Solução Final. A decisão anterior de Himmler de encher Birkenau com trabalhadores judeus tinha levantado a questão do que fazer com os seus dependentes deixados para trás nos países de origem. Himmler decidiu fazer uma concessão vital naquele verão: dali por diante, dez por cento de cada transporte poderia consistir de incapacitados para o trabalho. Seria feita uma seleção de trabalhadores na chegada ao campo. Todos os outros – mães e seus filhos, os enfermos e idosos – seriam envenenados por gás. Dessa forma, ele obteria força de trabalho e satisfaria o desejo de Hitler de eliminar os judeus da Europa.[36]

No início de julho, a SS preparou-se para deportar cento e vinte e cinco mil judeus da Eslováquia, França, Bélgica e Holanda para o campo. Uma segunda casa de campo na floresta de Birkenau foi adaptada como câmara de gás em junho (apelidada de "casa branca" por causa da cor da sua pintura). Junto com a outra câmara, a SS agora tinha a capacidade de exterminar um transporte inteiro de cerca de dois mil judeus de uma só vez. O desafio remanescente da logística era o que fazer com os corpos. A SS tinha começado a trabalhar em dois crematórios para se desfazer dos mortos, mas como era provável que se passassem meses até que estivessem prontos, enormes valas comuns seriam usadas como solução temporária para enterrá-los.[37]

O primeiro transporte de judeus a serem submetidos a uma seleção chegou da Eslováquia no ramal ferroviário a mais de um quilômetro do portão principal de Birkenau em 4 de julho. A rampa de descarregamento era fortemente guardada. Os mil judeus a bordo foram retirados do trem, despojados de seus pertences e alinhados para a seleção. Os médicos da SS julgaram que apenas trezentos e setenta e dois estavam aptos a trabalhar. Eles foram conduzidos para o registro por prisioneiros poloneses que trabalhavam em Birkenau. O restante seguiu para a floresta.[38]

O líder da célula de Witold em Birkenau, Jan Karcz, logo passou a informá-lo sobre a chegada quase diária de transportes trazendo homens, mulheres e crianças de toda a Europa. Ele não tinha conhecimento direto do que acontecia com aqueles enviados para morrer na floresta, mas os trabalhadores judeus que operavam as câmaras de gás revelavam os detalhes por intermédio dos eletricistas. Em 16 de julho, Stasiek tinha compilado números que apontavam para trinta e cinco mil judeus mortos em pouco mais de dois meses.[39]

Witold não tinha como saber que a chegada de famílias inteiras marcava o início do avanço nazista para exterminar o povo judeu da Europa, tampouco que Auschwitz tinha sido selecionado como o principal centro de extermínio. Na verdade, a própria liderança nazista parecia ter se decidido pela expansão do papel do campo só depois que oficiais eslovacos e franceses reclamaram de ter que sustentar os dependentes dos trabalhadores judeus enviados para o campo. Mas ele compreendeu o horror absoluto da empreitada.[40]

"É de se imaginar o que os homens da SS estavam realmente pensando", Witold escreveu mais tarde. "Havia muitas mulheres e crianças nos vagões. Às vezes, crianças de colo. Todas aquelas pessoas dariam adeus às suas vidas aqui, juntas. Elas eram trazidas como um rebanho de animais para o abate!"[41]

Falou sobre um "novo pesadelo" em um relato posterior e enxergou o crime em termos existenciais, como uma crise para a humanidade. "Nós nos desviamos, meus amigos, nós nos desviamos de forma terrível... Diria que nos tornamos animais... mas não, estamos um nível do inferno abaixo do dos animais."[42]

Quando o extermínio em massa se intensificou naquele mês de julho, a Resistência do campo recebeu uma mensagem codificada de Napoleon pedindo evidências dos crimes nazistas. Stanisław Kłodziński, um educado enfermeiro de óculos de lentes grossas, foi encarregado de decodificá-la. Witold teve que decidir o que dizer. Apesar das preocupações contínuas de Witold quanto à produção de registros escritos, ele é o provável autor de uma carta descrevendo o programa sistemático de extermínio dos nazistas em Auschwitz. A carta começa com uma descrição da tentativa de fuga fracassada da unidade penal e as execuções diárias que se seguiram. Em seguida, o assunto envereda para o envenenamento por gás em massa de judeus. "Em Birkenau, a SS não consegue dar conta de todos os mortos que estão produzindo. Os cadáveres são empilhados do lado de fora das câmaras de gás para serem enterrados em fossos".[43]

A carta descreve o clima de desânimo entre os prisioneiros. "A vida no campo é muito difícil no momento, as pessoas estão preparadas para o pior.

Estão dizendo que, se tivermos que morrer, não vamos morrer como ovelhas; dizem que devemos fazer alguma coisa".

A carta retoma o tema de uma insurreição. Não associa de maneira direta a operação com o término do extermínio em massa de judeus, mas o imperativo para a ação é claro. Uma revolta no campo "ecoaria enormemente ao redor do mundo", conclui. "Há apenas uma consideração que me impede de ir em frente: que isso criaria uma grande retaliação contra o país".

Stasiek também terminara de elaborar seu último relatório sobre a mortalidade de prisioneiros e é possível que o tenha enviado junto com a carta. O relatório continha uma estimativa mensal das mortes de poloneses e soviéticos e destacava as trinta e cinco mil mortes de judeus em Birkenau desde maio. Os transportes chegavam a cada poucos dias, trazendo famílias judaicas para envenenamento por gás, e três mil e quinhentas pessoas podiam ser descartadas em duas horas, ele observava. Os números sugeriam que Auschwitz tinha se tornado um "campo da morte".[44]

*

No momento em que a Resistência se preparava para enviar o material por intermédio dos agrimensores ou de um dos pequenos destacamentos de jardinagem, o Reichsführer da SS Heinrich Himmler fez sua segunda visita a Auschwitz. Os detentos do campo principal receberam uniformes limpos e permissão para se lavarem, a orquestra ensaiou a peça favorita de Himmler: a "Marcha Triunfal", da *Aída*, de Verdi. Em 18 de julho, os prisioneiros de aparência mais saudável foram dispostos em fileiras sob o sol brilhante do início da manhã. Uma inspeção no último minuto revelou que estava faltando um botão no uniforme de um dos prisioneiros, e o homem culpado, um dos poucos judeus do campo principal chamado Yankiel Meisel, foi espancado brutalmente até a morte pelos kapos atrás de um bloco.

Levou muito tempo para morrer, suas súplicas abafadas preenchendo o ar até que por fim só restasse o silêncio. Então, o trompete da orquestra tocou as primeiras notas, um sedã preto parou nos portões e o Reichsführer da SS surgiu, piscando e sorrindo ao sol.[45]

Himmler tinha motivos para estar feliz. A Wehrmacht havia lançado uma nova e grande ofensiva sobre a União Soviética em junho. A ofensiva alemã fora contida nos arredores de Moscou no ano anterior, mas Hitler agora ordenara uma investida pelo sul para romper as linhas russas e capturar os campos de petróleo do Cáucaso. O progresso inicial foi bom e Himmler poderia sonhar mais uma vez com colônias alemãs se estendendo até a Crimeia. Nesse meio-tempo, havia a questão de livrar a Europa dos judeus. Ele queria ver o processo de extermínio em Birkenau com seus próprios olhos. Um transporte de judeus holandeses foi especialmente reservado para a sua chegada. Ele assistiu às famílias judaicas sendo descarregadas, destituídas de seus pertences e depois processadas. Um grupo de quatrocentas e quarenta e nove mulheres e crianças foi selecionado para o envenenamento por gás na casinha branca. Himmler observou o desnudamento e a vedação das portas, ouviu os gritos e então o silêncio.[46]

"Ele não se queixou de nada", recordou o comandante Höss. Mais tarde, Himmler participou de um jantar em Kattowitz organizado pelo *gauleiter* local. Lá, permitiu-se um charuto e uma taça de vinho, e revelou ao grupo seleto o plano de Hitler de matar os judeus da Europa, confiante de que o segredo do campo, talvez o maior da oficialidade nazista, estava seguro. Alguns dias depois a Resistência contrabandeava seu pacote de documentos para fora do campo.[47]

CAPÍTULO 13

PAPELADA

OSIEK
AGOSTO DE 1942

Ocultos sob uniformes de prisioneiros, escondidos nas cercanias do campo e depois movimentando-se rápido no meio da noite, levados por contrabandistas, os relatórios da Resistência detalhando o início do extermínio em massa de judeus no campo alcançou o esconderijo em Osiek, onde Napoleon Segieda, o agente treinado pelos britânicos, esperava por evidências de crimes nazistas. Nas duas semanas desde a sua chegada, Napoleon havia tentado investigar a área ao redor do campo, mas foi impedido pela segurança reforçada. Mesmo assim, havia testemunhado violência suficiente para ter ideia da brutalidade do campo. Perto da estação de trem, tinha visto um grupo de prisioneiros esqueléticos marchando para o trabalho. Um dos homens tropeçou e caiu, e então o guarda da SS virou o homem com o pé e depois pisou no seu pescoço até que parasse de se mexer. O restante do grupo seguiu em frente, cantando "como se fosse do mundo dos mortos". Entretanto, apesar de testemunhar essa crueldade individual, ele não tinha visto nada na escala dos horrores descritos na provável carta de Witold e corroborados pelas últimas estatísticas de mortalidade de Stasiek.[1]

Napoleon esforçou-se para entender algumas das referências contidas no material. Stasiek aludia ao método de matar "Hammerluft", ou "martelo de ar", uma menção ao rifle de ferrolho usado para executar prisioneiros. Napoleon achou que Hammerluft fosse algum tipo de câmara selada que usava quedas repentinas de pressão para matar pessoas. Não está claro de onde ele tirou a ideia, mas uma explicação possível é que tenha visto desenhos contrabandeados de um dos novos crematórios em Birkenau e concluído que a elaborada ventilação fosse uma espécie de sistema de matar pressurizado. Também parece ter pensado que algumas das câmaras eram eletrificadas para produzir choques mortais.[2]

Apesar desses erros, Napoleon concluiu corretamente que Auschwitz havia se transformado em um local importante para o assassinato em massa de judeus e que, ao contrário de outras instalações de envenenamento por gás destinadas a judeus poloneses em primeiro lugar, o campo tinha uma dimensão continental. Ele não teria como saber da ordem de Hitler para exterminar os judeus da Europa ou que Auschwitz tinha se tornado o principal centro de extermínio, mas, no final da sua investigação, Napoleon deve ter sentido que estava de posse de um importante segredo nazista.[3]

Wojciech arranjou documentos novos para Napoleon; todo agente entrava na Polônia com uma identidade falsa, mas às vezes era prudente mudar os pseudônimos. Wojciech encontrou o disfarce perfeito. Um pastor polonês chamado Gustaw Molin, da cidade vizinha de Cieszyn, tinha sido pressionado a assinar um registro especial para pessoas com ascendência alemã, conhecido como Volksliste, e subsequentemente recrutado para servir o exército. Ele concordou em permitir que a Resistência usasse suas ordens de circulação entre a Polônia e sua unidade na França ocupada; se fosse possível que Napoleon se passasse por um soldado alemão, viajaria com um mínimo de verificações.[4]

No dia 6 de agosto de 1942, ele partiu para Varsóvia com o pacote de relatórios da Resistência no campo. Ao chegar, Napoleon encontrou a capital numa situação desesperadora. Em 22 de julho, as autoridades alemãs tinham começado a esvaziar o gueto, alegando que os seus quatrocentos e cinquenta mil moradores seriam deportados para trabalhar em fábricas no Leste. Na véspera da operação, os nazistas deixaram escapar a terrível verdade para o chefe do Conselho Judeu do gueto, Adam Czerniakow, durante as negociações para o transporte de crianças dos orfanatos: todos os judeus de Varsóvia seriam exterminados, independentemente da idade. Pouco antes de o aniquilamento começar, em 22 de julho, Czerniakow tomou uma pílula de cianureto. "Eles exigem que eu mate crianças da minha nação com as minhas próprias mãos", dizia a nota de suicídio. "Não tenho outra coisa a fazer senão morrer".[5]

Naquela tarde, a polícia alemã e auxiliares ucranianos fecharam as entradas do gueto e forçaram a sua polícia judaica a ir de apartamento em apartamento e arrastar as pessoas para fora, sob ameaça de deportação. Homens, mulheres e crianças foram conduzidos a uma linha férrea nos limites do gueto, onde foram mantidos em um pátio aberto e, em seguida, carregados em vagões de gado encharcados de cloro. No primeiro dia, seis mil judeus foram deportados, seguidos por números semelhantes todos os dias dali em diante.

Ninguém sabia para onde os trens iam. No dia seguinte, a União Trabalhista Judaica enviou um mensageiro do gueto, Zalman Friedrich, para rastrear o seu trajeto em segredo. Ele soube por ferroviários poloneses que os prisioneiros haviam desembarcado em um campo perto de Treblinka, a mais de cento e cinquenta quilômetros ao norte de Varsóvia. A área cercada de arame farpado escondida na mata era muito pequena para acomodar os milhares de pessoas que chegavam. Ainda assim, ninguém jamais saía. Era provável que estivessem sendo exterminadas em massa. Rowecki estava recebendo relatos semelhantes dos seus homens na área de Treblinka: os judeus de Varsóvia estavam sendo mortos em uma escala sem precedentes.[6]

"Os alemães começaram o massacre do Gueto de Varsóvia", dizia a primeira mensagem que a Resistência enviou para Londres a respeito do extermínio. Enviada em 26 de julho de 1942, anunciava que "a ordem referente à deportação de seis mil pessoas foi publicada. É permitido a cada família levar quinze quilos de bagagem e joias. Até agora, partiram dois trens carregados de pessoas, ao encontro da morte, é claro".[7]

Rowecki entendera, a partir de relatos anteriores sobre o campo de extermínio em Belzec, que os nazistas tinham concebido as câmaras de gás, mas os detalhes permaneceram vagos e muitos membros da Resistência estavam se esforçando para compreender a escala do massacre. Circulavam boatos de que os campos de extermínio abrigavam fábricas para transformar a gordura dos corpos dos judeus executados em sabão. Por mais fantástico que soasse, era uma explicação mais racional para os homicídios dos nazistas do que simplesmente o desejo de aniquilar um povo.[8]

Nessa atmosfera confusa e exaltada, Napoleon apresentou as suas descobertas sobre Auschwitz, que a Resistência de Witold tinha contrabandeado para fora do campo. É improvável que Rowecki tenha conhecido Napoleon naquela conjuntura, mas parece ter entendido as linhas gerais das descobertas, porque aprovou a partida imediata de Napoleon para Londres com o alerta de que tivesse cuidado: as volumosas prisões de agentes poloneses que trabalhavam na França preocupava a todos.[9]

Napoleon partiu no dia seguinte, 9 de agosto, com uma atualização sobre o suicídio de Czerniakow e os números mais recentes dos assassinados no gueto – cem mil desde o começo da operação. Também levou microfilmes de relatórios e mensagens de partidos políticos de Varsóvia. Não houve tempo para microfilmar a provável carta de Witold ou os dados mais recentes de Stasiek, portanto, Napoleon memorizou as frases-chave e os números. O primeiro relatório de Stasiek sobre o envenenamento por gás de judeus estava, entretanto, pronto para ser expedido. Napoleon esperava chegar à Grã-Bretanha dentro de duas semanas.[10]

Napoleon planejava viajar através da Suíça, seguindo a rota que já desbravara. Mudou de trem em Cracóvia, onde, sob o disfarce do soldado da

Wehrmacht Gustaw Molin, pode ter seguido em um dos transportes militares que circulavam todos os dias entre Viena e o front. Na maior parte das vezes, os trens viajavam à noite, e, em geral, os vagões escurecidos iam lotados de homens adormecidos, despencados contra as janelas ou desmoronados sobre as suas mochilas no chão. Alguns viajavam imundos, com a barba por fazer e com ferimentos. Muitos deveriam estar um tanto irritados: a grande ofensiva de Hitler para capturar os campos de petróleo do Cáucaso e flanquear o Exército Vermelho no sul da Rússia começava a fracassar, e os soldados enfrentavam a perspectiva de outra campanha de inverno extenuante. Como resultado, era raro a Gestapo entrar nos vagões, por medo de provocar a ira dos soldados.[11]

Napoleon chegou a Viena na madrugada de 10 de agosto, onde passou por uma espera angustiante até a noite, quando pegou o trem de conexão para Zurique. Chegou à estação da fronteira entre Suíça e Liechtenstein em Feldkirch nas primeiras horas de 11 de agosto. Os passageiros eram obrigados a desembarcar para uma verificação de visto no posto de controle aduaneiro. As luzes da estação iluminavam a placa sobre a porta, que declarava EIN VOLK, EIN REICH, EIN FÜHRER, e a cerca de arame farpado de dois metros de altura se estendia além das linhas férreas em ambas as direções. Os judeus que procuravam escapar das detenções em massa na Eslováquia e refugiar-se na Suíça neutra tentavam atravessar o Reno, fronteira entre os dois países. Tais tentativas desesperadas de fuga em busca de segurança ocorriam quase todas as noites e, até aquele mês, a Suíça tinha permitido a entrada de mais de cem mil estrangeiros, sendo a maioria soldados, embora cerca de dez mil fossem refugiados. A ameaça de um influxo judaico oriundo de outros lugares da Europa havia persuadido as autoridades a começarem a mandar os judeus que capturassem de volta para os alemães.[12]

Esse foi o momento mais perigoso da jornada de Napoleon, mas a polícia alemã na fronteira e os guardas auxiliares locais fizeram apenas uma revista superficial e gesticularam para que avançasse no escuro da madrugada, pouco antes da alvorada. Ele deve ter visto com prazer o dia nascer das altas Montanhas Appenzell. Em Zurique, trocou de trem para a capital suíça, Berna, que alcançou pouco antes do meio-dia de 12 de agosto. Da estação, apressou-se pelas ruas de paralelepípedos da Cidade Velha em direção à missão polonesa na Elfenstrasse 20, mantendo a cabeça baixa.

*

A outrora tranquila cidade de Berna tinha se transformado no centro da espionagem europeia. Os escritórios das agências de espionagem alemã, britânica, norte-americana e soviética ficavam a poucas centenas de metros uns dos outros, de modo que um agente poderia visitar todos eles em uma única manhã, e alguns o faziam com frequência, praticando complicados jogos de lealdades duplas e triplas. Os bares e restaurantes se atulhavam de tipos sombrios vendendo segredos ou oferecendo-se para atuar como intermediários. Os alemães toleravam esse cenário porque enxergavam o valor de manter os canais abertos, ainda que os meios de comunicação fossem complexos. Wilhelm Canaris, o chefe da Abwehr, ou inteligência militar alemã, supostamente mantinha um caso amoroso com uma agente polonesa chamada Halina Szymanska, a quem ele estaria usando, por sua vez, para investigar os britânicos.[13]

A quantidade de informações úteis trocadas nos cafés esfumaçados de Berna ou nas suas ruelas estranhas era limitada. Muitas só reciclavam notícias antigas e fofocas, ainda mais porque as recompensas oferecidas eram um incentivo perverso à fabricação de histórias. É certo que poucos agentes, se é que algum, possuía a carga útil de informação de Napoleon, e ele sabia o perigo que corria. Já tinha sido avisado em Varsóvia de que a missão polonesa era notoriamente mal protegida; mensagens haviam sido interceptadas e linhas telefônicas, grampeadas. Uma única revelação descuidada e a Gestapo estaria atrás dele.

Na realidade, Napoleon não foi a primeira fonte a chegar à Suíça naquele verão com notícias do programa de extermínio nazista. Um industrial alemão de Breslau chamado Eduard Schulte tinha tomado conhecimento, por meio de contatos na liderança nazista, da ordem de Hitler para exterminar os judeus e viajou a Zurique no final de julho para passar a informação a um amigo advogado judeu. A notícia tinha seguido por meio de uma organização sionista para as missões britânicas e norte-americanas em Genebra e enviada por telegrama para os líderes judeus nos respectivos países. A informação de Schulte revelava a natureza programática dos homicídios e sua extensão em toda a Europa. Mas a informação crucial que apenas Napoleon possuía é que Auschwitz tinha adotado um papel central na expansão da campanha de extermínio.[14]

Napoleon caminhou apressado pela ponte Kirchenfeld, sobre o caudaloso rio Aare, e subiu a colina até a missão, a fim de encontrar o cônsul, Aleksander Ładoś. Os mensageiros, segundo o procedimento padrão, reportavam-se ao cônsul e entregavam-lhe os relatórios, os quais, se urgentes, eram enviados em código pelo radiotransmissor secreto da missão (a Suíça havia barrado o uso desses aparelhos para evitar reclamações dos alemães). Napoleon abriu caminho através da multidão de refugiados na entrada, principalmente judeus em busca de ajuda financeira ou de documentos para evitar a expulsão do país.[15]

Foi conduzido a uma das salas dos fundos, onde foi informado pelos funcionários de que Ładoś fora passar um fim de semana prolongado na cidade de Bex, uma estância alpina. Napoleon tinha pressa para retomar a sua viagem e não falaria com mais ninguém. Sendo assim, era preciso conseguir um carro para levá-lo, junto com o especialista da missão em assuntos judaicos, Juliusz Kühl, para Bex no dia seguinte.[16]

Os três homens se encontraram no Grand Hôtel des Salines, que tinha diversas salas de jantar ornamentadas com vista para o monte Dents du Midi, além de uma sala de bilhar na parte de trás para conversas mais discretas. Łados era um fumante inveterado de cinquenta anos, com uma disposição liberal, porém taciturno. Tinha compaixão pelo sofrimento dos judeus e permitia que grupos judaicos utilizassem com regularidade o radiotransmissor da missão para enviar relatórios para a Grã-Bretanha e Estados Unidos. Também montara um esquema de passaportes falsos com Kühl para ajudar os refugiados judeus a chegar à Suíça e fugir da Europa. Kühl, ele mesmo um judeu ortodoxo do leste da Polônia, também foi um canal importante para o conhecimento do extermínio em massa de judeus devido ao seu trabalho com os refugiados e à amizade que havia cultivado com o representante-chefe do Vaticano na Suíça, Filippo Bernardini. Kühl informava com regularidade o núncio papal sobre a perseguição nazista aos judeus durante as tardes de partidas de pingue-pongue no pátio coberto da sua residência. O italiano repassava as informações para o Vaticano.[17]

Em resumo, os dois homens com quem Napoleon conversava eram capazes de compreender a importância das notícias e tinham os meios para disseminar as informações. No entanto, cauteloso com os vazamentos, foi econômico no que contou a eles. Revelou o que sabia sobre o aniquilamento do Gueto de Varsóvia e o suicídio de Czerniakow. Łados possivelmente já tinha conhecimento da história pelas mensagens transmitidas de Varsóvia para Londres, mas Napoleon o impressionou com a escala da operação, o papel do campo de extermínio de Treblinka e o boato de que os cadáveres judeus estavam sendo transformados em sabão e fertilizante.[18]

Sobre o assunto de Auschwitz, no entanto, Napoleon ficou em silêncio. No relato de Kühl sobre a conversa, ele parece ter discutido o destino dos judeus deportados da Europa ocidental, explicando que eles não estavam sendo mandados para campos de trabalho no leste, como os nazistas afirmavam, mas para serem assassinados. Mas isso foi tudo que Napoleon revelou, levando em consideração sua incerteza sobre a segurança da legação e a crença de que estaria se reportando a Sikorski em Londres em questão de semanas.[19]

Napoleon e Kühl retornaram a Berna após a reunião com Ładoś. Kühl imediatamente desceu a colina até o escritório do núncio papal. Naquela ocasião, Bernardini não estava, então Juliusz falou com o secretário, Monsenhor Martilotti, e a seguir fez as suas anotações sobre o que Napoleon havia dito para transmitir a um advogado em Genebra, Abraão Silberschein, que tinha contatos próximos com as mesmas organizações sionistas que haviam recebido as informações anteriores de Schulte.[20]

Napoleon, nesse meio-tempo, preparou-se para retomar a sua viagem. Tinha pensado em partir no dia seguinte usando os seus documentos alemães, passando pela França. Mas, seguindo o conselho de Ładoś, concordou em ficar para obter os vistos corretos para uma viagem para a Espanha ou Portugal, de onde pegaria o avião para Londres ou então um barco. Enquanto esperava pelos trâmites burocráticos, ocupou-se com o seu plano anterior de transportar mensagens através da rede ferroviária alemã, mas não poderia dedicar-se muito ao projeto, sabendo que partiria a qualquer momento.[21]

Agosto se arrastou e suas frustrações foram se acumulando. Notas sobre o aniquilamento do Gueto de Varsóvia apareciam esporadicamente na imprensa, mas eram confusas e exerciam pouco impacto. As deportações de judeus da Europa ocidental ganharam mais atenção e provocaram debates sobre o seu destino final, mas sem respostas. O *Times* de Londres publicou no dia 8 de agosto uma notícia sobre moças judias da Holanda sendo "colocadas em trens e enviadas para um campo – não se sabe que tipo de campo". Durante o mês de agosto, mais de trinta mil judeus foram deportados para Auschwitz, mas o papel do campo permanecia secreto e, sendo assim, as famílias que estavam embarcando nos trens não poderiam ser avisadas de forma adequada. Adicionalmente, a pressão por algum tipo de resposta dos Aliados carecia de um ponto central de referência.[22]

"O que está dificultando a obtenção de um visto de Portugal para Wera [o codinome de Napoleon]?", perguntou uma missiva de Londres à delegação polonesa em Berna em 17 de setembro. Então, outra vez, alguns dias depois: "Qual é o problema com Wera?".[23]

Uma terceira mensagem informava ser uma pena que ele não tivesse mandado um relatório curto criptografado. A missão respondeu que estava demorando mais do que o esperado para organizar a papelada correta, mas ele estaria a caminho em breve. Napoleon supunha que as informações que havia reunido nos arredores de Auschwitz eram vitais. Mas ele era um dos muitos agentes britânicos trabalhando secretamente e sozinho na Polônia, e não tinha como saber que carregava a peça do quebra-cabeças que completava a imagem do genocídio e que talvez fosse decisiva para fazer com que o Ocidente enfim interviesse para salvar os judeus da Europa. Então, ele esperou em Berna, com uma frustração crescente conforme o verão se transformava em outono, por papéis que não chegavam nunca.[24]

CAPÍTULO 14

FEBRE

AUSCHWITZ
AGOSTO DE 1942

Trens após trens chegaram aos ramais ferroviários perto de Birkenau durante o verão de 1942, com eficiência monótona. No dia 1º de agosto, chegaram mil e sete judeus holandeses e alemães ao campo de concentração de Westerbork; duzentos foram de imediato envenenados por gás, oitocentos e sete foram admitidos no campo. No dia seguinte, mil e cinquenta e dois judeus franceses chegaram de Pithiviers; setecentos e setenta e nove foram envenenados por gás. Em seguida, um segundo trem trouxe judeus poloneses do Gueto de Będzin; quase mil e quinhentos foram envenenados por gás. Dois dias depois, de um trem saído de Westerbork com mil e treze judeus, trezentos e dezesseis foram envenenados por gás. O comandante Höss visitou os outros campos de extermínio da Polônia por volta dessa época e observou com orgulho que o dele era o mais eficiente.[1]

Witold não conseguia ver as colunas empoeiradas caminhando para a floresta ou os cadáveres empilhados. Mas tinha um meio rudimentar de contabilizar a carnificina. Todo dia, um caminhão entrava no pátio do curtume onde ele trabalhava carregado de artigos de couro retirados dos mortos: suspensórios, cintos, bolsas, calçados e malas com etiquetas de nomes. Tudo era classificado e, então, incinerado ou recolhido para ser distribuído entre famílias alemãs. Pares de sapatos formavam filas de fantasmas no pátio: calçados masculinos engraxados e mocassins muito usados, elegantes saltos altos e tênis de verão, pequenas botas e, de vez em quando, grandes carrinhos de bebê de ferro.[2]

Os prisioneiros sabiam o que significavam os sapatos; alguns reagiam com pavor, outros faziam questão de mostrar que não eram afetados. Mas como a visão tornou-se comum, os sapatos e outros itens passaram a representar oportunidades. Objetos de valor eram escondidos em saltos de botas e forros de malas: lingotes de ouro, bolsinhas com pedras preciosas, rolos grossos de notas de diversas moedas. Esperava-se que fosse tudo entregue à SS e então para os cofres do Reich, mas logo o campo foi tomado por várias ações de pilhagem, ou de "Canadá", como os prisioneiros chamavam, uma alusão à riqueza imaginada daquele país. O dinheiro significava pouco. Um pedaço de pão no mercado paralelo custava $ 100, depois passou a custar $ 200, chegando por fim a $ 1000. Já os francos franceses perderam totalmente o valor; os prisioneiros os usavam como papel higiênico.[3]

A SS tinha ordens de reprimir o contrabando, mas os guardas queriam a sua parte do butim. Desenvolveu-se uma forma de comércio, unilateral e perigosa, mas que tinha sua utilidade para os prisioneiros. Como um detento de Birkenau observou: "Nós estávamos sempre tentando amansar os homens da SS, e dávamos a eles relógios, anéis e dinheiro. Se entravam no esquema, não eram mais tão perigosos". Höss queria sua parte. Começou a ir ao curtume com regularidade para, a princípio, engraxar suas botas, mas Witold testemunhava do seu posto de observação no sótão da oficina como o alemão e o kapo Erik escolhiam as mercadorias. "[Höss] pegava ouro, joias, objetos de valor", relembrou Witold, o que significava que tinha de "fechar os olhos para as infrações de seus subordinados".[4]

O campo inteiro foi tomado pelo frenesi. "Uma vez alguém pegou coisas que ainda estavam quentes e sentiu alegria em fazê-lo, o êxtase da propriedade começara a afetá-lo como haxixe", um prisioneiro escreveu. Em

Birkenau, a equipe dos depósitos era formada em sua maioria por mulheres judias selecionadas pela aparência, a quem os kapos e até mesmo alguns homens da SS cobriam de presentes em troca de favores sexuais. Os cantos escondidos dos depósitos transformaram-se em verdadeiros bordéis, forrados com lençóis de seda e edredons.[5]

Witold recusava-se a tocar o saque. Compreendia que os donos estavam mortos, mas não conseguia superar a aversão por coisas que considerava "manchadas de sangue". A comida encontrada nas malas era outra questão: chocolates, queijos holandeses, figos secos, limões, saquinhos de açúcar e pequenos potes de manteiga forneciam calorias que alguns meses antes teriam significado a diferença entre a vida e a morte. Doces e biscoitos eram comuns e jogados diretamente nas panelas que preparavam o almoço. "Nessa época, estávamos comendo sopas doces, que continham pedaços de biscoitos e bolos", ele escreveu. "Às vezes, elas cheiravam a perfume quando lascas de sabonete eram adicionadas por falta de cuidado."[6]

*

Desde a decepção com a revolta, Witold vinha lutando para manter o moral de seus homens. O silêncio de Varsóvia sobre o assunto significava que não havia perspectiva iminente de uma insurreição, mas Witold se recusava a desistir da ideia. Após a partida de Rawicz no mês anterior, encontrou um substituto para liderar o aspecto militar da Resistência, um bem-intencionado coronel da força aérea chamado Juliusz Gilewicz, que deu prosseguimento ao plano. A verdade é que precisavam acreditar que tinham algum controle sobre os seus destinos.[7]

Witold e Stasiek também continuaram a coletar dados sobre o aumento disparado do número de mortos no campo. Não ouviram notícia alguma de Wojciech em Osiek sobre a missão de Napoleon, mas precisavam acreditar que teria um impacto. Então, em uma manhã de agosto, o número de Stasiek foi lido na chamada. Witold provavelmente temeu pelo pior, mas no fim Stasiek apenas recebera um pacote de comida; Höss recentemente tinha relaxado as regras para os presos políticos receberem encomendas no campo principal. Naquela noite, Stasiek compartilhou alegremente com os amigos as latas de sardinha que tinha recebido. Eles o questionaram sobre como se sentiu ao ouvir o seu número lido em voz alta.[8]

"Eu queria ir de cabeça erguida", ele disse, "porque sabia que todos vocês estariam assistindo!"[9]

Mas, no almoço do dia seguinte, Grabner, o chefe da Gestapo no campo, mandou buscar Stasiek no seu trabalho em uma fábrica de concreto administrada pelo campo. Aparentemente, seu amigo na Suécia havia escrito seu nome verdadeiro no pacote. Levou um tiro meia hora depois.[10]

Witold não escreve sobre a morte de Stasiek, mas deve ter sido um golpe, tanto em termos pessoais quanto no tocante à preparação dos relatórios. Tinha perdido um dos colaboradores mais próximos e precisaria assumir o trabalho dele até encontrar um substituto.

Witold reagiu da única maneira que podia. Depois de meses de procura, seu especialista em rádio, Zbigniew, por fim encontrou as peças necessárias para montar um radiotransmissor de ondas curtas. Enviar um sinal era arriscar revelar sua posição para os furgões de rastreamento alemães que patrulhavam a área, então, as mensagens eram breves. Nenhum registro da transmissão sobreviveu, porém, a maior probabilidade é que eles tenham enviado dados recentes coletados pela Resistência. Além dos trinta e cinco mil judeus envenenados por gás em Birkenau naquele verão, cerca de quatro mil prisioneiros morreram de tifo e dois mil, em decorrência do programa de eutanásia nazista destinado aos pacientes do hospital. Witold não tinha como saber se as transmissões eram ouvidas, mas era um estímulo saber que tinham sido enviadas e que alguém do lado deles poderia estar ouvindo.[11]

*

Ao mesmo tempo, a Resistência procurava aliviar o sofrimento no hospital contrabandeando para o campo quantidades cada vez maiores de medicamentos. O jardineiro Edward Biernacki estima que levou para o campo quase oito litros de doses de glicose, antibióticos e analgésicos no verão de 1942, bem como vacinas contra o tifo para setenta prisioneiros. Dering insistiu que Witold aceitasse tomar uma dose; ele era muito valioso para que a organização o perdesse e o risco de infecção estava aumentando. No bloco de Witold, metade dos prisioneiros adoecera com a febre, incluindo o seu companheiro de beliche. Os últimos membros da Resistência a contrair o tifo foram o pugilista Teddy e Edward.[12]

Quanto aos mais doentes, Dering falsificava seus registros como se tivessem sido admitidos pouco tempo antes, já que uma permanência longa no hospital significava uma seleção garantida para execução. Mesmo aqueles que tinham sido escolhidos às vezes podiam ser salvos no último minuto, caso se trocassem seus registros com os de alguém que havia morrido naquele dia. Dering também vinha trabalhando com assiduidade para cultivar a amizade de um dos médicos, o Hauptsturmführer da SS Friedrich Entress. O oficial queria melhorar suas habilidades cirúrgicas e Dering lhe dava aulas. Em troca, Entress fazia vista grossa para alguns dos esforços humanitários do médico polonês.[13]

A certa altura, enquanto Entress estava fora, Dering tinha conseguido que a sala de cirurgia fosse pintada e azulejada e que se instalasse um forno para água quente, o que irritou muito o médico alemão. Ainda assim, permitiu que as melhorias fossem conservadas, e mais tarde concordou que os pacientes convalescentes de cirurgias fossem isentados das seleções, uma brecha que Dering aproveitou de pronto naquele verão.[14]

No entanto, as boas relações de Dering com um médico da SS aparentemente trouxeram preocupações à Resistência quanto à sua lealdade. Mesmo aqueles cientes de suas táticas passaram a repudiar seu comportamento cada vez mais brusco e arrogante. O assunto tornou-se grave por causa do uso dos medicamentos contrabandeados. Dering usara um estoque de morfina da Resistência de forma ditatorial para subornar o kapo da construção a trabalhar nas melhorias da sala de cirurgia. Gienek Obojski, o trabalhador do necrotério que entregava os suprimentos para Dering, tinha se encontrado com a equipe da construção uma manhã, viu um dos kapos alemães misturando o suplemento de glicose no seu chá e foi confrontar Dering.[15]

Dering tinha pavio curto, mas sabia que não era sensato provocar Gienek, que diziam ter esmagado a cabeça de um kapo no necrotério do hospital e descartado o corpo no crematório. Quando estava assim furioso, não havia maneira de saber o que seria capaz de fazer.[16]

No entanto, Dering veio ao resgate de Gienek alguns dias depois. Gienek socou um kapo no rosto e em seguida enfrentou um bando de funcionários vingativos por tempo suficiente para voltar ao hospital, onde Dering interveio. Nenhum kapo se atrevia a atravessar o caminho de Dering porque sabiam que precisariam da sua ajuda se ficassem doentes. Havia sido uma demonstração do tipo de poder que Dering exercia, mas pouco fez para Gienek mudar de ideia. Sentiu que Dering havia ultrapassado os limites e não era mais confiável. A partir daquele momento, parou de entregar-lhe os medicamentos contrabandeados.[17]

*

No fim de agosto, Dering soube por Entress que haveria uma seleção no hospital inteiro para se tentar conter a epidemia. Soava ameaçador. Dering avisou Witold e os dois homens começaram a trabalhar para remover o maior número de pessoas possível. Witold encontrou o boxeador, Teddy, deitado no bloco dos convalescentes naquela noite.

"Levante-se!", ele sussurrou.[18]

Teddy mal conseguia se mexer, então, Witold retornou com dois enfermeiros para ajudá-lo a cambalear de volta ao seu bloco.

Dering e Witold tentaram salvar o máximo de pacientes que puderam, mas os trâmites burocráticos para dar alta a cada doente tomavam tempo. Como resultado, conseguiram resgatar só uma fração dos pacientes antes do toque de recolher.

Dering acordou antes do amanhecer no dia seguinte e lembrou que havia uma ala inteira no bloco dos convalescentes que ele não tinha alcançado. Dentre os pacientes havia um judeu que ele conhecia, Stanisław Taubenschlag, registrado no campo como ariano. Houve apenas tempo, antes do toque da alvorada, para Dering se vestir, atravessar a rua e sacudir Stanisław e os outros para que acordassem.

"Saiam do hospital agora", Dering sussurrou, prometendo cuidar dos papéis da alta.[19]

Ao dizer isso, ouviram o som de caminhões pesados se aproximando. De volta à rua, Dering viu Entress e Klehr chegando e foi ao encontro deles. O médico da SS adquirira um aspecto pálido e fantasmagórico à luz do amanhecer, o rosto inexpressivo. "O hospital inteiro passará por uma seleção", ele disse. Os escolhidos seriam levados para Birkenau para o chamado tratamento especial. Dering adivinhou o que isso significava. Protestou, dizendo que muitos dos pacientes estavam melhorando e poderiam recuperar-se por completo, em especial os que sofriam de tifo e cuja febre havia baixado. Mas Entress fez um gesto para ele se afastar. Começariam pelo bloco dos convalescentes.[20]

Os caminhões estavam esperando do lado de fora do bloco e Entress ordenou aos enfermeiros que reunissem os pacientes na calçada para o que ele chamou de "transferência para Birkenau". Nem todos sabiam o que isso significava, e muitos dos que sabiam estavam fracos demais para protestar.

O atendente Fred Stössel tinha uma longa lista de números e começou a lê-los. Os selecionados subiam as rampas para os caminhões ou eram jogados para dentro se estivessem muito doentes para andar por conta própria.[21]

Dering conseguiu se posicionar na rampa e, apesar dos perigos evidentes, retirou alguns daqueles que ele julgava quase recuperados, até que Entress o flagrou.

"Você está louco, homem?", gritou. "Esta ordem partiu de Berlim."[22]

"Eles estão saudáveis", Dering gritou em resposta.[23]

"Idiota!" O médico estava furioso, mas ainda assim permitiu que ele retirasse mais alguns pacientes antes que os caminhões enchessem e estivessem prontos para partir. Entress passou para o próximo bloco, mas Klehr estava conferindo os números. Eles não batiam. Lançou seu olhar astuto para a equipe de enfermagem do bloco reunida em um grupo, e enxergou alguém suspeito na parte de trás. Apontou para ele.

"Qual é o seu número?", exigiu saber. "Você não é um atendente de enfermagem."[24]

O grupo de enfermeiros dispersou-se, expondo o homem, um ex-enfermeiro do bloco chamado Wiesław Kielar.

"Estou saudável, Herr Oberscharführer, eu posso trabalhar", Wiesław insistiu.[25]

Klehr arrastou-o até a parede do bloco para esperar que os caminhões retornassem. Não demorou muito para que o ronco dos motores fosse ouvido. Dering passou apressado quando os caminhões pararam.

"Doutor, doutor", Wiesław gritou. "Salve-me! Eu quero viver!"[26]

Dering ouviu, mas deu de ombros. Fred já estava lendo a próxima lista de nomes e os primeiros pacientes subiam a bordo. Então, Dering pareceu mudar de ideia. "Não se mova", ele disse, "vou falar com o Dr. Entress".[27]

Quando voltou, Klehr tinha pego Wiesław pela nuca e estava arrastando o homem para o veículo mais próximo. Dering postou-se à sua frente.

"Pare, pare!", ele gritou. "Entress quer ver o paciente", acrescentou, apontando para Wiesław. Klehr olhou feio para Dering, mas permitiu que sua vítima se fosse.

"Corra", Dering disse a Wiesław. "Corra tão rápido quanto suas pernas permitirem e apresente-se ao Dr. Entress."

A manhã continuou assim. Dering estima ter salvo cento e doze pacientes. Mas setecentos e cinquenta e seis foram envenenados com gás, quase um quarto da população do hospital, incluindo todos os que permaneceram no bloco dos convalescentes. Foi um golpe devastador para a Resistência. Naquela noite, os blocos hospitalares estavam quase vazios. O silêncio só era quebrado por enfermeiros aos prantos.[28]

Entre os salvos estava o jardineiro Edward Biernacki, que escreveu uma mensagem secreta para Wojciech em Osiek relatando os eventos do dia.

"Tanto trabalho, tantas noites sem dormir", ele contou. "Tantas pessoas foram salvas da doença cruel e agora tudo está perdido."[29]

*

Witold começou a sentir a cabeça girar dias após o envenenamento por gás dos doentes do hospital. Ele tinha arranjado um emprego no campo principal pintando imagens educativas da vida do campo nas paredes. Os pigmentos flutuavam diante dos seus olhos, as articulações doíam, e ele sentia uma sede avassaladora que nenhuma quantidade de água saciava. Suspeitou que a vacina houvesse falhado e que tinha contraído tifo.[30]

Acordou na manhã seguinte com a pele pegando fogo e o colchão encharcado. Esforçou-se para levantar para a chamada. O tempo estava quente e abafado, mas ele tremia convulsivamente. O líder do seu bloco concordou em deixá-lo ficar no quarto, mas avisou-o de que outra desinfestação de piolhos estava marcada para aquela manhã no campo inteiro. Seus companheiros de dormitório logo saíram para ser imersos em toneis de cloro. Witold permaneceu no seu beliche, fraco demais para se mexer.[31]

Dering apareceu à porta enquanto os kapos procuravam detentos no bloco que fingissem estar doentes. Correu para verificar o pulso de Witold. Depois, levantou sua camisa. Estava coberto de pústulas vermelhas – tifo. Dering ajudou Witold a levantar-se, colocou o braço sob seu ombro e juntos cambalearam escada abaixo, sequer notando os prisioneiros na praça que aguardavam para ser mergulhados em cloro. Dering encontrou um beliche para Witold no centro cirúrgico, enquanto ele perdia e recuperava a consciência.[32]

Naquela noite, Witold ouviu gritos e sentiu um latejamento intenso nos ouvidos. "Ataque aéreo!", alguém estava gritando. "Ataque aéreo!" Ele se esforçou para organizar os pensamentos. Seria verdade? Os Aliados estavam atacando o campo? Era o sinal pelo qual estava esperando? O quarto estava escuro, pois os holofotes que iluminavam os blocos agora se voltavam para o céu. Prisioneiros se aglomeravam nas janelas.

Witold precisava soar o alarme, mas não havia tempo para lançar a revolta. Sentiu como se um grande peso o prendesse à cama. O chão tremeu com a primeira explosão, que soou como se viesse das proximidades de Birkenau. As câmaras de gás eram o alvo? Outro baque surdo. De algum lugar, as chamas iluminavam o céu. Lutou para manter-se consciente e se viu flutuando em um sonho.[33]

Dering logo descobriu o que tinha acontecido: aviões de guerra soviéticos haviam bombardeado a região próxima de Rajsko. O alvo não ficou claro e o ataque terminou antes que alguém pudesse reagir. Witold sequer registrou as notícias, tendo permanecido em estado febril pelo restante da semana. Suas erupções cutâneas eram tão pronunciadas que Dering não tinha como escondê-lo no centro cirúrgico sem que Entress descobrisse e exigisse saber por que não estava no isolamento. Com relutância,

Dering encontrou um beliche para Witold no bloco abarrotado da quarentena, onde ele permaneceu junto a uma multidão de outros prisioneiros que se contorciam. Dering administrou-lhe uma injeção para diminuir a febre. Por sua vez, o enfermeiro Stanisław Kłodziński dava-lhe colheradas de suco de limão misturado com açúcar e ajudava a escondê-lo nos beliches sempre que havia uma seleção.[34]

Witold teve momentos de lucidez. "Neste grande necrotério dos mortos-vivos", ele escreveu mais tarde sobre o bloco, "onde alguém próximo estava exalando seu último suspiro... outro lutava para sair da cama só para cair no chão, outro atirava os cobertores para fora, ou delirava com a febre falando com a mãe querida, gritando, xingando alguém, recusando-se a comer, ou pedindo água, ou tentando pular pela janela, discutindo com o médico ou pedindo alguma coisa – eu fico deitado pensando que ainda tenho forças para entender tudo o que está acontecendo e aceitar com serenidade minha provação".[35]

Mas a febre ainda não tinha atingido o pico. Uma semana depois de ter contraído a doença, a temperatura de Witold mergulhou para trinta e cinco graus Celsius, sua pressão arterial caiu e ele estava prestes a sofrer uma parada cardíaca. Lutava para respirar e tinha a impressão de que o ar estava cheio de fumaça, negra e sufocante, como se as labaredas da sua deflagração interior tivessem se espalhado para além do corpo e o campo todo estivesse em chamas. Os enfermeiros umedeciam sua testa e pressionavam-lhe uma esponja nos lábios, mas havia pouco que pudessem fazer, exceto esperar a crise passar.

A febre por fim cedeu depois de dez dias. Muitos dos sobreviventes ao tifo falam da sensação extasiante decorrente da cura. Mas Witold só pensava em escapar da ala de isolamento. Obrigou-se a ficar em pé e cambaleou até a parede, avançando ao longo dela, até que um dos enfermeiros o persuadiu a voltar para a cama.[36]

*

Dering trouxa à baila o assunto do ataque soviético para colocá-lo a par das notícias mais recentes sobre a guerra. A BBC informara que a ofensiva de verão de Hitler contra os campos de petróleo do Cáucaso havia sido interrompida e que uma batalha intensa pela cidade de Stalingrado tivera início nas margens do Volga. Dering também explicou qual a origem da fumaça que pairava de modo contínuo sobre o campo. A SS desistira de enterrar as vítimas de envenenamento por gás em valas comuns, já que os cadáveres estavam contaminando os lençóis freáticos e o fedor tinha chamado a atenção dos cidadãos do lado de fora do campo. Como os dois crematórios novos de Birkenau ainda estavam a meses de ficar prontos, a SS tinha ordenado que piras gigantescas fossem acesas para que os corpos recentes fossem queimados diretamente. Os já enterrados também foram desenterrados e incinerados. As fogueiras queimavam de forma ininterrupta, iluminando o céu noturno e produzindo nuvens enormes de fumaça.[37]

Witold soube de mais detalhes referentes às incinerações por intermédio da célula de Jan Karcz em Birkenau. A essa altura, Karcz havia estabelecido contato regular com os trabalhadores judeus da equipe especial que operava as câmaras de gás. Os mais de trezentos homens tinham se mudado recentemente do isolamento estrito no campo principal para Birkenau, onde apenas uma cerca de tela de arame os separava dos outros prisioneiros. A entrada dos barracões que eles ocupavam ficava em frente a um posto de vigilância, mas na parte de trás os membros do grupo podiam encontrar-se sem ser observados. Na maioria das noites, havia uma fila brilhante de cigarros ao longo da parede traseira, "como muitos vaga-lumes", recordou Andrey Pogozhev, que ocupava um bloco vizinho e foi um dos cerca de cem prisioneiros de guerra soviéticos que sobreviveram.[38]

Um jovem judeu francês chamado Steinberg tinha começado a se esgueirar sob a cerca para assistir às reuniões da Resistência de Karcz no bloco do hospital de Birkenau, onde as pilhas de cadáveres do lado de fora da entrada mantinham a SS a distância. Um representante dos prisioneiros de guerra soviéticos também participava, e todos concordaram em coordenar coletivamente as atividades e compartilhar informações. De Steinberg receberam as informações mais detalhadas até então sobre o que estava acontecendo fora de vista nos bosques de bétula. Ele relatou que os judeus levados para as câmaras de gás costumavam ver as chamas das piras próximas por entre as árvores e percebiam que seriam os próximos, mas, fosse por causa das crianças ou pela própria descrença, eles se despiam em silêncio e entravam nas câmaras de gás. Depois, seus corpos eram colocados dentro de um carrinho ferroviário, que corria diretamente para as fogueiras, onde outra equipe trabalhava alimentando as chamas. A folhagem dos bosques de bétulas ao redor tornara-se branca por causa das cinzas.[39]

Em geral, as piras eram colocadas ao lado de uma vala comum para que os restos fossem descartados com mais facilidade. Era uma cena macabra mesmo para os padrões de Auschwitz: a camada superior de corpos podia ser removida com um gancho e um guindaste, mas poucos metros abaixo as valas estavam cheias de água pútrida, e os corpos submersos tinham que ser pescados e içados para fora. A SS às vezes dava vodca aos trabalhadores para aliviar o horror e os próprios guardas também bebiam muito, mas vários membros da equipe especial recusavam-se a trabalhar e eram executados; outros enlouqueciam, gritando e delirando ao redor dos barracões à noite sobre como os seres sobrenaturais iriam arrancá-los do campo e elevá-los aos céus. Muitos se suicidavam. De manhã, às vezes, havia uma cortina de corpos enforcados na latrina. Sabiam que tinham visto coisas demais e que os nazistas se certificariam de matá-los a todos no final.[40]

*

Na manhã de 17 de setembro, Karcz soube que a centena ou mais de sobreviventes soviéticos em Birkenau foram despidos e trancados em seus barracões. Pouco tempo depois, Steinberg apareceu para contar-lhe que um envenenamento por gás tinha sido ordenado para aquela noite às duas da manhã, pelo qual teriam direito a uma dose de vodca. Ele e Karcz concluíram que os soviéticos eram os alvos.[41]

Steinberg disse que os homens da sua equipe estavam prontos para fazer uma tentativa de fuga e que, se o fizessem naquela noite, dariam uma chance aos soviéticos de escaparem. Karcz respondeu que estava preparado para reunir os poloneses em Birkenau, mas tinham de apresentar a operação para Witold e os outros no campo principal para aprovação.[42]

O plano proposto pela célula de Birkenau era, na melhor das hipóteses, rudimentar. Os homens de Karcz correriam para os postos de vigilância enquanto os soviéticos estivessem indo para o portão. Steinberg e a equipe dos judeus usariam a confusão para fugir pela floresta. Muitos morreriam, mas pelo menos teriam assumido o controle dos próprios destinos.

Naquela noite, Steinberg e o restante de sua unidade partiram cedo para o turno da noite. Uma névoa subia do rio. Os soviéticos haviam passado o dia em seu bloco fabricando armas toscas com pedaços de madeira e estavam prontos. Karcz e seus homens permaneciam pensativos em seus beliches, esperando.[43]

Por volta da meia-noite, ouviram um trem parando em um ramal a cerca de dois quilômetros de distância. Então, veio o som dos caminhões. Espiaram pelas rachaduras na parede de madeira do barracão e viram um pequeno grupo de judeus sendo conduzido para a câmara de gás. Aguardaram. O amanhecer se aproximou devagar e perceberam que o perigo havia passado. Naquela manhã, as roupas soviéticas foram misteriosamente devolvidas e eles estavam livres para retomar o trabalho. Se a SS tinha mesmo intenção de envenená-los com gás ou apenas havia feito algum tipo de zombaria, nunca ficou esclarecido.[44]

Witold não registra os seus sentimentos sobre a tentativa que quase ocorreu. Porém, algumas poucas semanas mais tarde, sua crença de que os condenados tinham o direito de defender-se foi testada outra vez. Em 28 de outubro, os nomes de duzentos e oitenta prisioneiros foram lidos na chamada. O campo assistia enquanto formavam fileiras.

Witold estava pronto para juntar-se a eles caso se mobilizassem. Em vez disso, começaram a cantar o hino nacional polonês e marcharam. Mais tarde, Witold tomou conhecimento de que alguns tentaram incitar um levante enquanto esperavam no bloco penal, mas muitos se recusaram por medo de represálias contra seus familiares. Dois homens se trancaram no banheiro até a SS executá-los pelas grades da janela. O restante foi assassinado no pátio.[45]

Naquela noite, Witold e os outros puderam ver e sentir o cheiro do rastro de sangue que os cadáveres tinham deixado até o crematório. Birkenau brilhava como uma brasa a distância. A determinação de Witold começava a esvair-se. Estava detido há dois anos e perdera quase cem homens em execuções, injeções de fenol e doenças ao longo do ano anterior, muitos deles, como Stasiek, seus colaboradores mais próximos. Não estava preparado para lançar uma revolta e arriscar um banho de sangue, mas, ao mesmo tempo, as atrocidades dos nazistas estavam aumentando a um ritmo inacreditável. Era evidente que os alemães pretendiam matar todos os judeus que conseguissem capturar. O moral de seus homens estava baixíssimo e rivalidades e disputas mesquinhas surgiam à medida que seu senso de propósito desaparecia. Não tinha certeza de por quanto tempo mais poderia manter a Resistência agregada.

CAPÍTULO 15

DECLARAÇÃO

LONDRES
AGOSTO DE 1942

Durante o verão e o outono de 1942, Churchill obteve relatos cada vez mais terríveis sobre o aprisionamento em massa de judeus por toda a Europa. Operando a partir da cidade de Vichy, no sul da França, o governo colaboracionista do Marechal Pétain estava ajudando os alemães a esvaziar os centros de confinamento de judeus. O *Times* de Londres, reportando da fronteira franco-espanhola, publicou uma reportagem em que se relatava que um trem partira de Lyon levando quatro mil crianças judias desacompanhadas a um local não especificado na Alemanha. Na verdade, o destino era Auschwitz. Churchill foi impelido a denunciar na Câmara dos Comuns a deportação de famílias pelos nazistas como "o mais bestial, o mais sórdido e o mais sem sentido de todos os crimes nazistas". Ele não mencionou que a vasta maioria dos sessenta mil judeus detidos e deportados nos dois meses anteriores haviam sido enviados para a morte em Auschwitz, porque o papel do campo como centro da Solução Final ainda era desconhecido.[1]

O fracasso dos Aliados em compreender o significado dos campos de extermínio de modo geral e de Auschwitz em particular limitou a sua resposta ao Holocausto. Além disso, tanto os britânicos quanto os norte-americanos continuaram a encarar o ataque alemão aos judeus como um fenômeno difuso que só poderia ser detido pela derrota da Alemanha na guerra. Essa posição fez com que ambos os governos deixassem de tratar o genocídio com a seriedade devida, inibindo-se investigações adicionais.

No fim de agosto, chegou a Londres e a Washington uma mensagem do industrial alemão Eduard Schulte informando que Hitler planejava exterminar os judeus da Europa, mas as autoridades aliadas responderam com descrença. "Não temos confirmação deste relato por outras fontes", observou um diplomata britânico. "Um boato maluco dos judeus baseado em seus temores", um funcionário americano concluiu. O Departamento de Estado dos EUA então tentou – e não conseguiu – impedir a chegada do telegrama de Schulte ao destinatário pretendido nos EUA, o influente rabino Stephen Wise. Mesmo assim, as autoridades americanas persuadiram Wise e os outros líderes judeus a manter o assunto abafado até que pudessem confirmar a alegação.[2]

O Departamento de Estado, por sua vez, abriu uma investigação modesta, enviando um único representante a Roma em setembro para verificar a alegação junto ao Vaticano. É quase certo que o Papa Pio XII tenha sido informado pelos bispados na Polônia e pelo núncio papal em Berna do assassinato em massa dos judeus e do provável destino dos deportados a partir de toda a Europa. Mas, receoso de provocar a ira de Hitler contra a Igreja, recusou-se a envolver-se.[3]

Os norte-americanos parecem ter recorrido então aos poloneses. Em meados de outubro, o governo polonês no exílio enviou uma solicitação urgente para Varsóvia a fim de receber as informações mais recentes sobre o assassinato em massa de judeus. Esta deveria ter sido a oportunidade para o líder da Resistência Rowecki revelar o que sabia sobre o campo. O mensageiro de Witold, Stanisław Jaster, tinha entregado o seu relatório sobre o envenenamento por gás dos judeus em Birkenau em meados de agosto e, além disso, o relatório final de Stasiek informando que o número de judeus mortos tinha chegado a trinta e cinco mil estava preparado para ser enviado. Ainda assim, Rowecki permaneceu em silêncio sobre os assassinatos em Auschwitz. Ele fez menção ao campo em uma mensagem para Sikorski datada de 3 de outubro, mas apenas para descrevê-lo e a outros campos de concentração como "a manifestação de uma política de extermínio direcionada contra os poloneses".[4]

Não está claro por que Rowecki falhou em identificar o novo papel de Auschwitz como campo de extermínio judeu. Estava nitidamente frustrado com a falta de resposta aos seus esforços para chamar a atenção para os massacres. "O mundo inteiro permanece em silêncio enquanto testemunhamos o rápido assassinato em massa de vários milhões de pessoas," ele se queixou a Londres em setembro. Rowecki pode ter calculado que, dado o desinteresse do Ocidente por assuntos judaicos, precisava encontrar outros meios de chamar a atenção para a situação dramática da Polônia. Com certeza ele tinha conhecimento de que a maior parte dos judeus daquele país estava perdida e temia que os próximos alvos dos nazistas fossem os poloneses étnicos. Também é possível que Rowecki tivesse receio de irritar os ultranacionalistas que tomaram Auschwitz como símbolo do sofrimento polonês – isto é, cristão. Ele já havia pedido a Sikorski que parasse com os pronunciamentos sobre judeus porque estavam minando o apoio dos poloneses comuns ao governo polonês.[5]

Enquanto a investigação se arrastava, o papel de Auschwitz como campo de extermínio foi finalmente revelado em 20 de novembro – e não por agentes das inteligências britânica, norte-americana ou polonesa que tiveram acesso aos relatórios de Witold, mas por uma pequena organização sionista chamada Agência Judaica. O seu escritório em Jerusalém recolhera o testemunho de cento e catorze palestinos, dentre os quais sessenta e nove judeus, que os alemães haviam libertado em uma troca de prisioneiros. Um deles, uma mulher de Sosnowiec, na Polônia, descrevera a existência de três crematórios em Auschwitz usados para envenenar judeus com gás. O seu testemunho foi notado pelo correspondente do *The New York Times* em Londres, que escreveu um artigo curto, publicado na edição de 25 de novembro do jornal, na página 10, com o título DETALHES CHEGAM À PALESTINA. A referência a Auschwitz restringia-se a uma única linha: "As informações recebidas aqui sobre os métodos usados pelos alemães para realizar o massacre de judeus na Polônia incluem relatos de trens lotados de adultos e crianças levados para grandes crematórios em Oswiencim [*sic*], perto de Cracóvia".[6]

Esta foi a primeira referência a Auschwitz como campo de extermínio na mídia do Ocidente, mas não foi dado seguimento ao assunto. Em vez disso, a atenção foi desviada no mesmo dia para uma conferência de imprensa do rabino Wise em Washington D.C., capital federal. O Departamento de Estado tinha finalmente concluído a sua investigação e concedera aprovação para a liberação das informações de Schulte sobre os planos de extermínio de Hitler. Wise também revelou que dois milhões de vidas já tinham sido perdidas.[7]

Essa declaração chamou a atenção internacional e, em 8 de dezembro, ele e quatro colegas rabinos foram conduzidos ao Salão Oval e se encontraram com o presidente, que fumava em sua mesa atulhada. Roosevelt foi amigável e concordou com uma bênção rabínica. Wise leu uma declaração previamente redigida e entregou ao presidente um resumo detalhado dos assassinatos em massa, que também continha uma referência passageira a Auschwitz. No entanto, Roosevelt mostrou pouco interesse por tais especificidades.[8]

"O governo dos Estados Unidos está muito bem familiarizado com a maioria dos fatos que os senhores trazem agora à nossa atenção", ele disse ao grupo no Salão Oval. Explicou que era muito cedo para fazer um pronunciamento e perguntou-se em voz alta qual seria a eficácia de tal ato. Mas Roosevelt não revelou seu temor de que, caso realçasse o sofrimento dos judeus, poderia estimular o antissemitismo no país. O fato de a sua administração contar com vários altos funcionários judeus já havia levado o regime nazista a alegar que o presidente agia em aliança com eles. Após menos de meia hora, a delegação judaica foi educadamente conduzida para fora.[9]

*

A tarefa de provocar uma ação aliada lastreada pela escalada de atrocidades mais uma vez recaiu sobre Sikorski, que aproveitou o interesse nas informações de Schulte para defender uma Declaração Aliada formal condenando os crimes nazistas. Em 2 de dezembro, o ministro interino das Relações Exteriores da Polônia, Edward Raczynski, encontrou-se com sua contraparte britânica, Anthony Eden, para lhe pedir que convocasse uma conferência sobre o programa genocida nazista.[10]

Eden mostrou-se cético no início. Os poloneses, escreveu um dos seus adjuntos, estão "sempre atrás de uma oportunidade de 1. chamar a atenção à custa dos aliados menos importantes e 2. mostrar que não são antissemitas". Mas a pressão de grupos judaicos, as perguntas embaraçosas no parlamento e o fluxo constante de informações sobre os homicídios providenciado pelo governo polonês e outras fontes provocaram uma reconsideração. Como um funcionário apontou, o governo estaria em "uma posição terrível" se as atrocidades fossem verdadeiras e eles não tivessem feito nada. Eden esperava que a declaração encerrasse o assunto até depois da guerra.[11]

No dia 15 de dezembro, Eden apresentou um rascunho da declaração para o gabinete na sala de reuniões no subsolo de Whitehall, conhecida como "o buraco". Churchill, que havia lido um documento preparado pelo governo polonês sobre os assassinatos em massa mencionando campos de extermínio como Belzec, mas não Auschwitz, perguntou ao seu ministro das Relações Exteriores se os relatórios sobre "o massacre dos judeus por atacado" por meio de "métodos elétricos" eram verdadeiros.[12]

Eden respondeu: "Os judeus estão sendo retirados da Noruega e enviados para a Polônia com esta finalidade, evidentemente". Eden foi, no entanto, incapaz de "confirmar o método" de matar ou a razão do massacre. De fato, quinhentos e trinta e dois judeus noruegueses haviam chegado a Auschwitz na semana anterior, dos quais trezentos e quarenta e seis foram envenenados por gás logo na chegada.[13]

*

No dia 17 de dezembro, Eden declarou claramente a uma Câmara dos Comuns lotada que a Alemanha tinha embarcado em uma "política brutal de extermínio a sangue frio". Ele explicou que os judeus estavam sendo transportados de toda a Europa para a Polônia, o "principal matadouro" dos nazistas, e que "jamais houve notícias dos que foram levados". O membro do parlamento James Rothschild, a quem foi concedida a primeira pergunta, esperava que as palavras de Eden oferecessem "um pouco de esperança e coragem" para os que, no momento, estavam nas garras dos alemães. Os membros da Casa então se levantaram para fazer um minuto de silêncio.[14]

A declaração afinal cimentou na mente do público o assassinato em massa de judeus. O *The New York Times* publicou uma reportagem na primeira página com a manchete ALIADOS CONDENAM A GUERRA NAZISTA AOS JUDEUS e apresentou a declaração na íntegra. Edward R. Murrow, da CBS News, declarou: "A expressão 'campo de concentração' é obsoleta... Agora só é possível falar em 'campo de extermínio'". O serviço de notícias da BBC na Europa transmitiu a declaração várias vezes por dia durante uma semana. Os locutores de notícias foram instruídos a incluir "pelo menos uma mensagem de encorajamento aos judeus". Na Alemanha, o chefe de propaganda Joseph Goebbels fez o melhor que pôde para obstruir as transmissões, mas sem sucesso. Em seu diário, queixou-se da "inundação de lamúrias" que ele tinha ouvido no parlamento do Reino Unido.[15]

A escala da cobertura da imprensa e da indignação pública resultante pegou o governo britânico de surpresa. O Ministério das Relações Exteriores foi inundado de pedidos de ajuda aos judeus que desejassem fugir para países neutros e àqueles que já estavam em campos de refugiados em lugares como a Suíça. Eleanor Rath, membro do parlamento, pediu que países satélites alemães como a Hungria e a Romênia fossem pressionados a suspender o seu apoio aos nazistas ou a liberar os seus judeus para os Aliados – "uma perspectiva assustadora", ressaltou uma autoridade britânica, depois que a Romênia, de fato, ofereceu-se para liberar setenta mil judeus naquele mês de dezembro. O Ministério das Relações Exteriores não desejava cuidar de milhares de refugiados judeus, especialmente se isso significasse um influxo na Palestina, controlada pelos britânicos.

Notícias sobre uma operação de limpeza da SS contra poloneses étnicos na região de Zamość, na região oriental do país, motivaram os poloneses a reforçar, junto ao governo britânico, seus pedidos por uma campanha retaliatória de ataques aéreos. Os alemães estavam despachando poloneses saudáveis para os campos de trabalho e o restante para Auschwitz. Rowecki enganou-se ao temer que fosse o início do "método judaico" aplicado aos poloneses. Na realidade, a liderança nazista pretendia reduzir de modo drástico o número de poloneses nos seus territórios, em até 85%, porém o extermínio em massa havia sido descartado. Como uma autoridade alemã comentou: "Esse tipo de solução… iria pesar na consciência do povo alemão e nos privar de simpatia por toda parte".[16]

Churchill pediu ao chefe da RAF, Charles Portal, que considerasse a viabilidade de bombardear alvos dentro da Polônia. A RAF havia aprimorado suas operações nos dois anos desde que Portal rejeitara pela primeira vez um bombardeio a Auschwitz. Os bombardeiros Lancaster, que tinham autonomia de voo de quatro mil quilômetros e podiam carregar mais de três toneladas de bombas, estavam em operação na época. Na verdade, um efetivo de Lancasters atacou os pátios de submarinos alemães em Danzig logo no início da primavera de 1942. Atacar as linhas de trem que levavam ao campo e as suas instalações de envenenamento por gás, onde oitocentos mil judeus seriam mortos nos próximos dois anos, era viável. Mas foi nesse momento que o fracasso britânico em compreender o significado de Auschwitz foi revelado da maneira mais trágica. A ideia de bombardear o campo não foi discutida porque ninguém percebeu que ele havia deixado de ser um alvo de significativa importância emblemática, ainda que de pouco interesse militar, para se transformar no epicentro de um genocídio mecanizado sem paralelo na história humana.[17]

Portal reconheceu em um memorando para Churchill, datado de 6 de janeiro de 1943, que um ataque em pequena escala contra um alvo na Polônia era possível, mas ele o caracterizou como um gesto meramente simbólico, o qual, segundo ele, seria incapaz de deter os nazistas. Na verdade, ele tinha a preocupação de que isso pudesse simplesmente corroborar a narrativa de Hitler de que a guerra estava sendo travada a mando de uma conspiração internacional judaica. Portal preocupava-se com represálias contra aviadores britânicos caso fossem capturados e também se perguntava se uma política explícita de retaliações poderia pôr em dúvida os alicerces morais das operações da RAF contra as cidades alemãs como "operações comuns de guerra contra alvos militares e também, é claro, industriais".[18]

Churchill poderia ter insistido na ação, mas absteve-se, em um sinal claro para a oficialidade britânica de que o assunto deveria ser discretamente deixado de lado. A mensagem passada para a opinião pública era de que os judeus seriam salvos quando a Europa fosse libertada, e todos os recursos deveriam ser dedicados a esse objetivo. Os norte-americanos adotaram uma abordagem semelhante. O Departamento de Estado chegou ao ponto de instruir o consulado na Suíça a parar de enviar material de grupos judaicos que pudessem inflamar o público por meio de canais oficiais. Bem quando o significado de Auschwitz parecia que iria permanecer sem ser reconhecido, chegaram notícias ao governo polonês no exílio em Londres em meados de fevereiro de que Napoleon estava a caminho.[19]

CAPÍTULO 16

COLAPSO

AUSCHWITZ
NOVEMBRO DE 1942

Witold estava na praça com alguns homens no início da noite, enquanto caía a primeira neve do inverno em Auschwitz, quando ouviu o seu nome ser chamado. Virou-se e viu um dos oficiais da equipe de Rowecki, Stanisław Wierzbicki, caminhando em direção a eles em meio à água cinza derretida. Desde que entrara no campo, seria o primeiro contato de Witold com um membro do círculo restrito de Rowecki. Ele talvez estivesse trazendo novidades ou até mesmo uma mensagem sobre a insurreição. Stanisław o cumprimentou de forma calorosa e explicou que tinha acabado de chegar ao campo. Notou a boa disposição de Witold. Em Varsóvia, ele comentou, as pessoas achavam que os detentos eram todos "sacos de ossos ambulantes".[1]

Witold estremeceu. Tinha acabado de vir do curtume, onde o trabalho agora incluía o processamento do cabelo raspado dos cadáveres de mulheres judias em Birkenau. O material resultante era usado como enchimento de colchões e para reforçar o tecido dos uniformes. Ele queria saber como seus relatórios haviam sido recebidos. Como o mundo reagira aos relatos sobre os envenenamentos por gás em massa, as injeções de fenol e as vastas quantidades de bens saqueados dos judeus? Decerto poderiam esperar por um apoio coordenado para a revolta.[2]

Stanisław confirmou que o mensageiro de Witold, Stefan Bielecki, chegara a Varsóvia; aliás, ele o havia levado em pessoa para o quartel-general.

Mas nenhuma decisão tinha sido tomada. A verdade era que, explicou Stanisław, poucas pessoas deram atenção a Auschwitz. Varsóvia estava preocupada com o front oriental. Hitler havia previsto uma vitória iminente em Stalingrado, mas os combates prosseguiam intensos. A Polônia precisava estar pronta para reivindicar sua independência nas principais cidades, como Varsóvia e Cracóvia, e não Auschwitz.[3]

Witold quase riu de tão chocado. Os homens que o acompanhavam pareciam ter levado um murro. Seus relatórios, as atrocidades – as suas vidas –, tudo minimizado com um encolher de ombros. Stanisław despediu-se e Witold pôs-se a pensar no que fazer. Não podia continuar fingindo que a insurreição estava próxima. Não podia pedir a seus homens que morressem sem o apoio de Varsóvia. Mas encerrar a possibilidade criava um novo dilema. A missão para a qual ele tinha pedido a cada homem que arriscasse a sua vida de repente não tinha sentido. O moral já estava baixo. Na ausência de um propósito, ele se preocupava que a Resistência caísse por terra.[4]

Seus medos concretizaram-se alguns dias depois, quando Fred Stössel, o operador de rádio, submeteu-se às ordens da SS e começou a dar injeções de fenol nos prisioneiros. Kon confrontou-o de imediato.[5]

"Por que você está fazendo esse trabalho sujo para eles?", questionou.[6]

Fred deu de ombros. As injeções eram aplicadas principalmente no pequeno número de judeus internados no hospital, explicou. Estavam mesmo programados para morrer. "Você prefere morrer logo ou ser espancado até a morte durante vários dias?"[7]

"Você faz a pergunta errada", Kon disse, "e convenientemente se esquece de que os alemães criaram esses campos para exterminar poloneses, judeus e outros. Por que nós, poloneses, que estamos lutando contra os alemães até mesmo aqui em Auschwitz, devemos ajudá-los neste esquema terrível?"

Ele não conseguia deixar de constatar que Fred sentia prazer com o poder de matar, mas não sabia como proceder. Alguns dias depois, Czeslaw

Sowul, membro do círculo socialista de Stasiek, deixou uma carta na caixa de denúncias com o nome de Fred. Witold ficou furioso. Fred tinha passado dos limites, mas sabia o suficiente para fazer todos eles serem mortos, e poderia muito bem ter simplesmente enlouquecido.[8]

Fred foi chamado ao quartel-general da Gestapo no dia seguinte à tarde, interrogado e mandado para o bloco penal. Ao longo dos próximos dias, foi levado diversas vezes ao quartel-general da Gestapo para interrogatório. Naquele inverno, o Oberscharführer da SS Wilhelm Boger havia introduzido a prática de suspender os prisioneiros pelas mãos e pés e açoitar seus genitais. Todas as noites, Fred retornava ao bloco penal cada vez mais ensanguentado e desesperado. Parecia apenas uma questão de tempo para que cedesse.[9]

Depois de cerca de uma semana, Fred passou uma mensagem por intermédio dos faxineiros do bloco penal de que não tinha traído a Resistência, mas estava chegando ao seu limite e pediu uma dose de cianureto. Não havia um modo fácil de fazer uma pílula chegar a ele; até mesmo sua comida era verificada. No fim, a Resistência introduziu piolhos infectados com tifo em sua cela. Logo Fred ficou com a febre e foi levado sob guarda para o hospital, onde os homens de Witold podiam vigiá-lo. Ele se recuperou da infecção, mas a SS perdeu o interesse e o executou.[10]

A facção socialista respondeu às transgressões de Fred ameaçando agir contra qualquer atendente considerado próximo demais dos alemães. Alguns, incluindo Kon, suspeitavam que Dering havia se tornado simpatizante do nazismo. Witold ainda confiava no médico. Porém, no ambiente do hospital do campo, que funcionava também como câmara de tortura, era difícil distinguir os atos de colaboração dos atos de autopreservação.[11]

Naquele outono, um novo médico-chefe, o Sturmbannführer da SS Eduard Wirths, encorajou sua equipe a utilizar a abundância de material humano disponível em pesquisas. Outro médico, o Obersturmführer da

SS Johann Paul Kremer, usou pacientes para estudar os efeitos da fome. Depois de entrevistar as vítimas quanto à sua dieta, ordenava que fossem fotografadas e depois executadas com fenol, e ele então as dissecava. Preservava seus fígados, baços e pâncreas em frascos. Os pacientes recebiam medicamentos experimentais para doenças como tracoma, tifo, tuberculose e difteria. Em muitos casos, os prisioneiros eram deliberadamente infectados com as doenças e recebiam uma mistura de drogas não testadas que muitas vezes os deixava em agonia.[12]

Dering destacava-se tanto por sua posição como por sua disposição de se comprometer com ações grandes e pequenas – compartilhava medicamentos contrabandeados com os kapos, seguia com determinação as ordens nazistas de realizar operações desnecessárias. Mas também era verdade que muitos enfermeiros acatavam as ordens da SS e ao mesmo tempo trabalhavam em segredo para aliviar o sofrimento que impingiam com ajuda e comida contrabandeadas. Em um ambiente em que a sobrevivência dependia da cumplicidade com o homicídio, ninguém seria capaz de distinguir com segurança um ato moral de um ato que constituísse colaboracionismo. Afinal de contas, os alemães tinham direta ou indiretamente recrutado a maior parte dos prisioneiros para operar as engrenagens de morte no campo. Witold, por sua parte, parece ter respondido à questão de sua própria cumplicidade lançando-se à tarefa contínua de reunir informações sobre os crimes nazistas, mesmo sabendo que seus relatórios talvez fossem encarados com indiferença.[13]

Bernard Świerczyna, um dos homens de Witold no departamento do depósito, tentou dar algum sentido à situação ao compilar uma lista com a morte de cada prisioneiro no campo principal e sua provável causa. O dossiê continha dezesseis mil nomes. Ao mesmo tempo, a operação de coleta de informações de Witold começou a revelar a escala completa do extermínio em massa realizado cinco quilômetros a oeste, em Birkenau. As vítimas nunca foram registradas oficialmente no campo, portanto, a estimativa de quinhentos e dois mil judeus envenenados por gás baseou-se no número de trens que chegava ao campo (o número real foi de cerca de duzentos mil).[14]

Então, veio a notícia de que os agrimensores haviam roubado cópias-carbono dos desenhos dos novos crematórios em construção em Birkenau, que tornariam a fábrica de homicídios nazista ainda mais eficiente. O arquiteto da SS Walter Dejaco tinha feito uma modificação significativa nos desenhos anteriores. Os necrotérios dos dois novos crematórios foram transformados em câmaras de gás. Em vez de calhas para descartar os corpos no porão do necrotério, foram acrescentados degraus para que as vítimas judias pudessem andar na direção do que seria agora uma câmara de gás. As novas instalações aumentariam a capacidade de matar do campo para mais de seis mil pessoas por dia. A construção estava prevista para ser concluída no Ano Novo. O escritório de construção foi lançado em um caos silencioso por dois dias quando o arquiteto-chefe da SS, Karl Bischoff, descobriu que os desenhos altamente secretos tinham desaparecido. Por fim, Bischoff ordenou que fosse preparada outra cópia "original" e abafou a violação de segurança. Witold ajudou a planejar uma fuga ousada naquele Natal para que os documentos fossem levados a Varsóvia.[15]

Seu mensageiro era Mieczysław Januszewski, um oficial da marinha de vinte e quatro anos que tinha um emprego no escritório de trabalho. Ele seria acompanhado por Otto, o kapo alemão amigável que havia ajudado a Resistência a trocar de equipes. O trabalhador do curtume Jan Komski e Boleslaw Kuczbara, o dentista do campo, completavam o grupo. No dia 28 de dezembro, Otto e Boleslaw vestiram uniformes da SS roubados e buscaram uma carroça carregada com móveis na oficina de carpintaria, supostamente para entregar na casa de um homem da SS nas proximidades. Pegaram Mieczysław e Jan, que se esconderam com os documentos em dois armários. Depois seguiram audaciosamente para fora do campo. Os alemães encontraram apenas a carroça abandonada, os uniformes dos prisioneiros e uma nota em um dos casacos implicando o kapo-chefe Bruno na fuga.[16]

A SS logo intensificou os esforços para eliminar a Resistência. Em 6 de janeiro, uma dúzia de prisioneiros foi levada para interrogatório. Seguiram--se outras detenções e execuções. Entre os fuzilados estavam o jovem trabalhador do necrotério Gienek Obojski, o especialista em rádio Zbigniew Ruszczyński e o líder da célula de Birkenau, Jan Karcz. Witold ordenou a todos que reduzissem as atividades e desconfiassem dos recém-chegados às suas equipes. Ouviram-se rumores de que os informantes de Grabner tinham finalmente descoberto uma conspiração que tomaria o campo e execuções em massa estavam próximas. A tensão atingiu a todos naquele frio mês de janeiro, enquanto escutavam os gritos provenientes do escritório da Gestapo e esperavam sua vez chegar.[17]

Uma cena em particular marcou Witold. Uma noite, voltava do seu turno no curtume quando foi surpreendido por uma dezena de homens, mulheres e crianças do lado de fora do crematório. Estava frio e o sol tinha se posto há muito tempo. Seus rostos estavam tão cinzentos quanto a estrada. Witold atinou que estavam prestes a ser executados e eles pareciam saber também. Desde que as operações de envenenamento por gás haviam sido transferidas para Birkenau, o necrotério do antigo crematório às vezes era usado em execuções de prisioneiros políticos ou famílias judias capturadas em locais próximos. Witold tentou não encará-los. Mas não pôde deixar de notar um menino de talvez uns dez anos, a idade de seu filho Andrzej, olhando ao redor ansiosamente. Em seguida, o portão do crematório se abriu e ele e os outros desapareceram lá dentro. Seguiram-se disparos abafados.[18]

Witold não dormiu naquela noite e foi tomado pela vergonha. Apesar de toda a sua conversa sobre revoltas, ele não conseguira agir em defesa desse único garoto. Pior, ele sabia que essa dor também se dissiparia, e o menino ficaria sem rosto e seria esquecido. Sentiu a mesma apatia crescendo quando pensou no assassinato dos judeus. Estava cercado de lembranças do massacre no curtume. No entanto, tinha que se esforçar para sensibilizar-se com as intermináveis procissões de vítimas judias oriundas de outros países. "A matança de pessoas saudáveis com gás só provoca algum impacto quando você a testemunha pela primeira vez", ele ressaltou.

O distanciamento que ele sentia entre si e os judeus envenenados por gás tornou-se ainda mais presente naquela primavera, quando a liderança nazista, que enfrentava uma grande escassez de mão de obra, procurou empregar prisioneiros do sistema de campos de concentração na produção bélica. Além da construção em curso da fábrica da IG Farben, dezenas de outras menores e campos-satélite surgiram em torno de Oświęcim. A SS também fez tentativas superficiais para melhorar as condições do campo. Foram instalados banheiros nos blocos e a chamada da manhã foi abolida. Os prisioneiros tinham tempo para se lavar e fazer a barba. Por causa da escassez de brim, muitos começaram a usar roupas civis com apenas uma faixa vermelha pintada no braço ou nas costas identificando-os como detentos. Para Witold, eles eram como trabalhadores de escritório indo para o trabalho de manhã. O comandante Höss chegou a emitir uma instrução para que se interrompessem os maus-tratos aos prisioneiros. Os kapos ainda usavam os porretes às vezes, e quando o faziam era quase como se tivessem que oferecer àqueles que assistiam um lembrete de que ali ainda havia um campo de extermínio.[19]

*

Witold começou a pensar em fugir. Talvez, pensou, só ele pudesse persuadir Rowecki a atacar Auschwitz. As chances de sucesso eram exíguas como sempre. Houve cento e setenta e três tentativas de fuga em 1942, e não mais que uma dúzia fora bem-sucedida. Tinha participado do planejamento de umas dez, mas agora procurava pensar em um esquema viável. Um de seus colegas, um encanador, contou-lhe sobre uma extensa rede de esgotos sob o campo que talvez fosse larga o suficiente para um homem se deslocar. Para explorar a ideia, Witold trocou de equipe e empregou-se no escritório de encomendas, que funcionava no turno da noite e ao lado de um dos bueiros que levavam aos canos de esgoto. O único homem da SS em serviço no escritório em geral cochilava por volta das duas da manhã. Witold obteve uma lanterna e um par de macacões do departamento de roupas, e saiu à rua em uma noite de janeiro.

O bueiro que ele tinha identificado ficava entre dois blocos, fora da vista das torres de vigilância. A tampa saiu com bastante facilidade. Havia uma grade de metal no interior, presa por um cadeado que ele precisou forçar para abrir. Os túneis conduziam a quatro direções, seguindo o traçado das ruas. Não tinham nem meio metro de diâmetro e estavam abarrotados de excrementos. Ele começou a andar agachado, mas o esgoto havia se acumulado em alguns lugares, forçando-o a engatinhar e então se arrastar. Deslizou de polegada em polegada até que a passagem estreitou-se ainda mais e havia perigo de deixá-lo entalado. Então, retornou devagar até emergir no escuro, antes do amanhecer, e preparou-se para a chamada. Repetiu esse ritual noite após noite, mas acabou concluindo que não havia saída.[20]

No início de fevereiro, os colegas de Witold no curtume se depararam com uma pilha de roupas que, sem sombra de dúvida, pertenciam a camponeses poloneses: tamancos e aventais de agricultores e alguns rosários simples. A notícia foi confirmada naquela noite; um transporte de poloneses havia chegado do distrito de Zamość, no leste da Polônia, e metade deles seguira diretamente para a câmara de gás. Foi uma das primeiras vezes que os poloneses étnicos haviam sido tratados com o mesmo processo de extermínio dos judeus, e Witold deve ter se perguntado se ele e os outros prisioneiros poloneses estavam prestes a se tornar alvos do genocídio.[21]

Witold soube no dia 23 de fevereiro que trinta e nove meninos poloneses de Zamość haviam sido separados de suas famílias e levados para o hospital, onde foram despidos e deixados no banheiro. Várias crianças adivinharam que iam morrer e começaram a chorar. Os atendentes reuniram-se em torno deles, trouxeram sopa, cantaram canções e as crianças se aquietaram. Um enfermeiro, Stanisław Glowa, começou a chorar. "Então nós vamos morrer", um dos garotos mais velhos deixou escapar.[22]

Stanisław localizou Pańszczyk, o enfermeiro polonês conhecido por administrar injeções de fenol. "Se você matar essas crianças, você não passa desta noite", ele jurou. Panszczyk correu e se escondeu em um dos blocos. Mesmo assim, as crianças foram assassinadas horas depois por dois homens da SS. O hospital ressoava com os gritos: "Mamãe, papai, me ajudem!" e "Querido Jesus, por que temos que morrer!"[23]

"Já tínhamos visto muitas montanhas de cadáveres no campo", Witold recordou, "mas esta... nos impressionou, até mesmo os prisioneiros antigos". Uma semana depois, mais oitenta garotos poloneses foram mortos com injeções de fenol.[24]

*

Em uma manhã de março, ofereceu-se a Witold um meio pouco provável de deixar o campo. Espalhou-se a notícia de que seis mil prisioneiros poloneses, quase metade do total do campo principal, seriam transferidos para outros campos de concentração no Reich e substituídos por judeus. Witold imaginou que estaria na lista, mas sentia-se intranquilo. Estava ansioso para sair, mas sabia que a transferência para outro campo apenas atrasaria sua missão para Varsóvia. Em um novo campo, teria que passar meses construindo sua rede e descobrindo um plano de fuga. Ainda assim, estava tentado.[25]

A primeira deportação havia sido marcada para 10 de março. Os detentos selecionados seriam transferidos para os campos de concentração de Buchenwald, perto da cidade alemã de Weimar, e Neuengamme, nos arredores de Hamburgo. A SS obviamente supunha que encontraria resistência entre os prisioneiros em posições privilegiadas, que perderiam essas posições. O chefe da Gestapo Grabner manteve a lista final de nomes bem guardada e ordenou uma seleção à noite para dar aos prisioneiros menos chance de mudar de blocos ou trocar números. O bloco de Witold foi um dos primeiros a ser visitado. Os prisioneiros esperaram em seus beliches enquanto o kapo conferia a lista. Alguns resmungavam por ter que aprender os macetes de um campo novo. Outros achavam que nenhum lugar poderia ser tão ruim quanto Auschwitz. "Isso significa que eles desistiram de me atormentar aqui", murmurou um dos vizinhos de Witold, que tinha sido selecionado.[26]

Como suspeitava, o número de Witold constava na lista. Ele ainda se surpreendia com a instintiva sensação de alívio que experimentava quando pensava que sairia. Witold foi transferido para um bloco especialmente designado, com mil outros homens, para aguardar a transferência. Seu amigo Edek, que pouco tempo antes tinha ingressado na equipe de enfermagem, encontrou-o na manhã seguinte em um dos quartos. Nenhum dos atendentes tinha sido selecionado para deixar o campo, pois foram classificados como trabalhadores essenciais para mantê-lo funcionando. Os outros prisioneiros estavam agitados. Edek sussurrou que havia encontrado uma maneira de Witold ficar. Haveria uma seleção médica final, ele explicou. Witold poderia livrar-se do transporte fingindo uma deficiência. Durante a noite, os enfermeiros tinham construído uma tala para ele usar em torno da cintura para simular hérnia – uma estratégia arriscada, mas Witold decidiu tentar.[27]

Os prisioneiros que seriam transferidos foram agrupados ao longo da Birkenallee para uma revisão final. Havia névoa, assim como na primeira manhã de Witold no campo. Os médicos caminhavam devagar pela fila, examinando cada prisioneiro. Em silêncio, Witold relembrou os nomes de seus camaradas em um tipo de chamada pessoal. Muitos estavam mortos: o capataz que piscava, Michał; Stasiek Dubois; o jovem Gienek; seu especialista em rádio, Zbigniew; Jan Karcz, de Birkenau. Ele os convocou à praça em sua cabeça. Ele devia a esses companheiros, os vivos e os mortos, sua permanência no campo para completar a missão.

Já passava da meia-noite quando os médicos chegaram à sua fileira. A equipe deu uma olhada na barriga aparentemente inchada de Witold e o mandaram de volta para o campo. Ele trocou um olhar de despedida com Kon, que seria transferido para Buchenwald.[28]

Quatro mil poloneses foram enviados ao longo dos três dias seguintes. Uma semana mais tarde, Witold evitou a deportação novamente. Dois mil e quinhentos poloneses seriam transferidos, mas ele foi incluído no seleto grupo de "trabalhadores indispensáveis" à manutenção do campo em funcionamento. Mas a sua rede havia sido esfacelada e ele não estava mais perto de encontrar uma rota de fuga.[29]

*

No início de março, dois dos novos crematórios e câmaras de gás foram abertos em Birkenau e colocados em uso para eliminar os judeus do gueto de Cracóvia. No campo principal, um dos blocos foi convertido em laboratório médico, e a SS deu início a experimentos com os órgãos sexuais dos detentos, homens e mulheres judias em sua maior parte. As gônadas e os ovários eram submetidos a altas doses de radiação antes de serem removidos para estudo. Os experimentos eram realizados em sigilo absoluto e o acesso ao bloco era proibido a todos, menos ao pessoal da SS. Porém, uma dupla de membros da Resistência o invadiu uma noite portando uma lanterna elétrica. Entraram em uma sala contendo fileiras de frascos com órgãos humanos em uma solução rosada. Ao iluminarem um deles, viram que continha um testículo cortado ao meio. Havia mulheres em uma das alas, mas os homens da Resistência não permaneceram no bloco muito tempo.[30]

"Mundo maldito", Witold murmurava para si mesmo uma tarde no escritório de encomendas, quando um jovem prisioneiro, Edmund Zabawski, o interrompeu.[31]

Começaram a conversar, com Edmund falando a maior parte do tempo. Witold gostou da seriedade do rapaz de trinta e três anos. Depois de várias conversas, Edmund revelou que um de seus amigos estava planejando escapar a partir de uma padaria fora do campo e que ele gostaria de juntar-se a ele. Witold conhecia o amigo de Edmund de vista. Era um professor do ensino fundamental de dois metros de altura chamado Jan Redzej, que chegara no mesmo transporte de Witold e trabalhava em uma equipe que entregava pão pelo campo. Edmund combinou de se encontrarem em uma noite no fim de março, depois da chamada.[32]

Estava chuviscando na praça quando se conheceram. Jan estava ensopado depois do trabalho, a careca brilhando na chuva, mas sorriu e explicou o plano. A padaria onde buscava o pão era o local perfeito para uma fuga, pois estava a quase dois quilômetros do campo e à vista de áreas abertas. Era operada por civis e por um pequeno destacamento de prisioneiros. Jan notara que os civis deixavam as bicicletas com as quais vinham para o trabalho encostadas na parede. Seu plano consistia em cada um simplesmente pegar uma bicicleta e "irem em frente".[33]

Witold achou que não era uma boa ideia, mas viu potencial. Se passassem para o turno da noite na padaria, ele acreditava que poderiam escapar protegidos pela escuridão. Jan concordou em estudar a padaria com mais cuidado e subornou seu kapo para mudar para a equipe dos padeiros.[34]

Ele fez um relato alguns dias mais tarde. A boa notícia era que havia só dois guardas no local. No entanto, os obstáculos eram formidáveis. Os guardas fechavam a porta com uma tranca dupla durante o trabalho. Ela também era aferrolhada pelo lado de fora pelo pessoal do turno que saía. Não havia outras entradas e todas as janelas tinham barras. Jan achava que talvez fosse possível roubar uma das chaves da porta; uma ficava pendurada no cinto de um guarda o tempo todo, mas havia uma cópia guardada em uma caixa com tampa de vidro em uma antessala. O problema era que, mesmo que conseguissem pegar a segunda chave e destrancar a porta, eles ainda estariam presos pelo trinco externo. Aquele "maldito trinco" tornava a empreitada impossível, Jan concluiu.[35]

Witold pediu que Jan analisasse o trinco mais uma vez. No dia seguinte, Jan trouxe notícias melhores. O trinco ficava sobre um gancho aparafusado à porta com uma porca enfiada por dentro. Se conseguissem determinar o tamanho da porca, eles talvez pudessem desapertá-la e soltar o trinco. Nos dias que se seguiram, Jan marcou a porca com um pouco de massa de pão, que Witold entregou a um amigo que trabalhava com metal para encontrar o tamanho certo da chave inglesa. Já a chave da porta envolvia mais riscos, mas Jan conseguiu pegar a que ficava na caixa de vidro enquanto os guardas estavam de costas e fez outro molde com a massa de pão. Witold mandou fazer uma réplica e Jan experimentou na fechadura. Funcionou.

Eles tinham um plano.[36]

PARTE IV

CAPÍTULO 17

IMPACTO

GENEBRA
NOVEMBRO DE 1942

Napoleon por fim desistiu de esperar pelos vistos prometidos pela delegação polonesa na Suíça. Em 7 de novembro, viajou para Genebra, na fronteira com a França, para encontrar um contrabandista que jurou ter os documentos necessários, mas levou o dinheiro e desapareceu. Depois desse revés, Napoleon decidiu simplesmente atravessar a fronteira naquela noite, sozinho. Foi preso por gendarmes franceses algumas horas mais tarde e passou a maior parte da semana sob custódia da polícia, período durante o qual a sua tarefa se tornou muito mais difícil. Em resposta ao desembarque de tropas americanas e britânicas no norte da África, Hitler tinha ocupado o resto da França, fechando a fronteira com a Espanha.[1]

A polícia francesa libertou Napoleon sem acusá-lo de nada, talvez aceitando a sua história de ser um soldado da Wehrmacht retornando à sua unidade. Mas o afluxo de tropas alemãs tornou mais preocupante sua jornada para o sul. Unidades da SS espalhavam-se pelas ruas das principais cidades em busca de judeus escondidos e membros da Resistência. Napoleon chegou a um esconderijo em Perpignan, no sopé dos Pirineus, onde o guia local exigiu o dobro para levá-lo pelos desfiladeiros da cordilheira até a Espanha. Não teve escolha senão pagar, mas o homem o abandonou a meio caminho na encosta de uma montanha. Chegou a Barcelona uma semana depois, em 24 de novembro. Planejava ficar algumas horas na cidade antes de seguir para o protetorado britânico de Gibraltar, no sul. Mas a cidade estava sob forte controle policial e ele foi preso novamente. A Espanha não era uma aliada oficial da Alemanha, mas o general Francisco Franco, um fascista, simpatizava com a causa dos nazistas e desta vez Napoleon não foi solto rapidamente.[2]

A polícia espanhola o manteve preso por dois meses em uma cela e depois o transferiu para o campo de concentração de Miranda de Ebro, em Castela, onde outros estrangeiros capturados atravessando a fronteira eram mantidos. Chegou ao campo no início de janeiro de 1943. Os seus mais de cinco mil prisioneiros estavam mal vestidos e mal alimentados, e passavam os dias extraindo pedras de um leito de rio próximo para a construção de estradas. Pensou em várias maneiras de escapar, antes de optar por fazer uma greve de fome em protesto contra as condições do campo. Persuadiu um grupo de várias centenas de prisioneiros poloneses a se unir a ele e, juntos, exigiram uma visita consular dos britânicos, encarregados dos assuntos poloneses na Espanha. Após duas semanas de jejum, as autoridades espanholas convocaram em Madri o embaixador britânico para negociar. Parece que Napoleon arranjou um encontro com o diplomata e o convenceu de que era na verdade um agente treinado pelos britânicos, assegurando assim a sua libertação.[3]

Chegou a Gibraltar em 3 de fevereiro de 1943, pouco depois de divulgada a derrota catastrófica da Alemanha em Stalingrado: por volta de noventa mil soldados alemães haviam se rendido no Volga e o mesmo número estava perdido e supostamente morto. As forças soviéticas haviam revertido todas as conquistas alemãs do ano anterior e estavam prestes a lançar uma grande contraofensiva. A maré da guerra começava a virar.[4]

Napoleon pegou um dos navios mercantes que navegavam com regularidade entre o enclave britânico e o Estuário de Clyde, na Escócia, um centro importante para o transporte aliado, e passou uma semana tensa evitando a patrulha dos submarinos alemães. Por fim, chegou ao Reino

Unido em 19 de fevereiro. A jornada que lhe deveria tomar duas semanas havia durado mais de seis meses. "Desolador", foi como ele definiu o atraso. Os nazistas haviam matado quase um quarto de milhão de judeus em Auschwitz nesse período.[5]

*

É possível que Napoleon tenha sido questionado pelos britânicos na Royal Victoria Patriotic School, uma enorme construção gótica no subúrbio de Wandsworth, ao sul de Londres, que foi utilizada para interrogar estrangeiros recém-chegados. Um educado, porém enérgico oficial de inteligência, Major Malcolm Scott, conduziu a maioria das entrevistas em polonês fluente (a sua mãe era polonesa). Nenhum registro do que Napoleon divulgou foi localizado.[6]

Ele solicitou que um novo nome, Jerzy Salski, fosse inscrito nos registros da polícia, a fim de ocultar ainda mais a sua identidade, talvez já de olho na próxima missão. Um dos policiais que cuidavam do caso, o major J. D. O'Reilly, assinalou o pedido para seus superiores.[7]

Ele recebeu uma resposta breve: "Como você talvez esteja ciente, nós financiamos a SOE polonesa até o limite de seiscentas mil libras, e as atividades deles são as *nossas* atividades".

Napoleon afinal foi liberado para as autoridades do Ministério do Interior polonês no fim de fevereiro. Nos dias que se seguiram, revelou o que sabia sobre o assassinato em massa de judeus no campo, incluindo as câmaras de gás e as suas teorias incorretas sobre o uso da pressão do ar e eletrocussão para matar. Não há registro da resposta do governo polonês, mas é possível avaliar o impacto das revelações de Napoleon pelo fluxo repentino de notícias de Varsóvia sobre o extermínio de judeus em Auschwitz. Depois de meses de silêncio sobre o assunto, Rowecki enviou uma série de mensagens de rádio com os detalhes chocantes mais recentes do campo. Rowecki, no dia 3 de março, usando os dados da Resistência do campo contrabandeados no final de 1942, informou ao governo polonês no exílio em Londres que quinhentos e dois mil judeus já tinham sido assassinados no campo. Em 12 de março, escreveu sobre a abertura do novo crematório de Birkenau, com capacidade para incinerar três mil corpos por dia. A mesma informação foi enviada outra vez para Londres em 23 de março. Uma semana mais tarde, Rowecki mandou uma mensagem informando que o gueto de Cracóvia tinha sido aniquilado e quatro mil dos seus habitantes, enviados para Auschwitz.[8]

O governo polonês ficou chocado com a escalada das mortes, que coincidiu com a notícia de que pouco mais de duzentos mil judeus restavam no país. Szmul Zygielbojm, um dos dois únicos judeus a fazer parte do conselho nacional de trinta e um integrantes, pediu ao Ministério do Interior que verificasse de novo se os números estavam corretos. A sua esposa e os dois filhos moravam no que restava do gueto de Varsóvia.[9]

"Não sei como a história nos julgará", ele disse em uma reunião do conselho em março, "mas sinto que milhões de pessoas na Polônia não conseguem acreditar, não conseguem compreender que não estamos em posição de modificar a opinião mundial ou de fazer algo para interromper o sofrimento desumano."[10]

À luz das revelações, Zygielbojm solicitou aos Aliados outra declaração, mas havia pouca chance de isso acontecer. Os britânicos e os norte-americanos não tinham interesse em levar adiante um debate mais aprofundado sobre o extermínio em massa ou em apoiar ações de resgate que comprometessem recursos do esforço de guerra. Nos Estados Unidos, o Departamento de Estado propôs uma conferência internacional para discutir a condição dos judeus e de refugiados. Era uma medida cínica para atrasar a ação militar e diplomática, e os britânicos foram rápidos em apoiá-la. O líder polonês Sikorski continuava a pressionar por alguma forma de ataque, então um funcionário do Ministério das Relações Exteriores escreveu: "Temos dito repetidamente aos poloneses que represálias como estas estão descartadas". Frank Roberts mencionou: "Os poloneses têm sido muito irritantes sobre essa questão".[11]

Apesar da falta de interesse dos britânicos, Napoleon escreveu um resumo de suas descobertas para ser distribuído. O funcionário do Ministério das Relações Exteriores Frank Savery, ex-cônsul em Varsóvia que tratava dos assuntos poloneses, era um dos principais responsáveis por decidir como as informações da inteligência eram aplicadas. Savery parece ter levado o novo papel de Auschwitz ao conhecimento da Executiva de Guerra Política (Political Warfare Executive – PWE), departamento de propaganda do governo que supervisionava as transmissões da BBC – um canal crucial tanto para os decisores políticos como para o público britânico. No início de abril, o PWE se reuniu para discutir se incluiria o envenenamento de judeus em câmaras de gás em Auschwitz na agenda de notícias. O debate representou a primeira vez que altas autoridades britânicas reconheciam abertamente o papel do campo no envenenamento de judeus por gás. Porém, decidiu-se que o relatório não seria veiculado domesticamente. Em vez disso, sua difusão limitou-se aos serviços em língua polonesa. Na primavera de 1943, Auschwitz havia ceifado menos de um terço do total de um milhão de vítimas judias que pereceram no campo.[12]

Em 11 de abril, o serviço em polonês da BBC se preparou para transmitir notícias sobre Auschwitz. Nas paredes e no teto do estúdio improvisado no porão da sede da BBC, danificada pelos bombardeios, pedaços de lona haviam sido pendurados para melhorar a acústica. Na porta, uma lâmpada a óleo garantia a luminosidade caso ficassem sem energia durante um ataque. Em geral, a sala ficava agitada, com os produtores correndo com os roteiros em múltiplos idiomas, transmitidos a partir do mesmo estúdio. O texto lido pelo locutor polonês era sempre verificado com cuidado por funcionários britânicos, um dos quais sentava-se ao lado de um interruptor durante todas as transmissões, preparado para cortar o sinal em caso de qualquer desvio do roteiro ou se alguém "de repente gritasse uma saudação a Hitler", como apontou um funcionário da BBC.[13]

Desta vez, a transmissão ocorreu sem problemas, embora o texto contivesse vários erros, talvez pelo fato de ter passado por muitas mãos. O relato começou com o anúncio de que os alemães haviam aniquilado os mais de quinze mil moradores do gueto de Cracóvia em março. Em seguida, explicou-se que os habitantes do gueto tinha sido mandados para "campos de extermínio" para serem assassinados. O relato concluía com a informação de que "os remanescentes foram enviados por caminhões para o campo de Oświęcim, que, como já se sabe, possui instalações especiais para o assassínio em massa, isto é, câmaras de gás e pisos de ferro conduzindo corrente elétrica". Essa última informação pode ter sido inferida a partir das suposições incorretas de Napoleon sobre as instalações de Birkenau.[14]

O impacto da transmissão foi limitado. Rowecki provavelmente a escutou ou, pelo menos, soube dela, assim como os alemães. Antes que as autoridades polonesas pudessem levar a questão adiante, foram surpreendidas por notícias de Berlim de que uma vala comum tinha sido descoberta na floresta de Katyn, no oeste da Rússia. Os alemães alegavam que a sepultura continha os corpos de três mil soldados poloneses fuzilados pelos soviéticos em 1940. O furor resultante atraiu toda a atenção polonesa, e mais uma vez o destino dos que tinham morrido ou estavam próximos da morte em Auschwitz tornou-se um interesse secundário.[15]

*

Os eventos continuaram a desviar a atenção de Auschwitz. Em 19 de abril, a SS e unidades da polícia alemã iniciaram uma operação para aniquilar os cinquenta mil judeus remanescentes do gueto de Varsóvia. Desta vez, a Resistência judaica revidou e uma batalha completamente desigual se iniciou: os combatentes judeus tinham umas poucas metralhadoras, pistolas e granadas caseiras. Os alemães, por outro lado, chegaram com tanques e armamento pesado e destruíram o gueto de modo sistemático, um quarteirão de cada vez.

O desastre certo, mas que se desenrolava lentamente, era regularmente transmitido para Londres pela Resistência, via rádio. O governo polonês e os grupos judaicos pouco podiam fazer, a não ser pressionar por uma ação. O político Zygielbojm fez um apelo desesperado aos Aliados pedindo que bombardeassem as unidades da SS no gueto de Varsóvia e em Auschwitz. O nome do campo associado ao extermínio em massa dos judeus por fim permitiu que ele passasse a existir como alvo para ataque. Como Zygielbojm já sabia a essa altura que apelar aos britânicos era inútil, direcionou a solicitação aos norte-americanos por meio de um amigo na inteligência dos EUA. Mas os militares americanos pareciam ter chegado à mesma conclusão da RAF quanto ao valor e à eficácia de bombardear Auschwitz, e o pedido de Zygielbojm foi recusado.[16]

No dia 11 de maio, após a demolição do gueto, Zygielbojm tomou uma overdose de barbitúricos em seu apartamento em Londres. Ao lado do corpo foi encontrado um bilhete.

"Com a minha morte", ele disse, "desejo expressar o meu mais profundo protesto contra a inação com que o mundo assiste e permite a destruição do povo judeu". Tanto a sua esposa quanto seus filhos pereceram no gueto.[17]

Mas a morte de Zygielbojm rendeu poucos comentários e a situação dos judeus deixou a agenda internacional mais uma vez. A conferência que britânicos e norte-americanos organizaram nas Bermudas para discutir a crise dos refugiados em meados de abril não produziu resoluções. A atenção aliada foi atraída pela invasão iminente da Itália. No front oriental, em

Kursk, as forças alemãs e soviéticas estavam engajadas na maior batalha de tanques da guerra. Nesse ínterim, os trens continuaram a dirigir-se para Auschwitz, oriundos da Iugoslávia, Itália, Grécia, França e Holanda. Em maio de 1943, todos os outros campos de extermínio haviam sido fechados, fazendo de Auschwitz o único foco da ânsia genocida dos nazistas.

Napoleon queria voltar à Europa ocupada, mas Paweł Siudak, do Ministério do Interior do governo polonês no exílio, viu pouco valor na proposta. "[Napoleon] nos forneceu boatos inacreditáveis depois do seu retorno ao país", Siudak transmitiu por rádio para Varsóvia em junho. "Nós ignoramos esses rumores. Ele não será mais um mensageiro."[18]

Depois desse veredicto condenatório, Napoleon não pôde mais divulgar o seu relatório. Ao mesmo tempo que Napoleon era retirado de suas atribuições, o mensageiro Jan Karski se preparava para uma missão diplomática nos Estados Unidos. Karski era uma testemunha persuasiva e eloquente do gueto de Varsóvia e da estação de trânsito dos carregamentos de prisioneiros perto do campo de extermínio de Bełżec. Mas ele tinha pouco a dizer sobre Auschwitz, que agora era o centro de extermínio dos judeus da Europa. O campo havia caído em uma área cinzenta, conhecida, mas não reconhecida.

CAPÍTULO 18

FUGA

AUSCHWITZ
25 DE ABRIL DE 1943

Witold ainda tinha diversos desafios a superar se quisesse escapar, principalmente arranjar um emprego na equipe de trabalho dos padeiros. Tendo sido confirmado como trabalhador indispensável no escritório de encomendas, ele poderia atrair uma atenção indesejada se tentasse arranjar tão cedo outra mudança, que tinha ficado mais difícil de conseguir desde a partida de Otto. Sendo assim, decidiu fingir estar doente para ser admitido no hospital e depois tentar induzir o kapo dos padeiros a pensar que ele havia sido autorizado a trocar de equipe. Se falhasse ou o kapo decidisse averiguar, todo o estratagema seria exposto de imediato, mas não havia outra opção.[1]

Eles escolheram como data da fuga a segunda-feira de Páscoa. Metade da guarnição estaria de licença ou bêbada. Edward havia desistido de fugir por preocupar-se com a segurança da sua família. Portanto, Witold e Jan tiveram que organizar sozinho os detalhes finais nos dias seguintes: roupas civis escondidas na padaria, dinheiro, um canivete, tabaco curado para espalhar na trilha e assim disfarçar o seu cheiro para tentar confundir os cães farejadores, suborno para os padeiros (maçãs, geleia, mel e um pacote de açúcar) e, por fim, cápsulas de cianureto de potássio se tudo desse errado.[2]

Era hora de informar a quem havia restado da liderança da Resistência sobre a sua partida iminente. Tentou manter o raciocínio simples.

"Tinha um trabalho a fazer aqui. Nos últimos tempos, não recebi instruções", ele disse a um de seus tenentes. "Não vejo mais nenhum sentido em permanecer."[3]

"Então, você acha que pode escolher quando vem para Auschwitz e quando vai embora?", o homem respondeu de maneira espirituosa, frente ao risco que Witold estava correndo.[4]

O sábado amanheceu quente e nublado. Ao chegar ao escritório de encomendas, começou a reclamar de dor de cabeça. Naquela tarde, permaneceu no bloco e se certificou de que o kapo o ouvisse falando sobre dores nas articulações e nas panturrilhas, sintomas clássicos do tifo. O kapo ordenou que Witold se apresentasse ao hospital imediatamente. Os enfermeiros fizeram comentários irônicos quando ele chegou alegando ter febre. Alguns deles lembraram-no de que ele já tinha tido tifo, mas não o pressionaram. Seu amigo Edek ajudou a registrá-lo sem ser examinado.

Ele não entrou em contato com Dering, talvez um indício do crescente distanciamento entre ele e o médico. Witold, porém, não sabia que, nessa época, Dering estava sob forte pressão da hierarquia da SS. Queriam que ele usasse suas habilidades cirúrgicas para realizar histerectomias e castrações nos experimentos químicos e de radiação que ocorriam no campo. Ele ainda não sabia como reagir, mas já tinha realizado uma cirurgia secreta para remover os testículos de um homossexual alemão, e sua má reputação entre os prisioneiros o tornava cada vez mais vulnerável. Um novo kapo, Ludwig Wörl, assumiu o hospital e tinha uma óbvia antipatia por grande parte dos funcionários poloneses que formavam a equipe, a quem procurou demitir ou mandar para Birkenau. No lugar deles, admitiu os primeiros enfermeiros judeus, já que a SS tinha concedido permissão para os judeus serem tratados no hospital (mas decretou que só poderiam ser tratados por outros judeus). Dering tinha mantido sua posição, mas estava sob ataque por todos os lados.[5]

Witold deve ter percebido a atmosfera tóxica do hospital. O pessoal polonês que permaneceu costumava descontar o seu medo e frustração com grosserias e insultos direcionados aos colegas judeus ou aos próprios pacientes, sempre lembrando-os de que na ordem nazista os judeus ainda eram os últimos da fila (um médico polonês declarou que se sentiria feliz em permanecer em Auschwitz por dez anos se isso significasse que Hitler livraria a Europa dos judeus). Witold planejou sair rápido do hospital, no dia seguinte, se possível. Depois de outra noite agitada, ele foi acordado por Edek. Witold chamou-o com um gesto e explicou que fugiria no dia seguinte e precisava da ajuda dele para conseguir alta.[6]

"Edek, vou direto ao assunto", Witold disse. "Estou indo embora daqui. E já que você me ajudou a dar entrada no hospital evitando as formalidades habituais e vai conseguir a minha alta, quem eles vão pegar depois que eu fugir? Você. Portanto, sugiro que você se junte a mim."[7]

"Conto com o senhor", Edek disse, sem perguntar sobre o plano.[8]

Witold informou Jan que havia novos planos quando ele foi ao hospital naquela tarde. Jan preocupou-se. Já seria difícil encontrar uma vaga para Witold com os padeiros, quanto mais para uma segunda pessoa. Mas Witold disse que já tinha tomado a decisão. "Bem, então está resolvido", Jan deu de ombros.[9]

Naquela noite, Edek fez uma cena. Gritou com o líder do bloco que estava cansado do modo como os poloneses estavam sendo tratados no hospital e queria sair. O kapo, um alemão relativamente pacato, tentou persuadi-lo a ficar, mas por fim falou com rispidez: "Então vá para onde quiser, seu idiota!". Witold escutou a discussão de seu quarto no andar de cima e notou que terminara com uma conclusão satisfatória. Dali a pouco, também ouviu uma luta e gritos. Mais tarde, soube que era o som de Edek espancando Pańszczyk, o enfermeiro odiado que injetava fenol.[10]

De manhã, Edek foi providenciar cartões de alta para ele e Witold. Não seria uma tarefa fácil, uma vez que Witold supostamente estava sofrendo de tifo e deveria ser mantido no bloco de quarentena por duas semanas no mínimo. No fim, Ciesielski convenceu um dos enfermeiros poloneses a dar andamento à solicitação com a ajuda de Wörl, que veio com a desculpa de que houve erro no diagnóstico de Witold e que na realidade ele tinha apenas bebido demais. Sendo assim, foram liberados, mas ainda não tinham acertado a transferência oficial para a equipe de padeiros e precisavam que o kapo os aceitasse. Encontraram Jan em uma mesa perto da janela de um dos quartos jogando cartas com o kapo da padaria, um alemão da região dos Sudetos a quem Jan vinha bajulando há semanas. Havia uma garrafa de vodca pela metade em cima da mesa. Witold anunciou que tinham sido enviados a ele por serem padeiros. O kapo pareceu surpreso. Jan se inclinou e sussurrou em seu ouvido.[11]

"Kapo, aí estão dois idiotas que foram enganados; pensam que vão encher a barriga de pão na padaria e que nosso trabalho é fácil. Deixe-os comigo no turno da noite e vou mostrar como as coisas são."[12]

Era a hora da verdade. Naquele exato momento, Witold mostrou uma maçã, um pouco de açúcar e um pequeno pote de geleia que ele apanhara no escritório de encomendas. Os olhos do kapo se iluminaram.

"Tudo bem, então, vamos ver que tipo de padeiro vocês são", ele disse.[13]

Agora eles faziam parte da equipe, mas como a artimanha certamente seria descoberta no dia seguinte, quando seus números fossem oficialmente computados, precisavam partir naquela noite, o que significava persuadir dois dos padeiros a trocar de turno com eles. A maioria dos homens estava descansando nos beliches antes do trabalho da noite, que começava às seis da tarde. Witold e Edek começaram a falar em voz alta sobre as encomendas que tinham recebido para a Páscoa. Chamaram a atenção de todos. Deram algumas maçãs para os prisioneiros ao redor e a seguir perguntaram sobre uma troca. Era difícil manter a calma com o tempo passando, mas não havia como voltar atrás.

Por fim, convenceram uma dupla de padeiros por volta das três da tarde e mal tiveram tempo de arranjar roupas civis adicionais para Edek no departamento de depósitos, que ele correu para vestir sob o uniforme. Alguns minutos mais tarde, ouviu-se o chamado para a equipe de trabalho da padaria entrar em fila.[14]

Passaram pelo portão enquanto o sol baixava sob as nuvens e a luz laranja iluminava as letras da inscrição ARBEIT MACHT FREI. Uma faixa carregada de nuvens de tempestade se aproximava do sul. A chaminé do crematório antigo perto do portão estava fumegando: trinta e três cadáveres tinham chegado naquele dia para descarte, e em algum lugar em Birkenau as fogueiras eram alimentadas por dois mil e setecentos judeus recém-chegados de Tessalônica, na Grécia.[15]

Quatro guardas da SS juntaram-se a eles para a caminhada até a padaria. Era um destacamento novo por causa do feriado, e Witold esperava que a falta de familiaridade com a equipe mascarasse o fato de que eram recém-chegados e deveriam ser tratados com prudência. Infelizmente, os novos guardas estavam bastante alertas e até mesmo o guarda do portão chamou a atenção dos colegas para que "tivessem cuidado".[16]

"Sob nenhuma circunstância vou entrar por aquele portão de novo", Witold pensou ao sair do campo.[17]

*

O rio ao lado da estrada que corria do campo para a padaria estava cinza e cheio. Três dos guardas que acompanhavam o turno da noite separaram-se do grupo na ponte que conduzia à cidade, provavelmente para beberem no feriado, deixando dois homens da SS para supervisioná-los. Witold e seus companheiros chegaram à padaria ao entardecer da noite da fuga, e logo começou a chover. Pararam diante de uma construção grande de tijolos vermelhos ao lado de uma casa de moinho e um dos guardas pegou uma chave de sua mochila de couro para destrancar a porta. Enquanto esperavam na chuva, os prisioneiros do turno do dia apareceram, cobertos de farinha. Reclamaram do aguaceiro enquanto Witold e os outros recém-chegados entravam em um corredor que levava ao vestiário. O guarda trancou a pesada porta de tachas de ferro e eles ouviram o trinco sendo fechado às suas costas do lado de fora.[18]

Os padeiros profissionais tinham começado a trabalhar mais cedo e suas roupas já estavam penduradas. Witold e os outros prisioneiros despiram-se depressa e sobre a roupa de baixo vestiram os aventais brancos que estavam nos cabideiros ao lado da porta. Atravessaram uma sala de caldeira e um corredor curto em direção ao salão principal. Os guardas tinham montado uma mesa com cadeiras ao lado da fornalha aberta da caldeira e havia uma cama dobrável estreita junto à parede. Witold notou o telefone na parede do corredor que os guardas usavam para fazer verificações de hora em hora junto ao quartel-general no campo. Ele tinha trazido um canivete para cortar os fios do aparelho, que corriam ao longo do teto.[19]

O salão principal era longo e retangular, com uma fila de fornos abertos ao fundo. Os padeiros rapidamente distribuíram as tarefas para a equipe da noite. O trabalho de Witold era misturar a massa em um grande liquidificador elétrico colocado no chão e em seguida dar forma aos pães nas assadeiras. Ele logo estava encharcado de suor e se esforçando para continuar. Edek encheu o forno com carvão para a primeira fornada de mais de quinhentos pães e em seguida retirou as brasas com um bastão. Depois de se queimar diversas vezes, soltou um grito e caiu no chão.

Jan se apressou em sua direção.

"Não se preocupe – não aconteceu nada comigo", Edek sussurrou. "Estou fingindo para evitar o trabalho duro."[20]

Um alemão ruivo, mais ou menos da idade de Edek, se aproximou.

"Quantos anos você tem?", o guarda perguntou.[21]

"Dezessete", Edek disse. Na verdade, ele tinha vinte e um.

"Há quanto tempo você está aqui?"

"Mais de dois anos."

"E você ainda está vivo?"

O alemão ficou com pena e disse-lhe para pegar um saco de farinha vazio e deitar-se no corredor.

O turno da noite preparava cinco fornadas. O plano era partir depois da primeira ou da segunda, por volta das dez horas da noite. Witold estava prestes a sinalizar para os outros que era hora de agir quando Jan lançou-lhe um olhar preocupado. Tinha visto um homem SS de folga e sua namorada pela janela do depósito, abrigando-se da chuva sob o beiral do telhado. Teriam que esperar o temporal diminuir.

Jan continuou de olho no casal, ficando cada vez mais agitado.

Edek, deitado de costas no corredor, contava os minutos, à medida que as fornadas iam e vinham e as chances de fuga diminuíam. Foi quase um alívio quando o guarda mandou que ele fizesse alguns agachamentos e depois fosse buscar carvão para a caldeira.

A chuva afinal cessou perto da meia-noite e o casal de namorados partiu. Àquela altura, havia apenas mais uma fornada para assar e o ritmo do trabalho afrouxara. O guarda ruivo estava grelhando uma linguiça no forno da caldeira. O outro alemão escrevia uma carta sentado à mesa. Os padeiros estavam fazendo um pequeno intervalo. Era agora ou nunca.

Witold e Jan disseram aos padeiros que deixariam a madeira pronta e foram para o depósito. Como desculpa para juntar-se a eles, Edek disse que ia buscar carvão com um carrinho de mão. Jan estava vestido com roupas civis e pegou a chave inglesa no depósito de carvão, onde a havia escondido alguns dias antes. Nesse momento, Witold começou a cortar madeira, fazendo tanto barulho quanto possível, enquanto Jan se encaminhava para a entrada.

A primeira tarefa consistia em desaparafusar a porca que segurava o trinco externo da porta. Cedeu sob o próprio peso, e ele conseguiu torcer e empurrar o parafuso por completo. Prosseguindo, voltou-se para os dois ferrolhos. Eram mais difíceis de movimentar. Witold e Edek fizeram o máximo de barulho possível para abafar o som dos parafusos arranhando a porta.

Naquele instante, o guarda ruivo esticou a cabeça pela porta do depósito.

"Onde está o outro?", ele perguntou.[22]

Eles congelaram.

O alemão foi para a entrada. Parecia certo que Jan seria pego, mas ele teve tempo suficiente para arriar as calças e entrar no banheiro, onde o homem da SS o encontrou.

"Ah, você está aí", ele disse, ainda desconfiado. Caminhou até a porta e posicionou a lanterna para inspecioná-la. Por alguma razão, ele não notou que os parafusos haviam sido puxados para trás e que estava faltando a porca do trinco. Voltou para a sua salsicha na caldeira.

A próxima tarefa era desativar o telefone no corredor. Eram quase duas da manhã. Os guardas tinham que fazer a verificação junto ao quartel-general. Witold entregou rápido o canivete a Edek. Ele seguiu com o carrinho de mão de carvão em direção ao forno. O guarda ruivo estava de frente para o corredor onde o telefone estava instalado, mas parecia concentrado nas chamas e na salsicha. O que estava escrevendo a carta agora dormia na cama. Edek soltou o carrinho de mão tão silenciosamente quanto pôde, pisou no saco de farinha em que esteve deitado, estendeu a mão e cortou o fio revestido de borracha em dois pontos. Pegou o pedaço de arame que caiu, foi depressa para o forno e o atirou nas chamas, mas de imediato percebeu seu erro quando o cheiro de borracha queimada encheu a sala. O guarda ruivo aproximou-se e exigiu saber o que ele tinha jogado no fogo, mas, não vendo nada, xingou Edek e voltou para a sua salsicha. Edek estava prestes a voltar para a entrada quando um dos padeiros mandou que buscasse água para a massa. Hesitou, sabendo que os guardas poderiam ligar para o quartel-general a qualquer momento e descobrir a sabotagem. Mas não tinha escolha. Começou a encher baldes de água na torneira da sala das caldeiras até que Witold apareceu, desesperado.

"Vamos sair da padaria agora", ele sussurrou. "Cada segundo conta."[23]

Edek colocou o balde ao lado da caldeira e passou pelos guardas com Witold de volta ao vestiário. Witold e Edek apanharam suas roupas – não havia tempo para se trocarem – e se posicionaram na porta ao lado de Jan, que estava com a chave falsa na fechadura. Não saía do lugar. Tentou de novo e depois jogou o corpo contra a porta, Witold e Edek juntando-se a ele. A porta vergou e então, de repente, abriu. O ar frio invadiu o interior. Witold vislumbrou as estrelas e então viu Jan desaparecendo em direção ao rio. Ele e Edek puseram um carrinho de mão contra a porta e correram atrás dele.[24]

Tiros soaram. Não olharam para trás, e quase duzentos metros depois já estavam protegidos pela escuridão. Witold pediu a Jan que parasse. Seu plano consistia em atravessar o Soła na ponte da cidade e depois retornar, passando o campo pelo lado oposto do rio antes de seguir para o leste em direção a Cracóvia, um trajeto de fuga do qual a SS, com sorte, nunca suspeitaria. Mas Jan partira na direção oposta ao campo.

"Você disse que tinha uma rota planejada?", Jan perguntou, curvado e respirando com dificuldade, quando por fim o alcançaram.[25]

"Eu tinha", Witold disse. Mas era tarde demais para voltar atrás. Teriam que atravessar em outro lugar. Avançaram em fila ao longo da margem do rio para longe da cidade. Ao mesmo tempo que corriam, vestiam as calças e camisas civis. A bolsa de tabaco que haviam arranjado se rompera. À frente, ouviram o barulho de um trem e enxergaram a fileira de vagões iluminados cruzando uma ponte sobre o rio. Era a principal linha ferroviária para Cracóvia.[26]

Era quase certo que a ponte estivesse vigiada.

"Não há outro caminho", Witold disse ao se dirigir para o vão da estrutura de aço. "Temos que ir pelo caminho mais curto."[27]

Logo viram o contorno de uma guarita no topo do aterro ferroviário e deitaram-se no chão molhado para observar. Nada se mexia. Aproximaram-se depois de alguns minutos até se certificarem de que a guarita estava vazia.

Witold correu pela ponte, os outros logo atrás. À direita estava a silhueta do castelo de Oświęcim; à esquerda, um campo aberto e a margem curva do rio. A faixa única de aço que eles seguiam cruzava um vazio na escuridão. Quantos prisioneiros viajaram na direção oposta para nunca mais voltar?[28]

Chegaram ao outro lado e desceram o aterro para os campos lamacentos. O Soła serpenteava ao lado da via férrea por alguns quilômetros antes de juntar-se ao Vístula. Tanto o rio quanto os trilhos corriam para o leste, a direção que eles desejavam seguir. Planejaram cruzar a água mais uma vez para alcançar a margem norte coberta de florestas antes do amanhecer. O progresso era lento ao longo da margem, repleta de juncos mortos e urtigas, tudo encharcado e revolvido por causa da chuva. Além do cheiro do rio, sentiam o aroma ocasional e surpreendente de frutas vermelhas. Do outro lado dos trilhos, viram os holofotes iluminando ao redor das chaminés da enorme fábrica de borracha sintética da IG Farben. Milhares morreram na construção da fábrica, que ainda não estava concluída. Andaram em torno de fossos e esgotos por quase uma hora até passarem o complexo.[29]

A essa altura, estavam a quase quinze quilômetros do campo e o céu começava a clarear. Na margem oposta, observaram árvores a distância que prometiam proteção. O rio era mais largo aqui, encoberto pela neblina da manhã. Pequenos redemoinhos surgiam em sua superfície para depois desaparecer.

"Seria bom se tivéssemos um barco", Jan disse.

Por sorte, logo se depararam com uma embarcação com água no fundo, acorrentada a uma estaca junto à margem. Havia algumas poucas construções agrícolas perto das árvores. A corrente tinha um cadeado com um parafuso simples. Jan pegou sua chave inglesa, que encaixou, e soltou o barco. Nesse meio-tempo, Witold encontrou uma lata vazia por perto para tirar a água do interior da embarcação. Subiram a bordo e foram embora, até atingirem um banco de areia e terem que andar pelas águas geladas do rio os últimos poucos metros até o outro lado.[30]

Os homens subiram a margem oposta ao nascer do sol, observando as pequenas faixas de neblina no campo. Quase dois quilômetros de terreno aberto os separava da floresta. As vilas próximas tinham sido etnicamente limpas no ano anterior e agora abrigavam colonos alemães. Witold sabia que seriam reconhecidos de imediato como prisioneiros fugitivos devido às cabeças raspadas e às roupas encharcadas. Jan pegou um cachecol colorido do bolso, envolveu a cabeça de Edek e declarou que ele parecia uma velha.

Andaram mancando, com as pernas entorpecidas até ouvirem o lamento da sirene de campo e o som de motocicletas a distância. Jan começou uma corrida de velocidade movida a adrenalina, com Witold e Edek fazendo um grande esforço atrás dele.[31]

Sentiram o cheiro da floresta muito antes de chegarem: a turfa e o musgo úmidos e as folhas meio secas. As árvores consistiam principalmente de pinheiros silvestres, plantados em fileiras bem definidas por um proprietário de terras local. Jan desapareceu entre os troncos primeiro. Witold e Edek estavam em seus calcanhares e seguiram uma das trilhas até que se viram no meio do sombreado da floresta. De repente, Jan saiu de trás de uma árvore, os braços estendidos e um grande sorriso.[32]

"Permitam-me a honra de recebê-los na floresta aberta!", ele declarou.[33]

Eles o abraçaram e beijaram nas bochechas. Witold deitou de costas e observou os troncos pontiagudos das árvores.

"Os pinheiros murmuravam, agitando com suavidade as suas copas enormes...", ele escreveu mais tarde. "Víamos os trechos de céu azul por entre os troncos das árvores. O orvalho brilhava como pequenas joias nos arbustos e na grama... nos lugares em que os raios do sol irrompiam."[34]

A floresta estava viva com o canto dos pássaros de manhã cedo. Cotovias trinavam e corvos grasnavam, mas, ainda assim, o que o impressionou com mais intensidade foi o silêncio. "Um silêncio longe do rugido da humanidade... longe das conspirações do homem... um silêncio em que não havia uma alma viva... que contraste com o campo em que senti ter passado mil anos".[35]

Ele encontrou uma colher de chá e um pote de mel no bolso, sobra das encomendas, e ofereceu colheradas para Jan e Edek. "Estávamos encantados com tudo. Estávamos apaixonados pelo mundo... só que não pelos seus habitantes".[36]

*

A sensação passou devagar, a cautela retornou e as conversas voltaram a centrar-se na fuga. Witold tinha a vaga impressão de que a fronteira entre o Reich e o Governo-geral devia estar perto. De alguma forma, teriam que atravessá-la para depois seguir caminho para o esconderijo em Bochnia, a cerca de cento e cinquenta quilômetros de distância. Não tinham comida, dinheiro ou documentos, e sem dúvida a Gestapo do campo já tinha enviado suas descrições a todas as delegacias de polícia na área.

Partiram à tarde e logo se depararam com um guarda-caça, que tentou abordá-los. Eles o despistaram em um bosque denso de pinheiros novos. Depois disso, dirigiram-se para terrenos mais altos, atravessando a estrada principal à noite e, então, subindo de forma constante para uma floresta de faias e choupos. Mais acima na encosta, divisaram as paredes de pedra calcária de uma fortaleza em ruínas e avançaram até ela.

Não havia sinal de vida, mas não ousaram ficar nos arredores da construção. Em vez disso, encontraram um barranco próximo cheio de folhas caídas, que usaram para se cobrir. O chão estava molhado e frio.

Jan e Edek conseguiram adormecer, mas o nervo ciático de Witold estava queimando. Deitou-se tremendo e refletiu sobre os próximos passos. A fronteira estaria fortemente vigiada e precisariam de um guia para ajudá-los a atravessá-la, mas em quem poderiam confiar? Depois de dois anos e meio no campo, era impossível saber qual seria o estado de espírito das pessoas que encontrassem. Witold tinha certeza de que a maior parte de seus compatriotas ainda se opunha aos nazistas, mas quantos teriam sido forçados, por causa da fome, do medo ou da ambição, a fazer um acordo com o invasor? Os nazistas há muito ofereciam proteção aos poloneses de origem alemã que assinaram o Volksliste, e eles tinham renovado o empenho a fim de recrutar mais poloneses para a sua causa.

Witold estava quase pegando no sono quando, por volta das quatro horas da manhã, foi atingido pela lembrança de uma conversa do ano anterior. Um prisioneiro havia lhe contado que o seu tio era padre em uma localidade que ficava bem na fronteira. Ele sabia o nome do homem e achava que a cidade se chamava Alwernia. Não devia ser longe.

Edek se revirava agitado ao lado dele, murmurando sobre pão e açúcar, quando de repente ficou em pé e exigiu: "E aí? Ele trouxe o pão?".[37]

Witold acordou-o gentilmente e sorriu.

"Não se preocupe, meu amigo. Está vendo a floresta, o castelo e nós dormindo nas folhas? Você estava sonhando."[38]

Já era mesmo hora de levantar e começar a andar enquanto ainda estava escuro. Estavam sentindo muito frio, mas as articulações se aqueceram ao descerem a encosta da floresta. Quando o céu se iluminou, viram uma estrada por entre as árvores altíssimas. Havia uma cidadezinha e uma igreja na próxima colina, e enxergaram os primeiros sinais de vida na rua. Jan era o mais bem vestido e naturalmente careca (ao contrário dos outros dois, cujas cabeças raspadas eram uma evidência), então, Witold o encarregou de pedir informações. Assistiram de longe Jan chegar à estrada e abordar uma das pessoas. Conversaram por um momento antes de Jan retornar. Confirmou que a cidade à frente era Alwernia. A fronteira ficava a cerca de um quilômetro, ele explicou. E havia um posto alfandegário na entrada da cidade. Olharam para a estrada e pensaram ter visto um guarda.

A única maneira de chegar à igreja sem ser visto era pela floresta, mas precisavam atravessar a estrada exposta primeiro. Correram para o outro lado e em seguida caminharam, indo de árvore em árvore até a igreja. Estavam exaustos quando chegaram à parte de trás da construção e se agacharam ao lado de um velho carvalho. O sino da igreja começou a tocar.

"Não tem como evitar, meu querido Jasiek, você precisa ir à igreja", Witold disse.[39]

Jan levantou-se sem reclamar e foi. Witold e Edek aproveitaram para cochilar. Voltou sozinho algumas horas depois. O padre se mostrara cético quanto à sua história. Não acreditava que tivessem escapado de Auschwitz e suspeitava que Jan estava tentando enganá-lo. Witold o mandou de volta com todos os detalhes que conseguiu se lembrar sobre a família do padre, incluindo o teor da carta de Natal que o amigo tinha escrito para eles. Desta vez, Jan voltou com o padre, que parecia nervoso até ver o estado lastimável de Witold e Edek, por fim convencendo-se da história. Correu para pegar um jarro de café com leite e pacotes contendo pão, açúcar, manteiga, presunto, ovos de Páscoa e um bolo festivo feito para a mesma ocasião.

Eles abriram um pacote por vez, maravilhando-se com cada um. "O que não tem nestes pacotes!", Edek gritou.[40]

Havia até mesmo uma pomada para esfregar nas articulações e um cigarro para cada um, que eles fumaram após comer tudo que podiam.

Acontece que aquele não era o padre que estavam procurando, mas ele conhecia a família do amigo de Witold e prometeu que faria todo o possível para ajudá-los. Sabia de um guia que poderia levá-los através da fronteira para o Governo Geral, mas tinham que ficar escondidos até que ele retornasse, pois havia guardas de fronteira por todos os lados.

O padre os visitou outra vez na hora do almoço, trazendo mais pacotes de comida, cem marcos, boinas escuras e macacões. Disse-lhes que voltaria com o guia depois do anoitecer.[41]

*

Os três homens comeram, cochilaram e esperaram entre as árvores a noite cair. Estavam vestidos e prontos quando o padre trouxe o guia e mais provisões, por volta das dez da noite. Estava claro e sem lua. Partiram em fila. O guia era um homem mais velho, magro e taciturno, que os conduziu pelas colinas sem dizer uma palavra até chegarem a uma ravina selvagem com árvores caídas, valas em desnível e arbustos de amora. O Governo Geral estava a cem metros de distância do outro lado, ele disse, e partiu. O trio escolheu o caminho através do emaranhado e logo chegou a uma estrada. Seguiram por ela até o céu começar a clarear e serem forçados a se esconder pelo restante do dia em arbustos por falta de abrigo. Estava molhado e lamacento demais para dormir, e ficaram aliviados de voltar a caminhar de novo ao entardecer.

Logo alcançaram a extensão pálida do Vístula. Havia um mosteiro beneditino no penhasco em frente, com vista para o rio e uma cidadezinha chamada Tyniec. Um barqueiro concordou em atravessá-los em uma pequena embarcação. Ele os observou enquanto os levava. Era quase hora do toque de recolher, ele avisou. Alcançaram a margem e correram pela cidade. Os agricultores estavam trazendo o gado dos campos ao redor. Uma porta se abriu e uma dona de casa apareceu, emoldurada pela luz quente do interior. Jan pensou em pedir-lhe leite e pão, mas a mulher fechou a porta depressa. Tentaram de novo no final da cidade. A mulher daquela casa estava prestes a enxotá-los quando o marido apareceu ao seu lado. Ignorando os protestos da esposa, ofereceu-lhes um pouco de sopa de beterraba.[42]

"Vocês estão vindo das obras na Alemanha?", ele perguntou quando entraram.[43]

"Sim", Jan respondeu.[44]

"Mas nas obras vocês podem ter cabelo e nenhum de vocês tem", ele continuou.

Jan disse que, devido a uma epidemia de tifo, eles tiveram que raspar as cabeças, mas era evidente que o homem não estava acreditando. Mais tarde, ele mencionou Auschwitz, mas eles não se deixaram dobrar. Ofereceu o celeiro para que pudessem passar a noite e Witold, que não dormia direito desde que havia deixado o campo, decidiu confiar nele. Na manhã seguinte, puseram-se a caminho rapidamente.

Continuaram a contornar as aldeias nos dias seguintes, às vezes batendo nas portas por comida ou água, mas nunca parando por muito tempo. Seguiram a margem do Vístula para o leste e só no terceiro dia começaram a avançar por uma rota mais ao sul, depois de passarem Cracóvia. No dia 1º de maio chegaram à floresta de Niepolomice. No outro lado estava o destino do grupo, Bochnia, onde esperavam que a família Edmund os recebesse.

Era uma manhã quente de primavera. Os abetos cheiravam a resina e o chão da floresta estava coberto de pinhas.

A estrada fazia uma curva à frente deles. Havia uma ponte sobre um riacho e logo adiante, à esquerda, uma cabana pintada de branco. As venezianas verdes estavam fechadas e não havia sinal de vida. Atravessaram o quintal e avistaram um soldado alemão caminhando em sua direção com um rifle pendurado no ombro. Continuaram andando, tentando manter a calma.

"Parem!", o alemão gritou.

Eles passaram direto.[45]

"Parem!", ordenou outra vez, engatilhando o rifle.

Witold voltou-se para ele, sorrindo.

"Está tudo bem", ele disse.[46]

Um segundo soldado saiu da casa, mas o primeiro, que estava se preparando para disparar, agora abaixara a arma. Estava a trinta metros de distância, o outro a cerca de sessenta.

"Rapazes, corram!", Witold gritou e fugiu. Tiros sibilavam atrás deles enquanto se dispersavam no interior da floresta. Witold saltava troncos de árvores e ziguezagueava por entre arbustos, as balas passando zunindo por ele. Pouco depois, sentiu um breve e agudo impacto no ombro direito. "Desgraçado", pensou, mas não estava doendo e continuou a correr.[47]

Podia distinguir Edek correndo no lado esquerdo. Ele o chamou quando estavam no meio da floresta. Convergiram e por fim pararam. Tiros ressoavam a distância. Não havia sinal de Jan. Edek examinou a ferida de Witold: a bala tinha passado pelo ombro sem tocar no osso. Edek passou iodo no ferimento e o envolveu com ataduras de um pequeno suprimento que tinha trazido do campo. Mais três furos haviam perfurado as calças e o casaco de Witold sem atingi-lo. Tivera uma sorte impressionante. Havia pouca chance de encontrar Jan na floresta. Decidiram continuar para Bochnia na esperança de que ele o fizesse também.[48]

A noite estava se aproximando quando saíram da floresta. Chegaram a um pequeno povoado no rio Raba, que atravessaram de balsa. No outro lado, finalmente viram as luzes de Bochnia, uma cidade antiga com minas de sal que havia prosperado no século XIX como parte do Império Austro-Húngaro. Os nazistas haviam cercado uma parte do centro da cidade para fazer um gueto, mas não tinham aniquilado os judeus do local. Witold e Edek caminhavam em silêncio, pensando em Jan. Sentiam-se muito tristes.

Dormiram no sótão de um camponês e encontraram a casa da família de Edmund na manhã seguinte. Seu sogro, Józef Obora, estava trabalhando no jardim. Abriu um grande sorriso quando os viu, o que lhes pareceu estranho, até que entraram e viram Jan esticado sobre uma das camas em um dos quartos, ileso e adormecido em um sono profundo, com os pés saindo por baixo por colcha. Pularam sobre a cama para abraçá-lo e depois passaram algumas horas felizes pondo a conversa em dia, comendo e se familiarizando com os Obora. Quando passaram a falar sobre o campo, Witold ficou inquieto. Apesar do ferimento e do estado de exaustão, insistiu em conhecer alguém naquela mesma tarde, e ficou só parcialmente satisfeito quando o homem a quem foi apresentado apenas prometeu levá-lo ao seu chefe.[49]

*

Alguns dias depois, Witold partiu sozinho com o homem para conhecer o comandante em uma cidade próxima, Nowy Wiśnicz. Durante uma pausa em uma clareira da floresta, sob o sol brilhante, Witold pensou em perguntar o nome do comandante com quem iria se encontrar: Tomasz Serafiński. Era o mesmo homem de cuja identidade ele se apossara durante os três anos que havia passado no campo.[50]

"Está tudo bem?", o guia perguntou.[51]

"Não é nada, estou só um pouco cansado", Witold respondeu. "Vamos um pouco mais rápido."[52]

Chegaram ao cume de uma montanha e viram o velho castelo de Nowy Wiśnicz na encosta da floresta no lado oposto. Uma cidade pequena espalhava-se abaixo dele. A casa de Tomasz ficava do outro lado do castelo, o guia explicou. A Gestapo operava em um mosteiro nas proximidades, portanto, teriam que ser cuidadosos. Witold subiu a colina, convencido de que um estranho acaso o havia trazido até ali.

A casa situava-se atrás de árvores enfileiradas ao longo da estrada. Havia sido construída como uma mansão de verão em estilo rústico. Era de madeira, com telhas de cedro e flores entalhadas no contorno da entrada da varanda. Havia um estábulo de um lado e um campo adiante. Em uma plaquinha ao lado do portão lia-se KORYZNOWKA em letras pretas e douradas.

A esposa do comandante, Ludmiła, recebeu-os na varanda da parte de trás da casa. O terreno descia até um rio e lá havia um pomar e um celeiro ao lado de uma piscina.

"Estou aqui para devolver o nome de Tomasz", Witold anunciou.[53]

Ludmiła fingiu que acreditava quando Witold se apresentou como Tomasz ao seu marido alto e de aparência culta.

"Mas eu também me chamo Tomasz", o outro homem disse, confuso. Ouviu Witold contar os próprios detalhes biográficos e depois repetiu o seu número de Auschwitz, além de todas as mudanças de bloco e de equipes de trabalho nos últimos três anos, no mesmo alemão carregado de tantas vezes antes.[54]

Só após esse estranho espetáculo e uma continência final Witold explicou-se.

"Não havia como prever a reação de alguém a isso", Witold recordou. Mas Tomasz apenas abriu os braços e, com um leve sorriso no rosto, abraçou-o.[55]

Tomasz era um fazendeiro abastado como ele, que estudara Direito em Cracóvia antes de se estabelecer para administrar a fazenda da família. Nas paredes da casa havia pinturas a óleo feitas pelo artista Jan Matejko, um parente. Witold sentiu-se em casa ao se sentarem na pequena mesa de jantar com vista para o pomar. Tomasz concordou em hospedá-lo no anexo, eles comeram – massa de centeio frita era um alimento básico da família – e Witold falou sobre o campo e sobre a necessidade urgente de atacá-lo. Não havia necessidade de uma força militar grande, ele explicou. Uma modesta distração nos portões do campo era tudo de que os prisioneiros precisavam.

Tomasz achou a proposta audaciosa, mas concordou em apresentar o seu caso para a Resistência em Cracóvia. Alertou que isso poderia levar várias semanas para ser arranjado. A Gestapo havia se infiltrado na organização e metade da liderança estava na prisão ou em fuga.

Quando Tomasz partiu para a cidade, Witold começou a escrever um relato para a Resistência em Varsóvia, uma breve visão geral do campo e uma descrição da estrutura e da organização da Resistência. Sua posição era clara: o campo continha uma força capaz de organizar uma revolta. Ele exigia ação imediata.

Jan e Edek vieram visitá-lo depois de uma semana ou mais e ele os incentivou a fazer um registro dos crimes que tinham testemunhado para incluir em seu relatório. Todos eles ficaram chocados ao perceber que o público sabia tão pouco sobre as atrocidades que os alemães vinham cometendo em Auschwitz. Centenas morriam todos os dias no campo, mas as pessoas estavam concentradas nos oficiais poloneses mortos em Katyn.[56]

"Ninguém protesta! Ninguém investiga, ninguém vai até lá! Silêncio! Genebra está em silêncio. Nenhuma mudança no Ocidente", escreveu Jan em seu relatório. "É difícil acreditar que o mundo, que reagiu ao massacre de Katyn, ainda não perceba o que de fato está acontecendo nos campos de concentração alemães."[57]

Witold começou a perceber que o fardo de dar voz aos horrores do campo recaíra sobre ele. Ele se perguntou se estaria à altura da tarefa.[58]

*

Tomasz apresentou os argumentos de Witold para um ataque a Auschwitz ao comandante local e ao chefe da Resistência em Cracóvia no fim de junho ou início de julho. Eles rejeitaram a ideia e puseram em dúvida a história de fuga de Witold. Apenas umas poucas pessoas haviam escapado do campo, eles explicaram, e ninguém havia falado sobre retornar para libertar o local. A certa altura, mostraram um mapa do campo, que não incluía nenhuma padaria, e chegaram à conclusão de que ele era um agente alemão. Ordenaram a Tomasz que interrompesse de imediato o contato com os homens. Tomasz recusou-se, então eles o ameaçaram de expulsão.[59]

Witold ficou furioso quando soube do resultado. Quem eram esses "gigantes da organização", afinal? Alegavam estar preocupados com o sofrimento dos prisioneiros de Auschwitz, mas quando foram apresentados à chance de salvar alguns deles, não fizeram nada? Eles se negaram até mesmo a arranjar documentos falsos, o que significava que eles corriam o risco imediato de serem presos no primeiro posto de controle que encontrassem. Nós podemos também "fazer um grande esforço por eles", Witold disse encolerizado.[60]

Witold enviou uma mensagem ao seu ex-mensageiro Stefan Bielecki, em Varsóvia, pedindo para Rowecki confirmar suas credenciais. Alguns dias mais tarde, Stefan apareceu em Nowy Wiśnicz com documentos de identidade falsos para Witold e uma pílula de cianureto. Explicou que não havia nenhuma decisão programada quanto à insurreição. Stefan também trouxe a notícia de que sua família estava segura e ansiosa para vê-lo. Na realidade, Stefan havia prometido a Eleonora trazê-lo para casa, mas Witold não tinha intenção de ir.[61]

Algumas semanas depois, Tomasz marcou uma reunião entre Witold e Andrzej Możdżeń, o chefe local de sabotagem, que disse ser capaz de reunir cento e cinquenta soldados com bastante facilidade. O maior desafio, Możdżeń explicou, estava em organizar os homens e as armas perto o suficiente do campo para atacar, o que levaria tempo. Witold não tinha certeza se a Resistência poderia esperar. Ele já temia que a Gestapo tivesse se vingado deles por causa de sua fuga. Um dos homens de Grabner também apareceu em Nowy Wiśnicz para prender Witold. Por sorte, ele não estava em casa, e Tomasz conseguiu convencer o oficial de que era um caso de erro de identidade, ainda mais pelo fato de que ele não se parecia nada com a foto de Witold que o homem da SS tinha trazido do campo. De fato, o chefe da Gestapo, Maximilian Grabner, tinha se dado conta de que um membro crucial da Resistência havia escapado e interrogou diversos enfermeiros envolvidos na fuga, mas ninguém cedeu e a investigação foi encerrada.[62]

A fuga havia sido um golpe de sorte que só reforçava a necessidade de se atacar o campo logo. Witold perguntou a Możdżeń se era possível arranjar três carros para transportar cerca de doze homens e armas variadas até o campo para um ataque imediato. Eles se disfarçariam de homens da SS durante o trajeto para o campo e então voltariam rapidamente outra vez. Witold sabia que era uma missão suicida, mas devia isso às pessoas que tinha deixado para trás.[63]

A família Obora, que agora hospedava Jan e Edek, ainda mantinha contato com Edmund Zabawski no campo, a quem enviavam com regularidade mensagens dentro das encomendas. Usando linguagem cifrada, Witold detalhou o plano em guardanapo usado para embrulhar um pacote de pão, alho e cebola que seria enviado a Edmund. "Podemos chegar em três carros e invadir o campo", dizia a mensagem. "Diga-nos o que acha".[64]

A resposta veio algumas semanas mais tarde. "Os amigos de Elżunia não devem ir a lugar algum de carro, e sim ficar em casa e trabalhar". Em outra nota, acrescentou: "O outono está chegando e está frio demais para vocês virem e cedo demais para alguém cuidar de nós".[65]

A Resistência ainda operava, mas precisavam de mais do que três carros. Witold decidiu viajar a Varsóvia para tentar convencer a Resistência a deixá-lo agir sozinho. A notícia de que a liderança passava por uma crise provavelmente o havia alcançado então: a Gestapo prendera Rowecki no fim de junho e, em 4 de julho, o chefe de estado polonês, Sikorski, morreu em um acidente de avião em Gibraltar.

Poucos dias antes da sua partida, em agosto, Witold recebeu uma carta de Stefan. Abriu-a, mas não havia qualquer menção a uma possível insurreição. Em vez disso, Stefan dizia que o quartel-general da Resistência em Varsóvia se mostrara "muito favorável" a conceder-lhe uma medalha por seu trabalho na Resistência. Witold jogou a carta fora enojado. Ele não queria medalha nenhuma. Queria ação.[66]

CAPÍTULO 19

SOZINHO

VARSÓVIA
AGOSTO DE 1943

Witold retornou a Varsóvia em uma segunda-feira, 23 de agosto, quase três anos após voluntariar-se para ir a Auschwitz, e encontrou a cidade nas garras de uma campanha sangrenta de guerrilha. A Resistência tinha começado a assassinar funcionários nazistas e a bombardear empresas de propriedade alemã. Em resposta, a SS havia estipulado que cem poloneses seriam fuzilados na rua a cada incidente. Os gritos de "Vida longa à Polônia" tornaram-se tão frequentes nesses fuzilamentos que algumas unidades alemãs carregavam gesso para encher as bocas das vítimas. Não havia dúvida de que os alemães ainda estavam no controle.[1]

Informar Eleonora que ele estava de volta e arranjar uma reunião com a liderança da Resistência foram as primeiras providências tomadas por Witold. No caminho para o apartamento dela em Żoliborz, passou pelo que tinha sobrado do gueto. Himmler ordenou que os edifícios remanescentes do bairro fossem demolidos e o terreno, transformado em um parque com o seu nome. Um novo campo de concentração tinha sido aberto nas proximidades para auxiliar no trabalho de demolição. Na cidadela de Żoliborz, Witold viu armamento antiaéreo alemão por todos os lados e várias crateras recém-abertas, cortesia dos bombardeios soviéticos. Embora a derrota de Hitler parecesse inevitável depois de Stalingrado e da invasão aliada na Itália, havia pouca esperança de que a ocupação alemã da Polônia acabasse logo.[2]

Eleanora estava esperando por Witold quando ele chegou. Ele tinha engordado um pouco desde a fuga, mas ainda parecia abatido. Apressaram-se a entrar. Eleonora certificou-se de que as persianas estivessem abaixadas. O toque de recolher se aproximava e as patrulhas alemãs atiravam em qualquer pessoa que olhasse pela janela quando escurecia.

Witold queria saber de Maria e das crianças. Durante o jantar silencioso, Eleonora contou o que sabia sobre a vida deles em Ostrów Mazowiecka. Um oficial alemão havia requisitado a casa da família recentemente e os obrigara a se mudar para o sótão, enquanto Maria servia como empregada doméstica. Eles estavam seguros, mas era arriscado demais visitá-los. Eleonora sugeriu que se encontrassem no apartamento vazio no andar acima do dela. Maria ajudava a administrar uma livraria e vinha a Varsóvia a cada poucas semanas para buscar suprimentos de papelaria. Eleonora deu o endereço da papelaria a Witold para que deixasse um recado.[3]

Nesse ínterim, Witold precisava convencer o novo líder da Resistência, o General Tadeusz Komorowski, a autorizar um ataque ao campo. A segurança havia sido reforçada, o que tornara difícil organizar uma reunião. Seu ex-mensageiro, Stefan Bielecki, sugeriu que ele começasse a trabalhar na ala operacional da Resistência, que praticava assassinatos de alvos específicos e sabotava as linhas de suprimento alemãs. Esse grupo provavelmente planejaria alguma operação em Auschwitz. Mas até mesmo conhecer o chefe desse braço da Resistência, Karol Jabłoński, seria um desafio, tendo em vista a atmosfera paranoica que permeava Varsóvia. As credenciais de Witold teriam de ser conferidas e reconferidas, com cada mensagem passando por uma teia de esconderijos e mensageiros.

Enquanto esperava, Witold juntou-se à equipe que elaborava as listas de informantes que deveriam ser executados. A Resistência havia criado um tribunal para julgar os suspeitos de conspiração. A ideia era praticar algo semelhante ao devido processo legal, mas erros eram cometidos com frequência. O próprio mensageiro de Witold, Stanisław Jaster, que entregara os primeiros relatos sobre o uso de envenenamento por gás em Birkenau, havia sido executado como informante. Foi um período frustrante. A liderança do campo estava em perigo e milhares pereciam todos os dias. No entanto, as discussões de Witold com outros integrantes confirmaram o que ele já tinha percebido em Nowy Wiśnicz: poucos pareciam saber que havia uma Resistência em Auschwitz capaz de insurgir-se. Tampouco se discutia o papel do campo no assassinato em massa de judeus. As posturas antissemitas que Witold tinha encontrado em Varsóvia no início da guerra estavam ainda mais difundidas. Os judeus foram responsabilizados por tomarem partido a favor da União Soviética em 1939 e a perspectiva de o Exército Vermelho retornar ao território polonês fazia deles, uma vez mais, alvos de maus-tratos.[4]

O papel de Auschwitz no extermínio em massa havia sido registrado pela imprensa da Resistência, mas tinha atraído pouca repercussão. Ao mesmo tempo, havia artigos antissemitas ferozes, e gangues de chantagistas perambulavam pelas ruas à procura de algum dos estimados vinte e oito mil judeus escondidos ou das famílias que os abrigavam. Os nazistas ofereciam altas recompensas por qualquer informação e executavam quaisquer judeus que capturassem.[5]

O novo líder da Resistência, Komorowski, condenava os chantagistas e promoveu uma significativa operação de ajuda humanitária voltada às famílias judias escondidas. Mas, em geral, evitava confrontar os integrantes antissemitas da Resistência por medo de perturbar a frágil aliança que, ele esperava, reivindicaria a independência da Polônia. Não havia nada que Witold pudesse fazer a não ser aguardar por Jabłoński e esperar persuadi-lo quanto aos méritos de uma operação em Auschwitz.[6]

*

Nesse meio-tempo, ele finalmente se reencontrou com Maria. Havia considerado deixar uma mensagem na papelaria para a esposa, mas optou por surpreendê-la. Comprou-lhe alguns presentes: um vestido azul-marinho enfeitado com pequenas borboletas, uma delicada camisola e um pequeno frasco de perfume. Durante vários dias, caminhou pela rua, esperando que ela aparecesse. Por fim, ela veio, e ele a levou para o apartamento acima do de Eleonora. Quantas vezes imaginara aquele momento ou desejara contar-lhe suas experiências? Quando finalmente estavam nos braços um do outro, ele não falou sobre Auschwitz ou sobre a guerra. Naquele momento, tentou esquecer.[7]

Na manhã seguinte, Witold escreveu cartas para os filhos, Andrzej e Zofia, e as deu para Maria levar para casa. Eram missivas formais, que falavam sobre a importância das boas maneiras. Porém, antes que Maria partisse, ele parece ter escrito às pressas um bilhete mais descontraído para Zofia. Queria fazer-lhe um poema, ele disse, mas não havia tempo suficiente. Maria tinha contado sobre um jardim que Zofia plantara sozinha. Witold recomendou a ela que se cuidasse e não "voasse como uma pequena borboleta" no frio.[8]

Maria voltou algumas semanas mais tarde com a resposta de Zofia e uma flor de seu jardim. "Foi bom saber que você é uma boa agricultora", ele respondeu. "E que você ama a minhoca, o besouro, a ervilha, o feijão e tudo o que vive". São qualidades que compartilhava com ela, Witold escreveu. Andrzej não havia escrito, percebeu. "Tenho certeza de que eu encontraria algo em comum com Andrzejek – se ele escrevesse", acrescentou. Maria e Witold discutiram a possibilidade de trazerem as crianças a Varsóvia para uma visita, mas ambos sabiam que seria impossível por causa do agravamento da violência.[9]

Em setembro de 1943, a nomeação de um novo chefe da polícia alemã prenunciava mais medidas repressivas. Em 1º de outubro, vinte e dois homens e mulheres foram executados nas ruínas do gueto. Dois dias depois, a SS fez uma detenção em massa de trezentos e setenta homens e mulheres em Żoliborz. Sua execução foi anunciada pelos alto-falantes da cidade. "Não há um dia sem tiros em diferentes partes da cidade", escreveu o jornalista Ludwik Landau. "O matraquear das metralhadoras e das pistolas automáticas não cessa". A Resistência reagiu com mais assassinatos e ataques a bomba. As ruas ficavam desertas dias a fio.[10]

*

Enfim arranjou-se uma reunião entre Jabłoński e Witold no dia 29 de outubro. Ele apresentou detalhadamente sua ideia, certo de que seu plano era militarmente sólido: um ataque de distração a Auschwitz por uma unidade da Resistência no lado de fora dos portões, seguido por uma revolta no campo inteiro, tornaria viável a fuga de uma parcela considerável de prisioneiros. Mas ele ainda mantinha em segundo plano o argumento moral como razão para atacar o campo, tendo em conta os integrantes antissemitas e de extrema direita que faziam parte da Resistência.[11]

Jabłoński assegurou a Witold que sabia tudo sobre Auschwitz.

"Depois da guerra, vou lhe mostrar como são volumosos os nossos arquivos sobre Auschwitz", ele disse. "Todos os seus informes também estão lá."[12]

Witold respondeu que o volume dos arquivos não trazia alívio aos prisioneiros do campo.

Mas Jabłoński foi categórico: não haveria ataque. Em sua opinião, era necessário que a Resistência concentrasse forças para uma insurreição em escala nacional; quando as forças alemãs batessem em retirada, eles emergiriam dos esconderijos e declarariam a independência polonesa. Jabłoński também estava preocupado com a ameaça representada pelas forças soviéticas, que avançavam rapidamente. Stalin rompera relações diplomáticas com o governo polonês após o massacre de Katyń, uma indicação clara de que pretendia substituir os alemães como nova força de ocupação. Além do mais, não havia sinal de que os aliados apoiariam a Resistência com armas e munições contra os soviéticos. Cada arma que possuíam devia ser preservada para as batalhas cruciais ainda por vir.

Ele deixou aberta a possibilidade de realizar uma operação no lado de fora do campo, mas só depois que as principais cidades estivessem seguras. "Garanto que entraremos em contato com você assim que retomarmos o assunto", Jabłoński concluiu.[13]

A única esperança de Witold era passar por cima de Jabłoński com a ajuda do seu amigo Stefan Miłkowski, membro da equipe de comando de Komorowski. Mas Komorowski não se dispunha a se encontrar com ele, e Miłkowski provavelmente contou a Witold que não havia chance de os Aliados bombardearem o campo. Como concessão final, Miłkowski concordou em passar o pedido de Witold ao comandante local da Resistência do distrito em torno do campo. O comandante achava que poderia colocar algumas centenas de homens em posição, mas, na melhor das hipóteses, conseguiriam manter os portões abertos por meia hora, tempo suficiente para apenas uma fração dos prisioneiros escapar. Ao ponderar sobre as prováveis represálias contra os que permanecessem, ele considerou que a ação só valeria a pena se os alemães tentassem liquidar o campo antes da rendição.[14]

Witold não teve escolha a não ser aceitar a decisão da Resistência. Logo após a reunião, enviou outra carta para o campo, provavelmente por intermédio da família Zabawski, explicando que seu plano fora rejeitado. Nesse meio-tempo, ficou sabendo que grande parte da liderança da Resistência do campo tinha sido fuzilada. Ficou arrasado por ter fracassado em persuadir a Resistência a entrar em ação. Compreendia as objeções práticas que Jabłoński tinha levantado e pareceu se dar conta, de forma tardia, de que a única maneira de superá-las seria justificar o ataque ao campo por razões morais. Em vez de falar sobre o campo em termos militares para Jabłoński, como tinha feito, deveria ter chamado a atenção da Resistência para a monstruosidade absoluta dos crimes dos nazistas. Afinal de contas, o imperativo para enfrentar esse mal era o que tinha mantido os seus homens lutando e formava a base dos seus relatórios.[15]

No entanto, lutava para encontrar as palavras que pudessem exprimir seu pensamento. Queria que as pessoas sentissem a raiva justificada que ele próprio sentira ao chegar no campo. Mas quando contou sobre o horror de Auschwitz aos amigos naquele outono, eles mudaram de assunto ou, pior, responderam com certo tom de comiseração. Ele não queria pena, mas sim que as pessoas entendessem que o campo poderia ser uma fonte de força espiritual. Alguns prisioneiros foram abalados pela experiência e jamais se recuperaram. Mas aqueles que conseguiam superá-la sentiam-se como se tivessem sido despidos de sua antiga presunção e do pendor por trivialidades. Encaravam o mundo como ele de fato era, duro e impiedoso, à exceção dos laços de fé e amizade. Witold descobriu que mal compreendia as pessoas comuns agora. Suas ideias pareciam-lhe terrivelmente pequenas. "Não consigo mais me relacionar com os meus amigos, com os outros", escreveu mais tarde. "Não queria ser diferente, mas eu era, depois daquele inferno".[16]

Procurou por ex-prisioneiros – "cidadãos de Oświęcim", como os chamava. Sławek, com quem dividira seu primeiro colchão, havia sido libertado do campo em 1941 e morava no mesmo prédio de Eleonora. Cumpriu a sua antiga promessa e preparou o prato com o qual tinha sonhado naquele primeiro inverno no campo: panquecas de batata cobertas com creme azedo. Witold não tinha que se explicar a Sławek; assim como Witold, ele também não se incomodava mais com coisas pequenas.[17]

Witold também ficou hospedado com outro ex-prisioneiro, Aleksander Paliński, Olek para abreviar, que morava em um bloco de apartamentos em Żoliborz com a esposa, Ola, e a filha de dezesseis anos. A família administrava uma pequena cozinha em seu apartamento de dois quartos no segundo andar. Ola preparava caldo de ossos, *borscht* e sopa de repolho tradicional, que servia com batatas fritas. Ocasionalmente, encomendava costeletas picadas ou carne de vitela no interior, e fazia *schnitzel*.

Witold e Olek conversavam por horas. Olek fora uma pessoa sociável antes da guerra. Era um exímio pianista e, com sua vizinha, Barbara Abramow-Newerly, dirigia um teatro de fantoches infantil para o qual construía cenários elaborados. Também era responsável por compor as músicas. Mas a velha chama não havia retornado desde que fora libertado do campo, quase um ano antes. Ele e Ola passavam por dificuldades. Conversar com Witold sobre o campo era um alívio.[18]

Com a ajuda de Olek, Witold rastreou as famílias dos amigos que tinham morrido em Auschwitz. Mas elas muitas vezes se recusavam a crer que seus entes queridos estavam mortos. Já os que acreditavam encontravam pouco consolo em saber que haviam morrido a serviço da Resistência. Não raramente, tinha de explicar por que ele havia sobrevivido, mas não as pessoas que amavam.[19]

Nessa época, Witold começou a trabalhar em um novo relatório sobre Auschwitz que refletisse a evolução de seu pensamento. Começou com uma avaliação do tamanho e da força da Resistência e informou o número de mortos, incluindo os últimos números de judeus assassinados. Pela primeira vez, relatou a sua própria experiência, discorrendo sobre cenas, pensamentos e impressões. O campo, com todas as suas imagens e sons e cheiros, fluiu para o papel. Às vezes, recorria à linguagem militar, mas sempre destacando os momentos de bravura individual que havia testemunhado. Sua esperança era conectar o leitor ao universo moral do campo. As conversas recentes com as famílias dos prisioneiros moldaram o seu pensamento. "Talvez algumas famílias encontrem a imagem de seus entes queridos na minha história", ele escreveu na introdução. "É p o r i s s o q u e e s c r e v o" [espaçamento extra de Witold].[20]

*

Ele registrou seus pensamentos na casa dos Paliński durante o outono inteiro de 1943 (Ola tinha uma máquina de escrever, que usou para transcrever suas anotações). Continuou a trabalhar para a Resistência, ganhando um pequeno salário. Em seu tempo livre, buscava entrar em contato com as famílias de Auschwitz e angariar fundos do quartel-general para oferecer como compensação. Entre outras, Witold entregou dinheiro para Barbara, vizinha de Olek, cujo marido Igor havia sido enviado para o campo no início do ano. Ela precisava do dinheiro tanto para mandar-lhe pacotes com itens básicos como para auxiliar várias famílias judias que ela e Igor protegiam. Barbara era judia, mas vivia abertamente com o sobrenome católico do marido. Guardou o segredo com cuidado e não contou para o filho de sete anos sobre a sua descendência mista, mas todos os seus amigos sabiam que ela tinha crescido em um orfanato judeu chamado Dom Sierot.[21]

Certo dia naquele outono, Witold descobriu que Barbara estava com problemas. Ela pediu a ele que fosse até seu apartamento, nitidamente angustiada e quase às lágrimas. Mais ou menos uma semana antes, Barbara explicou, bateram à sua porta. Era um homem alegando ser amigo de um dos judeus que Igor resgatara antes de ser preso. O homem disse que tinha vindo buscar dinheiro em nome de seu conhecido em comum. Barbara deu-lhe um pouco de dinheiro e ele foi embora. Mas, alguns dias depois, ele retornou, dizendo que o amigo de Igor estava morto, mas ele ainda queria dinheiro. Explicou que era judeu e que precisava de dinheiro. Em seguida, ameaçou denunciá-la para a Gestapo se ela não cooperasse.[22]

"Sra. Basia, por favor, acalme-se", Witold disse. A Resistência buscava a todo custo combater os chantagistas. "Nós vamos cuidar disso. Por enquanto, você receberá o dinheiro, e depois veremos."[23]

O chantagista recebeu o dinheiro quando voltou, mas foi a última vez que apareceu. Seu destino não está claro, mas é possível que Witold tenha providenciado sua execução.[24]

*

O início do inverno trouxe uma trégua nas prisões em massa e fuzilamentos, e os pensamentos de Witold se voltaram cada vez mais ao desejo de visitar a família. No fim de novembro ou início de dezembro, Maria trouxe Andrzej e Zofia de ônibus a Varsóvia. Witold aguardava por eles na casa de Eleonora. Para a ocasião, Eleonora preparou docinhos vermelhos de geleia, que acondicionou na banheira cheia de água fria para deixá-los firmes. Witold tinha visto os filhos pela última vez há mais de três anos. Andrzej estava com onze anos, alto e desajeitado. Zofia, um ano mais nova, ainda uma menina, era alegre e bonita. Eles se abraçaram.

Andrzej trouxe uma pequena espingarda de rolha para mostrar a Witold, mas logo correu para fora para brincar de "alemães e poloneses" com o filho de Eleonora, Marek. Zofia permaneceu. Achava que o pai estava mais magro, mais velho e, em determinado momento, flagrou-o pensativo e remexendo em algo no bolso. Quando perguntou o que era, ele retirou de lá um pedaço pequeno de pão. Explicou-lhe que o guardava por precaução.[25]

Já estava escuro quando comeram. As crianças se acomodaram em um colchão no chão da cozinha e Witold e Maria se retiraram para o andar de cima. Na manhã seguinte, Witold levou-os logo cedo para dar uma volta e "mostrar-lhes alguns truques", explicou. Queria ensiná-los a detectar o perigo. As ruas estavam desertas. Witold demonstrou como usar o reflexo das vitrines para verificar se estavam sendo seguidos e explicou que podiam fingir amarrar os cadarços para examinar a rua. Fez parecer que era um jogo, e de fato era, mas as crianças identificaram a seriedade das instruções.

Andrzej queria perguntar ao pai o que tinha feito durante todos aqueles anos, mas sentiu que não era um assunto a ser conversado.[26]

Não está claro se a família reuniu-se outra vez na casa de Eleonora para o Natal, mas é improvável. Depois da trégua, a cidade rapidamente voltou ao caos. A Resistência lançou oitenta e sete ataques em dezembro, forçando os alemães a erguer barricadas nos prédios de escritórios e a se manter longe das ruas, a menos que saíssem armados ou em grupo. Um fantoche gigante de Hitler foi pendurado no andaime de um canteiro de obras no centro da cidade, para deleite dos moradores. A resposta da SS foi sangrenta, como de hábito. "Ainda temos medo dos alemães", um jornalista observou. "Mas agora os alemães têm medo de nós".[27]

Witold continuou a trabalhar em seu relatório. Em dezembro, Edek chegou de Nowy Wiśnicz com as últimas notícias do campo. A liderança da Resistência havia sido reorganizada. Um grupo de comunistas austríacos e poloneses estava no comando, e apesar de vários amigos de Witold terem conservado posições influentes, a organização estava muito reduzida. Mesmo se houvesse apoio para uma insurreição, ele não sabia se os novos líderes estavam à altura da ação ou se estavam comprometidos com a ideia.[28]

À medida que os contatos de Witold com o campo rareavam, suas prioridades mudavam. No início de 1944, ele foi apresentado ao chefe das ações de sabotagem da Resistência em Varsóvia, Emil "Nil" Fieldorf, que estava preparando um grupo para resistir aos soviéticos no caso de uma ocupação russa do país, que parecia cada vez mais plausível. Àquela altura, a liderança polonesa ainda acreditava que os Aliados seriam favoráveis à sua independência. Mas, em fevereiro, veio a notícia de que Churchill tinha proferido um discurso no Parlamento Britânico anunciando que havia concordado efetivamente em ceder grande parte do leste da Polônia a Stalin. Era um gesto de apaziguamento para o líder soviético, imensamente aborrecido com os repetidos adiamentos da prometida invasão aliada da França. "Solidarizo-me imensamente com os poloneses", Churchill disse ao Parlamento, "aquela raça heroica cujo espírito nacional não foi extinguido por séculos de infortúnio, mas também devo ter em conta o ponto de vista russo". Acrescentou que tinha certeza de que Stalin honraria a independência do que havia restado da Polônia e esperava que poloneses e russos fossem capazes de lutar juntos contra seu inimigo comum.[29]

"Uma traição vergonhosa e imoral", declarou o principal jornal da Resistência de Varsóvia.[30]

Por volta de março daquele ano, Fieldorf reuniu-se com Witold para convidá-lo a participar de uma célula antissoviética. Witold foi reticente no início. Havia acabado de se reunir com a família. Os alemães estavam à beira da derrota e sem dúvida ele esperava um pouco de paz. Como poderia dizer a Maria que seu futuro em família seria adiado mais uma vez? Mas, como sempre fizera, novamente escolheu servir à nação. Fez o juramento, comprometendo-se em nome de Deus e da Polônia a lutar até a morte, se necessário.[31]

Pouco tempo depois, encontrou-se com Maria e Eleonora na pequena cidade de Legionowo, cerca de trinta quilômetros ao norte de Varsóvia, onde moravam alguns parentes de Maria. Saíram para um piquenique. Era uma caminhada curta até a floresta, e o Vístula ficava a alguns quilômetros de distância. O dia estava ensolarado, mas ainda fazia frio. Maria usava o vestido azul com borboletas que ele havia comprado em Varsóvia e Witold, uma camisa branca abotoada até o pescoço e calças folgadas de lã. Alguém tinha levado uma câmera e Witold concordou em ser fotografado com Maria.

Não contou a ela sobre o novo juramento. Mas quando ela chegou à sua casa em Ostrów Mazowiecka, encontrou a fotografia do piquenique no bolso do casaco. De alguma forma, Witold tinha revelado o filme e escondido a foto como recordação para depois que partisse.[32]

CAPÍTULO 20

LEVANTE

VARSÓVIA
JULHO DE 1944

Em julho de 1944, Witold terminou o décimo relatório sobre o campo em quatro anos, certo de que a maioria dos seus companheiros estava morta. Os alemães tinham ocupado a Hungria naquela primavera e dado início a uma deportação de oitocentos mil judeus para Auschwitz. Mais de cinco mil eram envenenados por gás diariamente, excedendo a capacidade dos crematórios. As autoridades do campo tinham voltado a queimar os corpos em gigantescas piras funerárias.

Witold acreditava que tinha falhado, mas na verdade o Ocidente finalmente começava a compreender o significado do campo. Dois prisioneiros judeus eslovacos tinham escapado de lá em abril e prepararam um relatório enquanto se escondiam na Eslováquia. No relato, descreviam o funcionamento das câmaras de gás em Birkenau e o extermínio iminente dos judeus húngaros. O material foi contrabandeado para a Suíça, onde foi divulgado, e depois enviado para as capitais dos países aliados. Esse relatório é tido como aquele que enfim chamou a atenção dos líderes do Ocidente, mas foram as informações que Witold contrabandeara de Auschwitz que lançaram as bases para que ele fosse levado a sério. Churchill leu o relato eslovaco em 5 de julho e escreveu para Eden no dia seguinte: "O que pode ser dito? O que pode ser feito?". Ele exigiu que a RAF bombardeasse o campo.

Em Washington, funcionários do Tesouro dos EUA descobriram que o Departamento de Estado lançara mão de esforços deliberados para ocultar ou minimizar o escopo do extermínio e pressionou Roosevelt a autorizar a criação da Comissão para os Refugiados de Guerra para auxiliar no resgate de judeus. Os militares norte-americanos consideraram sua própria operação para atacar Auschwitz.[1]

O acúmulo de evidências era tal e tantas pessoas no Ocidente já estavam cientes das execuções em massa que, em julho, havia o entendimento comum de que alguma coisa deveria ser feita. Ainda assim, os Aliados acabaram por rejeitar a proposta de bombardear o campo por a considerarem muito difícil e dispendiosa. Alguns grupos judeus queriam recorrer à Resistência polonesa para atacar o campo – a estratégia que Witold vinha defendendo –, mas as autoridades americanas julgaram que os poloneses estavam muito despreparados para lançar uma ofensiva. No fim, Churchill e os outros retornaram aos seus argumentos anteriores sobre a necessidade de se concentrarem no esforço mais amplo da guerra contra os alemães, cuja derrota acreditavam estar próxima. Em junho, forças norte-americanas, britânicas e canadenses haviam desembarcado nas praias da Normandia, desencadeando a maior invasão marítima da História. Nesse meio-tempo, no leste, os soviéticos rompiam as linhas alemãs na Bielorússia e, em julho, já haviam retomado boa parte do território da Polônia pré-guerra.[2]

Em Varsóvia, Komorowski estava cada vez mais consumido pela aproximação rápida das forças soviéticas. Seu plano de organizar levantes contra os alemães nas grandes cidades como demonstração de independência parecia cada vez mais inviável. Stalin não mostrava interesse em fazer concessões à soberania polonesa, pois enxergava o cenário da seguinte forma: como a Rússia tinha suportado o fardo da guerra, deveria definir os termos do acordo pós-guerra, e eles incluíam a Polônia como um estado-satélite.

De fato, a polícia secreta soviética prendia membros da Resistência à medida que o Exército Vermelho ocupava o território polonês.[3]

Soldados alemães que recuavam do leste passavam por Varsóvia. Eram poucos a princípio, mas logo havia um fluxo constante de homens sujos e enlameados carregando os feridos. Multidões de poloneses aglomeravam-se sob o calor de trinta e oito graus na avenida Jerozolimskie para assistir.[4]

"Era um espetáculo inesquecível", lembrou Stefan Korboński. "O sol de julho derramava tanta luz sobre essa procissão do infortúnio que era possível enxergar cada buraco nos uniformes, cada mancha nas ataduras, cada ponto de ferrugem nos fuzis."[5]

Algumas garotas agitavam lenços e gritavam fingindo tristeza: "Adeus, adeus, nunca mais veremos vocês!". Os policiais que ouviam nada faziam para intervir.[6]

A autoridade alemã parecia desintegrar-se conforme lojas fechavam, escritórios eram abandonados e os outrora estridentes megafones silenciavam. Homens da SS e soldados de folga se embebedavam nas ruas, dizendo aos transeuntes que estavam "cansados desta guerra". Furgões e caminhões alemães abarrotados de móveis entupiam as estradas para o oeste. Espalhava-se o boato de que a capitulação estava próxima.[7]

Witold conseguiu uma reunião com a liderança da Resistência para apresentar seu relatório e os testemunhos de Edek, Jan e diversos antigos mensageiros que ele havia localizado em Varsóvia. Pretendia apresentar um relato da sua missão, mas o material poderia ser interpretado como uma acusação da abdicação da Resistência de seu dever de acabar com o campo. Komorowski estava muito ocupado para comparecer e enviou à reunião um adjunto, Jan Mazurkiewicz, que disse a Witold que ele teria sua chance de lutar contra os alemães na batalha por Varsóvia, prestes a ocorrer.[8]

Esperava-se que os soviéticos chegassem à margem leste do rio Vístula e cercassem Varsóvia a qualquer momento. Komorowski acreditava que os

Aliados os apoiariam se eles conseguissem tomar a cidade enquanto os alemães fugiam e Stalin seria então forçado a reconhecer a independência polonesa. O tempo era crucial. Teriam apenas algumas horas para tomar a cidade antes que os soviéticos a alcançassem. No entanto, se os poloneses atacassem cedo demais, teriam que enfrentar uma guarnição alemã de treze mil homens portando munição e suprimentos suficientes para apenas alguns dias de luta.[9]

O supervisor de Witold ordenou que ele evitasse os combates e se preparasse para a ocupação soviética. Mas Witold estava determinado a lutar contra os alemães. Na manhã seguinte, guardou uma cópia do relatório em uma caixa hermética e a enterrou no jardim de um amigo em Bielany, no extremo norte da cidade. Em seguida, preparou-se para a batalha.[10]

*

Os aviões de reconhecimento soviéticos começaram a voar baixo no fim de julho. A estação de rádio controlada pelos comunistas incitou os poloneses a se insurgirem. As autoridades alemãs anunciaram que mulheres e crianças deveriam deixar a cidade, provocando pânico nos bairros alemães. As estradas ficaram congestionadas de famílias em fuga e o governador nazista, Ludwig Fischer, fugiu em seu avião particular. Os prisioneiros foram libertados da prisão de Mokotów.[11]

Então, tão de repente quanto se iniciara, a retirada cessou. Surgiram notícias de que Hitler havia sobrevivido a uma tentativa de assassinato. No mesmo dia, ele declarou que Varsóvia seria defendida a todo custo e despachou oito mil soldados de elite para lá. Duzentos Panzers seriam lançados contra o avanço do Exército Vermelho. Nos dias seguintes, tropas alemãs recém-chegadas desfilaram pelo centro da cidade e se concentraram na margem leste do Vístula. As autoridades municipais retornaram e as lojas reabriram. Os megafones esgoelaram-se de volta à vida e ordenaram a todos os poloneses com idade para trabalhar que se apresentassem na praça principal para auxiliar na escavação de valas antitanque. Komorowski, a conselho de seu chefe de inteligência, o coronel Kazimierz Iranek-Osmecki, decidiu adiar o levante.[12]

A contraofensiva alemã contra os soviéticos começou em 31 de julho. A cidade trepidava com a artilharia e o fogo de morteiros. Na confusão, Komorowski recebeu uma informação desencontrada de que os soviéticos já tinham esmagado os alemães e a artilharia anunciava a iminência da chegada do Exército Vermelho. Em um impulso, Komorowski enviou mensageiros pela cidade com ordens de reunir os homens para insurgirem-se no dia seguinte. Iranek-Osmecki retornava de uma missão de reconhecimento quando soube da ordem e correu para avisar Komorowski que os alemães não estavam fugindo, mas se reagrupando.[13]

"Tarde demais", Komorowski disse, largando-se esgotado em uma cadeira.[14]

Faltava uma hora para o toque de recolher e pela manhã todos os comandantes estariam posicionados. "Não podemos fazer mais nada", ele disse, e se levantou.

*

Witold acordou no dia 1º de agosto para lutar na margem oposta do Vístula. Ele havia combinado de se encontrar com Jan perto do quartel-general de Komorowski por volta do meio-dia. Escondeu sua pistola e balas extras sob uma jaqueta leve e partiu. As ruas estavam cheias de insurgentes, que carregavam armas e suprimentos escondidos sob pesados casacos ou em mochilas e malas de viagem. Todos caminhavam para as suas posições. Os alemães pararam um grupo, então uma troca de tiros se iniciou, ecoou pelas ruas próximas e cessou.[15]

Witold e Jan ainda estavam a caminho de seus postos, andando rapidamente pelas ruas molhadas de chuva, quando o levante teve início, por volta das cinco horas, com tiroteios por todo lado. Muitos combatentes não conseguiram chegar às suas unidades a tempo. Alguns apenas descarregavam suas armas no alvo mais próximo. Os que não tinham armas usavam pedras para invadir lojas alemãs ou quebrar os vidros de seus carros. Adolescentes arrastaram um alemão para fora de um carro e vasculharam o veículo. Houve um grito de euforia quando um menino de catorze anos levantou uma granada.[16]

Witold e Jan juntaram-se a um grupo na rua Chłodna, que atravessava o gueto parcialmente desmantelado, e se esconderam em meio a pilhas de tijolos nas calçadas, enquanto policiais alemães disparavam contra eles a partir de uma delegacia de polícia. Um pequeno grupo de combatentes se reuniu para atacar, porém, mal tinham uma arma.[17]

Franco-atiradores alemães começaram a disparar dos telhados e o grupo se dispersou. Witold e Jan seguiram para um restaurante na rua Twarda, abaixando-se entre as entradas das portas para se esconder. Corpos espalhavam-se pelas ruas. Encontraram um oficial, o major Leon Nowakowski, cercado por sua equipe no piso térreo do edifício. Witold não revelou seu nome e patente para Nowakowski, e o comandante não fez muitas perguntas. Disse a Witold e Jan para formarem um pelotão.[18]

Houve uma trégua na luta quando escureceu. As tropas de Hitler haviam sido pegas de surpresa. O centro de Varsóvia e a Cidade Velha estavam em grande parte nas mãos dos insurgentes, assim como os bairros de Czerniaków e Mokotów, no sul. Tinham tomado também a central elétrica em Powiśle e os depósitos de suprimentos em torno da Umschlagplatz, a área antes utilizada para deportar os judeus de Varsóvia.[19]

No entanto, contrariando as esperanças polonesas, os alemães não fugiram e mantiveram o controle do quartel-general da polícia, do gabinete do governador e das ligações ferroviárias e rodoviárias essenciais sobre o Vístula. Na realidade, o comandante local sequer considerou o levante sério o suficiente para desviar tropas da contraofensiva dirigida aos soviéticos; em vez disso, ele ordenou que a SS pusesse um fim à revolta. Himmler havia sido informado dos "tumultos" às dezessete e trinta. Seu primeiro ato foi telefonar para o campo de concentração de Sachsenhausen, onde o líder da Resistência Stefan Rowecki vinha sendo mantido prisioneiro desde a captura, e ordenar a sua execução. Em seguida, informou Hitler. Tentava aplacar o Führer.

"O momento é lamentável", o Reichführer da SS admitiu, "mas, de uma perspectiva histórica, o que os poloneses estão fazendo é uma bênção. Dentro de cinco ou seis semanas, nós partiremos. Mas até lá Varsóvia estará liquidada, e essa cidade, que é a capital intelectual de uma nação de 16 a 17 milhões de pessoas... deixará de existir". Naquela noite, Himmler anunciou que a cidade seria arrasada e que "todo cidadão de Varsóvia deveria ser morto, incluindo homens, mulheres e crianças".[20]

*

Na manhã seguinte, 2 de agosto, Witold e Jan juntaram-se a um pequeno grupo de homens no centro da cidade para caçar franco-atiradores alemães. Foi um trabalho lento, mas depois de várias horas esgueirando-se pelos telhados, eliminaram todos. O rádio da Resistência informou, erroneamente, que os soviéticos estavam quase na cidade e as pessoas inundaram as ruas em êxtase. Bandeiras polonesas surgiram nas janelas e pelos alto-falantes nas esquinas ouviu-se o hino nacional polonês em público pela primeira vez em quase cinco anos. O volume da música elevava-se acima do ruído das explosões e dos tiros. "As pessoas estavam loucas de alegria", relembrou um homem. "Elas se abraçavam com lágrimas de entusiasmo e estavam muito emocionadas". Os comandantes da Resistência alertaram que as condições ainda eram perigosas. "Pode ser necessário disseminar propaganda para conter o entusiasmo e lembrar as pessoas que os alemães ainda estão na cidade", observou um oficial. Barricadas foram erguidas com paralelepípedos, tijolos, ladrilhos, madeira, móveis pesados, um carrinho de bebê.[21]

Na manhã seguinte, terceiro dia do levante, Nowakowski ordenou a Witold e a uma dúzia de homens que atacassem o principal centro de distribuição postal da cidade, localizado na esquina da rua Żelazna com a avenida Jerozolimskie, uma via importante que seguia até uma das pontes sobre o Vístula. Caso se apoderassem da esquina, poderiam disparar diretamente nos comboios alemães que tentassem alcançar o seu quartel-general sitiado ou as tropas que lutavam contra os soviéticos sobre o Vístula. A principal linha ferroviária para Cracóvia também corria ao lado da estrada em direção à estação de trem nas proximidades.

Witold e os outros homens tomaram o prédio rapidamente. Nowakowski seguiu com ordens de tomar um hotel do outro lado da avenida Jerozolimskie, assim bloqueariam a via por completo. As balas cruzavam a rua Żelazna e Witold se preparou para atravessar. Antes que pudesse fazê-lo, ele e os outros ouviram o rangido das lagartas de Panzers, e assistiram à aproximação de uma coluna de tanques. O tanque principal reuniu um grupo de civis aterrorizados na frente do comboio para servir de escudo humano. Os alemães bombardearam o centro de distribuição postal, mas ninguém revidou. O que poderiam fazer? Witold atravessou correndo para o hotel do outro lado da avenida Jerozolimskie, entrando pela porta da frente enquanto os alemães saíam depressa pelos fundos do prédio. O grupo de Witold hasteou uma bandeira polonesa no telhado, o que de imediato atraiu uma torrente de balas dos edifícios rua acima.[22]

Witold e os outros continuaram o ataque ao longo da avenida Jerozolimskie, seguindo na direção que os tanques haviam tomado para o centro da cidade. Alguns metros adiante, os alemães tinham feito uma barricada na entrada de um edifício que abrigava um instituto militar de confecção de mapas. Witold atacou a parede de sacos de areia, gritando a plenos pulmões, e os defensores fugiram. O restante do prédio estava deserto. No pátio da parte de trás havia alguns carros estacionados, contendo armas e munição.[23]

Os alemães haviam se refugiado no terceiro andar de um escritório do distrito local. Quando os poloneses subiram correndo pela escadaria, os alemães arremessaram uma granada de mão, matando dois e ferindo mais três. Os combatentes recuaram para o instituto carregando os mortos e os feridos.[24]

Descansaram por uns instantes, mas logo ouviram tanques roncando em sua direção, vindos do rio. Witold observou o progresso constante dos veículos, que foram recebidos por bombas caseiras atiradas do lado da rua controlado pelos insurgentes. Não havia tempo para construir uma barricada, mas Witold havia encontrado uma sala cheia de galões de Sidol, um produto químico usado para fazer limpeza. A substância não tinha propriedades explosivas, mas os alemães talvez não soubessem disso. Ele e Jan rolaram os galões e os posicionaram em uma fila que atravessava a rua. Viram quando três tanques pararam a uma distância segura. Os alemães atiraram nos barris, mas logo desistiram. Os homens de Witold arremessaram bombas de gasolina e os tanques se afastaram.[25]

Eles tiveram sorte, mas Witold sabia que estavam em apuros. Os alemães tinham linhas de fogo claras para suas posições a partir dos prédios do hospital ao lado do parque próximo. O abastecimento de água da cidade também havia sido interrompido, portanto, precisavam transportar a água salobra de um poço que tinha sido cavado no lado oposto da rua para encher os cantis. E a munição estava acabando. Naquela noite, Witold e seus homens lutaram contra a sede ao mesmo tempo que cavavam sepulturas no pátio do instituto, embrulhavam os companheiros mortos em cortinas e os enterravam com mensagens manuscritas.[26]

A Resistência tinha consolidado o seu domínio sobre extensas áreas da cidade ao fim do terceiro dia. Mas a um grande custo. Dois mil combatentes haviam morrido, um décimo do total, sem que se reduzisse seriamente a guarnição alemã, que havia perdido quinhentos homens. E, o mais preocupante, não havia sinal dos soviéticos. Mas os ânimos permaneceram elevados por trás das barricadas construídas às pressas. Cozinhas para o preparo de sopas foram abertas e alimentaram civis e combatentes de folga. No centro da cidade, havia recitais de Chopin em um dos cafés na rua Nowy Świat, além de palestras e performances no teatro Palladium. "O moral está fantástico", disse Komorowski a Londres via rádio, de sua posição na Cidade Velha.[27]

O quarto dia amanheceu com aviões de combate Messerschmitt voando baixo, em busca da Resistência soviética. Não encontraram nenhuma, então um esquadrão de Stukas alemães surgiu ruidosamente, derramando várias toneladas de bombas incendiárias sobre a Cidade Velha. Enormes colunas de fumaça negra se deslocaram para a avenida Jerozolimskie.

Witold aproveitou a oportunidade para atacar os alemães escondidos no escritório do distrito. A escaramuça terminou com outra granada atirada escadaria abaixo, que matou um sargento e feriu outros dois homens. Tinham acabado de arrastar as vítimas de volta ao instituto quando ouviram o grito: "Tanques!".[28]

Desta vez, havia uns oitenta Panzers alemães avançando contra a barricada de Witold. Atiravam bombas nos edifícios de maneira indiscriminada à medida que avançavam. Soldados de infantaria seguiam de ambos os lados. A fachada do instituto foi atingida em cheio. A bola de fogo que se seguiu ao disparo atingiu as salas do andar térreo, e por milagre não feriu ninguém. Jan lutou para atravessar as chamas e conseguir atirar de volta, então viu que os tanques alemães haviam cruzado a barricada demolida. Witold não achava que o mesmo estratagema do produto químico de limpeza funcionaria duas vezes. Naquela noite, enterraram o sargento morto no pátio.[29]

Meia dúzia de homens atacaram o escritório do distrito no dia seguinte e foram repelidos de novo. Jan partiu depois do almoço com alguns homens para tentar aproximar-se do edifício pela retaguarda. Pouco tempo mais tarde, Witold ficou horrorizado ao vê-lo sendo meio carregado, meio arrastado de volta para dentro do prédio. Fora atingido por um franco-atirador. Estava sangrando muito e lutava para respirar. Morreu uma hora depois. Foram necessários dois homens para erguer sua grande estrutura, e ele foi enterrado em uma cova rasa no pátio.[30]

Uma unidade de sapadores apareceu mais tarde com dinamite suficiente para expulsar à força os alemães do prédio. Detonaram uma carga posicionada no piso térreo, e a explosão decorrente atravessou as paredes do edifício. Cerca de uma dúzia de alemães emergiu dos escombros, três homens da SS entre eles. O líder do grupo atirou em si mesmo para não ser capturado.

Os homens de Witold jogaram o alemão morto pela janela e queriam atirar nos homens da SS remanescentes. Mas, no fim, levaram todos os alemães para o outro lado da rua, onde Nowakowski os colocou para trabalhar cavando poços e latrinas.[31]

Witold voltou para o escritório do distrito destruído e recuperou umas poucas pistolas, uma metralhadora, um rifle e um pouco de comida – manteiga, creme de leite e bacon –, que compartilhou com os companheiros. Os sapadores tinham trazido notícias da vingança alemã: um batalhão da SS sob o comando geral do Obergruppenführer da SS Erich von dem Bach-Zelewski tinha chegado naquela manhã ao bairro de Wola, a oeste, para executar as ordens de Himmler. Os homens da SS iam de apartamento em apartamento atirando nos civis. Em poucas horas, mataram duas mil pessoas.[32]

Os alemães também mobilizaram uma unidade formada por nacionalistas russos contrários ao comunismo, conhecida como Russkaya Osvoboditelnaya Narodnaya Armiya, ou RONA, para abreviar. Essa unidade havia atacado o distrito de Ochota, ao sul da posição de Witold, e parecia estar vindo na direção deles. Witold ordenou que se levantassem barricadas frontais ao parque e aos edifícios do hospital, a partir de onde era provável que a RONA atacasse.

Naquela noite, quatro Liberators e um bombardeiro Halifax tripulados por poloneses e oriundos das bases aéreas aliadas em Foggia, Itália, sobrevoaram a cidade. Os holofotes alemães identificaram os aviões rapidamente e as baterias antiaéreas foram acionadas, mas as armas miraram demasiadamente para o alto. Quando se ajustaram, os aviões já haviam lançado suas cargas por paraquedas. Houve aplausos entre os combatentes, mas a maior parte das caixas de armas desviou-se e caiu perto do cemitério judaico.[33]

Na manhã seguinte, o sexto dia, Witold recebeu reforços: oito adolescentes chegaram usando uniformes de bombeiro muito grandes para eles. O mais velho, Jerzy Zalewski, de dezoito anos, portava uma metralhadora. Witold conseguiu fazer a barba naquela manhã e desceu para cumprimentar os recém-chegados.

Jerzy prestou continência, bateu os calcanhares e anunciou que tinha ordens de continuar atacando em direção à estação ferroviária. Sua missão era tomar uma igreja.

"Impossível", Witold falou. "Você precisaria de todos que temos aqui e estamos esperando que os paramilitares russos cheguem em breve."[34]

Jerzy insistiu que suas ordens eram essas. Witold cedeu e ofereceu dois homens.

O adolescente voltou algumas horas depois para relatar que não houve vítimas nem progresso. Witold lançou um sorriso irônico ao rapaz.

Naquela tarde, Witold atacou um dos edifícios dominados por alemães perto do parque, mas saiu derrotado, com dois mortos e três feridos. Eles tinham armas, mas não munição suficiente para atacar de uma distância maior. Não houve mais Halifaxes naquela noite, nem na seguinte. Do bairro de Wola a oeste chegavam histórias horríveis das chacinas alemãs. Os homens da SS esvaziavam as casas e, então, ou atiravam nos moradores de imediato ou os encaminhavam aos locais de execução, onde seriam eliminados em grandes grupos. Em três dias, a SS havia assassinado quarenta mil pessoas. Depois de finalmente eliminar os combatentes dos prédios do governo em 9 de agosto, o comandante da SS Von dem Bach-Zelewskie ordenou que a carnificina cessasse (ele alegou depois da guerra que o fez por razões humanitárias, mas é possível que já estivesse prevendo a resposta pós-guerra dos Aliados aos seus crimes).[35]

Os homens de Witold ficaram instalados no instituto por vários dias, só respondendo ao fogo quando necessário. A fumaça engoliu a cidade em uma neblina cinza que permitia visibilidade de cerca de dez metros; as noites eram negras e quentes. Estavam com muita sede. Tentavam cavar o próprio poço, mas era um trabalho demorado e tinham que montar barricadas. Witold assumiu posição em um prédio com vista para o parque com sete homens em antecipação a um ataque da RONA, mas, apesar do barulho ameaçador das lagartas dos tanques nas proximidades, dos gritos e do ruído surdo da artilharia, eles foram poupados.[36]

Por volta das dezesseis horas do dia 12 de agosto, três veículos irromperam de súbito através da neblina. O primeiro nivelou o seu canhão em direção à barricada e disparou. A explosão forçou Witold a se afastar da janela. Quando retornou, os paramilitares russos estavam correndo para o prédio. Witold atirou, mas isso só chamou a atenção de um tanque, que disparou contra ele. A força percussiva da explosão o derrubou. Seguiu-se um momento de silêncio, interrompido pelo som da porta de entrada do prédio sendo chutada.[37]

Witold ficou em pé e correu para a escada, mas os homens da RONA tinham invadido, e o melhor que ele e os outros podiam fazer era empreender um combate de retaguarda sala por sala. Conseguiram segurar a ofensiva da RONA até a noite cair e o ataque por fim cessou. Àquela altura, restavam-lhes as últimas balas. Witold enviou um mensageiro para Nowakowski com uma solicitação de mais munição. Por volta das duas horas da manhã a resposta chegou: o quartel-general não tinha mais munição e eles deveriam abandonar a posição. Não havia mais nada a fazer a não ser correr em duplas para atravessar a Jerozolimskie e em seguida a pequena entrada na base da barricada.[38]

Witold se juntou aos outros no porão de um bloco de apartamentos para trabalhadores ferroviários. Era o único lugar livre da ameaça dos franco-atiradores. Fileiras de combatentes, muitos deles crianças usando uniformes grandes demais para elas, cochilavam à luz fraca. Metade dos quarenta insurgentes que haviam se juntado a ele no outro lado da rua estava morta. Na melhor das hipóteses, eles conseguiriam bloquear a passagem de tanques na avenida Jerozolimskie por alguns dias. Witold tentou dormir mesmo com o chão tremendo devido às explosões distantes.

Na manhã seguinte, Nowakowski nomeou Witold o subcomandante de uma companhia que vigiava a barricada de frente para a avenida Jerozolimskie. Do alto das montanhas de destroços, Witold observava os paramilitares da RONA ocuparem suas antigas posições. A bandeira polonesa no topo do hotel havia sido rasgada e um megafone fora posicionado em uma das janelas. Após alguns estalos, irrompeu no meio da manhã. Uma voz falando polonês com sotaque russo exortava-os a se render.

"Temos comida e água", a voz anunciou. "Não vamos machucá-los."[39]

Depois do turno de dez horas na barricada, Witold posicionou-se fora do alcance dos franco-atiradores. Encontrou civis em algumas das ruas mais protegidas. Milhares de moradores refugiaram-se no centro da cidade para escapar do combate em outros lugares. A comida era escassa e grandes multidões se amontoavam em poços improvisados que extraíam água salobra. Ninguém gritava palavras de encorajamento para os defensores armados da cidade agora; estavam mais propensos a esbravejar contra eles. Impropérios amargos e xingamentos deixavam claro que os locais culpavam a União Soviética, os Aliados e a Resistência pela catástrofe. "Seus bandidos, nos deixem em paz", vociferou uma mulher.[40]

A disciplina de alguns insurgentes caíra por terra. Bebedeiras, atos de vandalismo e pilhagem tornaram-se cada vez mais comuns. Em 12 de setembro, uma gangue de homens armados descobriu um grupo de homens e mulheres de origem judaica que haviam se escondido em um abrigo subterrâneo desde o aniquilamento do gueto de Varsóvia. A gangue irrompeu no abrigo, roubou os homens e mulheres encolhidos de medo e, em seguida, atirou em alguns deles. Sabe-se que dois judeus sobreviveram e outros quatro testemunharam os eventos de um pátio nos arredores. A Resistência ordenou uma investigação, mas nenhuma medida foi tomada.[41]

*

A Resistência polonesa conseguiu aguentar por mais seis semanas. Porém, a superioridade militar alemã era esmagadora. Um após o outro, os bairros tomados pelos poloneses caíram e a rendição parecia inevitável. Houve uma breve onda de entusiasmo quando as forças soviéticas afinal derrotaram os alemães na margem leste do rio Vístula, em meados de setembro. Uma força de cerca de mil e seiscentos soldados poloneses treinada pelos soviéticos atravessou o rio de barco para se juntar aos insurgentes. No entanto, sem apoio aéreo ou da artilharia soviética, eles foram derrotados rapidamente. Havia sido apenas um gesto de Stalin para responder à pressão de Churchill, que o exortara a ajudar os poloneses.

Komorowski fez uma breve visita à linha de frente em 22 de setembro, o quinquagésimo terceiro dia da batalha por Varsóvia, e concluiu que não havia mais como resistir. Os alemães o pressionavam a negociar. Komorowski concordou com um cessar-fogo temporário. Um enviado polonês e um intérprete segurando uma bandeira branca cruzaram a barricada na rua Żelazna. Witold e seus homens observaram o encontro entre os negociadores poloneses e os cinco oficiais alemães em uma limusine. Foram levados para a mansão de Von Bach-Zelewskivilla nos arredores da cidade. Himmler tinha chegado à conclusão delirante de que Komorowski concordaria em lutar contra os soviéticos. Nesse ínterim, Stalin havia ordenado ao Exército Vermelho estacionado no sul que derrotasse as forças alemãs na Hungria e nos Bálcãs, mas não demoraria muito para voltar seu foco a Varsóvia.

A delegação polonesa retornou algumas horas mais tarde; o comandante alemão tinha concordado de pronto com os termos de Komorowski: aos insurgentes poloneses seria concedido o status de combatentes e eles seriam enviados para campos de prisioneiros de guerra. Os civis seriam processados nas instalações de Pruszków e em seguida enviados para campos de trabalho. Assim que os homens voltaram para trás das barricadas, o bombardeio foi retomado; os alemães queriam manter a pressão até Komorowski assinar o acordo de capitulação.

Na manhã seguinte, o quinquagésimo quarto dia, Witold foi despertado ao amanhecer por um dos oficiais. Tinha assumido o controle da sua companhia recentemente, depois que o oficial comandante fora baleado na perna.[42]

"Levante-se, Witold, você tem um convidado!"[43]

Pegou a arma ao lado do sofá sujo em que estava descansando e viu o antigo companheiro de campo Wincenty Gawron apressando-se para abraçá-lo. Wincenty estava quase chorando. Ficou escondido nos esgotos desde que escapara da luta na Cidade Velha. A trégua na batalha finalmente o trouxera de volta à superfície.

"Suponho que você já saiba da capitulação", Witold perguntou.

Wincenty assentiu.

"Não quero me render", Witold disse, "mas não temos mais comida ou munição. Não posso nem lhe oferecer café da manhã."

No dia 1º de outubro, estabeleceu-se um cessar-fogo de vinte e quatro horas para que os civis partissem. Ninguém acreditou no início, mas, um por um, eles surgiam dos escombros, sujos e desgrenhados, piscando na claridade. Uma multidão desceu a avenida Jerozolimskie. Alguns combatentes poloneses ficaram no topo das barricadas e zombavam dos que saíam, chamando-os de desistentes. Partiram naquele dia e no seguinte dezesseis mil civis, uma pequena fração dos noventa mil ainda cercados no centro da cidade.[44]

No dia seguinte, 2 de outubro, Komorowski assinou a ordem de capitulação. O batalhão de Witold foi chamado à rua Żelazna antes do amanhecer em 4 de outubro para ouvir o aviso. Não enxergavam os rostos uns dos outros no escuro.

O levante contra os alemães, que ele havia planejado primeiro nos dias inebriantes após a invasão, depois enquanto sofria no campo e, por fim, durante aqueles que ele acreditava serem os derradeiros dias da ocupação germânica, finalmente havia terminado em derrota. Mais de cento e trinta mil pessoas morreram nos combates, a maioria civis. Dos vinte e oito mil judeus escondidos na cidade, menos de cinco mil sobreviveram. Varsóvia estava em ruínas.[45]

"Façam a sua paz com Deus, pois ninguém sabe o que está reservado para nós", o padre disse.[46]

Witold caiu de joelhos com os outros e rezou.

CAPÍTULO 21

REGRESSO

VARSÓVIA
OUTUBRO DE 1944

Witold seguiu a longa fila de prisioneiros conforme partiam inconsoláveis da cidade despedaçada. O destino era um campo de trânsito temporário em uma antiga fábrica de cabos em Ożarow. Witold ficou perplexo ao ver Eleonora no meio da multidão reunida na entrada. Conseguiram trocar algumas palavras. Ela tinha ficado retida nos arredores da cidade durante o levante e estava procurando desesperadamente pelo filho.[1]

Witold pediu a ela que lhe trouxesse roupas civis para o caso de ter uma chance de escapar. Mas naquela noite ele foi levado de trem para um campo de prisioneiros de guerra perto de Lamsdorf, na Silésia. Foram recebidos por uma multidão de alemães locais que gritavam "bandidos", atiravam pedras e batiam em vários prisioneiros enquanto eles caminhavam sob a chuva em direção ao campo.

Quando Witold alcançou os portões, viu dois aviões decolarem de um campo de aviação nas proximidades e colidirem, produzindo uma bola de fogo espetacular. Os poloneses aplaudiram e os guardas alemães abriram fogo. Alguns detentos caíram no chão, outros se esconderam em um campo de plantação de batatas próximo até serem pegos e levados até o campo, onde foram deixados no pátio durante a noite para serem registrados. Na manhã seguinte, roubaram seus pertences e em seguida eles foram trancados em um barracão de concreto sem janelas, colchões ou roupas de cama.[2]

Witold passou uma semana no campo. Então, ele e os outros oficiais foram transferidos de trem para uma instalação em Murnau, perto da Suíça, o que significava que a Cruz Vermelha a visitava com frequência e os alemães o tratavam como um campo modelo. Os cerca de cinco mil prisioneiros eram bem alimentados e não trabalhavam. Durante o dia, organizavam conferências, palestras e jogos de futebol no pátio. À noite, encenavam peças, para as quais os guardas os ajudavam a providenciar fantasias, perucas, maquiagem.[3]

Havia vários rádios no campo e os prisioneiros costumavam ouvir as notícias. O fim da guerra se aproximava. No início de outubro, as tropas soviéticas invadiram a Hungria e a Eslováquia e alcançaram as fronteiras do Reich propriamente dito no leste da Prússia. Hitler fugiu do seu quartel-general de guerra em Rastenberg para esconder-se em Berlim no mês seguinte. No front ocidental, as forças norte-americanas comandadas pelo general Dwight Eisenhower foram detidas por pouco tempo por um contra-ataque alemão na floresta das Ardenas durante o Natal, mas, em janeiro de 1945, o seu progresso havia sido retomado.

Em seguida, veio a notícia que o campo esperava e temia. Em 17 de janeiro, forças lideradas pelos soviéticos tomaram Varsóvia, e Stalin agiu rapidamente para garantir que comunistas poloneses ficassem responsáveis pela nova administração.

O novo líder da Resistência, o General Leopold Okulicki, deu-se conta de que a organização estava enfraquecida demais para se opor à ocupação soviética e anunciou a dissolução do exército secreto. Em Londres, o governo polonês no exílio mergulhou no caos depois que seu líder, Stanisław Mikołajczyk, abriu negociações para juntar-se à nova administração, na esperança de preservar algum tipo de autonomia polonesa. Os outros exilados mantiveram sua oposição a Stalin, mas os britânicos e os norte-americanos não os levavam mais a sério. Na conferência de Ialta, em fevereiro, Churchill e Roosevelt aquiesceram ao desejo de Stalin de anexar o terço oriental da Polônia à União Soviética, incluindo as históricas cidades polonesas de Lwów e Wilno. Em contrapartida, a Polônia receberia um trecho de território alemão e a promessa de eleições livres em algum ponto no futuro. Com esse acordo, seis milhões de poloneses e onze milhões de alemães seriam forçados a deixar seus lares – uma limpeza étnica de proporções ainda não vistas durante a guerra.[4]

Os prisioneiros em Murnau debatiam a possibilidade de se manterem na luta pela liberdade da Polônia. O comandante de um contingente polonês na Itália, o general Władysław Anders, pediu aos poloneses que se opusessem ao controle comunista e se unissem a ele. Mas a maioria dos detentos queria deixar a guerra para trás e ir para casa assim que fossem libertados. Em março, forças norte-americanas e britânicas cruzaram o Reno em múltiplos pontos. Colônia caiu, em seguida Frankfurt. A cada dia, o ressoar distante da artilharia se aproximava.

No dia 29 de abril, eles acordaram ao som de rajadas. Vinham do norte, da direção de Munique. Os prisioneiros reuniram-se na praça da chamada e acompanharam quando um avião de reconhecimento norte-americano circulou sobre eles e apontou suas asas. No início da tarde, o comandante da guarda, o capitão Oswald Pohl, ordenou a seus homens que empilhassem as armas e fincassem bandeiras brancas no pátio. Informou aos prisioneiros que os guardas planejavam se render, mas avisou-lhes que uma unidade da SS estava a caminho para aniquilar o campo.

Ouviram o barulho de três tanques norte-americanos M5 se aproximando. Em seguida, o rugido de meia dúzia de veículos da SS vindo na direção oposta. Os alemães chegaram primeiro aos portões, mas os tanques avançaram de imediato sobre eles. O oficial nazista no carro principal puxou a arma e começou a atirar. O tanque à frente respondeu com seu canhão de

76 mm, acertando o alemão e o seu motorista. Os prisioneiros correram para a cerca para assistir à batalha, mas logo se dispersaram quando as balas começaram a zunir. Os oficiais da SS fugiram, perseguidos por dois tanques.

Um terceiro se aproximou do campo. Os portões foram abertos, o tanque parou e o atirador levantou a cabeça para fora da escotilha. Era de origem polonesa. "Vocês estão livres", ele disse.[5]

*

A Alemanha se rendeu oito dias depois, 7 de maio, para júbilo do campo. Alguns dias depois, o líder do Levante de Varsóvia, Komorowski, recém-libertado da custódia alemã, visitou os prisioneiros e pediu a eles que permanecessem por lá, aguardando novas instruções. As forças aliadas não sabiam o que fazer com os milhões de prisioneiros libertados em toda a Alemanha. Witold honrou essa ordem, pois a tinha considerado uma extensão de seu juramento de lutar contra os soviéticos. Porém, conforme os dias e as semanas foram passando, alguns de seus colegas escapuliram e juntaram-se às multidões à deriva que passavam pelo campo.

Um dos oficiais de Anders apareceu em julho com ordens para Witold e vários outros prisioneiros o acompanharem à Itália. Viajaram primeiro para o porto de Ancona, onde integrantes do II Corpo do Exército de Anders, que tinha lutado sob comando britânico durante a campanha aliada no norte da África e na Itália, estavam posicionados. Os britânicos queriam desmobilizar a força, que somava cinquenta mil soldados. Anders havia informado os ingleses, encolerizado, que grande parte de seus homens vinha do leste da Polônia, território agora incorporado à União Soviética, e, portanto, não tinham mais uma casa para a qual voltar. Além disso, os que haviam retornado tinham sido presos pelo novo regime comunista.[6]

Em Ancona, Witold conheceu o coronel Marian Dorotycz-Malewicz, chefe de inteligência do II Corpo do Exército. Discutiram a ideia de criar uma rede de inteligência secreta na Polônia. Witold foi informado de que precisaria de aprovação de Anders. Ele foi instruído a esperar em Porto San Giorgio, uma cidade algumas horas ao sul ao longo da costa do Adriático que servia como posto de descanso e relaxamento para os poloneses. Ao chegar, Witold foi encaminhado a uma propriedade na praia.

Depois de se instalar, juntou-se aos outros soldados poloneses que passeavam na praia. Tirou os sapatos e sentiu a água morna nos pés e a brisa suave do leste no rosto. Sabia que deveria saborear o momento, mas já estava mentalmente de volta ao campo, as cenas surgindo sem serem convidadas e desencadeadas pelas menores coisas: um rosto na rua, uma escolha de palavras, as estrelas à noite. Tudo parecia girar em torno do campo e não havia maneira de libertar-se dos sentimentos que vinham com cada lembrança: raiva, remorso e culpa.

Por fim, conseguiu um bloco de papel e começou a escrever outro relatório. Queria que este, assim como os outros, servisse como um registro do seu período no campo, mas ele também estava pronto para deixar que fluíssem às suas emoções.

"Portanto, vou escrever da forma mais objetiva possível, que é o que os meus amigos querem que eu faça", ele escreveu na introdução. "Bem, aqui vou eu... mas nós não éramos feitos de madeira, muito menos de pedra... embora muitas vezes tenha invejado isso; ainda havia um coração batendo, às vezes na boca, e com certeza as ideias mais estranhas rondavam os cérebros, ideias essas que eu, às vezes com dificuldade, apreendia."

Ele teve que se preocupar com outros afazeres naquele mês de agosto, então escrevia durante as manhãs frescas e luminosas. Um amigo seu de Varsóvia, o soldado Jan Mierzanowski, estava estacionado em um quartel em Imola e apareceu para visitá-lo. Ele se lembra de Witold aparecendo na praia à tarde, com uma pilha de papeis sob o braço, cada página preenchida por sua letra arredondada. Por algumas liras, os dois homens alugaram um pedalinho, uma engenhoca de casco duplo que tinha uma espreguiçadeira instalada na proa e um assento para remar que ia para a frente e para trás a cada braçada. Enquanto Jan cuidava dos remos, Witold sentou-se na espreguiçadeira e leu seus papeis em voz alta. Recorreu a Maria Szelągowska, uma oficial da inteligência que ele tinha conhecido em Varsóvia e reencontrara em Murnau, para datilografar o manuscrito. Ela tinha formação acadêmica, era inteligente e comprometida com a causa da Polônia. Eles criaram laços emocionais em decorrência do trabalho conjunto e Maria parece ter ajudado Witold a abrir-se e a relatar em seus escritos as experiências por que passara no campo.[7]

Parte do seu propósito, ao que parece, era inspirar os poloneses a lutar contra os soviéticos. A história que ele conta contém uma moral óbvia sobre a importância de se conservar o espírito de luta mesmo nas circunstâncias mais difíceis. Mas ao longo da narrativa o horror do campo suplanta esses floreios exortatórios, pois fica claro que ele lutava para se desfazer dos sentimentos de medo, raiva e culpa pelos crimes que havia testemunhado.

No início de setembro, Witold foi chamado a Roma por Anders para falar dos seus projetos. Propôs que Maria se juntasse a ele na missão como secretária e que um amigo seu do levante, Bolesław Niewiarowski, atuasse como seu contato com Anders. O general aprovou a missão e marcou a data de partida para o fim de outubro. Alguns dias depois, Witold estava de volta a Porto San Giorgio, escrevendo com rigor renovado. “Devo usar a taquigrafia por causa da decisão que acabei de tomar”, anotou no texto.[8]

O tempo de Witold foi sendo cada vez mais tomado pelos preparativos de seu retorno à Polônia. O percurso precisava ser organizado, documentos tinham que ser falsificados. Era evidente que desta vez teria que se lançar ao trabalho de Resistência de forma diferente. Contra os alemães, contava com o apoio quase universal das pessoas, mas contra esses poloneses comunistas, não tinha tanta certeza. Witold planejou operar em pequenos círculos de conhecidos para fazer as abordagens. Não recrutaria qualquer um e talvez sequer revelasse o seu papel. Desta forma, seria capaz de evitar a implicação direta de seus amigos ao envolvê-los na causa.[9]

À medida que a data da partida se aproximava, Witold passou a escrever várias páginas por dia, e ainda revisava cada linha que Maria já havia datilografado. Não houve tempo para produzir uma cópia limpa, portanto, após uma edição rudimentar, cortaram as margens para remover os comentários manuscritos e colaram as páginas para juntá-las. Quando voltou a Roma para sua instrução final, em 21 de outubro, Witold tinha cento e quatro páginas datilografadas na mala, que ele julgou oportuno entregar ao embaixador polonês no Vaticano, Kazimierz Papée, para que as guardasse em segurança.[10]

*

Alguns dias depois, ele, Maria e Bolesław partiram para a Polônia. Cruzaram os Alpes em direção à Alemanha de ônibus ou trem. Parece que Bolesław perdeu a coragem na fronteira alemã, então Witold e Maria seguiram sem ele pelo território tcheco controlado pela União Soviética a caminho de Praga. Milicianos tchecos promoviam à época uma campanha de limpeza étnica na região dos Sudetos. Queriam livrá-la da população de origem alemã, que era até então majoritária. Witold e Maria passaram por uma procissão aparentemente interminável de pessoas cabisbaixas. Alguns alemães usavam braçadeiras estampadas com a letra *N*, representando a palavra tcheca para "alemão". Soldados soviéticos com bastões os conduziam como gado, xingando e bebendo vodca. Às vezes, agarravam uma mulher para estuprar ao lado da estrada.

Witold e Maria permaneceram alguns dias em Praga e depois seguiram para a fronteira da Polônia, onde encontraram filas de poloneses querendo voltar. Uma vez na fronteira, seus documentos foram carimbados no escritório de repatriação mais próximo sob o olhar vigilante da nova polícia secreta polonesa, conhecida como Urząd Bezpieczeństwa, ou UB. Então, prosseguiram para Zakopane, uma estância nas montanhas onde Maria tinha amigos e eles poderiam orientar-se.[11]

O país estava em frangalhos. As forças soviéticas e a polícia patrulhavam as ruas durante o dia, mas à noite os grupos radicais da Resistência emergiam da floresta. Atacavam funcionários poloneses ligados ao novo regime comunista, queimavam delegacias de polícia e carros. Havia mais de quinhentos assassinatos por mês em todo o país e autênticas insurreições assolavam algumas regiões. O nível de violência a que se chegou é bem exemplificado por um relatório policial da época: ao longo de um período de quinze dias naquele outono, um distrito da Silésia registrou vinte assassinatos, oitenta e seis roubos, mil e oitenta e quatro casos de invasões de propriedades, quatrocentos e quarenta e quatro crimes políticos, noventa e dois incêndios criminosos e quarenta e cinco crimes sexuais.[12]

Além disso, uma crise de saúde pública parecia inevitável. A fome era generalizada. As forças soviéticas haviam confiscado grande parte da colheita e dificultavam o trabalho de distribuição de alimentos feito pelas Nações Unidas. Hordas desesperadas saqueavam lojas e armazéns à procura de alimentos ou itens para barganhar. O tifo e a disenteria eram endêmicos e havia mais de duzentos e cinquenta mil casos de doenças venéreas, resultantes principalmente dos estupros cometidos por soldados soviéticos.

Witold e Maria partiram alguns dias depois para Nowy Wiśnicz, onde Witold havia permanecido depois de sua fuga, mas a pequena cabana de madeira de Serafiński estava deserta. Na vizinha Bochnia, encontraram a família Obora, que hospedara Jan e Edek. Witold percebeu o desafio que enfrentaria ao conversar com o pai, Józef. Ele se opunha aos comunistas, mas havia pouco trabalho. Muitos de seus amigos tinham sido empregados pelo novo regime. Também ele estava cansado de lutar.

Chegaram a Varsóvia no início de dezembro. Pela primeira vez Witold pôde encarar a escala da destruição. Hitler ordenara a destruição da cidade, por isso, sapadores alemães tinham dinamitado os poucos edifícios que haviam permanecido em pé após o levante, deixando noventa por cento da cidade em escombros. Algumas autoridades do novo regime eram favoráveis a simplesmente deixar Varsóvia em ruínas, como símbolo da guerra, mas Moscou concluiu que reconstruí-la servia melhor aos seus propósitos.

A cidade tinha perdido metade dos seus milhões de habitantes durante a guerra, mas os sobreviventes estavam voltando. Leves sinais de habitação eram visíveis nas ruínas onde uma família havia se instalado: um varal entre paredes quebradas, uma coluna de fumaça saindo do andar superior de um prédio sem teto, um brinquedo do lado de fora de um depósito de entulho. Mesmo no frio de dezembro, o fedor dos corpos não enterrados e dos esgotos a céu aberto era forte. Um retrato gigante de Stalin pendia da única ponte não danificada sobre o Vístula.[13]

Witold tentou localizar membros da organização antissoviética à qual ele tinha se unido antes do levante, mas grande parte estava morta, encarcerada ou exilada. Na verdade, a polícia secreta soviética e seus representantes poloneses haviam detido quarenta mil ex-membros da Resistência desde o fim da guerra e deportado grande parte para os gulags da Sibéria. Por fim, localizou um antigo recruta, Makary Sieradzki, que concordou em hospedá-lo em seu apartamento. Localizado na rua Pańska, no centro da cidade, o imóvel tinha permanecido intacto, o que era surpreendente.

Nas semanas seguintes, Witold transformou o apartamento em um quartel-general operacional. Adquiriu uma máquina de escrever no mercado paralelo para produzir relatórios e encontrou um marceneiro para construir um compartimento secreto no chão. Em outro edifício preservado da vizinhança havia uma loja de fotografia que concordou em produzir microfilmes. Com a ajuda de Maria, começou a procurar amigos e conhecidos que tinham conseguido empregos em ministérios do governo, e os convencia gentilmente a fornecer informações úteis. De maneira intermitente, escrevia relatórios para Anders, que captavam as peculiaridades de se viver sob o domínio soviético.[14]

Tinha retornado achando que encontraria uma república soviética, mas ficou surpreso ao descobrir que a Polônia se reerguia e parecia prosperar sob a nova ordem. As igrejas abriram as portas para os sem-teto, grupos de mulheres cuidavam de cozinhas para preparar sopas e as tropas de escoteiros ajudavam os soldados a recolher o entulho. O ex-líder polonês Stanisław Mikolajczyk instou o país a unir-se pela reconstrução. Witold sentia sua oposição ao regime abrandar.[15]

*

Era previsível que os seus pensamentos se voltassem para Auschwitz. Pensou em publicar as suas memórias e levantou o assunto com um antigo companheiro de campo, Witold Różycki, a quem ele tinha encontrado por acaso no bonde no mês de março. Os dois homens concordaram em visitar Auschwitz na esperança de encontrar alguma superação. O campo tinha sido usado para alojar prisioneiros alemães logo após a guerra, mas em março o regime polonês havia anunciado que seria transformado em um memorial permanente.

Antes de partir, Witold visitou a família em Ostrów Mazowiecka. Seu contato com Maria havia se limitado a algumas cartas. A família dividia uma pequena casa de madeira com a irmã de Maria e o marido, Bolek Radwański, nas cercanias da cidade. Grande parte dos Radwański tinha conseguido emprego junto ao regime comunista ou se filiado ao partido. Witold propôs algumas brincadeiras para Zofia e Andrzej no quintal, mas eles tinham doze e quatorze anos agora e não eram mais crianças. A guerra tinha custado a ele e aos filhos os laços familiares. Não contou a Maria sobre a última missão, mas ela sabia que estava trabalhando para a Resistência e que não poderia persuadi-lo a parar.[16]

Witold e Różycki partiram alguns dias depois para Auschwitz. Milhares fizeram a peregrinação naquela primavera. Alguns foram em busca dos entes queridos ou para prestar homenagens aos mortos. Outros eram ex-prisioneiros que queriam ver o lugar que consumia os seus pensamentos. Uns poucos ficavam nos blocos e atuavam como guias turísticos não oficiais. Um dos blocos continha itens recolhidos de todo o local. O porão foi dividido em pequenos nichos: uma pilha de chinelos de crianças em um, cabelos humanos em outro, próteses de membros em um terceiro. Não se procurava esconder que esses itens haviam pertencido a judeus assassinados. Era também sabido que a imensa maioria das vítimas do campo era de origem judaica. No entanto, como a maior parte dos visitantes era composta de poloneses étnicos, as exposições enfatizavam o sofrimento polonês e seguiam uma lógica cristã. O bloco penal também estava aberto. Pilhas de flores e velas em frascos eram depositados na base da parede onde tantos amigos de Witold haviam sido fuzilados.[17]

Em Birkenau, Witold viu o que restava das câmaras de gás e crematórios sobre os quais havia reportado. Os nazistas haviam dinamitado os edifícios para tentar esconder os seus crimes, mas as estruturas dilapidadas eram claramente discerníveis. A maior parte dos estábulos havia sido desmontada para ser usada como alojamento temporário em outro lugar, as roupas dos judeus guardadas nos armazéns foram distribuídas entre os necessitados. Guardas afugentavam os saqueadores que tentavam profanar as valas comuns nas florestas em busca de ouro.[18]

Witold visitou o local sem fazer comentários. Procurava por respostas, mas não as encontrou.

*

Witold regressou a Varsóvia e começou a escrever a primeira parte do seu livro de memórias, que cobriria seus primeiros anos. Provisoriamente o intitulou "Como fui parar em Auschwitz". Havia se mudado para um apartamento pequeno na rua Skrzetuskiego, localizada em um subúrbio ao sul da cidade. O lugar ficava vazio durante o dia. Começava a datilografar na máquina de escrever portátil ao lado da janela e logo se perdia nas recordações de Sukurcze: o tronco escavado de uma tília caída, onde ele costumava se esconder; o quarto da bisavó, que permaneceu intocado desde o dia em que ela morrera, como um cômodo de museu empoeirado. Às vezes, Witold ia ao centro da cidade para ver o filho, Andrzej. A tropa de escoteiros à qual pertencia em Ostrów Mazowiecka era trazida de ônibus para a cidade nos fins de semana para recolher destroços. Witold não se aproximava do filho, apenas observava a distância os meninos enchendo carrinhos de mão com o entulho retirado da rua.

Ele ainda se encontrava com Maria Szelągowska e prosseguia com o trabalho da Resistência, mas os dois não tinham recebido mais instruções e ele tinha pouco a reportar. Em uma manhã de junho, estavam no apartamento quando um mensageiro dele, Tadeusz Płużański, apareceu na porta. Vinha de Roma e estava ansioso. O quartel-general tinha informações de que a polícia secreta estava atrás de Witold e uma emissária de Anders, Jadwiga Mierzejewska, chegara a Varsóvia para selecionar o sucessor de Witold.[19]

Witold ficou chocado. Não havia sentido em discutir com Tadeusz. Witold falou que precisava de tempo para pensar. Tadeusz concordou em acobertá-lo e dizer à emissária de Anders que ele estava na floresta em um encontro com *partisans*. Foi ao encontro da esposa e apresentou--lhe a ideia de partirem para Itália. Poderiam levar uma vida de exilados, possivelmente no Reino Unido. Witold confessou que fugir parecia uma traição ao seu juramento de lutar pela Polônia. Maria concordou. Ali era o lar deles.[20]

Mas, para ficar, tinha de provar o seu valor para Jadwiga. Naquele verão, preparou vários relatórios, incluindo um sobre um pogrom na cidade de Kielce, ao sul, em que uma multidão e autoridades locais assassinaram trinta e sete judeus e feriram outros trinta e cinco. Havia três milhões de judeus na Polônia antes da guerra, mas apenas cerca de trezentos mil haviam sobrevivido a ela. Porém, tanto aqueles que permaneceram no país como os que agora voltavam para casa eram rotineiramente maltratados, ameaçados e assassinados. Alguns culpavam os judeus pela tomada do país pelos comunistas. Outros apenas não queriam devolver aos judeus as casas de que haviam se apossado. "Uma tragédia", Witold definiu o cenário em seu relatório.

Conheceu Jadwiga em setembro, nos fundos da loja de fotografia. Ela foi inflexível quanto à sua partida do país, mas Witold convenceu-a a deixá-lo ficar até que se encontrasse o seu substituto. Além disso, prometeu enviar mais relatórios sobre a pressão crescente exercida pelos comunistas.

Naquele Natal, um novo patamar de terror foi alcançado quando Stalin ordenou aos comunistas poloneses que eliminassem o que restava da oposição ao seu governo antes das eleições marcadas para janeiro de 1947. Milhares de partidários de Mikolajczyk foram presos e seus funcionários, espancados. Na véspera da votação, espalharam-se falsos rumores de que ele havia morrido em um acidente de avião. A eleição fraudulenta indicou que os comunistas e os seus aliados tinham recebido oitenta por cento dos votos. A polícia secreta intensificou as detenções e a intimidação, enquanto todos os grupos fora do sistema partidário eram cooptados ou desmembrados. O novo primeiro-ministro, Józef Cyrankiewicz, líder do partido socialista do país antes da guerra, acreditava que abraçar o comunismo era a única maneira de impedir um domínio soviético completo.[21]

Witold nunca havia considerado seriamente o uso de meios violentos para se opor aos comunistas, mas o seu mensageiro, Tadeusz Płużański, tinha outras ideias. Havia começado a coletar material sobre agentes da polícia secreta. Naquele inverno, Tadeusz propôs que eles assassinassem o chefe da polícia secreta, Józef Różański. Tadeusz tinha obtido o endereço, o número de telefone, itinerário diário, tudo o que era necessário para que planejassem um ataque. Witold estava cético, e limitou-se a dizer que precisariam da permissão de Londres para prosseguir. Algumas semanas mais tarde, Witold notou um carro sem identificação do lado de fora do apartamento onde eles trabalhavam. No dia seguinte, o veículo apareceu outra vez. Tentou racionalizar a situação. A polícia secreta costumava colocar pessoas sob vigilância – em geral, significava que não tinham informações suficientes para efetuar uma prisão e utilizavam a tática como um alerta.[22]

Descartou o assunto e voltou aos relatórios e à conclusão das suas memórias. Na primavera, escreveu uma introdução curta em que refletia sobre o seu trabalho de fazer o mundo compreender o que ele tinha testemunhado em Auschwitz. Culpava outras pessoas pelo fracasso de não conseguir fazê-las prestar atenção às suas mensagens. Mas fica evidente, dada a prosa ainda mais torturada que o habitual, que os horrores do campo eram tão incompreensíveis que mesmo para um prisioneiro como ele, que tinha sofrido dentro daqueles muros, nunca fizeram sentido. De todo modo, talvez escrever sobre isso lhe tenha rendido certo alívio, pois o que emerge dessas passagens é uma sensação de que a disposição de Witold havia mudado.

“Escutei muitas confissões dos meus amigos antes de morrerem”, ele escreveu naquela época. “Todos eles reagiram da mesma forma inesperada:

eles se arrependiam de não ter dado o suficiente para outras pessoas, do seu coração, da sua verdade... a única coisa que permaneceria depois de sua passagem pela Terra, a única coisa que era positiva e tinha um valor duradouro, era o que eles poderiam dar de si mesmos aos outros."[23]

*

Witold às vezes passava semanas sem ver seus colegas colaboradores. Mas, no início de maio, encontrou Tadeusz no apartamento. Dois dias depois ele retornou. Já era noite e as luzes estavam acesas. Ele subiu a escada e bateu. Makary respondeu de dentro, então Witold abriu a porta e entrou. Makary e a esposa estavam no quarto. Dois homens de terno escuro estavam ao lado deles. Um instante depois, estava preso pelos braços, descendo a escada e sendo conduzido até um carro à espera. Dali foi levado a um edifício de escritórios de aparência comum, no centro da cidade.

Ele foi levado a uma sala pequena pintada de branco no primeiro andar, com uma mesa e duas cadeiras. Na mesa havia caneta e papel. Ele foi convidado com educação a sentar-se e seus captores saíram, trancando a porta.[24]

Não há registro do que aconteceu em seguida, mas é provável que ele tenha sido visitado pelo chefe da polícia secreta, Różański. A tática usual de Różański era alegar que sabia tudo sobre os crimes do preso e que os companheiros já estavam falando. Witold talvez já soubesse que Tadeusz havia sido detido no dia anterior. O lápis e papel eram para a sua confissão.

Depois de Różański veio um homem magro e bonito chamado Eugeniusz Chimczak, o interrogador-chefe. Até então, os seus captores tinham sido civilizados, até mesmo corteses. O trabalho de Chimczak era fazer a vítima sucumbir. A sua ferramenta favorita era uma simples régua de metal, que ele usava para bater e apunhalar. Outros métodos incluíam "depenar o ganso", que consistia em arrancar os cabelos, apagar cigarros ao redor da boca e olhos e lentamente apertar uma faixa de metal presa ao redor da cabeça até a vítima desmaiar. Witold foi logo transferido para a prisão de Mokotów, onde a tortura continuou.[25]

Em 12 de maio, o promotor público, Henryk Podlaski, acusou Witold de traição. Witold tentou barganhar por informações e ofereceu os seus relatórios e escritos em troca da segurança de sua família. Em seu desespero, Witold escreveu uma confissão para Różański na forma de um poema, no qual se comparava a um portador de peste vagando pela cidade e infectando aqueles que encontra com a sua doença.

"Estou escrevendo esta petição, / Para somente eu ser punido / pela soma de todas as penalidades, / porque mesmo que eu perca a vida / prefiro isso a viver com esta ferida no meu coração."[26]

Os dias iam e vinham, luz e depois escuridão, dor e depois a lembrança da dor. Entre maio e novembro de 1947, Witold foi interrogado mais de cento e cinquenta vezes. Contou a verdade, contou mentiras, contou o que achava que queriam ouvir. Então, assinou o que mandaram que assinasse e foi devolvido à sua cela.

Ele não viu mais ninguém. Às vezes ouvia gritos de uma cela distante. Algum tempo depois do Natal, foi retirado de sua cela para servir como testemunha no julgamento de um padre com quem trabalhara. Foi conduzido ao tribunal arrastando os pés, incapaz de levantar a cabeça, provavelmente porque as suas clavículas tinham sido quebradas. Ficou em pé, com a cabeça inclinada para a frente, os braços frouxos nas laterais do corpo, e falou algumas palavras antes de ser mandado de volta para a cela.[27]

Em fevereiro, foram apresentadas acusações formais contra ele e sete dos seus associados, incluindo Maria Szelągowska, Tadeusz Płużański e Makary Sieradzki. A data do julgamento foi marcada para 3 de março. O estado nomeou um advogado de defesa simbólico para ele. O homem era bem-intencionado e concordou em contatar sua família em seu nome. Witold não teve direito a visitas, mas o advogado disse que Maria poderia assistir às partes do julgamento abertas ao público e falar com Witold antes das audiências.

O caso de Witold seria um dos primeiros julgamentos-espetáculo ao estilo soviético. De início, o regime comunista havia agido com cautela na repressão da Resistência, temendo agitação. Porém, desde a eleição, começara a mostrar os músculos. À medida que a data do julgamento se aproximava, os jornais do governo exibiam manchetes declarando que Witold era o líder do "grupo de Anders" e estava na folha de pagamento dos imperialistas do Ocidente. "Traidores", declarou um locutor da rádio estatal, "ameaçando a sociedade e a nossa juventude maravilhosa".[28]

Witold foi autorizado a fazer a barba e a se lavar antes do julgamento, que seria filmado e também transmitido pelo rádio. Ele chegou ao tribunal do distrito militar na rua Koszykowa de terno preto e gravata e acompanhado por uma guarda policial reforçada. O tribunal estava lotado. Ele se sentou em um banco de madeira ao lado dos outros sete acusados. Viu a esposa e Eleonora na audiência.

O promotor, Czeslaw Łapiński, um ex-oficial da Resistência com um falso semblante de sinceridade, leu a lista de acusações contra ele: traição contra o estado, tramar o assassinato de funcionários da UB (Urząd Bezpieczeństwa Publicznego – Agência de Segurança Pública), falha em reportar-se às autoridades, uso de documentos falsos e posse ilegal de armas de fogo. Witold olhava para a frente, impassível. Qualquer uma dessas acusações carregava uma sentença de prisão pesada; a traição era punida com a morte. Finalmente, o juiz chamou Witold ao banco das testemunhas para responder às acusações. Em voz baixa, quase inaudível, ele admitiu esconder armas e usar documentos falsos. Mas negou trabalhar para uma potência estrangeira ou que tenha planejado matar agentes da polícia secreta.

Durante um intervalo, Maria e Eleonora foram autorizadas a aproximar-se dele brevemente. Eleonora perguntou se poderiam fazer alguma coisa.[29]

"Auschwitz era uma brincadeira comparado a isso", ele falou. "Estou muito cansado. Quero que termine rápido".[30]

O julgamento continuou por mais uma semana e consistiu principalmente de Łapiński lendo as suas confissões assinadas. Mas, no último dia, Witold teve a oportunidade de responder. Levantou-se devagar, mantendo as mãos machucadas escondidas de Maria e Eleonora. Em geral, o seu advogado aconselhava os clientes a pedir perdão ao tribunal. Mas Witold se recusou. "Tentei viver a minha vida de tal forma que, na minha derradeira hora", ele disse ao tribunal, "eu ficasse feliz e não com medo. Encontro felicidade em saber que a luta valeu a pena". Reiterou o fato de que era um oficial polonês seguindo ordens.[31]

Quatro dias depois, Witold foi condenado à morte. O seu advogado interpôs um recurso e assegurou a Maria que seria possível comutar a pena para prisão perpétua se conseguissem persuadir os líderes do país. O recurso foi negado dez dias depois. Alguns dos antigos amigos de Witold em Auschwitz uniram-se para assinar uma petição endereçada a Cyrankiewicz, ele próprio um ex-prisioneiro de Auschwitz que conhecera Witold no campo. Mencionaram o trabalho extraordinário de Witold em Auschwitz. Mas o primeiro-ministro foi irredutível e o homem que organizou a petição, Wiktor Śniegucki, demitido do trabalho sumariamente.[32]

Maria também escreveu diretamente ao presidente, Bolesław Bierut, implorando-lhe em nome dos filhos que poupasse a vida de Witold.

"Temos vivido na esperança de uma vida pacífica junto a ele há um longo tempo", ela rogou. "Não apenas o amamos, mas também o veneramos. Ele ama a Polônia e esse amor eclipsou todos os outros."[33]

Bierut também confirmou o veredicto. Witold foi levado de sua cela no dia 25 de maio, uma hora depois do pôr do sol. Os carcereiros leram a sentença em voz alta, o amordaçaram com um lenço branco e, em seguida, conduziram-no para o lado de fora, segurando-o sob os braços. Tinha chovido naquela manhã, mas as nuvens estavam se abrindo e o céu ainda estava claro no oeste. Levaram Witold para uma pequena construção térrea nos domínios da prisão. Quando se aproximaram do edifício fracamente iluminado, Witold insistiu em caminhar sem ajuda.

O carrasco, Piotr Śmietański, esperava lá dentro. Um padre e um médico de jaleco branco se posicionaram em um dos lados. Witold recebeu a ordem de ficar de pé contra a parede. Śmietański ergueu a pistola e lhe deu um tiro na nuca.[34]

EPÍLOGO

O governo polonês prendeu oitenta mil membros da Resistência nos quatro anos seguintes. O regime declarou a família de Witold inimiga do estado e Maria partiu para a obscuridade como faxineira no orfanato de uma igreja. O regime enterrou os documentos de Witold nos arquivos do estado e o primeiro-ministro Józef Cyrankiewicz, ele mesmo um ex-prisioneiro, construiu uma história oficial de Auschwitz que apresentava os prisioneiros comunistas como heróis em uma luta global contra o fascismo e o imperialismo. O Holocausto mal era mencionado nesse relato e o grupo de Witold foi caracterizado como uma nota de rodapé protofascista.[1]

Um antigo líder da Resistência, Tadeusz Pełczyński, levou para Londres o relatório que Witold havia escrito na Itália e houve conversas entre os exilados sobre procurar um editor. Mas encontraram pouco interesse. O choque que se seguiu à libertação aliada dos campos de concentração em 1945 tinha se dissipado e a Guerra Fria dominava a discussão política. Witold havia sido efetivamente excluído da História.

A sua trajetória permaneceu oculta até a década de 1960, quando Pełczyński compartilhou o relatório com o historiador polonês e companheiro de exílio Józef Garliński, cujo livro de 1975, *Fighting Auschwitz* [Combatendo Auschwitz], finalmente descreveu o papel de Witold na criação da Resistência do campo. Mas foi só após o colapso da União Soviética em 1989 e a abertura dos arquivos estatais em Varsóvia que o acadêmico Adam Cyra e o filho de Witold, Andrzej, já com sessenta anos, tiveram acesso a uma pasta de couro grande que continha o relatório de Witold de 1943/4, as memórias dos seus primeiros anos de vida, anotações diversas, arquivos de interrogatórios e, documento crucial, a chave para decifrar as suas referências codificadas para os membros da Resistência. Foi a primeira vez que a família teve a oportunidade de ler sobre a missão de Witold em suas próprias palavras.[2]

Cyra publicou uma das primeiras biografias de Witold em polonês em 2000, tendo como base todo esse material e novos testemunhos de Eleanora, Wincenty e Kon. O livro ajudou a estabelecer o seu status como herói na Polônia. Mas os escritos de Witold nunca foram traduzidos e sua história permaneceu quase desconhecida no Ocidente, onde Auschwitz era visto como vital para se compreender como o Holocausto pôde acontecer e também o que ele revela sobre a condição humana que compartilhamos.[3]

A história de Witold se soma a essas questões. Não porque ele tenha sofrido mais do que outros. Não foi esse o caso. Nem porque tenha sido mais heroico. Houve muitos heróis. Mas sim porque ele entrou em Auschwitz antes de os próprios alemães entenderem o que o campo se tornaria. Isso significa que Witold teve que gradualmente aceitar a terrível realidade do Holocausto *ao longo* da transformação do campo em uma fábrica de morte bem diante dos seus olhos. Às vezes, ele lutava para dar sentido a eventos, recorrendo em último caso a colocar as atrocidades extraordinárias no contexto do habitual. Mas o que distinguiu Witold de outros prisioneiros e da longa cadeia de pessoas que lidaram com os seus relatórios entre Varsóvia e Londres foi a sua recusa em desviar o olhar do que não conseguia compreender, foi sua disposição de envolver-se e, deste modo, sentir-se compelido a arriscar a vida para agir.

Witold rogou aos Aliados que bombardeassem Auschwitz pela primeira vez em outubro de 1940. Repetiu o seu apelo pelo menos três vezes entre a sua chegada ao campo e o início do Holocausto. Se outros tivessem agido com a mesma convicção de Witold, centenas de milhares de vidas poderiam ter sido salvas. A máxima "Lembrar para jamais esquecer" ressoa ao longo da História para nos lembrar de que o Holocausto deve permanecer um evento único. Mas a história de Witold nos mostra que o problema de distinguir novos males dos antigos, de denunciar injustiças e de nos envolvermos com o sofrimento alheio é um dilema para todas as épocas.

Mas creio ser importante observar que sua empatia também conhecia limites. Witold nunca chegou a enxergar o Holocausto como o ato definidor da Segunda Guerra Mundial ou o sofrimento dos judeus como um símbolo da humanidade. Nunca abdicou de sua identidade polonesa ou da luta nacionalista. Às vezes, em seu relatório de 1945, ele é brutalmente franco sobre a dificuldade que sentia de se identificar com o envenenamento dos judeus por gás, já que o seu foco estava na sobrevivência de seu país, dos seus homens e de si mesmo.

Esse patriotismo exacerbado pode parecer ultrapassado ou preocupantemente semelhante àquele que emerge quando movimentos de extrema-direita se associam a ondas de nacionalismo. No entanto, também se deve reconhecer que o patriotismo de Witold o municiou de um espírito de sacrifício e de uma bússola moral que sustentou seu senso de propósito no campo. Em última análise, ele não conseguiu salvar os companheiros ou os judeus. Ele não se desculpa por isso, mas tampouco esconde o seu fracasso. Nos últimos escritos, sugere que devemos compreender os nossos limites, mesmo quando nos exorta a enxergar além deles.

Acima de tudo, ele nos pede para confiarmos uns nos outros. A qualidade definidora de Witold foi sua capacidade de depositar fé em outras pessoas. No campo, onde a SS procurou alquebrar o ânimo dos prisioneiros e arrancar deles os seus valores, a ideia da confiança tinha potencial revolucionário. Desde que os prisioneiros fossem capazes de acreditar em um bem maior, não seriam derrotados. Morreram de muitas maneiras horríveis e aterrorizantes, mas com uma dignidade que o nazismo não conseguiu destruir.

Witold também depositava a sua confiança no mundo exterior ao do campo quando rogava a ele que agisse com base nos seus alertas. Parte de sua raiva e amargura ao sair de Auschwitz resultava do sentimento de que o mundo não o tinha escutado e de que os laços de confiança que o uniam aos outros prisioneiros não se estendiam para fora do campo. Witold também internalizou o seu senso de frustração. A sua vida depois de Auschwitz foi uma batalha constante para definir a carnificina que testemunhara. Morreu sabendo ter falhado em encontrar palavras para conectar-se com os outros e fazê-los acreditar em sua mensagem. Minha esperança é que este livro nos ajude a ouvi-lo.

AGRADECIMENTOS

Este livro não teria sido possível sem o meu editor na Custom House, Geoff Shandler, cujo apoio, conselhos perspicazes e paciência ajudaram a trazer Witold à vida. Liate Stehlik, minha editora, compartilhou da minha paixão pela história de Witold nos últimos três anos e sou grato a ela e à equipe da Harper Collins pelo espaço e visibilidade que me proporcionaram. Muito obrigado a Vedika Khanna, editora assistente, e a Nyamekye Waliyaya, chefe de produção da Harper Collins, por transformarem o manuscrito em um livro. Ao meu editor do Reino Unido em Ebury, Jamie Joseph, por suas sugestões inteligentes e encorajamento. A concepção deste livro se deu com a ajuda dos meus maravilhosos agentes Larry Weismann e Sascha Alper. Sou grato a Clare Alexander, minha agente no Reino Unido, por seu apoio ao longo da minha carreira. Jacob Levenson editou (e reeditou) cada versão do manuscrito, nunca desistiu de corrigir minha prosa e me ajudou a descobrir a humanidade de Witold.

Marta Goljan liderou a minha equipe de pesquisa e seguiu os passos de Witold comigo a cada etapa do caminho. Ela e Katarzyna Chiżyńska passaram dois anos em Oświęcim rastreando e traduzindo centenas de relatos e memórias de prisioneiros. Junto com Luiza Walczuk, em Varsóvia, ambas ajudaram a localizar e entrevistar dezenas de sobreviventes do campo e suas famílias, e me apresentaram os prazeres da cultura polonesa. Sou especialmente grato a Katarzyna por seu incrível trabalho de preparação nos estágios finais do livro. Ingrid Pufahl, minha judiciosa e brilhante pesquisadora em Washington, D.C., invariavelmente encontrava respostas para as minhas múltiplas e difíceis solicitações. Agradeço também aos demais membros da equipe que colaborou na pesquisa para o livro: Hannah Wadle, Irina Radu, Alexandra Harrington, Karianne Hansen e Iga Bunalska, do Grupo de Estudos de Auschwitz, Anna Łozińska e Paulina Wiśniewska, do Centro Witold Pilecki para Estudos Totalitários. Filip Wojciechowski colaborou com suas ideias e muitos passeios excelentes por Varsóvia.

Sou muitíssimo grato a Piotr Cywiński e Andrzej Kacorzyk por abrirem as portas do Museu Auschwitz-Birkenau para a minha pesquisa. Piotr Setkiewicz, do departamento de pesquisa, recebia e respondia minhas consultas intermináveis com bom humor e contribuiu com suas percepções sobre cada fase do manuscrito. Cyra foi o meu primeiro guia na história de Witold, e compartilhou generosamente sua própria pesquisa e descobertas. Szymon Kowalski e Wojciech Płosa garantiram que eu nunca me perdesse nos arquivos. Obrigado também a Jerzy Dębski, Jacek Lachendro, Agnieszka Sieradzka, Anna Walczyk, Agnieszka Kita, Sylwia Wysińska, Halina Zdziebko, Roman Zbrzeski. Mirosław Obstarczyk me ajudou a ver o campo pelos olhos de Witold. Um agradecimento especial a Krystyna Bożejewicz do Polish Underground Study Trust em Londres, por atender a muitos pedidos, e a Jarek Garliński, por ter sido o primeiro a me encorajar a escrever o livro. Em nome da minha equipe de pesquisa, também gostaria de agradecer a Klaudia Kieperka do Instituto Polonês e Museu Sikorski em Londres; Ron Coleman, Megan Lewis e Rebecca Erbelding do Museu Memorial do Holocausto dos Estados Unidos; Alla Kucherenko do Yad Vashem; Dovid Reidel do Kleinman Holocaust Education Center; Jacek Syngarski do Archivo Polonicum, em Freiburg; Fabrizio Bensi do Comitê Internacional da Cruz Vermelha, em Genebra; Gerhard Keiper do Arquivo Político do Ministério das Relações Exteriores da Alemanha; Stephan Stracke do Landesarchiv Muenster; Carina Schmidt e Peter Haberkorn do Arquivo do Estado de Hesse e Johannes Beermann do Instituto Fritz--Bauer, em Frankfurt.

Ao longo da minha pesquisa, tive o grande privilégio de conhecer a família de Witold. Andrzej Pilecki e Zofia Pilecka-Optułowicz passaram horas compartilhando lembranças de Witold comigo. O seu grande carinho, generosidade e franqueza me proporcionaram uma visão inicial da personalidade do pai. Andrzej participou comigo de vários estágios da pesquisa, sendo o mais memorável deles a estadia de uma noite num mosteiro franciscano do século XVII, em Alwernia. Quando Andrzej não podia estar conosco, ele se certificava de que fôssemos bem atendidos. Marek Ostrowski também se tornou um amigo querido. Um agradecimento especial também a Dorota Optułowicz-McQuaid, Beata Pilecka-Różycka por muitos bolos gostosos, Elżbieta Ostrowska, Tomasz Ostrowski, Edward Radwański, Lidia Parwa, Stanisław Tumielewicz e Krysztof Kosior. David McQuaid me ajudou a juntar as peças, preencher algumas lacunas na história de Witold e entender suas conexões com o nosso tempo.

Também fiquei honrado em entrevistar pessoas que conheceram Witold ou participaram da luta daqueles tempos: Kazimierz Piechowski, Bohdan Walasek, Jerzy Zakrzewski, Jerzy Bogusz, Janusz Walendzik, Mieczysław Gałuszka, Zofia Zużałek, Jacek e Ryszard Stupka, Józefa Handzlik, Anna Czernicka, Stefan Hahn, Mieczysław Mastalerz, Kazimierz Albin e Zofia Posmysz. Estou em dívida com os familiares daqueles ligados à história de Witold por disponibilizarem seu tempo, recordações e documentos particulares: Maria e Szymon Świętorzecki, Marek e Barbara Popiel, Yaninka Salski, Jarosław Abramow-Newerly, Daniel Piechowski, Jan Tereszczenko, Piotr Woyna-Orlewicz, Ewa Biały, Adam Wojtasiuk, Zofia Wiśniewska, Maria Serafińska-Domańska, Stanisław Domański, Jan Dembinski, Jan Jekiełek, Krystyna Kleczar, Wiesław Kleczar, Kazimierz Kleczar, Andrzej Molin, a família Stupka, a família Kożusznik, Krystyna Rybak, Robert Płotnicki, Jacek Dubois, Bożena Sławińska, Henryk Bleja, a família Harat, Beata Ciesielska-Mrozewicz, Felicjan Świerczyna, Piotr Wielopolski, a família Mikusz, Krzysztof Nahlik, Jan Chciuk-Celt, Stefan Pągowski, Tadeusz M. Płużański, Marta Orłowska, Wanda Janta, Ryszard Stagenalski e Stanisław Mróz.

Agradeço às seguintes pessoas por examinarem vários estágios do manuscrito: Anthony Polonsky, Robert van Pelt, Nikolaus Wachsmann, Dariusz Stola, David Engel, Bernard Wasserstein, Yehuda Bauer, Wociech Kozłowski, Rafał Brodacki, Jeffrey Bines, Staffan Thorsell, Wojciech Markert, Kate Brown, Magdalena Gawin, Anna Bikont, Francis Harris, Rufus e Cherry Fairweather, Adam Fairweather e Suzannah Lipscomb. Por suas ideias e colaboração, também gostaria de estender meus agradecimentos a Mikołaj Kunicki, Krzysztof Szwagrzyk, Andrzej Kunert, Wojciech Frazik, Wiesław Jan Wysocki, Zygmunt Stanlik, Mieczysław Wójcik, Anna Początek, Jadwiga Kopeć, Olga Ivanova, Aliaksandr Paskievic, Leon Lauresh, François Guesnet, Wojciech Hałka, Małgorzata Zalewska, Elżbieta Przybysz, Marek Księżarczyk, Piotr Cuber, Mirosław Ganobis, Artur Szyndler do Centro Judaico de Auschwitz, Bolesław Opaliński, Krzysztof Kredens, Alfred Wolfsteiner, Annett Bresan do Arquivo Cultural Sórbio em Bautzen, Melaney Moisan, Martin Lohman, Bob Body, Rolph Walker, Joan e Tom Fitzgibbon e Michal Teital.

Fui auxiliado na recriação da rota de fuga de Witold por Bogdan Wasztyl, Mirosław Krzyszkowski, Zbigniew Klima e Marcin Dziubek, do Stowarzyszenie Auschwitz Memento; Piotr Grzegorzek nas margens do Soła; Bolesław Opaliński em Alwernia; Zbigniew Kumala na Floresta Niepołomice; Stanisław Kobiela em Bochnia. Agradecimentos especiais para Ales Hitrun e Piotr Kubel por me mostrarem a casa de Witold em Krupa; a Łukasz Politański pela cena de batalha em Wołbórz; a Jacek Szczepanskie e a Jacek Iwaszkiewicz pela casa de férias da família em Legionowo; e a George Dernowski e Maria Radożycka Paoletti pela magnífica praia de Porto San Giorgio. Não poderia deixar de citar também Jacek Zięba-Jasiński por ter apresentado ao meu irmão Adam e a mim as rotas dos mensageiros nas Montanhas Tatra, pelo que lhe somos muito gratos.

Nada disso teria sido possível sem a minha esposa, Chrissy, que suportou pacientemente as minhas longas ausências, ouviu minhas histórias sobre arquivos diligentemente e me levou a aprofundar minha compreensão de Witold com suas edições. Ela e minhas três maravilhosas filhas, Amelie, Marianna e Tess, são um lembrete constante daquilo por que Witold um dia lutou.

PERSONAGENS

Abramow-Newerly, Barbara (1908–1973) – Professora de música em Varsóvia a quem Witold salvou de um chantagista por causa da sua ascendência judaica. Seu marido, o escritor Igor Abramow-Newerly, foi aprisionado em Auschwitz e Witold fornecia fundos a Barbara para o seu sustento.

Bach-Zelewski, Erich von dem (1899–1972) – Oficial da SS que propôs a criação de um campo de concentração em Auschwitz. Como chefe de polícia na Bielorrússia ocupada, supervisionou o trabalho do Einsatzgruppen-B, responsável pelo assassinato em massa de milhares de judeus em 1941. Em operações subsequentes contra a Resistência na região, estima-se que as suas forças tenham matado por volta de duzentas mil pessoas. Em 1944, Bach-Zelewski supervisionou a repressão ao Levante de Varsóvia, ao custo estimado de cento e oitenta e cinco mil vidas. Escapou da punição nos julgamentos de Nurembergue depois de concordar em testemunhar contra os colegas. Em 1951, Bach-Zelewski foi condenado a dez anos em um campo de trabalho pelo assassinato de opositores políticos no início dos anos de 1930. Morreu na prisão em Munique sem enfrentar acusações por crimes na Polônia e União Soviética.

Bendera, Eugeniusz (1906–1988) – Mecânico polonês que entrou no campo em janeiro de 1941 e trabalhou na oficina da SS. Depois de tomar conhecimento de que seria fuzilado, traçou um plano com Kazimierz Piechowski para roubar um carro oficial da SS e fugir.

Bernardini, Filippo (1884–1954) – Núncio papal em Berna que retransmitiu para o Vaticano evidências do Holocausto que provavelmente incluíam alguns materiais levados pelo mensageiro Napoleon Segieda em sua jornada para Londres.

Bishoff, Karl (1897–1950) – Oficial da SS e arquiteto que administrava o escritório de construção do campo, responsável pela idealização de Birkenau e suas câmaras de gás. Escapou da punição após a guerra.

Bock, Hans (1901–*c.*1944) – Kapo alemão encarregado da admissão de prisioneiros no hospital. Morreu de uma possível overdose de morfina em Birkenau por volta de 1944.

Chimczak, Eugeniusz (1921–2012) – Interrogador da polícia secreta da Polônia durante o regime comunista do pós-guerra. Conduziu a investigação e a tortura de Witold após a sua prisão em 1946. Em 1996, foi condenado a sete anos e meio de prisão por seus crimes.

Ciesielski, Edward "Edek" (1922–1962) – Preso quando estudante do ensino médio e enviado para Auschwitz em 1º de abril de 1941, Edek foi recrutado por Witold para a Resistência no verão de 1941 e, mais tarde, escapou do campo com ele. Foi gravemente ferido no Levante de Varsóvia, mas sobreviveu, e mais tarde escreveu o primeiro relato da Resistência. Faleceu vítima de um acidente vascular cerebral antes da publicação, em 1966.

Dalton, Hugh (1887–1962) – Político do Partido Trabalhista que fez parte do gabinete de Churchill em 1940 como Ministro da Economia de Guerra. Em julho daquele ano, criou uma organização clandestina chamada Executiva de Operações Especiais (Special Operations Executive – SOE) para realizar atividades de subversão e sabotagem no continente. A SOE tornou-se o principal ponto de contato para o governo polonês no exílio e coordenou os lançamentos aéreos de equipamentos e de agentes como Napoleon Segieda na Polônia.

Dering, Władysław (1903–1965) – Ginecologista polonês cuja prisão por sua participação na Resistência em Varsóvia e encaminhamento para Auschwitz em junho de 1940 foi um impulso para a missão de Witold. Foi o primeiro recruta de Witold no campo e utilizou a sua posição no hospital para salvar prisioneiros. Em maio de 1943, Dering participou como cirurgião dos experimentos nazistas para esterilização usando raios-X e injeções químicas. Também participou como cirurgião de cento e quinze castrações e histerectomias de vítimas, na sua maior parte judias. Em 1944, Dering assinou a Volksliste para confirmar o seu status de alemão étnico e foi libertado do campo. Depois da guerra, foi trabalhar para um dos médicos da SS responsáveis pelo programa, Carl Clauberg, em sua clínica particular em Königshütte, na Silésia. Em 1947, o governo polonês abriu uma investigação contra ele para determinar se poderia indiciá-lo como criminoso de guerra, o que levou Dering a fugir para Londres. Em um julgamento posterior por crimes de guerra, em 1948, foi absolvido da acusação, que ele negava. O caso de Dering foi assunto de outra ação legal em 1964, quando ele processou o autor Leon Uris e seu editor William Kimber por conta da referência a um "Dr. Dehring" que tinha realizado mais de dezesseis mil "cirurgias sexuais no campo". Durante o julgamento, Alina Brewda, uma médica judia que tinha conhecido Dering antes da guerra e trabalhara como enfermeira no campo, contou que ela também tinha recebido ordens de participar das cirurgias, mas se recusara. O juiz posteriormente ordenou ao editor que pagasse uma libra a Dering por danos.

Diem, Rudolf (1896–1986) – Médico polonês que entrou no campo em fevereiro de 1941. Como enfermeiro no hospital, opôs-se às a tentativas da SS de empregar enfermeiros poloneses em práticas sanguinárias.

Dipont, Marian (1913–?) – Médico polonês que entrou no campo em agosto de 1940 e ingressou na equipe de enfermagem do hospital. Foi libertado em setembro de 1941, e é provável que tenha levado para Varsóvia notícias do envenenamento por gás pela SS de prisioneiros de guerra soviéticos e de pacientes do hospital.

Dubois, Stanisław "Stasiek" (1901–1942) – Político e escritor polonês que entrou no campo em setembro de 1940 e trabalhou junto com Witold recolhendo evidências de crimes nazistas no campo. Seus relatórios sobre a mortalidade dos prisioneiros no campo em junho e julho de 1942 continham os primeiros dados sobre o Holocausto em Auschwitz que chegaram a Varsóvia e Londres.

Eden, Anthony (1897–1977) – Ministro das Relações Exteriores britânico que anunciou a existência do Holocausto em nome dos Aliados, mas na sequência mostrou-se relutante em endossar medidas de salvamento para os judeus da Europa devido a preocupações sobre o seu impacto no esforço de guerra.

Entress, Friedrich (1914–1947) – Médico da SS no hospital do campo a partir de dezembro de 1941 que desempenhou um papel fundamental na seleção de pacientes para injeções de fenol. Foi preso pelas forças dos EUA em 1945, condenado por crimes de guerra e executado em 1947.

Frank, Hans (1900–1946) – Governador da Polônia ocupada pelos alemães nomeado após a invasão. Foi executado depois de ser julgado por crimes de guerra em Nurembergue.

Fritsch, Karl (1903–1945) – Subcomandante de Auschwitz, introduziu o uso do pesticida Zyklon B para envenenar detentos a gás. Acredita-se que tenha morrido em Berlim.

Gawron, Wincenty (1908–1991) – Artista e entalhador de madeira polonês recrutado por Witold no campo e usado por ele para transmitir os primeiros relatórios referentes ao início do Holocausto em Auschwitz. Lutou no Levante de Varsóvia antes de emigrar para Chicago, nos Estados Unidos, onde trabalhou como carpinteiro e entalhador.

Gawryłkiewicz, Mieczysław (1898–*c.*1944) – Oficial comandante de Witold durante a invasão alemã da Polônia.

Goebbels, Joseph (1897–1945) – Ministro da propaganda alemão, cometeu suicídio.

Grabner, Maximilian (1905–1948) – Chefe da unidade da Gestapo no campo encarregado de eliminar os membros da Resistência. Ordenou alguns dos primeiros envenenamentos por gás de famílias judaicas em Auschwitz. Em 1943, foi preso após uma investigação da SS sobre a corrupção no campo e, na sequência, sentenciado a doze anos de prisão por realizar execuções extrajudiciais no bloco penal (uma acusação bizarra, dado o extermínio em massa de judeus no campo). Após a guerra, foi preso pelas forças dos EUA e entregue às autoridades polonesas para ser julgado em 1947. Foi executado em 1948.

Himmler, Heinrich (1900–1945) – Chefe da polícia alemã e líder da SS que supervisionou o sistema de campos de concentração. Visitou Auschwitz em março de 1941 para autorizar a sua rápida expansão antes da invasão da União Soviética e outra vez em julho de 1942 para observar a seleção e o envenenamento por gás de um carregamento de judeus holandeses. Cometeu suicídio.

Höss, Rudolf (1900–1947) – Comandante de Auschwitz durante o período de Witold no campo. Julgado pelas autoridades polonesas em 1947 e enforcado em Auschwitz.

Jabłoński, Karol (1903–1953) – Oficial polonês e chefe de operações de sabotagem em Varsóvia a quem Witold apresentou a ideia de atacar Auschwitz.

Jaster, Stanisław (1921–1943) – Aluno do ensino médio que entrou no campo em abril de 1941. Escapou em um carro da SS em junho de 1942 levando consigo um relatório de Witold para Varsóvia sobre o assassinato em massa de judeus em Birkenau. Foi executado mais tarde pela Resistência sob a falsa acusação de que era informante.

Jekiełek, Wojciech (1905–2001) – Ativista social polonês na pequena cidade de Osiek, nos arredores do campo, que criou uma rede da Resistência para contrabandear comida, medicamentos e mensagens para os prisioneiros. Coletou dados sobre crimes nazistas no campo e passou o material para o mensageiro Napoleon Segieda.

Karcz, Jan (1892–1943) – Oficial de cavalaria que criou uma célula da Resistência em Birkenau para documentar o extermínio em massa de judeus nesse campo.

Karski, Jan (1914–2000) – Mensageiro polonês que foi a Londres como testemunha ocular do aniquilamento do Gueto de Varsóvia e de um ponto de trânsito fora do campo de extermínio de Belzec. Em 1943, viajou para Washington, D.C., e apresentou o seu testemunho ao presidente Roosevelt.

Kielar, Wiesław (1919–1990) – Estudante polonês que chegou a Auschwitz no primeiro transporte, em junho de 1940. Mais tarde, trabalhou como enfermeiro no hospital, onde testemunhou o envenenamento por gás de pacientes e de prisioneiros de guerra soviéticos, em setembro de 1941.

Klehr, Josef (1904–1988) – Marceneiro austríaco que serviu como um oficial não comissionado no hospital do campo. Ajudou a aperfeiçoar o método de execução de pacientes mediante aplicação de injeções de fenol. Também foi empregado na chamada unidade de desinfecção, que trabalhava nas câmaras de gás de Birkenau. Ao final da guerra, Klehr não foi processado, mas acabou por ser julgado em Frankfurt em 1963. O tribunal o condenou por assassinato em quatrocentos e setenta e cinco casos e por assistência ao assassinato conjunto de pelo menos dois mil e setecentos casos, sentenciando-o à prisão perpétua mais um adicional de quinze anos.

Kłodziński, Stanisław (1918–1990) – Estudante de medicina e ativista que entrou no campo em 1941 e se juntou à Resistência. Trabalhou como atendente no hospital e cuidou de Witold quando ele adoeceu com tifo. Kłodziński decodificou as mensagens de Napoleon Segieda e de Wojciech Jekiełek que chegaram ao campo em 1942.

Komorowski, Tadeusz (1895–1966) – Oficial polonês que assumiu o controle militar da Resistência após a prisão de Stefan Rowecki em 1943. Komorowski tomou a decisão de iniciar o Levante de Varsóvia.

Korboński, Stefan (1901–1989) – Líder polonês da Resistência e biógrafo.

Kosztowny, Witold (1913–?) – Biólogo polonês que chegou ao campo em junho de 1940 e trabalhou no hospital. A pedido da SS, montou um laboratório em que criava piolhos infectados com tifo para que fossem usados na fabricação de vacinas. Mais tarde, usou piolhos para atacar os kapos e os homens da SS.

Kożusznik, Władysława (1905–1976) – Dona de casa da vila de Przecieszyn, próxima ao campo, que trabalhava com Helena Płotnicka para levar suprimentos aos prisioneiros. Em julho de 1942, repassou à Resistência o pedido de Napoleon Segida por testemunhos dos crimes nazistas.

Krankemann, Ernst (1895–1941) – Barbeiro alemão sentenciado a detenção por tempo indefinido por violência doméstica em 1935. Fora um dos primeiros kapos a chegar a Auschwitz, onde dirigia a unidade penal dos judeus e dos padres. Possivelmente foi assassinado em um transporte de prisioneiros destinados a serem envenenados por gás em uma instalação nos arredores de Dresden.

Kühl, Juliusz (1913–1985) – Judeu polonês funcionário da embaixada em Berna, Suíça, que supervisionava os assuntos judaicos e talvez tenha acompanhado o mensageiro Napoleon Segieda no encontro com o chefe da missão, Aleksander Ładoś.

Küsel, Otto (1909–1984) – Kapo alemão em Auschwitz encarregado das atribuições de trabalho. Salvou a vida de Witold, oferecendo-lhe a função de instalador de fogão. Ajudou a Resistência ao alternar os integrantes entre as equipes de trabalho e procurava poupar os prisioneiros doentes das piores tarefas. Mais tarde, participou de uma das fugas de 1942 que contrabandearam material sobre o Holocausto para fora do campo. Originalmente um vagabundo de Berlim, Otto foi preso pela polícia alemã por roubar e acabou no sistema de campos de concentração. Estava entre os primeiros funcionários que chegaram ao campo em junho de 1940.

Ładoś, Aleksander (1891–1963) – Diplomata polonês e chefe da missão em Berna, na Suíça, durante a guerra. Provavelmente foi informado pelo mensageiro Napoleon Segieda sobre o aniquilamento do Gueto de Varsóvia. Ajudou a emitir passaportes falsos de países latino-americanos para judeus em fuga.

Norrman, Sven (1891–1979) – Mensageiro sueco da Resistência polonesa que transportou relatórios de Varsóvia para Estocolmo sobre os primeiros experimentos com gás da SS nos prisioneiros de guerra da União Soviética e em pacientes do hospital de Auschwitz. Norrman trabalhou em Varsóvia antes da guerra como gerente nacional da empresa de engenharia ASEA. Em maio de 1942, contrabandeou o primeiro grande relatório sobre o assassinato em massa de judeus em territórios ocupados pelos alemães no leste.

Nowakowski, Leon (1908–1944) – Oficial polonês que comandou a unidade de Witold durante o Levante de Varsóvia.

Obojski, Eugeniusz "Gienek" (1920–1943) – Aprendiz de cozinheiro em Varsóvia antes da guerra, chegou no primeiro transporte para Auschwitz em junho de 1940 e foi encarregado do necrotério do hospital. Foi um dos primeiros recrutas de Witold e um importante contrabandista de medicamentos e suprimentos para o campo, incluindo o radiotransmissor de ondas curtas da Resistência.

Obora, Józef (1888–1974?) – Empresário polonês de Bochnia que abrigou Witold, Edek e Jan após a fuga do campo.

Ostrowska, Eleonora (1909–1995) – Concunhada de Witold e ponto de contato em Varsóvia durante sua estadia em Auschwitz. Organizou a reunião inaugural do Tajna Armia Polska no seu apartamento e foi uma integrante ativa da Resistência ao longo da guerra.

Paliński, Aleksander "Olek" (1894–1944) – Músico e atendente polonês de Varsóvia que entrou no campo em janeiro de 1941. Aleksander foi recrutado por Witold e serviu como mensageiro depois da sua libertação em 1942. Witold ficou com os Paliński após a sua fuga e trabalhou com Olek para enviar ajuda aos prisioneiros que ainda estavam no campo.

Palitzsch, Gerhard (1913–1944) – Oficial da SS e carrasco do campo. Sua esposa morreu de tifo em 1942. Mantinha relações sexuais com pelo menos uma prisioneira judia e foi transferido do campo em 1943. Acredita-se que tenha morrido nos arredores de Budapeste em 1944.

Piechowski, Kazimierz "Kazik" (1919–2018) – Estudante polonês que entrou em Auschwitz como um de seus primeiros detentos em junho de 1940. Fugiu do campo vestido como soldado da SS em um carro oficial alemão em junho de 1942, junto de Eugeniusz Bendera, Józef Lempart e Stanisław Jaster, que levava um relatório sobre o assassinato em massa de judeus em Birkenau.

Piekarski, Konstanty "Kon" (1913–1990) – Estudante de engenharia e oficial polonês, chegou a Auschwitz no mesmo transporte de Witold e foi recrutado por ele para a Resistência em 1940. Auxiliou Witold a roubar um radiotransmissor do escritório de construção da SS.

Pietrzykowski, Tadeusz "Teddy" (1917–1991) – Pugilista profissional polonês e um dos primeiros recrutas de Witold no campo. Derrotou o kapo alemão Walter Dunning em uma luta de boxe. Testemunhou um dos primeiros envenenamentos por gás de judeus em Auschwitz e usou piolhos infectados com tifo para atacar oficiais da SS e kapos.

Pilecka, Maria (1899–1991) – esposa de Witold.

Pilecka, Zofia (nascida em 1933) – filha de Witold.

Pilecki, Andrzej (nascido em 1932) – filho de Witold.

Płotnicka, Helena (1902–1944) – Dona de casa da vila de Przecieszyn, próxima ao campo, que trabalhava com Władysława Kożusznik para levar suprimentos aos prisioneiros. Em julho de 1942, repassou à Resistência o pedido de Napoleon Segida por testemunhos dos crimes nazistas. Mais tarde, foi presa e levada para Auschwitz, onde morreu de tifo.

Płużański, Tadeusz (1920–2002) – Mensageiro polonês que levou para o líder no exílio, o general Władysław Anders, os relatórios de Witold sobre a conquista da Polônia pelos comunistas no pós-guerra. O seu plano de atacar membros da polícia secreta polonesa provavelmente levou à prisão de Witold. Ele foi julgado ao mesmo tempo que Witold em 1948 e condenado à morte, porém, mais tarde, a sentença foi revertida para prisão perpétua. Foi libertado da prisão em 1955.

Porębski, Henryk (1911–?) – Eletricista polonês que chegou a Auschwitz em 1941 e estabeleceu as primeiras conexões entre a Resistência do campo principal e a equipe judaica que trabalhava nas câmaras de gás de Birkenau.

Portal, Charles (1893–1971) – Chefe da Força Aérea Real Britânica, considerou e rejeitou o primeiro apelo de Witold para bombardear o campo em 1941 e também os pedidos subsequentes do governo polonês para um apoio aéreo mais robusto à Resistência.

Rawicz (Heilman), Kazimierz (1896–1969) – Oficial polonês que entrou no campo em março de 1941 e uniu as facções da Resistência a pedido de Witold. Em 1942, concebeu um plano que consistiria em encenar uma revolta que atraísse a atenção dos guardas e permitisse uma fuga em massa.

Redzej, Jan (1910–1944) – Professor polonês de escola primária, chegou ao campo no mesmo transporte de Witold e mais tarde concebeu a ideia de fugir do campo por uma padaria localizada do lado de fora. Lutou com Witold durante o Levante de Varsóvia.

Romanowicz, Michał (?–1940) – Oficial de cavalaria e um dos primeiros recrutas de Witold, ajudava-o a trocar de destacamento de trabalho e organizou o envio do primeiro relatório de Witold sobre o campo via Aleksander Wielopolski.

Rowecki, Stefan "Grot" (1895–1944) – Oficial polonês e líder da Resistência em Varsóvia até sua prisão, em 1943. Concebeu a missão original de Witold para Auschwitz e mais tarde enviou o mensageiro Napoleon Segieda ao campo para investigar os seus relatórios.

Różycki, Witold (1906–?) – Oficial polonês que chegou ao campo no mesmo transporte de Witold. Depois da guerra, ele o acompanhou a Auschwitz.

Ruszczyński, Zbigniew (1914–1943) – Arquiteto polonês que chegou ao campo em 1941 e traçou o plano para roubar um radiotransmissor do escritório de construção da SS.

Savery, Frank (1883–1965) – Diplomata britânico e cônsul em Varsóvia nos anos 1930. Como chefe interino do Ministério das Relações Exteriores encarregado do dossiê polonês durante a guerra, era um guardião crucial das informações que chegavam a Londres a partir de Varsóvia. Provavelmente foi o primeiro funcionário do Ocidente a compreender o papel central de Auschwitz no Holocausto.

Schwela, Siegfried (1905–1942) – Médico da SS que trabalhou no hospital do campo a partir de 1941. Foi um dos pioneiros da prática de injetar fenol nos pacientes e participou de experimentos iniciais com gás. É provável que tenha sido morto pelos prisioneiros por meio de piolhos infectados com tifo em 1942.

Segieda, Napoleon (1908–1988) – Soldado polonês antes da guerra, chegou à Grã-Bretanha em 1941 e foi selecionado como mensageiro. Depois de ser treinado pela Executiva de Operações Especiais britânica, foi lançado de paraquedas sobre a Polônia em 1942. Mais tarde, investigou relatos de atrocidades nazistas em Auschwitz e retornou a Londres para entregar as suas descobertas em fevereiro de 1943.

Serafiński, Tomasz (1902–1966) – Advogado polonês e fazendeiro abastado cujo documento de identidade Witold usou ao se registrar no campo. Depois de fugir, Witold hospedou-se em sua casa em Nowy Wiśnicz. Tomasz apresentou à Resistência em Cracóvia o plano de Witold de ataque ao campo, que foi rejeitado. Depois, foi expulso da organização por apoiar Witold.

Siegruth, Johann (1903–1941) – Kapo alemão maneta, era responsável pelos depósitos localizados ao lado de Auschwitz. Foi morto por prisioneiros em 1941.

Sieradzki, Makary (1900–1992) – Funcionário público polonês e membro da Resistência que abrigou Witold em seu retorno à Polônia em 1945. Foi julgado junto com Witold e condenado a quinze anos de prisão.

Sikorski, Władysław (1881–1943) – Oficial polonês que se tornou líder do governo da Polônia no exílio em 1940.

Staller, Alois (1905–?) – Kapo alemão em Auschwitz encarregado do primeiro bloco ocupado por Witold e que o selecionou como supervisor de dormitório. Staller tinha sido operário em uma fábrica e comunista na Renânia. Foi preso em 1935 por afixar um cartaz antinazismo e detido por tempo indeterminado em Sachsenhausen um ano depois.

Stössel, Alfred "Fred" (?–1943) – Polonês de origem alemã que trabalhou como enfermeiro no hospital do campo. Witold confiou a ele a proteção do radiotransmissor. Mais tarde, foi denunciado pela Resistência por tomar parte na aplicação de injeções de fenol em pacientes.

Stupka, Helena (1898-1975) – Residente de Oświęcim, estabeleceu as primeiras conexões com os prisioneiros.

Surmacki, Władysław (1888-1942) – Oficial polonês e engenheiro cuja prisão em Varsóvia por trabalhar na Resistência e posterior encaminhamento para Auschwitz, em julho de 1940, motivou a missão de Witold. No campo, Surmacki trabalhou como agrimensor no escritório de construção e estabeleceu as primeiras conexões da Resistência com o mundo exterior via Helena Stupka.

Świętorzecki, Karol (1908-?) – Karol foi um dos primeiros recrutas de Witold no campo. Chegaram no mesmo transporte e trabalharam no mesmo bloco como supervisores de dormitório. Witold utilizava Karol para distribuir pelo campo as notícias captadas via monitoramento ilegal do rádio da Resistência. Karol serviu como mensageiro de Witold após a sua libertação do campo em maio de 1941.

Szelągowska, Maria (1905-1989) – Química polonesa e integrante da Resistência. Em 1945, ajudou Witold a datilografar e editar seu relatório.

Mais tarde, trabalhou com ele em Varsóvia reunindo informações e preparando relatórios para enviar ao líder no exílio Władysław Anders. Foi julgada ao mesmo tempo que Witold em 1948 e sentenciada à morte, pena que depois foi revertida para prisão perpétua. Foi libertada da prisão em 1955.

Szpakowski, Sławomir "Sławek" (1908-?) – Pintor de postais de Kielce, foi preso na mesma época que Witold. Os dois compartilharam um colchão nas primeiras semanas no campo e trabalharam juntos na equipe de demolição. Foi libertado do campo em 1941.

Trojnicki, Ferdynand (1897–?) – Oficial polonês antes da guerra e membro do Tajna Armia Polska, Ferdynand foi um dos primeiros recrutas de Witold e o ajudou a arranjar um emprego na unidade de carpintaria. Foi libertado do campo em novembro de 1941 e é possível que tenha levado a Varsóvia notícias referentes aos experimentos com gás envolvendo soviéticos e à criação do campo de Birkenau.

Westrych, Wilhelm (?–1943) – Polonês de origem alemã que trabalhou como kapo da oficina de carpintaria em Auschwitz. Deu a Witold um emprego nessa equipe e o protegeu de outros kapos.

Wielopolski, Aleksander (1910–1980) – Engenheiro polonês e membro da célula da Resistência chamada Mosqueteiros. Foi detido junto com Witold e enviado para o campo. Solto em outubro de 1940, levou consigo o primeiro relato de Witold sobre o campo.

Wietschorek, Leo (1899–1942) – Kapo alemão que punia os prisioneiros com exercícios físicos. Era notório por estuprar garotos adolescentes no campo e assassiná-los. Provavelmente foi morto pelos prisioneiros por meio de piolhos infectados com tifo em 1942.

Wise, Stephen (1874–1949) – Rabino norte-americano que foi um dos primeiros a ficar sabendo que Hitler ordenara o extermínio de todos os judeus da Europa, em 1942. Concordou em não divulgar a informação até que uma investigação do Departamento de Estado dos EUA confirmasse os detalhes. Em novembro de 1942, anunciou em uma conferência de imprensa que os alemães haviam matado dois milhões de judeus.

Włodarkiewicz, Jan (1900–*c.*1943) – Oficial polonês que lutou como *partisan* ao lado de Witold nas semanas seguintes à invasão alemã. Em novembro de 1939, formou com ele uma célula da Resistência em Varsóvia conhecida como Tajna Armia Polska. Sugeriu para a liderança da Resistência o nome de Witold para a missão em Auschwitz.

Zabawski, Edmund (1910–?) – Professor dos arredores da cidade de Bochnia, no sul da Polônia. Apresentou Witold ao companheiro de fuga Jan Redzej e contatou a sua família em nome de Witold para abrigá-los depois da fuga do campo. Mais tarde, passou os planos de Witold de ataque ao campo para a liderança da Resistência.

NOTAS

Notas sobre o texto

1. Dados cortesia de Wojciech Płosa.
2. Pilecki, *Auschwitz*, loc. 521

Capítulo 1: Invasão

1. Pilecki, [Pod Lidą], Materiały, vol. 223c, APMA-B, p. 36; Dmytruk, "Z Novogo", citado em Brown, *No Place*, loc. 954; Tumielewicz, [Kronika], p. 229; Lacki, "Burza", pp. 229-30; Pilecka, [Dzieje], vol. 223c, APMA-B, p. 104; Pilecki, [W jaki], PUMST, p. 8.
2. Kochanski, *The Eagle*, p. 57; Wilmot, [Notes], LH 15/15/150/2, LHCMA.
3. A mobilização geral ocorreu em 30 de agosto, mas a mobilização secreta havia começado no dia 24 de agosto. Kochanski, *The Eagle*, p. 57; Pilecki, [W jaki], PUMST, p. 8; Лаўрэш, *13 т*раўня, pp. 15-9; Лаўрэш, ЛіО ՝чына, p. 76; Brochowicz-Lewiński, [Raport], CAW, I.302.4. 466.
4. Pilecki, Interview, May 21, 2016.
5. Gawron, *Ochotnik*, p. 68; Pilecki, Akta sprawy, Protokół przesłuchania podejrzanego Tadeusza Płużańskiego, Materiały, vol. 223, APMA-B, pp. 197; Pieńkowska, [Wspomnienia], p. 12; Budarkiewicz, *Wspomnienia*, in: Cyra, *Rotmistrz*, p. 24.
6. Tracki, *Młodość*, p. 112; Pilecka, Materiały, vol. 223c, APMA-B, pp. 94-6; Pilecki, [Życiorys], Materiały, vol. 223c, APMA-B, [número de páginas não fornecido]; Tracki, *Młodość*, pp. 178-9, p. 185. A propriedade de Sukurcze foi herdada pelo lado da mãe. A terra dos Pilecki foi confiscada em grande parte pelo estado russo após a participação de seu avô na Revolta de Janeiro de 1863 contra o Tzar Alexandre II; Cyra, *Rotmistrz*, p. 22.
7. Para detalhes da cooperativa, ver: [Dokumenty spółdzielni], AAN, 2/213/0/9/8498 and AAN, 2/213/0/9/8499; Pilecka, Interview, July 14, 2016; Pilecki, Krzyszkowski, Wasztyl, *Pilecki*, p. 30; Pilecki, Interview, February 1,

2016; Pilecki, Krzyszkowski, Wasztyl, *Pilecki*, p. 30; Tracki, *Młodość*, p. 187, pp. 188-91.

8. Kochanski, *The Eagle*, pp. 30-2; Bikont, *The Crime*, pp. 11-26, Ringelblum, *Polish*, p.11; Brzoza, Sowa, *Historia*, p. 135; Brown, *No Place*, loc. 534; Лаўрэш, Яўрэі, pp. 141-54; Лаўрэш, Лідчына, p. 64; Gelman, *Jewish*, citado em Manor, Ganusovitch, Lando, *Book of Lida*, p. 83; Ярмонт, В тени, pp. 93-94, in: Лаўрэш, Лідчына, p. 76.
9. Pilecki, [W jaki], PUMST, p. 7; Pilecki, Interview, February 2, 2016; Gombrowicz, *Polish*, p. 32. Witold despejou um inquilino judeu que tinha arrendado terras da propriedade em 1922. Não há evidências de que houvesse animosidade racial por trás do incidente. Pilecka, [Dzieje], Materiały, vol. 223c, APMA-B, pp. 15-8. As cooperativas na Polônia desempenhavam um papel no fomento dos interesses econômicos da comunidade, o que frequentemente tinha uma dimensão étnica. Piechowski, *Byłem*, pp. 17-8.
10. Markert, *77*, p. 53; Pilecki, Interview, October 10, 2017; Pilecka, Interview, May 17, 2016.
11. Pilecki, Interview, February 1, 2016, and October 10, 2017.
12. Pilecki, Interview, October 10, 2017.
13. Pilecki, Interview, May 21, 2017; Pilecki, [Pod Lidą], Materiały, vol. 223c, APMA-B, p. 26.
14. Pilecki, Interview, February 1, 2016. Como o Exército polonês foi pego em meio à mobilização e nunca de fato mobilizou-se, tinha uma desvantagem numérica equivalente a 1,5:1 na infantaria, 3:1 na artilharia e 5:1 em tanques. Talvez um pouco mais de setecentos mil soldados poloneses tenham entrado em combate, a maior parte de maneira fragmentada e desorganizada, em comparação com os cerca de um milhão de alemães. Komisja, *Polskie*, vol. 1, part 1, p. 191, p. 247; Kochanski, *The Eagle*, p. 46, pp. 55-7; Thomas, *German*, p. 8.
15. Pilecki, [W jaki], PUMST, p. 2, p. 8; Gawron, *Ochotnik*, pp. 86-99.
16. Witowiecki, *Tu mówi*, p. 54, Markert, *77*, p. 55. Jezierski, [Wspomnienia], CAW, I.302.4.466.
17. Witowiecki, *Tu mówi*, p. 54; Naruszewicz, *Wspomnienia*, p. 177. Para viagem em vagão de carga ver também Bujniewicz, *Kolejnictwo*, p. 58.
18. Szpilman, *The Pianist*, p. 22; Richie, *Warsaw*, pp. 110-4.
19. Witowiecki, *Tu mówi*, p. 76; Gnatowski, [Wspomnienia], CAW, I.302.4.466.
20. Blum, *O broń*, pp. 20-41. Jezierski, [Wspomnienia], CAW, I.302.4.466. Um agradecimento especial a David McQuaid e Łukasz Politański por determinar as datas corretas de quando Witold chegou a Piotrków Trybunalski.

21. Pilecki, [W jaki], PUMST, p. 8.
22. Pilecki, [W jaki], PUMST, p. 8; Schmidtke, [Wspomnienia], CAW, I.302.4.466.
23. Stoves, *Die 1.*, p. 57.
24. Stoves, *Die 1.*, p. 57; Pilecki, [W jaki], PUMST, p. 8; Blum, *O broń*, pp. 20-41; Jezierski, [Wspomnienia], CAW, I.302.4.466.
25. Blum, *O broń*, pp. 20–41; Witold não escreve muito sobre a cena em suas memórias. "Tanques na estrada. Meu cavalo está morto". Mas sua concisão é em si reveladora. Nas margens também escreveu em lápis azul: "Fiz um juramento naquela noite, mais difícil para mim do que qualquer outra decisão". Ele não diz que juramento é esse, mas, conhecendo-se Witold, provavelmente jurou lutar até o amargo fim. Pilecki, [W jaki], PUMST, p. 9.
26. Pilecki, [W jaki], PUMST, p. 9.
27. Kochanski, *The Eagle*, p. 69; Wilkinson, *Foreign*, p. 72.
28. Kochanski, *The Eagle*, pp. 48–9; Pilecki, [W jaki], PUMST, p. 9.
29. Wilkinson, *Foreign*, p. 73.
30. Pilecki, [W jaki], PUMST, p. 10.
31. Pilecki, [W jaki], PUMST, p. 10. Um grupo de soldados britânicos da missão militar estava tentando resgatar pessoas dos escombros e conseguiu retirar a esposa polonesa do chefe de correio da embaixada. A delegação só pôde sair do país vários dias depois. Colin Gubbins, que desempenharia um papel importante na história de Witold, estava no grupo.Wilkinson, *Foreign*, p.77
32. Pilecki, [W jaki], PUMST, p. 10; Karski, *Story*, p. 11. O nome de Karski antes da guerra era Jan Kozielewski, mas ele é mais conhecido por seu nome de guerra, que adotou posteriormente.
33. Pilecki, [W jaki], PUMST, p. 11.
34. Pilecki, [W jaki], PUMST, p. 11.
35. Kochanski, *The Eagle*, pp. 76–9.
36. Kochanski, *The Eagle*, pp. 89-90.
37. Pilecki, [W jaki], PUMST, p. 11; Pilecki, Interview, March 11, 2016.
38. Pilecki, [W jaki], PUMST, p. 13.
39. Pilecki, [W jaki], PUMST, p. 13.
40. Pilecki, [W jaki], PUMST, p. 13.
41. Widelec, *Diary*, citado em Margolis, *Memorial*, p. 422; Lewitt, *When*, citado em Margolis, *Memorial*, p. 442; Nejmark, *The Destruction*, citado em Margolis, *Memorial*, p. 445; Dekel, [Browar], p. 15, p. 101. Um residente polonês da cidade, Franciszek Hodubski, sugeriu que um policial alemão étnico talvez tivesse se envolvido na identificação da propriedade polonesa, mas em geral não há

fontes polonesas descrevendo o papel dos moradores da cidade na colaboração. Hodubski, Protokół, Ostrów Mazowiecka 05.08.1947, IPN Bl 407/63. K. 296/47, GK 264/63, SOŁ 63, pp. 0343–0344; Słuchoński, [Wspomnienia], IP, 019 Sluchonski_ Artur_2_skan_AK; Pilecki, Interview, March 11, 2016.

42. Pilecki, Interview, March 11, 2016.
43. Pilecki, [W jaki], PUMST, p. 14.

CAPÍTULO 2: OCUPAÇÃO

1. Pilecki, [W jaki], PUMST, p. 14.
2. Nowak, *Courier*, p. 58; Richie, *Warsaw*, p. 147; Goebbels, *The Goebbels*, a. 37; Korbonski, *Fighting*, p. 7; Bryan, *Warsaw*, p. 19, p. 25; Goebbels, *Diary*, p. 37. Bryan estimou que entre dez e trinta mil projéteis atingiam a cidade diariamente. Bryan, *Warsaw*, p. 24; Goebbels, *Diary*, p. 37.
3. Frank, *Extracts*, p. 368, citado em O'Connor, *Butcher*, loc. 2008.
4. Olsson, *For Your*, p. 203.
5. Snyder, *Black*, loc. 423; Lukas, *Forgotten*, loc. 72. O primeiro grupo de trabalhos forçados na Alemanha foi formado por prisioneiros de guerra poloneses. Herbert, *Hitler's*, pp. 61-94. A utilização de prisioneiros de guerra como força de trabalho era proibida pela Convenção de Genebra, mas após o desmantelamento do estado polonês pelos alemães os prisioneiros foram "liberados" do seu *status*. Tooze, *Wages*, loc. 6701. Mais duzentos mil trabalhadores vindos da Polônia haviam chegado à Alemanha na primavera de 1941; Frank, *Extracts*, p. 110, citado em Kochanski, *The Eagle*, p. 98.
6. Snyder, *Black*, loc. 196; Hilberg, *The Destruction*, pp. 64-74; Winstone, *Dark*, loc. 1693.
7. Pilecki, [W jaki], PUMST, p. 14; Bartoszewski, *1859*, p. 91; Sobolewicz, *But I*, p. 70; Lukas, *Forgotten*, loc. 942. As tentativas de envenenamento por parte dos poloneses tornaram-se sofisticadas com o passar do tempo. Ver Rowecki,]Meldunek], August 13, 1941, in: Czarnocka et al., *Armia*, vol. II, p. 36; Ostrowska, [Wspomnienia 1], p. 2; Malinowski, *Tajna*, p. 27; Nowak, *Courier*, p. 59; Frank, *Extracts*, p. 5896; Bartoszewski, *1859*, p. 99.
8. Ostrowska, [Wspomnienia 1], p. 2; Ostrowski, Interview, May 1, 2016; Ostrowski, Interview, October 10, 2017.
9. Ostrowski, Interview, May 1, 2016; Tereszczenko, *Wspomnienia*, p. 83.

10. Włodarkiewicz, [Deklaracja ideowa], AAN 2/2505/0/-/194, p. 3; Tereszczenko, Interview, November 1, 2016; Ostrowska, [Wspomnienia 1], p. 3.
11. Pilecki, [W jaki], PUMST, pp. 14–5.
12. Pilecki, [W jaki], PUMST, p. 14; Malinowski, *Tajna*, p. 29.
13. Garlinski, *Fighting*, p. 43; Nowak, *Courier*, p. 71; Korbonski, *Fighting*, p. 11, p. 157; Thorsell, *Warszawasvenskarna*, p. 134; Szarota, *Okupowanej*, pp. 223–5.
14. Korbonski, *Fighting*, p. 183; Szpilman, *The Pianist*, p. 48; Garlinski, *Fighting*, p. 43; Nowak, *Courier*, p. 71; Korbonski, *Fighting*, p. 11.
15. Korbonski, *Fighting*, p. 219; Gistedt, *Od operetki*, p. 92.
16. Pilecki, [W jaki], PUMST, p. 14; Autor desconhecido, [Zasady konspiracji], AAN 2/2505/0/-/194.
17. Rablin, Oświadczenia, vol. 29, APMA-B, p. 82.
18. Rablin, Oświadczenia, vol. 29, APMA-B, p. 82.
19. Pilecki, [W jaki], PUMST, p. 14; Autor desconhecido, [Zasady konspiracji], AAN 2/2505/0/-/194.
20. Korbonski, *Fighting*, p. 183; Szpilman, *The Pianist*, p. 48; Garlinski, *Fighting*, p. 43; Nowak, *Courier*, p. 71.
21. Malinowski, *Tajna*, p. 100.
22. Szpilman, *The Pianist*, p. 54; Dwork, van Pelt, *Auschwitz*, p. 144.
23. Tooze, *Wages*, loc. 6789; Szpilman, *The Pianist*, p. 54; Szarota, *Okupowanej*, p. 203. Ver *Ziemniaki na pierwsze*..., *na drugie*..., *na trzecie* (Batatas para a primeira refeição... para a segunda refeição... para a terceira refeição) de Zofia Serafińska ou *Sto potraw z ziemniaków* (Cem pratos de batatas) de Bolesława Kawecka-Starmachowa; Pilecki, [Raport 1945], PUMST, p. 5.
24. Allen, *The Fantastic*, loc. 212. Vários guetos já haviam sido criados na Polônia àquela altura, o primeiro em Piotrków Trybunalski em outubro de 1939. Winstone, *Dark*, loc. 1856; Frank, *Extracts*, p. 5896.
25. Pilecki, [W jaki], PUMST, p. 14; Bartoszewski, 1859, p. 70.
26. Malinowski, *Tajna*, p. 53, p. 100; Nowak, *Courier*, p. 63.
27. Malinowski, *Tajna*, p. 39; Zwerin, *Swing*, p. 64.
28. Zwerin, *Swing*, p. 64.
29. Pilecki, Interview, May 16, 2016.
30. Pilecka, Interview, May 17, 2016; Łapian, Interview, May, 15, 2017.
31. Pilecki, Interview, May 16, 2016.
32. Szwajkowski, [Zeznania], IPN, S/139/12/Zn, pp. 137–142; Zawadzki, [Zeznania], IPN, S/139/12/Zn, pp. 124–8; Roth, *Murder*, citado em Zalc, Bruttman,

Microhistories, p. 227; ver nota de rodapé 55 para posturas antissemitas; Gutman, Krakowski, *Unequal*, p. 48; Zimmerman, *The Polish*, p. 74, p. 83. O mensageiro Jan Karski observou que os sentimentos poloneses em relação aos judeus nessa época eram "esmagadoramente severos e com muita frequência impiedosos".

33. Gross, *Polish*, p. 254; Tereszczenko, *Wspomnienia*, p. 85; Tereszczenko, Interview, November 1, 2016.
34. *Znak*, May, 1940/6-7, citado em Malinowski, *Tajna*, pp. 12-5. Uma edição posterior do *Znak* repudiou o tratamento brutal dispensado aos judeus pelos nazistas, que os escritores consideravam estranho ao temperamento polonês. No entanto, "nada muda o fato de que os judeus são um elemento indesejado e até prejudicial na Polônia, e a eliminação de sua influência na nossa vida nacional ainda será nosso principal objetivo". *Znak*, 1940/27, AN, 1925, pp. 3-4.
35. Pilecki, [W jaki], PUMST, p. 15; Tereszczenko, Interview, November 1, 2016; Nowak, *Courier*, p. 39. Nowak, que se tornou um dos mensageiros mais celebrados da guerra, tinha sido um dos primeiros colaboradores da *Znak*, mas parou de trabalhar com eles por causa de sua posição política. Em determinado trecho, ele observou em suas memórias: "Motivos ideológicos genuínos eram muitas vezes misturados com as ambições de indivíduos que planejavam os seus futuros pessoais e políticos no pós-guerra" (Nowak, *Courier*, p. 67). Os pontos de vista de Jan sobre os judeus não estão registrados, mas é provável que se alinhassem estritamente aos adotados pela *Znak*.
36. *Znak*, May 6, 1940/6–7; Kochanski, *The Eagle*, p.97; Pilecki, [W jaki], PUMST, p. 15; Pilecki, Wspomnienia, vol. 179, APMA-B, p. 312
37. Pluta-Czachowski, . . . *gdy przychodzi* . . . , citado em Szarota, *Stefan*, p. 91; Rakoń, [Meldunek Nr.15], in: Czarnocka et al., *Armia*, vol. I. p. 194 (citado em Zimmerman, *The Polish*, p. 76). O mensageiro Jan Karski levanta uma questão semelhante em seu relatório para a resistência em 1940 (Karski, citado em Zimmerman, *The Polish*, p. 73).
38. Zimmerman, *Polish*, p. 67.
39. Favez, *The Red*, pp. 136-7; Zimmerman, *Polish*, p. 67; *Fleming*, *Auschwitz*, p. 32; Wood, *Karski*, loc. 1109; Winstone, *Dark*, loc. 1244.
40. Pilecki, [W jaki], PUMST, p. 14.
41. Pilecki, [W jaki], PUMST, p. 15; Pilecki, Wspomnienia, vol. 179, APMA--B, p. 313.
42. Pilecki, [W jaki], PUMST, p. 15.
43. *Znak*, 15.08.1940/17, AN, 1920. A declaração de Jan não fez referência específica aos judeus, mas sua linguagem é típica dos nacionalistas da época – pro-

curou definir o modo de ser polonês em termos religiosos e sectários. Pilecki, [W jaki], PUMST, p. 15; Pilecki, Wspomnienia, vol. 179, APMA-B, p. 313.

44. Malinowski, *Tajna*, p. 70.
45. Winstone, *The Dark*, loc. 1329; Lasik et al., *Auschwitz*, vol. I, pp. 49–50; Bartoszewski, *1859*, p. 157; Cyra, *Rotmistrz*; Pieńkowska, [Wspomnienia 1], AAN, 2/2505/0/-/194, p. 2.
46. Malinowski, *Tajna*, p. 88; Cyra, *Dr Władysław*, p. 74; Kantyka, Kantyka, *Władysław*, in: *idem*, *Oddani*, p. 266. Somente o sobrenome da mulher, Żurawska, é conhecido.
47. Malinowski, *Tajna*, p. 54, p. 88; Ostrowska, [Wspomnienia 1], p. 4; Wachsmann, *KL*, pp. 7-9; Tabeau, [Sprawozdanie], in: *Zeszyty* (1991), p. 105; Wachsmann, *KL*, p. 191.
48. Wachsmann, *KL*, pp. 6-9; Auschwitz foi concebido originalmente como uma instalação de trânsito para os trabalhadores poloneses que viajavam para o Reich, mas parece que foi rapidamente adaptado para servir como um campo de concentração mais convencional. Rees, *Auschwitz*, loc. 643; Steinbacher, *Auschwitz*, p. 22, Dwork, Van Pelt, *Auschwitz*, p. 166.
49. Malinowski, *Tajna*, p. 54, p. 88; Ostrowska, [Wspomnienia 1], p. 4. Não está claro exatamente quantos presos morreram em Auschwitz no fim de agosto. Os registros estão incompletos e apenas o nome de um preso assassinado foi preservado.
50. Pilecki, [W jaki], PUMST, p. 15; Malinowski, *Tajna*, p. 100. Malinowski diz que a reunião ocorreu no fim de agosto, mas isso contradiz a linha do tempo.
51. Pilecki, [W jaki], PUMST, p. 15.
52. Pilecki, [W jaki], PUMST, p. 15; Ostrowska, [Wspomnienia 1], p. 4; Gawron, *Ochotnik*, p. 114; Pilecki, Akta sprawy, Zeznanie w śledztwie Witolda Pileckiego, ASS MON, vol. 1, p. 74.
53. Pilecki, [W jaki], PUMST, p. 15.
54. Malinowski, *Tajna*, p. 54; Gawron, *Ochotnik*, p. 114.
55. Pilecki, [W jaki], PUMST, p. 15.
56. Pilecki, [W jaki], PUMST, p. 15; Pilecki, Interview, February 1, 2016.
57. Winstone, *The Dark*, loc. 1371; Pilecki, [W jaki], PUMST, p. 15; Landau, *Kronika*, vol. I; p. 111; Ostrowska, [Wspomnienia 1], p. 3.
58. Pilecki, [W jaki], PUMST, p. 15; Pilecki, Wspomnienia, vol. 179, APMA-B, p. 313.
59. Dering, [Wspomnienia], p.11; Malinowski, *Tajna*, p. 33.
60. Pilecki, [W jaki], PUMST, p. 15; Pilecki, Interview, February 1, 2016.
61. Pilecki, Interview, February 1, 2016; Ostrowski, Interview, March 9, 2016.

62. Pilecki, [Raport 1945], PUMST, p. 46.
63. Cyra, *Rotmistrz, p. 111*; Ostrowska, [Wspomnienia 1], p. 5.
64. Ostrowski, Interview, March 9, 2016; Ostrowska, [Wspomnienia 1], a. 5.
65. Ostrowska, [Wspomnienia 1], p. 5.
66. Ostrowska, Wspomnienia, vol. 179, APMA-B, p. 148; Gorzkowski, *Kroniki*, p. 51.
67. Pilecki, [Raport 1945], PUMST, p. 1; Bartoszewski, *Mój*, pp. 12–4.

Capítulo 3: Chegada

1. Pilecki, [Raport 1945], PUMST, p. 1; Bartoszewski, *Mój*, pp. 14–6; Korbonski, *Fighting*, p. 49.
2. Czech, *Auschwitz*, p. 29; Pilecki, [Raport 1945], PUMST, p. 1; Bartoszewski, *Mój*, pp. 16–7; Kowalski, *Niezapomniana*, pp. 154–8; Ptakowski, *Oświęcim*, pp. 12–3; Redzej, [Raport 1943], AAN, p. 34.
3. *Pilecki, [Raport 1945], PUMST*, p. 1.
4. Pilecki, [Raport 1945], PUMST, pp. 1–2; Piekarski, *Escaping*, pp. 8-12; Redzej, [Raport 1943], AAN, p. 34; Bartoszewski, *Mój*, p. 18; Nowacki, Wspomnienia, vol. 151, APMA-B, p. 133.
5. Pilecki, [Raport 1945], PUMST, p. 2; Kowalski, *Niezapomniana*, a. 161; Pilecki, [Raport 1945], PUMST, p. 4.
6. Pilecki, [Raport 1945], PUMST, p. 3.
7. Pilecki, [Raport 1945], PUMST, p. 3; Kowalski, *Niezapomniana*, a. 163; Stapf, Wspomnienia, vol. 110, APMA-B, p. 75-1.
8. Pilecki, [Raport 1945], PUMST, p. 3.
9. Pilecki, [Raport 1945], PUMST, p. 4; Stapf, Oświadczenia, vol. 29, APMA-B, p. 89; Albin, Interview, May 21, 2016; Serafiński, [Karta personalna], D-Au-I-2, vol. 7, APMA-B, p. 234; Pilecki, [Raport 1945], PUMST, p. 4.
10. Pilecki, [Raport 1945], PUMST, p. 4; Bartoszewski, *Wywiad*, p. 46; Kowalski, *Niezapomniana*, pp. 164–5.
11. Lasik et al., *Auschwitz*, vol. I, pp. 66-8; Nowacki, Wspomnienia, vol. 151, APMA-B, p. 133.
12. Pilecki, [Raport 1945], PUMST, p. 4; Piekarski, *Escaping*, p. 16.
13. Siedlecki, *Beyond*, p. 149; Pilecki, [Raport 1945], PUMST, p. 4; Redzej, [Raport 1943], AAN, p. 36a; Ciesielski [Raport 1943], AAN, a. 55; Bartoszewski, *Mój*, p. 20; Świętorzecki, Oświadczenia, vol. 76, APMA-B, p. 95; Nowacki, Wspomnienia, vol. 151, APMA-B, p. 65.

14. Kowalski, *Niezapomniana*, p. 166; Fejkiel, *Medycyna*, in: Bidakowski, Wójcik, *Pamiętniki*; Pilecki, [Raport 1945], PUMST, p. 4.
15. Dering, [Wspomnienia], p. 9; Piekarski, *Escaping*, p. 23; Kowalski, *Niezapomniana*, p. 166.
16. Gawron, *Ochotnik*, p. 17; Paczyński, Oświadczenia, vol. 100, APMA-B, a. 95; Piekarski, *Escaping*, p. 22; Głowa, Wspomnienia, vol. 94, APMA-B, p. 117.
17. [Alois Staller], Archiv Fritz Bauer Institute, FAP 1, HA 29, Bl. 4908- 4914; LAV NRW, W, GSTA Hamm Nr. 3369,3367 Q 211 a.
18. Fejkiel, *Medycyna*, in: Bidakowski, Wójcik, *Pamiętniki, p. 111*; Świętorzecki, Oświadczenia, vol. 76, APMA-B, p. 95.
19. Wachsmann, *KL*, pp. 60-3.
20. Rees, *Auschwitz*, loc. 425.
21. Iwaszko et al., *Auschwitz*, vol. II, p. 66; Szczepański, recordação em vídeo [14.07.1995], APMA-B, V-246.
22. Pilecki, [Raport 1945], PUMST, p. 4.
23. Pilecki, [Raport 1945], PUMST, p. 19; Redzej, [Raport 1943], AAN, a. 45a; Piekarski, *Escaping*, loc. 325; Piekarski, *Escaping*, p. 25; Siedlecki, *Beyond*, p. 155. Fritzsch supervisionou as chamadas em seu papel como Schutzhaftlagerführer ou Chefe do Campo de Detenção Preventiva.
24. Fejkiel, *Medycyna*, in: Bidakowski, Wójcik, *Pamiętniki*, p. 111.
25. Bartoszewski, *Mój*, p. 20; Fejkiel, *Medycyna*, in: Bidakowski, Wójcik, *Pamiętniki*, p. 111.
26. Bartoszewski, *Mój*, p. 21.
27. Szczepański, recordação em vídeo [14.07.1995], APMA-B, V-246; Iwaszko et al., *Auschwitz*, vol. II, p. 70; Kowalski, *Niezapomniana*, a. 223; Siedlecki, *Beyond*, p. 155; Ciesielski, [Raport 1943], AAN, p. 7; Redzej, [Raport 1943], AAN, p. 34, p. 34a; Piekarski, *Escaping*, p. 27.
28. Siedlecki, *Beyond*, p. 155; Kowalski, *Niezapomniana*, p. 233; Langbein, *People*, p. 133; Langbein, *People*, p. 65; Siedlecki, *Beyond*, p. 155; Pilecki, *The Auschwitz*, loc. 563; Pilecki, [Raport 1945], PUMST, p. 3.
29. Langbein, *People*, p. 70; Wachsmann, *KL*, p. 501. Ver Gawron, Wspomnienia, vol. 48, APMA-B, pp. 9-13 e pp. 38-8 para descrições de prisioneiros judeus sendo denunciados por colegas poloneses.
30. [Document], D-Au1-2, 1-5, APMA-B, cited in Czech, *Auschwitz*, a. 373; Iwaszko et al., *Auschwitz*, vol. II, p. 372.
31. Iwaszko et al., *Auschwitz*, vol. II, pp. 371-80.
32. Kowalski, *Niezapomniana*, p. 188, p. 191; Siedlecki, *Beyond*, p. 152.
33. Müller, *Eyewitness*, p. 5; Langbein, *People*, p. 70.

34. Wachsmann, *KL*, p. 497; Bielecki, *Kto ratuje*, p. 130; Smoleń, „Czarna", a 4; Kowalski, *Niezapomniana*, p. 175.
35. Piekarski, *Escaping*, p. 85; Świętorzecki, Interview, February 14, 1972.
36. Piekarski, *Escaping*, p. 33; Ziółkowski, *Byłem*, p. 31; Kowalski, *Niezapomniana*, p. 234.
37. Kowalski, *Niezapomniana*, p. 233; Szpakowski, Interview, January 31, 2017; Wachsmann, *KL*, p. 501.
38. Iwaszko et al., *Auschwitz*, vol. II, pp. 294-6; Favez, *The Red*, p. 27, pp. 137-41.
39. Lasik et al., *Auschwitz*, vol. I, pp. 66-8; Nosal, Oświadczenia, vol. 132, APMA-B, p. 165; Bartys, Oświadczenia, vol. 63, APMA-B, p. 135.
40. Piekarski, *Escaping*, p. 21.
41. Piekarski, *Escaping*, p. 21.
42. Piekarski, *Escaping*, pp. 30–2.
43. Piekarski, *Escaping*, p. 30.
44. Iwaszko et al, *Auschwitz*, vol. II, p. 311; Diem, Wspomnienia, vol. 172, APMA-B, p. 11, p. 14, p. 30.
45. Iwaszko et al., *Auschwitz*, vol. II, p. 61; Bartoszewski, *Mój*, pp. 36–8; Fejkiel, *Medycyna*, in: Bidakowski, Wójcik, *Pamiętniki, p. 111*; Kowalski, *Niezapomniana*, pp. 172–3.
46. Szczepański, recordação em vídeo [14.07.1995], APMA-B, V-246.
47. Urbanek, Oświadczenia, vol. 44, APMA-B, p. 8; Ciesielski, *Wspomnienia*, p. 40; Pilecki, [Raport 1945], PUMST, p. 5.

Capítulo 4: Sobreviventes

1. Kowalczyk, *Barbed*, p. 112; Pilecki, [Raport 1945], PUMST, p. 11.
2. Iwaszko et al., *Auschwitz*, vol. II, pp. 312–5; Fejkiel, *Więźniarski*, pp. 46–9; Piekarski, *Escaping*, p. 36; Strzelecka, *Voices*, vol. 3, p. 10; Dering, [Wspomnienia], p. 24; Diem, Wspomnienia, vol. 172, APMA-B, p. 45, p. 77, p. 122.
3. Iwaszko et al., *Auschwitz*, vol. II, p. 216; Langbein, *People*, pp. 50–84; Fejkiel, *Więźniarski*, p. 216.
4. Dering, [Wspomnienia], p. 11, p.14, p. 41.
5. Pilecki, [Raport 1945], PUMST, p. 20; Czech, *Kalendarz*, p. 19. Um prisioneiro judeu, Dawid Wongczewski, parece ter morrido durante a chamada, a primeira vítima judia conhecida do campo. Essa fórmula é de um estudo da SS realizado pelo Dr. Hans Münch entre 1943 e 1944, embora ele só tenha enumerado os resultados em 1947, enquanto aguardava julgamento

na Polônia por crimes de guerra. Münch, *Analyzis*, APMA-B Collection of Studies, vol. 35, p .93; Collingham, *The Taste*, loc. 293.

6. Pozimski, Wspomnienia, vol. 52, APMA-B, p. 165; Dering, [Wspomnienia], p. 14; Wachsmann, *KL*, p. 209; Piekarski, *Escaping*, pp. 37–8; Redzej, [Raport 1943], AAN, pp. 34a–35, p. 37; Albin, *List*, p. 54; Świętorzecki, Oświadczenia, vol. 76, APMA-B, p. 96; Pilecki, [Raport 1945], PUMST, p. 35; Bartoszewski, *Mój*, p. 32; Piątkowska, Wspomnienia, vol. 66, APMA-B, pp. 116–9; Butterly, Shepherd, *Hunger*, p. 134.
7. Lasik et al., *Auschwitz*, vol. I, pp. 171; Piekarski, *Escaping*, p. 23, p. 28, Świętorzecki, Interview, February 14, 1970; Pilecki, [Raport 1945], PUMST, p. 6.
8. Pilecki, [Raport 1945], PUMST, p. 6; Dering, [Wspomnienia], p. 70.
9. Kochavi, *Prelude*, p.7; Iwaszko et al., *Auschwitz*, vol. II, p. 419-26.
10. Piekarski, *Escaping*, p. 35.
11. Iwaszko et al., *Auschwitz*, vol. II, pp. 378-80; Świętorzecki, Oświadczenia, vol. 76, APMA-B, p. 96; Piekarski, *Escaping*, p. 35; Kowalski, *Niezapomniana*, p. 177; Ciesielski, [Raport 1943], AAN, p. 6; Radlicki, *Kapo*, pp. 64–5; Siciński, *Z psychopatologii*, pp. 126-30; [Krankemann], HHStAW Fonds 430/1 No 9402.
12. Pilecki,[Raport 1945], PUMST, p. 6; Ciesielski, [Raport 1943], AAN, a.7.
13. Pilecki, [Raport 1945], PUMST, p. 6.
14. Pilecki, [Raport 1945], PUMST, p. 7.
15. Pilecki, [Raport 1945], PUMST, p. 7; Piekarski, *Escaping*, p. 143.
16. Dwork, van Pelt, *Auschwitz*, pp. 177-81
17. Pilecki, *The Auschwitz*, loc. 814; Pilecki, [Raport 1945], PUMST, p. 7.
18. Pilecki, [Raport 1945], PUMST, pp. 7–8.
19. Pilecki, *The Auschwitz*, loc. 833; Pilecki, [Raport 1945], PUMST, p. 8.
20. Pilecki, *The Auschwitz*, loc. 866; Pilecki, [Raport 1945], PUMST, p. 8.
21. Pilecki, [Raport 1945], PUMST, p. 8.
22. Pilecki, [Raport 1945], PUMST, p. 8.
23. Pilecki, [Raport 1945], PUMST, p. 8.
24. Pilecki, *The Auschwitz*, loc. 7794; Pilecki, [Raport 1945], PUMST, p. 9.
25. Pilecki, [Raport 1945], PUMST, p. 6, p. 27; Kielar, *Anus Mundi*, p. 34; Kłodziński, *Rola*, pp. 113–26; Ciesielski, [Raport 1943], AAN, p. 3; Pilecki, [Zamiast], Materiały, vol. 223c, APMA-B, p. 1.
26. Pilecki, [Zamiast], p. 1.
27. Pilecki, [Raport 1945], PUMST, p. 9; Ciesielski, [Raport 1943], AAN, a.5; Redzej, [Raport 1943], AAN, p. 36; Radlicki, *Kapo*, p. 87; Doborowolska, *The Auschwitz*, loc. 1687; Albin, *List*, p. 53; Urbanek, Oświadczenia, vol.

44, APMA-B, p. 3; Wolny, Oświadczenia, vol. 33, APMA-B, p. 17; Białas, Oświadczenia, vol. 94, APMA-B, vol. 94, p. 24; Kowalski, *Niezapomniana*, pp. 245–7. A maior parte dos prisioneiros fala de um único rolo compressor gigante, mas alguns mencionam também alguns rolos menores.

28. Gutheil, *Einer*, pp. 79–92; Albin, *List*, p. 49; Bernacka, "Otto", pp. 8–9; Pilecki, [Raport 1945], PUMST, p. 10.
29. Pilecki, *The Auschwitz*, loc. 929; Pilecki, [Raport 1945], PUMST, p. 10.
30. Pilecki, *The Auschwitz*, loc. 929; Pilecki, [Raport 1945], PUMST, p. 10.
31. [Raport 1945], PUMST, p. 10.
32. Iwaszko et al., *Auschwitz*, vol. II, p. 80-8.
33. Filip, Żydzi, pp. 51, pp. 139–43; Steinbacher, *Auschwitz*, p. 9; Dwork, van Pelt, *Auschwitz*, p. 205.
34. Pilecki, [Raport 1945], PUMST, pp. 10–1.
35. Pilecki, [Raport 1945], PUMST, p. 11.
36. Pilecki, [Raport 1945], PUMST, pp. 10–1.

Capítulo 5: Resistência

1. Pilecki, [Raport 1945], PUMST, p. 11.
2. Höss, *The Commandant*, loc. 200; Pilecki, [Raport 1945], PUMST, p. 12; Dwork, van Pelt, *Auschwitz*, p. 188.
3. Pilecki, [Raport 1945], PUMST, p. 11.
4. Pilecki, [Raport 1945], PUMST, p. 13.
5. Pilecki, [Raport 1945], PUMST, p. 13.
6. Siedlecki, *Beyond*, p. 151.
7. Pilecki, *Auschwitz*, loc. 2418; Pilecki, [Raport 1945], PUMST, p. 12.
8. Świętorzecki, Interview, February 14, 1970; Pilecki, [Raport 1945], PUMST, p. 6; Radlicki, *Kapo*, pp. 68-71, p. 87.
9. Świętorzecki, Interview, February 14, 1970; Pilecki, [Raport 1945], PUMST, p. 6.
10. Pilecki, [Raport 1945], PUMST, p. 8. Havia um membro adicional chamado Roman Zagner, sobre quem se sabe pouco. Kielar, *Anus Mundi*, p. 44; Kowalski, Wspomnienia, vol. 96, APMA-B, p. 242; Pilecki, [Klucz], AAN, p. 2; Cyra, *Rotmistrz*, p. 111.
11. Iwaszko et al., *Auschwitz*, vol. II, p. 69.
12. Fejkiel, *Medycyna*, in: Bidakowski, Wójcik, *Pamiętniki*, pp. 404–546; Iwaszko et al., *Auschwitz*, vol. II, p. 61; Dobrowolska, *The Auschwitz*, loc. 3310, loc. 3356,

loc. 3363; Ziółkowski, *Byłem*, pp. 45–6; Smoleń, „Czarna", p. 4. Uma loja também estava em operação no campo, vendendo cigarros e artigos de papelaria. Os prisioneiros tinham permissão para receber uma pequena mesada de suas famílias.

13. Nowacki, Wspomnienia, vol. 151, APMA-B, p. 139; Piekarski, *Escaping*, p. 46.
14. Piekarski, *Escaping*, p. 45.
15. Piekarski, *Escaping*, p. 45.
16. Piekarski afirma que Witold lhe disse que Auschwitz se tornaria "um campo de extermínio enorme para alojar combatentes da liberdade poloneses", mas é possível que estivesse relacionando a função posterior do campo em sua lembrança da conversa com Witold. Piekarski, *Escaping*, p. 44.
17. Siedlecki, *Beyond*, p. 154; Pilecki, *The Auschwitz*, loc. 1011; Pilecki, [Raport 1945], PUMST, p. 11.
18. Stupka, Oświadczenia, vol. 68, APMA-B, p. 124, p. 127; Stupka, Interview, September 21, 2016; Pilecki, [Raport 1945], PUMST, p. 29; Kajtoch, Wspomnienia, vol. 27, APMA-B, pp. 6–7; Plaskura, Oświadczenia, vol. 105, APMA-B, p. 42.
19. Ostrowska, [Wspomnienia 1], p. 5; Pilecki, [Raport 1945], PUMST, p. 29; Kajtoch, Wspomnienia, vol. 27, APMA-B, pp. 6-7; Plaskura, Oświadczenia, vol. 105, APMA-B, p. 42.
20. Czech, *Auschwitz*, pp. 29-39; Kowalczyk, *Barbed*, p. 35; Langbein, *People*, p. 70.
21. Fejkiel, *Więźniarski*, p. 120, Pilecki, Interview, May 17 and 19, 2016; Pilecka, Interview, February 1, 2016; Szpakowski, Interview, January 31, 2017.
22. Lasik et al., *Auschwitz*, vol. I, p. 266; Dembiński, [Raport], PUMST, A. 680, p. 593.
23. Pilecki, [Raport 1945], PUMST, p. 13.
24. Iwaszko et al., *Auschwitz*, vol. II, pp. 429-33.
25. Pilecki, [Raport 1945], PUMST, p. 36; Wielopolski, Interview, May 18, 2017; Rostkowski, Świat, p. 57; Rowecki, [Memo], March 19, 1940, mencionado em Suchcitz et al., *Armia*, vol. I. p. 313, Sosnkowski, [List]. November 28, 1940, No. 162 [no 94], citado em Suchcitz et al., *Armia*, vol. II., p. 649.
26. Pilecki, [Raport 1945], PUMST, p. 36; Iwaszko et al., *Auschwitz*, vol. II, p. 430; Wachsmann, *KL*, p. 483. Embora a SS tivesse ordenado que, de modo geral, os prisioneiros não fossem libertados durante a guerra, Auschwitz tinha uma política mais flexível nos primeiros meses. Cyra, *Rotmistrz*, p. 42; Garlinski, *Fighting*, p. 276; Dębski, *Oficerowie*, s.v. Aleksander Wielopolski.

27. Pilecki, [Raport 1945], PUMST, p. 19; Dębski, *Oficerowie*, s.v. Aleksander Wielopolski. Pilecki, [Raport 1945], PUMST; Setkiewicz, *Pierwsi*, p. 16. Os números da chamada de outubro de 1940 não foram preservados e não está claro se Witold teve acesso a eles. O relatório enviado a Londres, que se baseou em informações coletadas por ele, estima que cerca de 20% a 25% dos 6.500 prisioneiros poloneses haviam morrido até novembro de 1940. Essa estimativa bate com os números de final do ano do campo, que conhecemos devido ao acordo do comandante Höss com Adam Sapieha, o arcebispo da Polônia. Sapieha havia solicitado a Höss que liberasse o envio de encomendas para os prisioneiros, e foi atendido. Em 31 de dezembro, o número de presos chegou a 7.879, mas Höss solicitou que apenas 6 mil pacotes fossem enviados. Publicado parcialmente como The camp in Auschwitz Obóz w Oświęcimiu November 1940 – publicado parcialmente como The German Occupation of Poland May 1941; Carter, [Report,] 800.20211/924, RG 59, NARS.
28. Dembiński, [Raport], PUMST, A. 680, p. 593; Hastings, *Bomber*, loc. 1543; Westermann, *The Royal*, p. 197.
29. Dembiński, [Raport], PUMST, A. 680, p. 593.
30. Pilecki, [Raport 1945], PUMST, p. 36; Czech, *Auschwitz*, p. 32.
31. Nowacki, Wspomnienia, vol. 151, APMA-B, p. 145; Kozłowiecki, *Ucisk*, p. 205.
32. Dering, citado em Garlinski, *Fighting*, p. 25.
33. Kielar, *Anus Mundi*, p. 40.
34. Garlinski, *Fighting*, p. 25; Kielar, *Anus Mundi*, p. 40; Czech, *Auschwitz*, p. 32; Setkiewicz, *Zaopatrzenie*, p. 57.
35. Pilecki, [Raport 1945], PUMST, p. 14.
36. Pilecki, [Raport 1945], PUMST, p. 14.
37. Pilecki, *Auschwitz*, loc. 1028; Pilecki, [Raport 1945], PUMST, p. 14.
38. Paczuła, Oświadczenia, vol. 108, APMA-B, p. 72; Setkiewicz, *Voices*, vol. 6, p. 6.
39. Pilecki, [Raport 1945], PUMST, p. 13; Ciesielski, [Raport 1943], AAN, p. 4.
40. Piekarski, *Escaping*, p. 51.
41. Piekarski, *Escaping*, p. 53.
42. Piekarski, *Escaping*, p. 54.
43. Iwaszko et al., *Auschwitz*, vol. II, pp. 81-2.
44. Fejkiel, *Więźniarski*, p. 23; Collingham, *The Taste*, loc. 235; Russell, *Hunger*, loc. 234, loc. 1245, loc. 1374, Butterly, Shepherd, *Hunger*, p. 158.
45. Pilecki, *The Auschwitz*, loc. 1161; Pilecki, [Raport 1945], PUMST, p. 15.

46. Pilecki, [Raport 1945], PUMST, p. 24; Piekarski, *Escaping*, p. 70; Kowalski, Wspomnienia, vol. 96, APMA-B, p. 190.
47. Pilecki, *The Auschwitz*, loc. 1178; Pilecki, [Raport 1945], PUMST, p. 16.
48. Dering, [Wspomnienia], p. 17; Iwaszko et al., *Auschwitz*, vol. II, p. 300.
49. Pilecki, *Auschwitz*, loc. 1174; Piekarski, *Escaping*, p. 75
50. Pilecki, [Raport 1945], PUMST, p. 16.
51. Pilecki, [Raport 1945], PUMST, p. 16.
52. Kowalski, *Niezapomniana*, p. 201; Ringleblum, *Notes*, loc. 1777.
53. Czech, *Auschwitz*, p. 40.
54. Czech, *Auschwitz*, p. 40; Świętorzecki, Oświadczenia, vol. 76, APMA-B, pp. 101–2; Dobrowolska, *The Auschwitz*, loc. 3017; Bartoszewski, *Mój*, pp. 53–4.
55. Świętorzecki, Wspomnienia, vol. 86, APMA-B, p. 233; Dobrowolska, *The Auschwitz*, loc. 3017.
56. Strzelecka, *Voices*, vol. 3, p. 8, p. 21; Redzej, [Raport 1943], AAN, p. 38; Tomaszewski, Wspomnienia, vol. 66, APMA-B, p. 108; Ławski, Wspomnienia, vol. 154/154a, APMA-B, p. 69.
57. Pilecki, [Raport 1945], PUMST, p. 23.
58. Rablin, Oświadczenia, vol. 29, APMA-B, p. 80; Piper, *Auschwitz*, vol. III, p. 198; Dwork, van Pelt, *Auschwitz*, pp. 219–22. O aroma de amêndoas foi adicionado pelos fabricantes do Zyklon-B para que a presença do gás pudesse ser detectada.
59. Strzelecka, *Voices*, vol. 3, p. 29; Pilecki, [Raport 1945], PUMST, pp. 23–4; Redzej, [Raport 1943], AAN, p. 37a.
60. Pilecki, [Raport 1945], PUMST, p. 25.
61. Pilecki, [Raport 1945], PUMST, p. 25.
62. Pilecki, [Raport 1945], PUMST, p. 25.

Capítulo 6: Comando de bombardeiros

1. Wielopolski, Interview, May 18, 2017.
2. Allen, *The Fantastic*, loc. 1819; Matusak, *Wywiad*, p. 32, p. 35.
3. Mulley, *The Spy*, p. 61; Leski, *Życie*, pp. 68-71; Olsson, *Last*, loc. 2625.
4. A mensagem oral de Aleksander não foi a única fonte de notícias sobre o campo naquele outono – parece que alguns cartões postais e cartas contrabandeadas tinham chegado a Varsóvia. Houve também outros prisioneiros libertados e umas poucas fugas. Para o *status* de presos políticos poloneses e as convenções de Haia e Genebra, ver: Lasik et al., *Auschwitz*, vol. I,

pp. 43–4; Gross, Renz, *Der Frankfurter*, vol. 1, p. 598; Reisman, Antoniou, *Laws*, pp. 38-42, pp. 47-6.

5. Dembiński, [Raport], PUMST, A. 680, p. 593.
6. Fleming, *Auschwitz*, p. 24; Dembiński, [Raport], PUMST, A. 680, p. 592; Rowecki incluiu o relatório de Wielopolski também em seu último "Relatório sobre a situação interna até 30 de janeiro de 1941", que chegou a Londres em março de 1941 via Estocolmo; a "parte III. O campo em Oświęcim" descrevia as condições do campo e o sofrimento dos prisioneiros. (PUMST, A. 441, p. 10).
7. Dembiński, [Raport], PUMST, A. 680, p. 592.
8. Dembiński, [Raport], PUMST, A. 680, p. 588, pp. 591–2; Westermann, *The Royal*, p. 197.
9. Walker, *Poland*, loc. 649; McGilvray, *A Military*, loc. 649; Olson, *For Our*, pp. 96-7.
10. Olson, *Island*, loc. 1497.
11. McGilvray, *A Military*, loc. 1957; Olson, *Last*, loc. 1532-1559.
12. Kochavi, *Prelude*, pp. 7-9; Van Pelt, *The Case*, pp. 129-32.
13. Gardiner, *The Blitz*, p. 43.
14. Gardiner, *The Blitz*, pp. 89–90.
15. Manchester, Reid, *The Last*, loc. 3606; Roberts, *Churchill*, pp. 607-8.
16. Milton, *Ministry*, loc. 1640.
17. Dalton, *Diary*, pp. 132-3; McGilvray, *A Military*, loc. 1863.
18. Westermann, *The Royal*, p. 197; Gardiner, *Blitz*, p. 141, pp. 230-41,
19. Overy, *The Bombing*, p. 261; Hastings, *Bomber*, loc. 1543.
20. Hastings, *Bomber*, loc. 1543.
21. Westermann, *The Royal*, p. 201; Hastings, *Bomber*, loc. 1814; Westermann, *The Royal*, p. 197. Harold Perkins, da SOE, apontou que todos os voos para a Polônia foram de fato os recordistas mundiais. Bines, *The Polish*, p. 111.
22. Hastings, *Bomber*, loc. 1732; [Sprawozdanie], PUMST, SK.39.08.
23. Westermann, *The Royal*, p. 202.
24. Westermann, *The Royal*, p. 204.
25. Bines, *The Polish*, pp. 31-2; Wilkson, *Gubbins*, loc. 1728.
26. Garlinski, *Fighting*, p. 75; Walker, *Poland*, loc. 1031; Zabielski, *First*, p. 10.
27. Zabielski, *First*, pp. 9–10; Bines, *The Polish*, p. 40.
28. Zabielski, *First*, pp. 11–2.

CAPÍTULO 7: RÁDIO

1. Pilecki, [Raport 1945], PUMST, pp. 24–5; Król, Oświadczenia, vol. 76, APMA-B, p. 204.
2. Pilecki, [Raport 1945], PUMST, p. 26; Dering, [Wspomnienia]; Lifton, *The Nazi*, pp. 30–5, pp. 129–33.
3. Siedlecki, *Beyond*, p. 190.
4. Langbein, *People*, p. 393; Głowa, Oświadczenia, vol. 36, APMA-B, pp. 1–7; Lifton, *The Nazi*, p. 266; Dering, [Wspomnienia], pp. 193–4.
5. Pilecki, [Raport 1945], PUMST, p. 22; Siedlecki, *Beyond*, p. 170; Schwarz, [Raport.] 17.03.1942. APMA–B, D–AuI–3a, Folder 14; Strzelecka, *Voices*, vol. 3, p. 15, p. 21.
6. Bartoszewski, *Mój*, pp. 50–1; Piekarski, *Escaping*, p. 79.
7. Piekarski, *Escaping*, p. 79.
8. Piekarski, *Escaping*, p. 79.
9. Piekarski, *Escaping*, pp. 77-8.
10. Dering, [Wspomnienia], p. 83.
11. Hahn, Interview, April 24, 2018.
12. Fleming, *Auschwitz*, p. 59; Stargardt, *The German*, p. 66, p. 119. No fim de 1941, as autoridades alemãs estimavam que mais de um milhão de alemães ouviam as transmissões em alemão da BBC. Breitman, *Official*, p. 156.
13. Olson, *Last*, loc. 2335.
14. Świętorzecki, Interview, February 14, 1972.
15. Taul, Wspomnienia, vol. 62, APMA-B, p. 36.
16. Gutheil, *Einer*, pp. 79–92; Ptakowski, *Oświęcim*, p. 97; Gliński, Oświadczenia, vol. 95, APMA-B, p. 6; Drzazga, Oświadczenia, vol. 33, APMA-B, p. 51; Pilecki, [Raport 1945], PUMST, p. 35.
17. Pilecki, [Raport 1945], PUMST, p. 26.
18. Świętorzecki, Oświadczenia, vol. 76, APMA-B, p. 97; Pilecki, [Raport 1945], PUMST, p. 32.
19. Świętorzecki, Interview, February 14, 1972; Wachsmann, *KL*, p. 207; Setkiewicz, *Z dziejów*, p. 55; Dwork, van Pelt, *Auschwitz*, p. 207.
20. Frączek, Wspomnienia, vol. 66, APMA-B, p. 162.
21. Pilecki, [Raport 1945], PUMST, p. 30; Kowalski, *Niezapomniana*, pp. 240–265; Kowalczyk, *Barbed*, vol. II, p. 10.
22. Piekarski, *Escaping*, p. 83; Pilecki, [Raport 1945], PUMST, Höss, *Commandant*, p. 121.
23. Piekarski, *Escaping*, p. 83; Pilecki, [Raport 1945], PUMST, p. 111.

24. Pilecki, *Report W*, pp. 40–1; Pilecki, [Raport W], AAN, p. 74.
25. Pilecki, *Report W*, pp. 40–1; Pilecki, [Raport W], AAN, p. 74.
26. Iwaszko et al., *Auschwitz*, vol. II, p. 83; Pilecki, [Raport 1945], PUMST, p. 27. Porębski, Oświadczenia, vol. 102, APMA-B, p. 28. A taxa de mortalidade entre os prisioneirosgirava em torno de 50%. Bartoszewski, *Mój*, p. 23; Porębski, Oświadczenia, vol. 102, APMA-B, pp. 27–8; Dobrowolska, *The Auschwitz*, loc. 1092, loc. 1143.
27. Pilecki, [Raport 1945], PUMST, p. 27.
28. Pilecki, [Raport 1945], PUMST, p. 27.
29. Pilecki, *The Auschwitz*, loc. 1725; Pilecki, [Raport 1945], PUMST, p. 28.
30. Pilecki, [Raport 1945], PUMST, p. 29.
31. Pilecki, [Raport 1945], PUMST, p. 28.
32. Pilecki, [Raport 1945], PUMST, pp. 28–9.
33. Pietrzykowski, Oświadczenia, vol. 88, APMA-B, p. 10.
34. Pietrzykowski, Oświadczenia, vol. 88, APMA-B, pp. 9-10; Rablin, Oświadczenia, vol. 29, APMA-B, p. 97.
35. Pietrzykowski, Oświadczenia, vol. 88, APMA-B, p. 10; Albin, *List*, pp. 89–90.
36. Pietrzykowski, Oświadczenia, vol. 88, APMA-B, p. 10; Pilecki, [Raport 1945], PUMST, p. 6, p. 27.
37. Pietrzykowski, Oświadczenia, vol. 88, APMA-B, p. 11.
38. Pietrzykowski, Oświadczenia, vol. 88, APMA-B, p. 11.
39. Pietrzykowski, Oświadczenia, vol. 88, APMA-B, p. 11.
40. Piekarski, *Escaping*, p. 99; Lasik et al., *Auschwitz*, vol. I, p. 19; Gawron, *Ochotnik*, pp. 23-6.
41. Świętorzecki, Oświadczenia, vol. 76, APMA-B, pp. 104–5; [Aneks nr 7], 202/III-8, p. 21, in: Marczewska, Ważniewski et al., *Zeszyty* (1968), p. 6. No relatório sobre o campo que apareceu na imprensa da resistência naquele verão, a população de presos foi estimda em 12.500, possivelmente usando-se dados de uma versão anterior. Świętorzecki, Oświadczenia, vol. 76, APMA-B, p. 101; Gawron, *Ochotnik*, pp. 26–8; Kowalczyk, *Barbed*, vol. II, p. 14, p. 36; Kowalski, *Niezapomniana*, p. 218;, p. 223; Setkiewicz, *Zapomniany*, pp. 61–5; Cyra, *Jeszcze raz, [no pages given]*; Kowalski, *Niezapomniana*, p. 228. Batko não foi o único prisioneiro a sacrificar a vida por outro prisioneiro. O monge Maksymilian Kolbe fez o mesmo em 29 de julho de 1941. Pilecki, [Raport 1945], PUMST, p. 37; Redzej, [Raport 1943], AAN, p. 40a.

42. Pilecki, [Raport 1945], PUMST. Nenhum registro da resposta de Varsóvia ao relatório de Karol foi preservado.
43. Świętorzecki, Oświadczenia, vol. 76, APMA-B, p. 106; Gawron, *Ochotnik*, p. 203.
44. Pilecki, [Raport 1945], PUMST; Świętorzecki, Oświadczenia, vol. 76, APMA-B, p. 105.
45. Pietrzykowski, Oświadczenia, vol. 88, APMA-B, pp. 19–20.

Capítulo 8: Experimentos

1. Ciesielski, *Wspomnienia*, pp. 45–7; Höss, *Commandant, p. 157.*
2. Redzej, [Raport 1943], AAN, p. 39; Kłodziński, *Dur*, p. 47.
3. Allen, *The Fantastic*, loc. 319; Diem, Wspomnienia, vol. 172, APMA-B, p. 9.
4. Wachsmann, *KL*, p. 246.
5. Garlinski, *Fighting*, p. 71; Stargardt, *The German*, p. 158; Snyder, *Black*, loc. 475; Waschmann, *KL*, pp. 259-60; Dwork, van Pelt, *Auschwitz*, pp. 258-62. Em 23 de junho, Höss ordenou que os judeus da unidade penal fossem espancados até a morte, provavelmente como uma contribuição simbólica para o esforço de guerra. Hałgas, Oświadczenia, vol. 89, APMA-B, p. 165; Setkiewicz, *Pierwsi*, p. 26; Kobrzyński, Wspomnienia, vol. 129, APMA-B, p. 28.
6. Rawicz, [Pobyt], p. 21.
7. Dwork, van Pelt, *Auschwitz*, p. 262; Wachsmann, *KL*, pp. 259-60, p. 279; Czech, *Auschwitz*, p. 74.
8. Ciesielski, [Raport 1943], AAN, p. 8; Pilecki, [Raport 1945], PUMST, p. 39; Redzej, [Raport 1943], AAN, p. 41a; Porębski, Oświadczenia, vol. 22, APMA-B, p. 59; Wolny, Oświadczenia, vol. 33, APMA-B, p. 19; Redzej, [Raport 1943], AAN, p. 41a; Lasik et al., *Auschwitz*, vol. I, p. 67.
9. Ciesielski, *Wspomnienia*, p. 69.
10. Ciesielski, *Wspomnienia*, p. 69.
11. Gawron, *Ochotnik*, pp. 72–99.
12. Kowalski, *Niezapomniana*, p. 231.
13. Kłodziński, *Pierwsza*, p. 43; Cyra, *Dr Władysław*, p. 75.
14. Czech, *Auschwitz*, p.75; Strzelecka, *Voices*, vol. 3, p. 12; Ławski, Wspomnienia, vol. 154/154a, APMA-B, p. 21; Hałgas, *Oddział*, p. 53.
15. Kłodziński, *Pierwsza*, p. 43; Czech, *Kalendarz*, p. 75.
16. Dering, [Wspomnienia,] p. 81; Wachsmann, *KL*, pp. 243-52.

17. Waschmann, *KL*, pp.243-252. O programa T4 recebeu este nome por causa do endereço de sua sede: Tiergartenstrasse 4, em Berlim.
18. Dering, [Wspomnienia], p. 81.
19. Kłodziński, „Pierwsza", pp. 39–40; Rawicz, *Pobyt*, p. 20; Lasik et al., *Auschwitz*, vol. I, p. 86; Czech, *Kalendarz*, p. 75; Stapf, Oświadczenia, vol. 148, APMA-B, p. 101 citado em Dobrowolska, *The Auschwitz*, loc. 3922; Gawron, Wspomnienia, vol. 48, APMA-B, p. 77. De acordo com alguns relatos, tanto Krankemann quanto Siegruth foram enforcados por prisioneiros durante a viagem: Pilecki, [Raport 1945], PUMST, p. 50.
20. Iwaszko et al., *Auschwitz*, vol. II, p. 296, p. 322; Diem, Wspomnienia, vol. 172, APMA-B, p. 120; Pilecki, [Raport 1945], PUMST, p. 54.
21. Hill, Williams, *Auschwitz*, p. 63. Depois da guerra, outro enfermeiro alegou que Dering sabia o que havia na seringa e prosseguiu assim mesmo, injetando a substância no homem. Dering negou a acusação. É provável que Dering conhecesse a aparência do fenol. Jaworski, *Wspomnienia*, p. 183.
22. Em 1947, o governo acusou Dering por crimes de guerra relacionados ao seu papel como cirurgião em experimentos nazistas com órgãos sexuais de prisioneiros, em sua maioria judeus, homens e mulheres. Em seu julgamento no ano seguinte, Dering argumentou que ele era um dos vários prisioneiros que recebiam ordens dos alemães para realizar as operações. As acusações foram retiradas.
23. Kielar, *Anus Mundi*, p. 61; Pilecki, [Raport 1945], PUMST, p. 50, Waschmann, KL, p. 267.
24. Dering, [Wspomnienia], p. 28; Kowalski, Wspomnienia, vol. 96, APMA-B, p. 203.
25. Dering, [Wspomnienia], p. 81.
26. Kłodziński, „Pierwsze", pp. 83-4.
27. Wachsmann, *KL*, p. 267; Dering, [Wspomnienia], p. 80.
28. Czech, *Auschwitz*, p. 85; Kłodziński, „Pierwsze", p. 84.
29. Kłodziński, „Pierwsze", p. 84.
30. Kłodziński, „Pierwsze", p. 84.
31. Kielar, *Anus Mundi*, p. 60; Kłodziński, „Pierwsze", p. 87; Czech, *Auschwitz*, p. 86; Piper, *Auschwitz*, vol. III, p. 57, p. 117.
32. Kłodziński, „Pierwsze", p. 88.
33. Czech, *Auschwitz*, pp. 86-7; Diem, Wspomnienia, vol. 172, APMA-B, p. 131. "[Vi] pela primeira vez uma pilha de cadáveres mortos por envenenamento por gás", Höss relembrou depois para um juiz polonês. "Eu me

senti desconfortável e estremeci, embora tivesse imaginado que a morte por envenenamento por gás fosse pior". Langbein, *People*, p. 303.

34. Pilecki, [Raport 1945], PUMST, p. 39.
35. Diem, Wspomnienia, vol. 172, APMA-B, p. 131; Kielar, *Anus Mundi*, p. 64.
36. Pilecki, [Raport 1945], PUMST, p. 111.
37. Kłodziński, „Pierwsze", p. 89; Kielar, *Anus Mundi*, p. 66.
38. Pilecki, [Raport 1945], PUMST, p.111. No relatório W de Witold, ele registra seu nome em uma lista curta de prisioneiros libertados do campo, junto com Aleksander Wielopolski e Czesław Wąsowicz (veja a seguir). Em uma segunda lista, registra prisioneiros libertados do campo que levaram relatórios para a organização, mas Dipont, Wielopolski e Wąsowicz não são mencionados. Witold pode ter feito uma distinção entre os seus recrutas que levavam mensagens e aqueles que estavam fora da organização. Seja como for, Dipont foi, em Varsóvia, testemunha do envenenamento por gás dos soviéticos.Pilecki, *W Report*, p. 6.
39. Pilecki, [Raport 1945], PUMST, p. 39; Rablin, Oświadczenia, vol. 29, p. 81; Wachsmann, *KL*, pp. 268-9; Höss, *Commandant*, p. 147.
40. Nowacki, Wspomnienia, vol. 151, p. 107; Pilecki, [Raport 1945], PUMST, p. 40.
41. Czech, *Auschwitz*, pp. 93-102; Gawron, *Ochotnik*, p. 145; Wachsmann, *KL*, p. 280; Nowacki, Wspomnienia, vol. 151, APMA-B, pp. 107–9.
42. Gawron, *Ochotnik*, p. 148.
43. Gawron, *Ochotnik*, p. 148.
44. Rawicz, [List], September 25, 1957. As cartas de Rawicz são cortesia de Marek Popiel, salvo indicação em contrário. Ver a nota anterior para o papel provável de Wąsowski.
45. Dwork, van Pelt, *Auschwitz*, pp. 263–8. O novo crematório a princípio seria construído no campo principal, mas a localização foi posteriormente transferida para Birkenau.
46. Setkiewicz, "*Zaopatrzenie*", p. 58.
47. Schulte, *London*, p. 211, cited in Hackmann, Süß, *Hitler's Kommissare*. Olszowski, „Więźniarska", p. 182–187; Höss, *The Commandant*, p. 137; para exemplo de memorização de relatórios, ver Rawicz, [Relatório], (data desconhecida).
48. Rawicz, [List], (data desconhecida) 1957.
49. Rawicz, [List], (data desconhecida) 1957; Gawron, *Ochotnik*, p. 122.
50. Rawicz, Interview, March 5, 2017; Rawicz, Oświadczenia, vol. 27, APMA-B, p. 38; Pilecki, [Raport 1945], PUMST, p. 55.
51. Gawron, *Ochotnik*, p. 103, p. 131.
52. Gawron, *Ochotnik*, p. 131.

53. Gawron, *Ochotnik*, p. 131.
54. Stanisław Kazuba estava entre os recrutas de Witold que trabalhavam como curtidores. Piekarski, *Escaping*, p. 149; Pilecki, *The Auschwitz*, loc. 2294; Pilecki, [Raport 1945], PUMST, p. 42.
55. Czech, *Auschwitz*, p. 105; Banach, [Zeznanie], Proces Załogi Esesmańskiej, vol. 55, APMA-B, pp. 102–03; Taul, Oświadczenia, vol. 9, APMA-B, p. 1267; Pilecki, [Raport 1945], PUMST, p. 37.
56. Gawron, *Ochotnik*, p. 167.
57. Gawron, *Ochotnik*, p. 167.
58. Gawron, *Ochotnik*, p. 167.
59. Rawicz, Oświadczenia, vol. 27, APMA-B, p. 39; Rawicz, [List], (data desconhecida) 1957.
60. Gawron, *Ochotnik*, pp. 173–4.
61. Gawron, *Ochotnik*, pp. 173–4.

Capítulo 9: Mudanças

1. Szarota, *Okupowanej*, p. 267; Bartoszewski, *1859*, p. 291
2. Bernstein, Rutkowski, „Liczba", p. 84; Ringelblum, *Notes*, loc. 3484; Zimmerman, *The Polish*, p. 95.
3. Algumas histórias apareceram em outubro no *Informacja bieżąca*, o jornal da Resistência, com descrições esparsas dos assassinatos em um bunker especial no campo. Um dos artigos concluiu que o gás estava sendo testado para uso no front oriental. Informacja bieżąca 21, 202/III-7, p. 12, in: Marczewska, Ważniewski et al., Zeszyty (1968), p. 14; [Dokument], 202/III-28, p. 447, in: Marczewska, Ważniewski et al., Zeszyty (1968), p. 11.
4. [Korespondencja], PISM, A.9.III.4/14; Lewandowski, *Swedish*, pp. 45–9; Thorsell, *Warszawasvenskarna*, p. 167; Gistedt, *Od operetki*, pp. 88–102.
5. Wyczański, Mikrofilm, p. 25.
6. Korbonski, *Fighting*, p. 157; Thorsell, *Warszawasvenskarna*, p. 134; Lewandowski, *Swedish*, p. 62; Thugutt, [List], November 19, 1941, PISM, A.9.III.4/14; Siudak, [List], December 29, 1941, PISM, A.9.III.4/14; Garlinski, *Fighting*, p. 58.
7. CS, VI, p. 6387.
8. Roberts, *Churchill*, p. 652; Breitman, *Official*, pp. 89–92.
9. Terry, *Conflicting*, p. 364.
10. Breitman, *Official*, pp. 92–3; CS, VI, p. 64.

11. Roberts, *Churchill*, p. 678; Laqueur, *The Terrible*, p. 91; Breitman, *Official*, pp. 92–3. Himmler ainda parece supor que Churchill tinha acesso a mensagens alemãs interceptadas. Pouco depois, ele ordenou às unidades policiais que parassem de enviar números pelo rádio e mudassem os códigos, fazendo com que as informações do front oriental, em consequência, rareassem grandemente. Gilbert, *Churchill*, loc. 58. A carreira de Churchill até então sugeria uma sensibilidade para os assuntos judaicos que nem sempre era compartilhada pelos colegas. "Até mesmo Winston tinha um defeito", um parlamentar observou. "Ele gostava demais de judeus".
12. Kochavi, *Prelude*, p. 15.
13. Breitman, *Official*, p. 101; Laqueur, Breitman, *Breaking*, p. 124; Laqueur, *The Terrible*, p. 100.
14. Kochavi, *Prelude*, p. 7; Westermann, *The Royal*, p. 199; Fleming, *Auschwitz*, p. 58; Ministério da Informação Polonês, Polish Fortnightly Review, July 1, 1942 [Press Bulletin]; Breitman, *Official*, p. 102; Ziegler, *London*, p. 175. O primeiro jornal a mencionar Auschwitz foi o *Scotsman*, em 1942. Fleming, Auschwitz, p. 131.
15. Breitman, *FDR*, loc. 3772.
16. Kochavi, *Prelude*, pp. 14-5.
17. O Ministério Polonês da Polônia, O Livro Negro da Polônia, p. . .; Puławski, *W obliczu*, p. 180. Um panfleto anterior também foi chamado de "O Livro Negro"; a versão publicada para coincidir com a Conferência de St. James foi oficialmente intitulada "A Nova Ordem Alemã na Polônia". Fleming observa que o reconhecimento tático do antissemitismo e do descrédito britânico podem ter influenciado as omissões no Livro Negro. A seção sobre Auschwitz recorreu depois ao "Relatório sobre a situação interna até 30 de janeiro de 1941", que chegou a Londres em março de 1941 via Estocolmo; a "parte III. O campo em Oświęcim" descrevia as condições do campo e o sofrimento de prisioneiros (PUMST, A. 441, p. 10).
18. Kochavi, *Prelude*, pp. 14–5; Breitman, Lichtman, *FDR*, loc. 3775.
19. Puławski, *W obliczu*, pp. 170–89; Widfeldt, Wegmann, *Making*, pp. 22–5.
20. Stafford, *Britain*, pp. 65–9; Wilkinson, *Foreign*, loc. 1730; see: Dziennik Polski, June 11 1942, mencionado em Engel, *In the Shadow*, p. 181, p. 209; Fleming, *Auschwitz*, p. 96.

Capítulo 10: Paraíso

1. Syzdek, *W 45*, p. 5; Kobrzyński, Wspomnienia, vol. 129, APMA-B, p. 6; Świebocki, *Auschwitz*, vol. IV, pp. 74–7.
2. Syzdek, *W 45*, p. 5; Pilecki, [Raport ,1945], PUMST, p. 45; Stranský, Oświadczenia, vol. 84, AMPA-B, p. 46; Rawicz, [List], August 22, 1957. Rawicz erroneamente identifica Frankiewicz como Frankowski.
3. Rawicz, Oświadczenia, vol. 27, APMA-B, p. 37; Gawron, Wspomnienia, vol. 48, APMA-B, p. 96, p. 98, p. 100; Pilecki, [Raport 1945], PUMST, p. 45; Pilecki, The Auschwitz, loc. 2262; Pilecki, [Raport 1945], PUMST, p. 41.
4. Gawron, *Ochotnik*, p. 185.
5. Gawron, *Ochotnik*, p. 186.
6. Lasik et al., *Auschwitz*, vol. I, p. 181; Rawicz, Oświadczenia, vol. 27, APMA-B, p. 37; Rawicz, [List], August 31, 1957.
7. [Dokument], 202/I-32, p. 71, in: Marczewska, Ważniewski et al., *Zeszyty* (1968), p. 54. De fato, o número de prisioneiros de guerra soviéticos sobreviventes naquela primavera foi de cerca de 150. Schulte, *London*, pp. 222-3.
8. Urbańczyk, Wspomnienia, vol. 54, APMA-B, p. 35; Diem, „Ś.P. Kazimierz", pp. 45–47; Stupka, Oświadczenia, vol. 68, APMA-B, p. 124.
9. Stupka, Interview, September 24, 2016.
10. Breitman, *Official*, p. 110-16; Schulte, *London*, pp. 222-3.
11. Lasik et al., *Auschwitz*, vol. I, pp. 166–7; Breitman, *Official*, pp. 112–4; Pilecki, [Raport 1945], PUMST, p. 51; Piekarski, *Escaping*, p. 108.
12. Hahn, Interview, May 5, 2018; Pilecki, [Raport 1945], PUMST, p. 51.
13. Pilecki, [Raport 1945], PUMST, p. 51; Piekarski, *Escaping*, p. 122.
14. Piekarski, *Escaping*, p. 123.
15. Piekarski, *Escaping*, p. 108.
16. Piekarski, *Escaping*, p. 108.
17. Piekarski, *Escaping*, p. 109.
18. Hilberg, *The Destruction*, p...; Dwork, van Pelt, *Auschwitz*, pp. 263-5, pp. 295-301; Lasik et al., *Auschwitz*, vol. I, pp. 80-1.
19. Dwork, van Pelt, *Auschwitz*, p. 126, p. 294.
20. Wachsmann, *KL*, pp. 294-6; Hilberg, *The Destruction*, p. 138 Dwork, van Pelt, *Auschwitz*, pp. 263-5, pp. 295-301; Lasik et al., *Auschwitz*, vol. I, pp. 80-1.
21. Pilecki, [Raport 1945], PUMST; Molenda, "Władysław", p. 53; Nosal, Oświadczenia, vol. 106, APMA-B, p. 51.
22. Piekarski, *Escaping*, p. 109.

23. Piekarski, *Escaping*, p. 109.
24. Piekarski, *Escaping*, p. 114.
25. Piekarski, *Escaping*, p. 114.
26. Piekarski, *Escaping*, p. 114.
27. Piekarski, *Escaping*, p. 115.
28. Piekarski, *Escaping*, p. 115.
29. Piekarski, *Escaping*, p. 116.
30. Piekarski, *Escaping*, p. 116.
31. Piekarski, *Escaping*, p. 116; Pilecki, [Raport 1945], PUMST, p. 111.
32. Pilecki, [Raport 1945], PUMST, p. 35; Redzej, [Raport 1943], AAN, p. 42.
33. Gawron, *Ochotnik*, p. 224.
34. Czech, *Auschwitz*, p. 145; Gawron, Wspomnienia, vol. 48, APMA-B, p. 13.
35. Gawron, *Ochotnik*, p. 227; Gawron, Wspomnienia, vol. 48, APMA-B, p. 13.
36. Gawron, *Ochotnik*, p. 227.
37. Gawron, Wspomnienia, vol. 48, APMA-B, p. 13; Pilecki, [Raport 1945], PUMST, p. 53.
38. Gawron, *Ochotnik*, p. 227.
39. Gawron, *Ochotnik*, p. 227.
40. Czech, *Auschwitz*, p. 148; Gawron, *Ochotnik*, p. 247.
41. Pilecki, [Raport 1945], PUMST, p. 53.
42. Wolny, Oświadczenia, vol. 33, APMA-B, p. 19; Porębski, Oświadczenia, vol. 22, APMA-B, pp. 59–60; Dwork, van Pelt, *Auschwitz*, p. 301; Czech, *Auschwitz*, p. 151. Porębski não se refere especificamente à chegada de transportes eslovacos nas suas memórias escritas no pós-guerra, mas ele é a pessoa mais provável de ter levado essa informação ao campo principal naquela primavera, considerando-se sua conexão com a Resistência.
43. Czech, *Auschwitz*, p. 151; Pilecki, [Raport 1945], PUMST, p. 47, p. 57; Redzej, [Raport 1943], AAN, p. 41.
44. Pilecki, [Raport 1945], PUMST, p. 57. Em relatos posteriores a respeito da cena, Witold usou o termo depreciativo Żydek ou "judeuzinho" para descrever as vítimas. Witold usou tanto Żydzi quanto o pejorativo diminutivo Żydki em seu relatório de 1945. Ele usou este segundo termo sete vezes (de um total de 37 referências específicas aos judeus). No jargão polonês do pré-guerra, *Żydki* poderia ser usado em um contexto antissemita. Witold parece empregar o termo para enfatizar o desamparo e a fraqueza dos judeus, como nesta situação, em que ele contrasta o sofrimento da vítima com o kapo judeu assassino.
45. Pilecki, [Raport 1945], PUMST, p. 48. Não se conhece nenhum documento oficial da SS a esse respeito.

46. Lasik et al., *Auschwitz*, vol. I, p. 233.
47. Lasik et al., *Auschwitz*, vol. I, pp. 104-6; Pilecki, [Raport 1945], PUMST, p. 111.
48. Rawicz, Oświadczenia, vol. 27, APMA-B, p. 40; Rawicz, [List], September 23, 1957; Piekarski, *Escaping*, p. 132.
49. Rawicz,[List], September 25, 1957; Pilecki, [Raport 1945], PUMST, p. 50.
50. Ostańkowicz, *Ziemia*, p. 180. Mil e duzentos prisioneiros de guerra soviéticos e pacientes do campo principal morreram na Estação de Isolamento em março, quando a SS restringiu suas rações a uma única xícara de sopa por dia e os forçou a permanecer do lado de fora, em pé, durante o dia e à noite. Czech, *Auschwitz*, p. 157.
51. Wachsmann, *KL*, p. 301; Pietrzykowski, Oświadczenia, vol. 88, APMA-B, p. 18. Teddy não informa a data em que presenciou o envenenamento por gás, mas é provável que tenha registrado o primeiro incidente desse tipo que ele viu no campo. A sua descrição também tem elementos semelhantes aos de Müller, Broad e Paczyński. Müller, *Eyewitness*, p. 19.
52. Broad, [Testimony], citado em Smoleń et al., *KL Auschwitz*, p. 129, Langbein, *People*, p. 69.
53. Paczyński, Oświadczenia, vol. 100, APMA-B, p. 102.
54. Müller, *Eyewitness*, pp. 13–5.
55. Wachsmann, *KL*, pp. 291-4; Gawron, *Ochotnik*, p. 248.
56. Czech, *Auschwitz*, pp. 167–8; Müller, *Eyewitness*, p. 18.
57. Czech, *Auschwitz*, pp. 167–8; Wachsmann, *KL*, pp. 301–2. Pilecki, [Raport 1945], PUMST, p. 52; Wolny, Oświadczenia, vol. 33, APMAB, p. 19; Porębski, Oświadczenia, vol. 22, APMA-B, p. 59. Henryk diz que começou a colaborar ativamente com o Sonderkommando em junho, mas parece ter entendido o que estava acontecendo com os judeus desde o início dos envenenamentos por gás. Sua provável fonte era um membro do Sonderkommando. A unidade foi transferida do campo principal para Birkenau em 9 de maio de 1942. Czech, *Auschwitz*, p. 164; Bartosik, Martyniak, Setkiewicz, *Wstęp*, in: idem, *Początki*, p. 15.
58. Piper, *Auschwitz*, vol. III, pp. 181–2; Wolny, Oświadczenia, vol. 33, APMA-B, p. 19; Porębski, Oświadczenia, vol. 21, APMA-B, pp. 11–31. Para um exemplo do tipo de informação compartilhada pelos membros do Sonderkommando, ver Pogozhev, *Escape*, loc. 1950; Wachsmann, *KL*, pp. 307–14; Rees, *Auschwitz*, loc. 2153.
59. Gawron, *Ochotnik*, p. 223.
60. Gawron, *Ochotnik*, p. 234.
61. Gawron, Wspomnienia, vol. 48, APMA-B, p. 122.

62. Gawron, *Ochotnik*, p. 248; Gawron, in: Pawlicki, *Witold*. A extensão do conhecimento de Witold sobre o extermínio em massa de judeus em Birkenau não é clara. Por conta própria, ele enviou pelo menos um relatório sobre o "envenenamento por gás em massa" antes de novembro de 1942. Pilecki, *W Report*, p. 25. Wincenty Gawron confirma sua missão de levar um relatório verbal a partir do campo em maio de 1942, no momento em que a Casinha Vermelha em Birkenau estava se tornando operacional. O livro de memórias de Wincenty contém alguns erros factuais, mas é minucioso em muitos aspectos-chave e oferece uma explicação quanto ao motivo de os judeus estarem sendo alvos de perseguição, o que encontra respaldo no próprio Witold em seus escritos posteriores. Um segundo relatório foi levado por Stanislaw Jaster, cujo registro escrito, datado de julho de 1942, foi preservado. Descreve claramente as ações do Sonderkommando, embora referências à sua identidade judaica tenham sido removidas. Isso quase certamente aconteceu como resultado da edição em Varsóvia. Ver nota mais adiante.
63. A pilhagem dos judeus que chegavam ao campo foi meticulosamente planejada, mas é improvável que a riqueza total extraída tenha sido muito superior a algumas centenas de milhões de Reichsmarks.Wachsmann, *KL*, p. 379.
64. Wincenty menciona que os judeus chegavam ao campo da "Holanda e da Bélgica" – ele deve ter se esquecido, já que nenhum transporte judeu chegou desses países antes de julho. É possível que ele tenha ficado confuso com o fato de o primeiro transporte da França conter uma grande proporção de judeus estrangeiros (não franceses) e judeus apátridas.
65. Gawron, *Ochotnik*, p. 250.
66. Gawron, *Ochotnik*, p. 254.
67. Gawron, *Ochotnik*, p. 254.
68. Gawron, *Ochotnik*, p. 255.
69. Gawron, *Ochotnik*, p. 247.
70. Gawron, *Ochotnik*, p. 255.
71. Gawron, *Ochotnik*, p. 257.
72. Gawron, *Ochotnik*, p. 258.
73. Gawron, *Ochotnik*, p. 259.
74. Gawron, *Ochotnik*, p. 259.
75. Gawron, *Ochotnik*, p. 259.
76. Gawron, *Ochotnik*, p. 260.

Capítulo 11: Napoleon

1. Gawron, *Ochotnik*, p. 260.
2. Gawron, *Ochotnik*, p. 272.
3. Wood, *Karski*, loc. 1957; Bartoszewski, *1859*, p. 315; Segieda, [Raport], PISM, A.9.III.2a t.3. Na verdade, o número foi de cerca de um milhão de judeus mortos.
4. Zimmerman, *Polish*, p. 146; Ringelblum, *Notes*, loc. 4337; Wood, *Karski*, loc. 2341.
5. Breitman, *FDR*, loc. 3826.
6. Zimmerman, *The Polish*, p. 130, p. 137; Breitman, *FDR*, loc.3826; Fleming, *Auschwitz*, pp. 97-103.
7. Em contrapartida, Churchill reagiu à notícia da destruição da aldeia tcheca de Lídice, por parte dos nazistas, ordenando que três aldeais alemãs fossem destruídas imediatamente em retaliação. Churchill foi posteriormente aconselhado a desistir do plano. Roberts, *Churchill*, p. 736; Wood, *Karski*, loc. 2404; Gilbert, *Auschwitz*, pp. 74-80; Wyman, *Abandonment*, pp. 124-6.
8. Breitman, *FDR*, loc. 3828; Stola, *Early*, p. 8.
9. [Dokument], 202/I-32, p. 71, in: Marczewska, Ważniewski et al., *Zeszyty* (1968), p. 54. Os números do relatório de Stasiek não são totalmente claros. Ele relaciona o número de judeus dos sexos masculino e feminino registrados no campo e indica que aqueles não registrados são os envenenados por gás. Para determinar o número real de pessoas envenenadas por gás, a resistência de Varsóvia deveria calcular o total de prisioneiros que haviam chegado ao campo e, então, subtrair desse número o total de prisioneiros registrados (parece que Stasiek reproduziu os números usados pela própria SS). Para provável autoria dos relatórios de junho e julho do campo, ver Rawicz, [List], September 23, 1957. Fleming, *Auschwitz*, pp. 132-3; Rice, *Bombing*, cited in Neufeld, *Bombing*, p. 160.
10. Grabowski, *Kurierzy*, p. 188; Segieda, [Raport], PISM, A.9.III.2a t.3.
11. Segieda, [Report. Evacuation] , HIA, box 28, folder 7; Bleja, Interview, September 21, 2016; Mastalerz, Interview, September 20, 2016; Frazik, *Wojenne*, p. 410.
12. Iranek-Osmecki, *Powołanie*, p. 110; Milton, *Churchill's*, loc. 2227; Tucholski, *Cichociemni*, pp. 68–70.
13. Segieda, [Raport], PISM, A.9.III.2a t.3. É possível que ele tenha contribuído para levar o relatório de Stasiek de 1º de junho para Varsóvia, mas dada a

ausência de registros não é possível estabelecer o que Napoleon sabia sobre o surgimento do Holocausto no campo antes de sua missão na região.

14. Segieda, [Raport], PISM, A.9.III.2at.3; Lewandowski, *Swedish*, pp. 71–7. A prisão dos suecos pode ter sido uma resposta à publicidade em torno do relatório do Bund; o vice-ministro da Defesa polonês em Londres, Izydor Modelski, alertou sobre os riscos de se divulgar material trazido por mensageiros algumas semanas depois. Fleming, *Auschwitz*, p. 95.
15. Jekiełek, *W pobliżu*, pp. 27–8, p. 92; Kożusznik, Oświadczenia, vol. 12, APMA-B, p. 8. Czech, *Auschwitz*, p. 164.
16. Klęczar, Interview, March 4, 2017; Jekiełek, *W pobliżu*, p. 62; Paczyńska, *Grypys*, pp. XLV–VI.
17. Jekiełek, Interview, March 4, 2017; Klęczar, Interview, March 4, 2017; Czech, *Auschwitz*, p. 198.
18. Segieda, [Raport], PISM, A.9.III.2a t.3.
19. [Do centrali], 202/I-31, pp. 214–229, in: Marczewska, Ważniewski et al. (eds.), *Zeszyty* (1968), p. 70; Segieda, [Raport], PISM, A.9.III.2a t.3.
20. Jekiełek, *W pobliżu*, pp. 27–8, p. 92; Kożusznik, Oświadczenia, vol. 12, APMA-B, p. 8. Czech, *Auschwitz*, p. 164; Płotnicka, memoir; Kożusznik family, Interview, October 20, 2017; Rybak, Interview, March 8, 2017; Segieda, [Raport], PISM A.9.III.2a t.3. A descrição de Napoleon de algumas das cartas que leu permite que o material de origem seja identificado nos relatórios que a Resistência de Varsóvia enviou para Londres.

Capítulo 12: Prazo final

1. Höss, *Commandant*, p. 120; Pilecki, [Raport 1945], PUMST, p. 48; Taul, [Wspomnienia], PMA-B, pp. 26-59
2. Piekarski, *Escaping*, p. 85.
3. Pilecki, [Raport 1945], PUMST, p. 56; Langbein, *People*, p. 29; Redzej, [Raport 1943], AAN, p. 45; Ciesielski, [Raport 1943], AAN, p. 58.
4. Piekarski, *Escaping*, p. 85. O plano quase desmoronou quando o espião foi transferido para o hospital da SS fora do campo, mas morreu dois dias depois ao receber a injeção.
5. Czech, *Auschwitz*, p. 165, p. 167.
6. Rawicz, [List], August 8, 1956; Rawicz, Oświadczenia, vol. 27, APMA-B; Rawicz, Report, (data desconhecida).

7. Rawicz, [List], August 8, 1956; Rawicz, Oświadczenia, vol. 27, APMA-B; Rawicz, [Report], (data desconhecida).
8. Pilecki, [Raport 1945], PUMST, p. 111; Rawicz, [List], August 8, 1956; Lasik et al., *Auschwitz*, vol. I, p. 299. Vale a pena notar que o plano da revolta foi formulado antes do início do Holocausto no campo.
9. Pilecki, [Raport 1945], PUMST, p. 54; Langbein, *People*, p. 29; Redzej, [Raport 1943], AAN, p. 45; Ciesielski, [Raport 1943], AAN, p. 58.
10. Dering, [Wspomnienia], p. 89; Allen, *The Fantastic*, loc. 550; Gawron, *Ochotnik*, p. 222; Pilecki, [Raport 1945], PUMST, p. 48; Motz, [Testemunho], (um apêndice à carta de Eugeniusz Motz a Józef Garliński, 28 de agosto de 1971, Varsóvia); Allen, *The Fantastic*, loc. 550. O uso de piolhos para infectar alemães com tifo é comprovado por ter sido empreendido em outros lugares, em outras prisões e trens. Ver Siedlecki, *Beyond*, p. 167. Vários microbiologistas foram enviados a Auschwitz, por terem planejado contaminar comida com germes tifoides para envenenar oficiais alemães. Allen, *The Fantastic*, loc. 1633.
11. Piekarski, *Escaping*, p. 126.
12. Pietrzykowski, Wspomnienia, vol. 161, APMA-B, p. 141; Langbein, *People*, p. 240.
13. Dering, [Wspomnienia], p. 86; p. 141; Langbein, *People*, p. 240.
14. Dering, [Wspomnienia], p. 86.
15. Dering, [Wspomnienia], p. 86.
16. Czech, *Auschwitz*, p. 165; Kielar, *Anus Mundi*, p. 128; Dering, [Wspomnienia], p. 90.
17. Pilecki, *W Report*, p. 31; Czech, *Auschwitz*, p. 171; Piekarski, *Escaping*, p. 138.
18. Pilecki, [Raport 1945], PUMST, p. 111; Pilecki, [Raport W], AAN, p. 31; Rawicz, [List], September 23, 1957; "Questions to Henryk Bartosiewicz (no. 9406)," (September 14, 1970, Stagenhoe); Bartosiewicz, Oświadczenia, vol. 84, APMA-B, p. 127; Rawicz, [List,] September 23, 1957.
19. Chrościcki, Oświadczenia, vol. 11, APMA-B, pp. 4–5; Czech, *Auschwitz*, p. 174.
20. Pilecki, *The Auschwitz*, loc. 3083; Pilecki, [Raport 1945], PUMST, p. 62.
21. Rawicz, [List], August 31, 1957.
22. Szmaglewska, *Dymy*, p. 14.
23. Kowalczyk, *Barbed*, vol. II, p. 155. August não fez parte da tomada de decisões, mas recordou a ordem para prosseguir com a fuga.
24. Chrościcki, Oświadczenia, vol. 11, APMA-B, pp. 4–5.
25. Kowalczyk, *Barbed*, vol. I, pp. 159–64.

26. Ostańkowicz, *Ziemia*, p. 187; Czech, *Auschwitz*, p. 178; Dering, [Wspomnienia], p. 77.
27. Czech, *Auschwitz*, pp. 180–1; Sobolewicz, *But I*, p. 131; Chrościcki, Oświadczenia, vol. 11, APMA-B, pp. 5–6; Langbein, *People*, p. 67.
28. Sobański, *Ucieczki*, pp. 47–8; Piechowski, Interview, October 14, 2016.
29. [Raport], No. 6/42, PISM. A.9.III.2a.55.2a.55. A situação na Polônia I—1. XII.42. Na versão da mensagem de Witold que chegou a Londres, as referências ao Holocausto foram editadas. Ver a nota final.
30. Piechowski, *Byłem*, p. 70
31. Piechowski, *Byłem*, pp. 74–5.
32. Piechowski, *Byłem*, p. 79.
33. Piechowski, *Byłem*, p. 79; Sobański, *Ucieczki*, pp. 44–50; Pilecki, [Raport 1945], PUMST, p. 59; o filme de fuga com Piechowski.
34. Pilecki, *The Auschwitz*, loc. 2976; Pilecki, [Raport 1945], PUMST, p. 111.
35. Czech, *Auschwitz*, p. 111.
36. Dwork, van Pelt, *Auschwitz*, pp. 300-2; Wachsmann, *KL*, pp. 302-3.
37. Dwork, van Pelt, *Auschwitz*, pp. 304-6.
38. Wachsmann, *KL*, p. 304; Dwork, van Pelt, *Auschwitz*, pp. 302-5; Redzej, [Raport 1943], AAN, p. 43.
39. Czech, *Auschwitz*, p. 179; Sobolewicz, *Bút I*, p. 111; [Sprawozdanie], 202/I-31, pp. 95–7, in: Marczewska, Ważniewski et al. (eds.), *Zeszyty* (1968), p. 47.
40. Dwork, van Pelt, *Auschwitz*, pp. 302–5.
41. Pilecki, *The Auschwitz*, loc. 2890; Pilecki, [Raport 1945], PUMST, p. 57.
42. Pilecki, *The Auschwitz*, loc. 2890; Pilecki, [Raport 1945], PUMST, p. 57.
43. Paczyńska, *Grypsy*, p. XXXIII. Witold não reconhece a missão de Napoleon em seus escritos posteriores, mas Stanisław Kłodziński era membro de sua organização e muito próximo de Stasiek. [Do centrali], 202/I-31, pp. 214–29, in: Marczewska, Ważniewski et al. (eds.), *Zeszyty* (1968), p. 70.
44. [Sprawozdanie], 202/I-31, pp. 95–97, in: Marczewska, Ważniewski et al. (eds.), *Zeszyty* (1968), p. 47.
45. Vrba, *I Cannot*, p. 9.
46. Höss, *Death*, p. 286.
47. Höss, *Death*, p. 286.

Capítulo 13: Papelada

1. Paczyńska, *Grypys*, pp. XLV–VI; Segieda, [Raport,] PISM, A.9.III. 2a t.3.
2. Segieda, [Raport,] PISM, A.9.III.2a t.3; [Dokument], 202/I-32, p. 71, in: Marczewska, Ważniewski et al. (eds.), *Zeszyty* (1968), p. 54; Taul, Oświadczenia, vol. 9, APMA-B, p. 1267.
3. Napoleon também carregava uma pequena sacola de sementes de kok-saghyz contrabandeadas do centro secreto de cultivo de plantas dos nazistas, na vila de Rajsko, nas cercanias do campo. Himmler tinha adquirido as sementes depois da invasão da União Soviética e fez do desenvolvimento da planta rica em borracha uma prioridade em Rajsko, acreditando que assim poderia minimizar a escassez crônica de borracha da Alemanha. Roubar as sementes foi uma ação inteligente de espionagem industrial, mas envolveu um risco considerável para o pequeno grupo de jardineiros presos responsáveis pelo furto, caso este fosse descoberto. Segieda, [Raport], PISM, A.9.III .2a t.3; Zimmerman, *The Polish*, p. 151.
4. Jekiełek, [Konspiracja], AZHRL, p. 130; Molin, Interview, September 23, 2017.
5. Urynowicz, *Czerniaków*, pp. 322–33.
6. Zimmerman, *The Polish*, p. 152; Stola, *Early*, p. 9.
7. Engel, *In the Shadow*, p. 300.
8. Segieda, [Raport,] PISM, A.9.III.2a t.3. Estes eram, claro, os mesmos boatos que tinham circulado sobre as atrocidades alemãs durante a Primeira Guerra Mundial, o que foi devidamente notado pelos oficiais britânicos quando tomaram conhecimento.
9. Wood, *Karski*, loc. 2687; Rohleder, Bundesarchiv, Bundesanschaftsschaftsakten, E 4320 (B) 1990/133, Bd. 67; C.12.4440, mencionado em banco de dados a Kamber, *Geheime*.
10. Segieda, [Raport,] PISM, A.9.III.2a t.3; [Dokument], 202/I-32, p. 71, in: Marczewska, Ważniewski et al. (eds.), *Zeszyty* (1968), p. 54.
11. Segieda, [Raport,] PISM, A.9.III.2a t.3; Jekiełek, [Konspiracja], AZHRL, p. 130; Nowak, *Courier*, p. 77.
12. Jud, *Liechtenstein*, p. 111; Wanner, *Flüchtlinge*, pp. 227—271; Bergier et al., *Final Report*, pp. 22–3. A Suíça expulsou 24.398 pessoas durante os anos de guerra, 19.495 das quais, judias. Provavelmente, muitas mais foram rejeitadas na fronteira. Juliusz Khul estima que havia cerca de 7 mil refugiados judeus poloneses no país. Kühl, [Memoir], USHMM, RG-27.001*08, p. 31.

13. Hastings, *The Secret*, loc. 6446.
14. Breitman, *Official*, pp. 138–41. A informação de Schulte foi enviada via telegrama por Gerhart Riegner, que trabalhou para o Congresso Mundial Judaico em Genebra. Até a pesquisa pioneira de Richard Breitman e Walter Laqueur, a identidade de Schulte era desconhecida, e a atenção se concentrava no ato de Riegner de enviar a informação em vez de no de Schulte de fornecê-la. Em geral, me refiro a "informações da Schulte" nas páginas a seguir.
15. Kühl, [Memoir] USHMM, RG-27.001*08, p.32.
16. Napoleon não deixou registro da reunião, portanto, o único relato veio de Kühl, escrito com cuidado para esconder a identidade do mensageiro que o acompanhava. Mas, levando em consideração a conversa posterior sobre o aniquilamento do Gueto de Varsóvia, parece provável que tenha sido Napoleon. Kühl, [Report,] USHMM, RG-27.001*05, microfiche 1, p. 1.
17. Rambert, *Bex*, pp. 62–81; Nahlik, *Przesiane*, p. 240; Kühl, [Memoir], USHMM, RG-27.001*08, p. 31; Haska, "Proszę," pp. 299–309; Kranzler, *Brother's*, pp. 200–2.
18. Kühl, [Memoir], USHMM, RG-27.001*05, microfiche 1, p. 1; Zieliński, "List," p. 159.
19. Kühl, [Memoir], USHMM, RG-27.001*05, microfiche 1; Segieda, [Report], PISM A.9.III.2a t.3.
20. Kamber, *Geheime*, p. 577. O relatório da Kühl causou um grande impacto. Foi enviado para Nova York via radiotransmissor secreto da missão polonesa e a informação foi posteriormente enviada para Franklin Delano Roosevelt na Casa Branca (é improvável que ele tenha lido o relatório) e discutida nos círculos dos altos comandos britânico e americano. Isso sugere que, se Napoleon tivesse revelado o que sabia de Auschwitz naquela conjuntura, ele teria forçado o Ocidente a confrontar o extermínio em massa no campo quase dois anos antes de quando realmente o fizeram.
21. Segieda, [Raport,] PISM, A.9.III.2a t.3; Fleming, *Auschwitz*, p. 207, p. 111.
22. Gilbert, *Auschwitz*, p. 54, p. 61.
23. [Depesza.] Nr 38, PISM. A.9.III.4; [Depesza.] Nr 40, PISM. A.9.III.4.
24. [Depesza.] Nr 38, PISM. A.9.III.4.

Capítulo 14: Febre

1. Czech, *Auschwitz*, pp. 208–11; Wachsmann, *KL*, p. 304.
2. Pilecki, [Raport 1945], PUMST, p. 68; Pilecki, [Raport 1943], AAN, p. 73; Iwaszko et al., *Auschwitz*, vol. II, p. 164.
3. Pilecki, [Raport 1945], PUMST, p. 58, p. 68; Piekarski, *Escaping*, p. 148.
4. Langbein, *People*, p. 298; Pilecki, *The Auschwitz*, loc. 4098, Pilecki, [Raport 1945], PUMST, p. 111.
5. Kielar, *Anus Mundi*, p. 147; Langbein, *People*, p. 140; Setkiewicz, *The Private*, p. 121.
6. Pilecki, *The Auschwitz*, loc. 3346, loc. 3748; Pilecki, [Raport 1945], PUMST, p. 68, p. 79.
7. Pilecki, [Raport 1945], PUMST, p. 111.
8. Kobrzyński, Wspomnienia, vol. 129, APMA-B, p. 45; Tomicki, *Stanisław*, p. 111.
9. Olszowski, *"Więźniarska"*, p. 186.
10. Smoczyński, „Ostatnie", p. 111; Kobrzyński, Wspomnienia, vol. 129, APMA-B, p. 46.
11. Pilecki, [Raport 1945], PUMST; Piekarski, *Escaping*, p. 117; Ciesielski, *Wspomnienia*, p. 68. A existência de uma rádio no campo é confirmada pelos testemunhos de Witold, Edek e Kon. Outro testemunho descreve a descoberta do equipamento de rádio, parcialmente destruído, no sótão do bloco 17. Taul, Oświadczenia, vol. 9, APMA-B, pp. 1264-71. Depois da guerra, Kazimierz Rawicz rejeitou a ideia de que houvesse uma estação de rádio. "Tudo está correto, tudo está certo, apenas essa desafortunada estação de rádio é um erro grave nesse relato. Eu não sei o motivo que fez com que ele fantasiasse e acrescentasse tal detalhe, que não é correto e devido ao qual não posso assinar embaixo [do relatório de WP] sob nenhuma hipótese". Rawicz, [List do L. Serafińskiej], 04.08.1958, Materiały, vol. 220, APMA-B, p. 25.
12. Biernacki, [List]. Materiały Ruchu Oporu, vols. 1–2, APMA-B, p. 10; Kłodziński, [List do W. Jekiełka i T. Lasockiej], 24.11.42, citado em Paczyńska, *Grypsy*, p. 676: "No [hospital] Krankenbau, há cerca de 2 mil pessoas. A taxa de mortalidade é de cerca de trinta pessoas por dia, no ano passado foi de cerca de oitenta pessoas. De trinta a sessenta pessoas (entre elas, de quatro a seis poloneses) morrem todos os dias de injeções de fenol." Pilecki, [Raport 1945], PUMST, p. 63.
13. Dering [Wspomnienia], p. 29, p. 103.
14. Dering, [Wspomnienia], pp. 139–142.

15. Dering, [Wspomnienia], p. 139; Wierusz, Oświadczenia, vol. 77, APMA--B, p. 21.
16. Diem, *Wspomnienia*, p. 141; Kielar, *Anus Mundi*, p. 128.
17. Dering, [Wspomnienia], p. 104; Wierusz, Oświadczenia, vol. 77, APMA--B, p. 21; Radlicki, *Kapo*, pp. 104–6.
18. Pietrzykowski, Oświadczenia, vol. 88, APMA-B, p. 22.
19. Taubenschlag, *To be*, p. 76.
20. Dering, [Wspomnienia], p. 105.
21. Dering, [Wspomnienia], p. 105.
22. Dering, [Wspomnienia], p. 105.
23. Dering, [Wspomnienia], p. 105.
24. Kielar, *Anus Mundi*, p. 105.
25. Kielar, *Anus Mundi*, p. 105.
26. Kielar, *Anus Mundi*, p. 108.
27. Kielar, *Anus Mundi*, p. 108.
28. Czech, *Auschwitz*, p. 229; Pilecki, *W Report*, p. 22. Witold diz que Dering também salvou 20 prisioneiros fornecendo a eles uniformes de atendentes.
29. [Do centrali], 202/I-31, pp. 214–229, in: Marczewska, Ważniewski et al. (eds.), *Zeszyty* (1968), p. 70. As informações vieram de uma carta enviada do campo por Edward Biernacki para Wojciech Jekiełek (ver: Jekiełek, *W pobliżu*, pp. 116–7).
30. Pilecki, [Raport 1945], PUMST, pp. 63–4; Strzelecka, *Voices*, vol. 3, p. 18.
31. Pilecki, [Raport 1945], PUMST, pp. 63–4.
32. Pilecki, [Raport 1945], PUMST, p. 64.
33. Pilecki, [Raport 1945], PUMST, p. 66. Witold descreve um ataque aéreo na noite em que entrou no hospital sofrendo de tifo. Não há prova de que tal ataque tenha ocorrido, e sua percepção pode ter sido parte dos delírios provocados pela febre durante a doença.
34. Pilecki, [Raport 1945], PUMST, p. 111.
35. Pilecki, *The Auschwitz*, loc. 3275; Pilecki, [Raport 1945], PUMST, p. 66.
36. Pilecki, [Raport 1945], PUMST.
37. Setkiewicz, „Zaopatrzenie", p. 60; Redzej, [Raport 1943], AAN, p. 46.
38. Czech, *Auschwitz*, p. 164; Pogozhev, *Escape*, loc. 1950.
39. Não foi possível identificar o primeiro nome de Steinberg. Laurence, *Auschwitz*, loc. 2122; Pogozhev, *Escape*, loc. 1950.
40. Laurence, *Auschwitz*, p. 2122; Pilecki, *W Raport*, p. 34; Pogozhev, *Escape*, loc. 2052.
41. Ostańkowicz, *Ziemia*, p. 232.

42. Ostańkowicz, *Ziemia*, p. 232.
43. Ostańkowicz, *Ziemia*, p. 233.
44. A unidade de Steinberg nunca fez uma tentativa de fuga. Parece que foram traídos pelo kapo da outra unidade do Sonderkommando, Adolph Weiss, que presumivelmente temia que qualquer ação de Steinberg resultasse na morte de seus homens. Ambas as unidades foram envenenadas por gás em dezembro de 1942. Wetzler, Oświadczenia, vol. 40, APMA-B, p. 28.
45. Pilecki, *W Report*, AAN, pp. 22-4; Ciesielski, [Raport 1943], AAN, p. 10; Langbein, *People*, p. 88; Iwaszko, Kłodziński, *Bunt*, pp. 119–22.

Capítulo 15: Declaração

1. Kranzler, Heroine, p. 91.
2. Gilbert, *Auschwitz*, pp. 67-8. Mediante análise de mensagens de rádio interceptadas, agentes da inteligência britânica identificaram o papel de Auschwitz como centro de detenção de judeus, mas os dados se referiam apenas aos prisioneiros registrados no campo como trabalhadores, e não àqueles envenenados por gás. Schulte, *London*, p. 211, citado em Hackmann, Süß, Hitler's, p. 111; Breitman, Laqueur, *Breaking*, p. 125; Breitman, *Official*, p. 143. Os britânicos sabiam muito mais do que os norte-americanos quanto à perseguição alemã aos judeus, por meio de mensagens de rádio decodificadas, que ainda tinham que compartilhar com as suas contrapartes nos EUA.
3. Breitman, Laqueur, *Breaking*, p. 124, Laqueur, *The Terrible*, p.100; Breitman, Lichtman, *FDR*, loc. 3440; Lipstadt, *Beyond*, p. 321.
4. Rowecki, [Depesza]. No 803; 03.10.42 no 1717, in: Zawadzki- Żenczykowski et al., *Armia*, vol. VI, p. 261; Pilecki, [Raport 1945], PUMST, p. 59; [Do centrali], 202/I-31, pp. 214–29, in: Marczewska, Ważniewski et al. (eds.), *Zeszyty* (1968). Há mais evidências de que a Resistência adulterou o material de Auschwitz. O relatório de Jaster descreve claramente a ação do Sonderkommando em Birkenau. Mas o fato de que se tratava de judeus encarregados da tarefa de matar judeus não é mencionado. Nesse ínterim, a jornalista da Resistência Natalia Zarembina escreveu um livro sobre Auschwitz cujas informações foram extraídas dos relatórios de Stasiek, mas o

retratou como um campo de concentração voltado exclusivamente para poloneses. Fleming, *Auschwitz*, p. 360.

5. Rowecki, [Depesza]. No 803; 03.10.42 no 1717, in: Zawadzki- Żenczykowski et al., *Armia*, vol. VI, p. 261; Zimmerman, *Polish*, p. 103; Engel, *In the Shadow*, p. 202. Rowecki de fato enviou um relatório em setembro que mencionou brevemente que os judeus estavam sendo envenenados por gás em Auschwitz. Baseou-se no primeiro relato de Stasiek. A referência foi uma pequena parte de uma discussão mais longa sobre as políticas de ocupação nazistas e soviéticas, e parece ter atraído pouca atenção. O relatório foi traduzido e parcialmente inserido em um relato mais longo enviado à missão polonesa em Nova York no fim de novembro, mas parece não ter ido adiante. Fleming, *Auschwitz*, pp. 135–45.
6. Gilbert, *Auschwitz*, pp. 88–92; Fleming, *Auschwitz*, pp. 157–62.
7. Gilbert, *Auschwitz*, p. 86; Wyman, *The Abandonment*, pp. 73-4; Breitman, Lichtman, *FDR*, loc. 3993. O governo polonês divulgou seu relatório no mesmo dia em que a Agência Judaica publicou o seu, listando os campos de extermínio de Belzec, Sobibor e Treblinka, mas não Auschwitz. O Departamento de Estado absteve-se de publicar as conclusões da sua própria investigação.
8. Leff, *Buried*, pp. 155–6; Wyman, *The Abandonment*, pp. 73–4.
9. Breitman, Lichtman, *FDR*, loc. 4012.
10. Raczyński, *In Allied*, p. 126; Breitman, *Official*, p. 151.
11. Wasserstein, *Britain*, p. 34; Fleming, *Auschwitz*, p. 96; Breitman, *Official*, p. 145. A chegada do mensageiro Jan Karski a Londres, em novembro de 1942, ajudou a provocar uma resposta do governo polonês no exílio.
12. Republic of Poland, *The Mass*, December 1942. NA FCO 371/30924, C12313; Breitman, *Official*, pp. 228–9; Manchester, Reid, *The Last*, loc. 3676.
13. Breitman, *Official*, p. 153; Czech, *Auschwitz*, p. 276.
14. Gilbert, *Auschwitz*, pp. 96–8.
15. Breitman, *Official*, p. 157; Gilbert, *Auschwitz*, p. 99, cited in Cohen, *Eleanor*, p. 181; Breitman, *Official*, p. 170; Gilbert, *Auschwitz*, p. 109.
16. Rowecki, [Depesza]. No 803; 03.10.42 no 1717, in: Zawadzki- Żenczykowski et al., *Armia*, vol. VI, p. 261; Rowecki, [Depesza], December 23, 1942, in: Czarnocka et al., *Armia*, vol. II, pp. 393-4; Rowecki, [Planowanie], 23, 12.1942, PUMST, A.379, p. 43; Piper, *Voices, vol. 8*, p. 37.
17. Westermann, *The Royal*, p. 204; Biddle, *Allied*, in: Neufeld, Berenbaum, *The Bombing*, pp. 38–9. Considerações sobre o bombardeio de Auschwitz geral-

mente se concentram no debate dos Aliados no verão de 1944. No entanto, como o impacto do primeiro relatório de Witold mostra, a proposta de bombardear o campo já tinha sido analisada pela RAF em janeiro de 1941 e considerada possível, mas um desvio desnecessário. Os estudiosos dividem-se quanto à eficácia que uma tentativa aliada de bombardear o campo teria tido. No entanto, vale a pena observar que bombardeiros Lancaster com um alcance de 4 mil quilômetros e uma carga de bombas de mais de 3 mil quilos estavam disponíveis no fim de 1942. Na verdade, um efetivo de Lancasters atacou os estaleiros de submarinos alemães em Danzig logo na primavera de 1942. P. Rowecki, [Depesza]. No 803, 03.10.42 no 1717, in: Zawadzki-Żenczykowski et al., *Armia*, vol. VI, p. 261; Gilbert, *Auschwitz*, p. 107; Breitman, *Official*, p. 169.

18. Breitman, *Official*, p. 169; Gilbert, *Auschwitz*, p. 107.
19. Gilbert, *Auschwitz*, p. 119; Breitman, *Official*, p. 175. Os advogados suíços Richard Lichtheim e Gerhard Riegner estavam enviando relatórios por intermédio da missão americana em Berna há vários meses. Em 10 de fevereiro de 1943, autoridades do Departamento de Estado enviaram um telegrama ao embaixador, desestimulando-o a conceder-lhes acesso ao transmissor da missão. A mensagem foi redigida em termos gerais, a fim de evitar qualquer acusação de conduta imprópria, mas a embaixada norte-americana entendeu a dica. Quando Riegner apareceu novamente, com a notícia de que os nazistas queriam deportar 15 mil cônjuges judeus de cidadãos alemães para Auschwitz, foi instruído a enviar sua mensagem por meio do serviço público de telegrafia.

Capítulo 16: Colapso

1. Pilecki, *W Report*, p. 19.
2. Iwaszko et al., *Auschwitz*, vol. II, p. 409; Pilecki, *W Report*, p. 19.
3. Pilecki, [Raport 1945], PUMST, p. 3; Pilecki, [Raport W], AAN, p. 69.
4. Pilecki, [Raport 1945], PUMST, p. 3; Pilecki, [Raport W], AAN, p. 69.
5. Piekarski, *Escaping*, p. 23.
6. Piekarski, *Escaping*, p. 23.
7. Piekarski, *Escaping*, p. 23.
8. Pilecki, [Klucz], p. 2; Sowul, Oświadczenia, vol. 72, APMA-B, p. 16.

9. Pilecki, [Raport 1945], PUMST, p. 73; Sowul, Oświadczenia, vol. 72, APMA-B, p. 19; Iwaszko et al., *Auschwitz*, vol. II, p. 390.
10. Piekarski, *Escaping*, p. 148. Fred foi executado após ter-se recuperado, em 3 de março de 1943. Czech, *Auschwitz*, p. 342.
11. Wierusz, Oświadczenia, vol. 77, APMA-B, p. 21; Langbein, *People*, pp. 221–2; Dering, [Wspomnienia], p. 7; Diem, Wspomnienia, vol. 172, AMPA-B, p. 9; Iwaszko et al., *Auschwitz*, vol. II, p. 367.
12. Wachsmann, *KL*, p. 341; Iwaszko et al, *Auschwitz*, vol. II, pp. 361–5.
13. Piekarski, *Escaping*, p. 77; Pilecki, *Raport S*, p. 1.
14. Piper, *Auschwitz*, vol. III, p. 159; Dwork, van Pelt, *Auschwitz*, pp. 324–5; Pilecki, [Raport 1945], PUMST, p. 74; Uzupełnienie do K.B./r. OK. no. 3, part I, 202/II-35, p. 84, in: Marczewska, Ważniewski et al. (eds.), *Zeszyty* (1968), pp. 79–80. Frączek, Wspomnienia, vol. 66, APMA-B, pp. 162–5. Parece que Witold e outros membros da resistência pensavam que os corpos seriam descartados em incineradores elétricos (e não nos fornos de coque efetivamente usados).
15. Pilecki, [Raport 1945], PUMST, p. 85; Pilecki, W Report, p. 27; Piekarski, *Escaping*, pp. 144–5. Komski, Oświadczenia, vol. 71, APMA-B, p. 64; Ławski, Wspomnienia, vol. 154/154a, APMA-B, p. 147, p. 148; Harat, [Działalność], numeração das páginas não fornecida; Kajtoch, Wspomnienia, vol. 27, APMA-B, p. 111; Kuczbara, [secret messages], Materiały Ruchu Oporu, vol. X, APMA-B, p. 6, p. 9, p. 11 A fuga foi concebida pelo dentista do campo, Bolesław Kuczbara. Witold escolheu como seu mensageiro Mieczysław Januszewski, um oficial da marinha de 24 anos, funcionário do escritório de trabalho que trabalhava com o kapo alemão amigável, Otto, que juntou-se à fuga. Jan Komski, um amigo de Bolesław do curtume, completava o grupo. Em 28 de dezembro, Mieczysław e Otto pegaram uma carroça com mobília do curtume previamente arrumada e encontraram Bolesław e Jan em um canteiro de obras perto do portão principal, onde Bolesław havia escondido um uniforme roubado da SS e os documentos para contrabandear, incluindo as listas dos nomes de mais de 16 mil prisioneiros assassinados no campo. Colocaram os documentos em uma das gavetas do armário antes que Mieczysław e Jan se enfiassem em um guarda-roupa. Bolesław e Otto sentaram-se na frente. Os guardas dos postos de controle fizeram sinal para seguirem e eles se dirigiram para o campo aberto. Por meio de correspondência anterior com uma família local, os Harat, Kuczbara havia arranjado algumas roupas civis em uma casa a alguns quilômetros de distância. Em seguida, os Harat abrigaram os homens em sua casa em Libiąż. Mieczysław, Jan e Otto foram recapturados posteriormente. O primeiro

enforcou-se no transporte da prisão para não retornar a Auschwitz. Bolesław foi preso em Varsóvia e morreu sob custódia policial. Jan e Otto sobreviveram.

16. Pilecki, [Raport 1945], PUMST, p. 85; Pilecki, W Report, p. 27; Piekarski, *Escaping*, pp. 144-5.Komski, Oświadczenia, vol. 71, APMA-B, p. 64; Ławski, Wspomnienia, vol. 154/154a, APMA-B, p. 147, p. 148; Harat, [Działalność], no pages given; Kajtoch, Wspomnienia, vol. 27, APMA-B, p. 111; Kuczbara, [secret messages], Materiały Ruchu Oporu, vol. X, APMA--B, p. 6, p. 9, p. 11.
17. Pilecki, [Raport 1945], PUMST, p. 74; Ostańkowicz, *Ziemia*, p. 266; Czech, *Auschwitz*, p. 313.
18. Pilecki, [Raport 1945], PUMST, p. 75.
19. Pilecki, [Raport 1945], PUMST, p. 111. Em 1943, um terço dos prisioneiros estava empregado a serviço do campo: Iwaszko et al., *Auschwitz*, vol. II, p. 89. As seleções no hospital também foram reduzidas e os presos poloneses não eram mais enviados para ser envenenados com gás, como havia ocorrido com alguns antes de dezembro de 1942: Wachsmann, *KL*, p. 347.
20. Pilecki, [Raport 1945], PUMST, pp. 79–80.
21. Pilecki, [Raport 1945], PUMST.
22. Pilecki, [Raport 1945], PUMST, p. 69; Ciesielski, [Raport 1943], AAN, p. 12; Redzej, [Raport 1943], AAN, p. 45a; Głowa, Wspomnienia, vol. 94, APMA-B, pp. 138–9.
23. Głowa, Oświadczenia, vol. 36, APMA-B, p. 6; Dering, [Wspomnienia], p. 50; Głowa, Oświadczenia, vol. 94, APMA-B, p. 140.
24. Pilecki, *W Report*, p. 115. Witold diz que 200 crianças foram assassinadas, mas o número total foi de menos de 100.
25. Iwaszko et al., *Auschwitz*, vol. II, p. 156; Pilecki, *W Report*, p. 44; Pilecki, [Raport W], AAN; Ciesielski, [Raport 1943], AAN, p. 7. Himmler havia declarado sua intenção de tornar o Reich inteiramente *Judenrein* – livre de judeus – no ano anterior, o que significava transportar os cerca de 10 mil que restavam, a maioria nos campos, para extermínio na Polônia. A escassez de mão de obra decorrente foi compensada pelos poloneses.
26. Czech, *Auschwitz*, p. 367; Pilecki, *W Report*, p. 44; Piekarski, *Escaping*, p. 157.
27. Pilecki, *W Report*, p. 116; Ciesielski, *Wspomnienia*, pp. 101–2.
28. Pilecki, [Raport 1945], PUMST, p. 83; Piekarski, *Escaping*, p. 157.

29. Czech, *Auschwitz*; Pilecki, *W Report*, p. 117; Redzej, [Raport 1943], AAN, p. 43.
30. Czech, *Auschwitz*; Iwaszko et al., *Auschwitz*, vol. II, pp. 349–58; Wachsmann, *KL*, p. 316; Diem, Wspomnienia, vol. 172, APMA-B, pp. 134–5; Dering, [Wspomnienia], pp. 116–7; Pilecki, [Raport 1945], PUMST; Ławski, Wspomnienia, vol. 154/154a, APMA-B, p. 94.
31. Zabawski, Wspomnienia, vol. 98, APMA-B, p. 83.
32. Pilecki, [Raport 1945], PUMST.
33. Pilecki, [Raport 1945], PUMST.
34. Pilecki, [Raport 1945], PUMST, p. 85
35. Pilecki, *The Auschwitz*, loc. 4049; Pilecki, [Raport 1945], PUMST, p. 86.
36. Pilecki, [Raport 1945], PUMST, p. 85.

Capítulo 17: Impacto

1. Segieda, [Raport,] PISM, A.9.III.2a t.3.
2. Segieda, [Raport,] PISM, A.9.III.2a t.3.
3. Segieda, [Raport,] PISM, A.9.III.2a t.3; Frazik, *Wojenne*, p. 413; Avni, *Spain*, p. 106.
4. PUMST, A.9.E., t. 107, List do Ministra Spraw Wewnętrznych. MON, Biuro Organizacyjne, L.dz. 505/Tjn./Ewak./43, Londyn, 9 II1943, (sygn. wpł. MSW) L.dz.K. 697/43.
5. Segieda, [Raport,] PISM, A.9.III.2a t.3; Piper, *How*.
6. Wood, *Karski*, loc.2780; Fleming, *Auschwitz*, p. 129.
7. O'Reilly, [Memo,] February 26, 1943, NA.HS 9/1337/7.
8. Napoleon não identifica Auschwitz como local de sua investigação sobre a brutalidade nazista no início do relatório. Essa informação consta apenas no final, depois de longas discussões sobre as relações de vários partidos políticos poloneses. É bastante possível que isso reflita as preocupações de seus interlocutores no Ministério do Interior Polonês. Sua menção a Auschwitz ocorre quando se descreve o furto das sementes de kok-saghyz (ver FN 555), que provavelmente era visto como de maior interesse para os britânicos. De fato, parece que as sementes foram enviadas de imediato para teste, mas as plantas resultantes revelaram conter baixo teor de borracha. BOX 52. FOLDER 18. RADIO DISPATCHES, TRÓJKAT 1943: OCT. – DEC. Uma mensagem de ORKAN para Triangle, 15 de novembro de 1943, London L.dz.K.6622 /

43; no. 73. Os norte-americanos haviam descoberto em seus próprios testes de kok-saghyz durante o verão de 1942 que os custos de produzir borracha das sementes eram exageradamente elevados, o que significava que os experimentos nazistas em Auschwitz não levariam a lugar algum. Os Aliados não tinham interesse em revelar a Himmler que seus esforços seriam desperdiçados, e com certeza não havia motivo para bombardear os campos de kok-saghyz, como os oficiais poloneses esperavam. Whalley, *Rubber*, U.S. Dept of Agriculture; Fleming, *Auschwitz*, pp. 168-73. É quase certo que o líder da Resistência em Varsóvia, Stefan Rowecki, foi informado sobre a chegada de Napoleon a Londres e instado a corroborar.

9. Zimmerman, *The Polish*, p. 191. O número era de 300 mil, de acordo com estimativas nazistas. Wachsmann, *KL*, p. 293.
10. Zimmerman, *The Polish*, p. 191.
11. Gilbert, *Allies*, p. 119, pp. 126–7; Breitman, *Official*, pp.178–9; Zimmerman, *The Polish*, p. 191; NA PRO FO371/34549 C1286/34/G mencionado Lukas, *Forgotten*, loc. 2390.
12. Fleming, *Auschwitz*, pp. 173-5. Não está claro se Savery recebeu o número de 502 mil mortos do campo, mas ele já sabia, em decorrência da investigação do Departamento de Estado, que 2 milhões de judeus haviam sido assassinados. O número de Auschwitz correspondia ao que se poderia esperar de um programa de extermínio em toda a Europa. O governo polonês sabia que a distribuição limitada da transmissão significava que a resposta do público seria igualmente reduzida. Ver Fleming, *Auschwitz*, p. 123.
13. Olsson, *Last*, loc. 2085.
14. Fleming, *Auschwitz*, p. 174.
15. Napoleon informou o político judeu polonês Ignacy Schwarzbart no dia 18 de abril de 1943 ou antes. Em uma nota posterior sobre o encontro, Schwarzbart observou que Napoleon o visitara por iniciativa própria, embora pareça provável que, pelo relato de Schwarzbart sobre a conversa, Napoleon tenha recebido instruções cuidadosas no Ministério do Interior sobre o que dizer. Por exemplo, o mensageiro disse a Schwarzbart que ele só havia saído da Polônia em dezembro, presumivelmente para impedir Schwarzbart de fazer perguntas embaraçosas sobre a razão de ele ter tomado conhecimento de Auschwitz apenas agora, mais de oito meses desde a sua partida de Varsóvia. Napoleon também afirmou que "agora não há antissemitismo" entre os poloneses, uma sugestão mirabolante, porém, um sinal da ansiedade do governo polonês em relação à sua posição internacional e da sua esperança de obter apoio judeu. No entanto, Napoleon foi fiel ao que tinha visto do ani-

quilamento do Gueto de Varsóvia e de Auschwitz. Schwarzbart aceitou o testemunho de boa fé e providenciou que as notas do encontro fossem redigidas no mesmo dia para distribuição a Berl Locker, presidente da Agência Judaica em Londres, e ao rabino Irving Miller, um importante sionista norte-americano que estava em visita a Londres. "Vamos refletir em conjunto sobre a forma de publicá-lo", Schwarzbart escreveu em uma carta de apresentação para os dois homens. YVA M2 261. No fim de abril, Schwarzbart tinha enviado cópias de sua conversa para a Seção Britânica do Escritório do Congresso Mundial Judaico em Londres e em Nova York e para a Agência Judaica na Palestina. Como resultado do seu despacho para os EUA, os censores britânicos e norte-americanos também receberam uma cópia. O relatório foi amplamente distribuído entre as autoridades, mas não atraiu mais debates. O governo polonês voltou à ideia de bombardear Auschwitz em agosto de 1943, sem sucesso. L/dz. K. 4514/43, Schwarcbart, [Archives], IPN, BU_2835_15, p. 37.

16. Laqueur, *The Terrible*, p. 96.
17. Zimmerman, *The Polish*, p. 218.
18. Siudak, [List,] June 22, 1943, HIA.Box 52, Folder 15.

Capítulo 18: Fuga

1. Pilecki, [Raport 1945], PUMST, p. 88.
2. Pilecki, [Raport 1945], PUMST, p. 91.
3. Pilecki, *The Auschwitz*, loc. 3969; Pilecki, [Raport 1945], PUMST, p. 84.
4. Pilecki, *The Auschwitz*, loc. 3969; Pilecki, [Raport 1945], PUMST, p. 84.
5. Pilecki, [Raport 1945], PUMST, p. 88; Langbein, *People*, p. 75; Dering, [Wspomnienia], p. 23; BU_2188_14 ENG-PL, p. 44; Garlinski, *Fighting*, p. 175.
6. Langbein, *People*, p. 75; Pilecki, [Raport 1945], PUMST, p. 88.
7. Pilecki, *The Auschwitz*, loc. 4140; Pilecki, [Raport 1945], PUMST, p. 89.
8. Pilecki, *W Report*, p. 61; Garlińki, Pilecki, [Raport 1945], PUMST, p. 89; Pilecki, [Raport W], AAN, p. 81.
9. Pilecki, *The Auschwitz*, loc. 4146; Pilecki, [Raport 1945], PUMST, p. 89.
10. Pilecki, *The Auschwitz*, loc. 4152; Pilecki, [Raport 1945], PUMST, p. 89; Fejkiel, *Więźniarski*.
11. Fejkiel, *Więźniarski*; Fejkiel, *Medycyna*, in: Bidakowski, Wójcik (eds.), *Pamiętniki*, pp. 404–546; Pilecki, [Raport 1945], PUMST, p. 89, p. 90.

12. Diem, Wspomnienia, vol. 172, APMA-B, p. 151; Pilecki, *The Auschwitz*, loc. 4241; Pilecki, [Raport 1945], PUMST, p. 90.
13. Pilecki, *The Auschwitz*, loc. 4200; Pilecki, [Raport 1945], PUMST, p. 90.
14. Pilecki, [Raport 1945], PUMST, p. 91.
15. Czech, *Auschwitz*, p. 33.
16. Pilecki, *The Auschwitz*, loc. 4241; Pilecki, [Raport 1945], PUMST.
17. Pilecki, *The Auschwitz*, loc. 4241; Pilecki, [Raport 1945], PUMST, p. 92.
18. Pilecki, [Raport 1945], PUMST, p. 92.
19. Pilecki, [Raport 1945], PUMST, p. 93.
20. Ciesielski, *Wspomnienia*, pp. 115–6.
21. Ciesielski, *Wspomnienia*, pp. 115–6.
22. Ciesielski, *Wspomnienia*, p. 118.
23. Ciesielski, *Wspomnienia*, pp. 121-2.
24. Pilecki, [Raport 1945], PUMST, p. 94.
25. Pilecki, *The Auschwitz*, loc. 4344; Pilecki, [Raport 1945], PUMST, p. 94.
26. Pilecki, *The Auschwitz*, loc. 4364; Pilecki, [Raport 1945], PUMST, p. 94.
27. Pilecki, *The Auschwitz*, loc. 4364; Pilecki, [Raport 1945], PUMST, p. 94.
28. Pilecki, [Raport 1945], PUMST, p. 95.
29. Pilecki, [Raport 1945], PUMST, p. 95.
30. Ciesielski, *Wspomnienia*, p. 128; Pilecki, [Raport 1945], PUMST, p. 95.
31. Ciesielski, *Wspomnienia*, p. 128; Pilecki, [Raport 1945], PUMST, p. 95.
32. Pilecki, [Raport 1945], PUMST, p. 96.
33. Ciesielski, *Wspomnienia*, p. 128.
34. Pilecki, *The Auschwitz*, loc. 4420; Pilecki, [Raport 1945], PUMST, p. 96.
35. Pilecki, [Raport 1945], PUMST, p. 96.
36. Pilecki, [Raport 1945], PUMST, p. 96.
37. Pilecki, *The Auschwitz*, loc. 4461; Pilecki, [Raport 1945], PUMST, p. 97.
38. Pilecki, *The Auschwitz*, loc. 4461; Pilecki, [Raport 1945], PUMST, p. 97.
39. Pilecki, *The Auschwitz*, loc. 4482; Pilecki, [Raport 1945], PUMST, p. 97.
40. Ciesielski, *Wspomnienia*, p. 128.
41. Pilecki, [Raport 1945], PUMST, p. 98.
42. Pilecki, [Raport 1945], PUMST, p. 99.
43. Ciesielski, *Wspomnienia*, pp. 139–43.
44. Ciesielski, *Wspomnienia*, pp. 139–43.
45. Pilecki, *The Auschwitz*, loc. 4565; Pilecki, [Raport 1945], PUMST, p. 100.
46. Pilecki, *The Auschwitz*, loc. 4565; Pilecki, [Raport 1945], PUMST.
47. Pilecki, *The Auschwitz*, loc. 4575; Pilecki, [Raport 1945], PUMST, p. 100.
48. Pilecki, [Raport 1945], PUMST, p. 100.

49. Pilecki, [Raport 1945], PUMST, p. 100.
50. Pilecki, [Raport 1945], PUMST, p. 101.
51. Pilecki, *The Auschwitz*, loc. 4622; Pilecki, [Raport 1945], PUMST, p. 101.
52. Pilecki, *The Auschwitz*, loc. 4622; Pilecki, [Raport 1945], PUMST, p. 101.
53. Serafiński, [*Ucieczka]*, p. 2.
54. Pilecki, *The Auschwitz*, loc. 4630; Pilecki, [Raport 1945], PUMST, p. 102.
55. Pilecki, *The Auschwitz*, loc. 4637; Pilecki, [Raport 1945], PUMST, p. 102.
56. Pilecki, [Raport 1945], PUMST, p. 102.
57. Redzej, Wspomnienia, vol. 178, APMA-B, p. 110.
58. Pilecki, [Raport 1945], PUMST.
59. Serafiński, [*Ucieczka]*, p. 3.
60. Pilecki, [Raport W], AAN.
61. Pilecki, [Raport 1945], PUMST, p. 102.
62. Fejkiel, *Medycyna*, in: Bidakowski, Wójcik (eds.), *Pamiętniki*, pp. 404– 546; Pilecki, [Raport 1945], PUMST, p. 102.
63. Możdżeń, Oświadczenia, vol. 3, APMA-B, p. 101.
64. Zabawski, Wspomnienia, vol. 98, APMA-B, p. 95.
65. Zabawski, Wspomnienia, vol. 98, APMA-B, p. 95.
66. Pilecki, [Raport 1945], PUMST, p. 102.

Capítulo 19: Sozinho

1. Gistedt, *Od operetki*, p. 108.
2. Ostrowski, Interview, March 9, 2016; p. 247; Gistedt, *Od operetki*; Bartoszewski, *1859*, p. 564.
3. Ostrowski, Interview, March 9, 2016; Pilecki, Akta sprawy, Protokół przesłuchania Witolda Pileckiego, Materiały, vol. 223, APMA-B.
4. Paulsson, *Secret*, p. 21.
5. Paulsson, *Secret*, p. 21.
6. Paulsson, *Secret*, p. 21; Marczewska, Ważniewski et al., *Zeszyty* (1968).
7. Pilecka, Interview, May 17, 2016; Pilecki, Akta sprawy, Protokół przesłuchania Witolda Pileckiego, Materiały, vol. 223, APMA-B.
8. Pilecki, List, [no date], IPN.
9. Pilecki, List, October 19, 1943, IPN.
10. Bartoszewski, *1859*, p. 656.
11. Pilecki, [Raport 1945], PUMST, p. 103.

12. Pilecki, *The Auschwitz*, loc. 4698; Pilecki, [Raport 1945], PUMST, p. 103; Pilecki, [Raport W], AAN, p. 23.
13. Pilecki, *W Report*, p. 79; Pilecki, [Raport W], AAN, p. 33.
14. Walter-Janke, *W Armii*, p. 260.
15. Pilecki, [Raport 1945], PUMST, p. 103; Albin, *List*, p. 198; Machnowski, Sprawa, p. 127. Edward Ciesielski chegou a Varsóvia em dezembro de 1943 e provavelmente trouxe notícias das suas últimas interações com o campo.
16. Pilecki, [Zamiast], p. 1.
17. Szpakowski, Interview, January 31, 2017; Pilecki, Akta sprawy. Protokół przesłuchania Tadeusza Sztrum de Sztrema, Materiały, vol. 223a, APMA-B, p. 398.
18. Abramow-Newerly, Interview, October 2, 2017.
19. Pilecki, [Zamiast], pp. 3–4.
20. Pilecki, [Zamiast], p. 1.
21. Pilecki, [Raport 1945], PUMST, p. 103.
22. Abramow-Newerly, Interview, October 2, 2017.
23. Abramow-Newerly, *Lwy*, pp. 153–6.
24. Marrus, *The Nazi*, Part 5, "Public Opinion and Relations to Jews"; Abramow-Newerly, Interview, October 2, 2017.
25. Pilecki, Interview, July 11, 2016.
26. Pilecki, Interview, July 11, 2016.
27. Klukowski, *Diary*, p. 257.
28. Pilecki, [Raport 1945], PUMST, p. 102.
29. Bartoszewski, *1859*, p. 656; [Report], "War and Internationa [*sic*] Situation," Parliament. February, 22, 1944.
30. Bartoszewski, *1859*, p. 656.
31. Fieldorf, Zachuta, *Generał*, p. 277; Kuciński, *August*, p. 77.
32. Pilecka, Interview, May 17, 2016.

Capítulo 20: Levante

1. Gilbert, *Allies*; Breitman, *Official*, p. 211.
2. Em 12 de junho de 1944, Emanuel Scherer e Anzelm Reiss entraram em contato com o ministro do interior polonês solicitando um ataque da Resistência a Auschwitz e a outros campos. Em julho, John Pehle, do Conselho de Salvamento da Guerra, rejeitou a ideia de um ataque por terra, alegando que "o antisse-

mitismo aparentemente enraizado de modo profundo" dos poloneses impediria que o ataque ocorresse de "boa-fé". Não está claro se ele estava respondendo ao debate nas capitais aliadas ou se tinha tirado as próprias conclusões. Fleming, *Auschwitz*, p. 255. Komorowski não descartou por completo a proposta de uma operação terrestre. Fazia sentido ter uma força a postos para o caso de se confirmar a pior das hipóteses, ou seja, os nazistas decidirem aniquilar o campo e matar todos os prisioneiros, mas permaneceu cético quanto à possibilidade de uma força ser colocada em posição.

3. Richie, *Warsaw*, p. 164.
4. Bartoszewski, *1859*, p. 696; Korbonski, *Fighting*, p. 345.
5. Korbonski, *Fighting*, p. 345.
6. Richie, *Warsaw*, p. 133.
7. Richie, *Warsaw*, p. 133; Davies, *Rising '44*, loc. 2598.
8. No fim de julho, Komorowski despachou um mensageiro para Auschwitz, Stefan Jasieński, para contatar o que havia restado da Resistência no campo e desenvolver um plano, que incluía explodir os crematórios e câmaras de gás em Birkenau. Jasieński foi baleado e capturado em setembro e posteriormente preso em Auschwitz.
9. Davies, *Rising '44*, loc. 8673; Richie, *Warsaw*, p. 166.
10. Pilecki, Akta sprawy. Protokół przesłuchania Witolda Pileckiego, Materiały, vol. 223, APMA-B,.
11. Richie, *Warsaw*, p. 136.
12. Davies, *Rising '44*, loc. 2598; Richie, *Warsaw*, p. 136.
13. Richie, *Warsaw*, p. 179.
14. Iranek-Osmecki, *Powołanie*, p. 427.
15. Nowak, *Courier*, p. 240; Walasek, Interview, May 19, 2016.
16. Forczyk, *Warsaw 1944*, p. 38, cited in Richie, *Warsaw*, p. 193; Walasek, Interview, May 19, 2016; Nowak, *Courier*, p. 240; Walasek, Interview, May 19, 2016.
17. Walasek, Interview, May 19, 2016; Hałko, *Kotwica*, p. 22.
18. Walasek, Interview, May 19, 2016; Sierchuła, Utracka, *Historia*, pp. 216–7.
19. Nowak, *Courier*, p. 240; Davies, *Powstanie*, p. 329.
20. Richie, *Warsaw*, p. 244.
21. Zimmerman, *The Polish*, p. 385; Richie, *Warsaw*, p. 216.
22. Sierchuła, Utracka, *Historia*, pp. 216–7; Richie, *Warsaw*, p. 242.
23. Remlein, [Wspomnienia].
24. Sierchuła, Utracka, *Historia*, pp. 216–7.
25. Sierchuła, Utracka, *Historia*, pp. 216–7.

26. Sierchuła, Utracka, *Historia*, pp. 216–7; Zalewski, Interview, October 17, 2016; Richie, *Warsaw*, p. 425.
27. Sierchuła, Utracka, *Historia*, p. 6; Richie, *Warsaw*, p. 222.
28. Sierchuła, Utracka, *Historia*, p. 218.
29. Sierchuła, Utracka, *Historia*, p. 218.
30. Sierchuła, Utracka, *Historia*, p. 7; Pilecki, [Raport 1945], PUMST, p. 104.
31. Sierchuła, Utracka, *Historia*, pp. 216–7; Remlein, [Wspomnienia]; Korbonski, *Fighting*, p. 370.
32. Richie, *Warsaw*, p. 269.
33. Nowak, *Courier*, p. 358. Komorowski vinha passando mensagens freneticamente via rádio em busca de apoio aéreo desde o início do levante, mas muito pouco estava disponível. As dificuldades logísticas de lançar suprimentos de aviões a cerca de 900 quilômetros além dos Alpes, passando por patrulhas aéreas inimigas, eram consideráveis. Os britânicos e os norte-americanos tinham pedido aos soviéticos que usassem suas bases aéreas nas proximidades da Ucrânia para reabastecer, mas não receberam resposta, uma mensagem clara de que Stalin já considerava a Polônia parte da esfera de influência da União Soviética.
34. Zalewski, Interview, October 17, 2016.
35. Richie, *Warsaw*, p. 269.
36. Walasek, Interview, May 19, 2016.
37. Sierchuła, Utracka, *Historia*, p. 218; Walasek, Interview, May 19, 2016.
38. Sierchuła, Utracka, *Historia*, p. 222; Walasek, Interview, May 19, 2016.
39. Walendzik, Interview, October 12, 2016.
40. Bartoszewski, *1859*, p. 772, p. 787; Osęka, *Zabawa*, p. 64.
41. Richie, *Warsaw*, p. 572. Para a lista de vítimas do ataque ao abrigo ver Berman Archive LHG 315 citado em Cichy, *Polacy*, p. 15. Henryk Bursztyn e um adolescente não nomeado sobreviveram. Abram Bursztyn, Henryk Herszbajn e Josek Tenenbaum testemunharam eventos fora do abrigo. Alguns de seus depoimentos foram reunidos na investigação subsequente da resistência, ver: AAN 203 / X-32, pp. 64-5. Entrevistas pós-guerra também aparecem em: Willenberg, Revolt, p. 186. O comandante Wacław Stykowski alegou que os assassinatos foram realizados por alemães infiltrados. AAN 203 / X-32, pp. 62-3. Wacław Zagórski, que abordou a questão com Stykowski, fez uma afirmação similar em seu relato inicial do incidente (AAN 203 / X-32, pp. 58-9). Zagórski depois sugeriu que os homens de Stykowski estavam envolvidos nos assassinatos. Stykowski negou falar com Zagórski. (WIH III/43/4, p. 76; Stykowski, *Kapitan*, p. 322; Stykowski, Interview, September 12, 2018).

Witold provavelmente ouviu falar do incidente, mas seus pensamentos a respeito não estão registrados. Walasek, Interview, May 20, 2016.

42. Walasek, Interview, May 20, 2016.
43. Gawron, [Opowiadania], p. 1.
44. Richie, *Warsaw*, p. 578.
45. O número exato de mortos é desconhecido, mas está entre 130 e 150 mil civis e 17 mil insurgentes.
46. Zagórski, *Seventy*, p. 205.

Capítulo 21: Regresso

1. Ostrowska, [Wspomnienia 1], p. 9.
2. Ostrowska, [Wspomnienia 1], p. 9; Ostrowska, [Wspomnienia 2], pp. 5–6, Zalewski, Interview, October 17,2016; Bednorz, *Lamsdorf*, p. 24.
3. Kisielewicz, *Oflag*, p. 57, p. 111, p. 109; Wołosiuk, *Murnau*, p. 1.
4. Applebaum, *Iron*, p. 104.
5. Kisielewicz, *Oflag*, p. 54, p. 170; Ollier, email, August 16, 2001.
6. Pilecki, Akta sprawy. Protokół rozprawy głównej. Spis adresów, Materiały, vol. 223b, APMA-B, p. 659, p. 642.
7. Mierzanowski, Wspomnienia, vol. 203, APMA-B, p. 85; Pilecki, Akta sprawy, Protokół rozprawy głównej. Spis adresów, Materiały, vol. 223b, APMA-B, p. 642; Mierzanowski, Wspomnienia, vol. 203, APMA-B, p. 85; Radomska et al., *Nasza*, p. 153.
8. Pilecki, *The Auschwitz*, loc. 2468; Pilecki, [Raport 1945], PUMST; Pilecki, Akta sprawy, "Meldunek Nr 2", Materiały, vol. 223b, APMA-B. p. 555; Pilecki, Akta sprawy, Protokół rozprawy głównej, Materiały, vol. 223b, APMA-B, p. 676.
9. Pilecki, [Raport 1945], PUMST; Pilecki, Akta sprawy, "Meldunek Nr 2", Materiały, vol. 223b, APMA-B. p. 555; Pilecki, Akta sprawy, Protokół rozprawy głównej, Materiały, vol. 223b, APMA-B, p. 676.
10. Pilecki, Akta sprawy, "Meldunek Nr 5," Materiały, vol. 223b, APMA-B, p. 556.
11. Pilecki, Akta sprawy, Protokół przesłuchania Witolda Pileckiego, Materiały, vol. 223, APMA-B, p. 131.
12. Zaremba, *Wielka*, p. 340.

13. Applebaum, *Iron*, p. 248.
14. Pilecki, Akta sprawy, Protokół przesłuchania Marii Szelągowskiej, Materiały, vol. 223, APMA-B, p. 190; Pilecki, Akta sprawy, Protokół przesłuchania Makarego Sieradzkiego, Materiały, vol. 223a, APMA-B, p. 363, p. 372.
15. Pilecki, Akta sprawy, "Meldunek Nr 2," Materiały, vol. 223a, APMA-B, p. 555.
16. Pilecki, Interviews, February 5, 2016, and March 11, 2016.
17. Pilecki, Akta sprawy, Protokół przesłuchania Witolda Pileckiego, Materiały, vol. 223, APMA-B; Heuener, *Auschwitz*, p. 69.
18. Heuener, *Auschwitz*, pp. 66–9.
19. Pilecki, Akta sprawy, Protokół rozprawy głównej, Materiały, vol. 223b, APMA-B.
20. Cyra, *Rotmistrz*, p. 158.
21. Applebaum, *Iron*, p. 217.
22. Pilecki, Akta sprawy, Protokół przesłuchania Wacława Alchimowicza, Materiały, vol. 223a, APMA-B, pp. 403–7; Pilecki, Akta sprawy, Protokół przesłuchania Witolda Pileckiego, Materiały, vol. 223a, APMA-B, p. 117.
23. Pilecki, [Zamiast], p. 5.
24. Pawlicki, *Witold;* Baliszewski, Uziębło, *Rewizja.*
25. Leśniewski, Czy przygotowano, p. 2.
26. Pilecki, [Wiersz], written on May 14, 1947, UOP, 1768/III/9, p. 267.
27. Szejnert, Śród żywych, p. 132; Pilecki, Akta procesowe, ASS MON, vol. 5, p. 33.
28. Ostrowska, [Wspomnienia 1], p. 12.
29. Pilecki, Akta sprawy, Protokół rozprawy głównej, vol. 5, ASS MON, pp. 25–6.
30. Ostrowska, Wspomnienia, vol. 179, APMA-B, pp. 155–6; Pilecki, Interview, July 20, 2018.
31. Pilecki, Akta sprawy, vol. 5, ASS MON, pp. 107–17. wyrok WSR w Warszawie z 15 marca 1948 roku, p. 691.
32. A família Serafiński também implorou a Cyrankiewicz que interviesse e trouxesse à atenção do tribunal o trabalho de Witold no campo. Cyrankiewicz respondeu que o assunto estava nas mãos de Bierut.
33. Pilecka, [List do Bolesława Bieruta], sem data, ASS MON. vol. 5, p. 194, in: Cyra, *Rotmistrz*, pp. 190–1.
34. Stępień, Wspomnienia, vol. 179, APMA-B, pp. 176–7; Płużański, *Obława*, p. 181.

Epílogo

1. Em depoimento posterior, Eleonora Ostrowska acusou Cyrankiewicz de conspirar deliberadamente para que Witold fosse assassinado. De acordo com Eleonora, Witold escreveu para Cyrankiewicz em 1947 insatisfeito com a sua cooptação da história da Resistência em Auschwitz e ameaçou expor a colaboração de Cyrankiewicz com os alemães no campo. Nenhum registro de carta foi encontrado, embora Witold tenha feito alusão a ela uma vez sob interrogatório e duas vezes tenha mencionado um discurso que Cyrankiewicz deveria fazer sobre a resistência. Não há provas de que Cyrankiewicz fosse um agente da SS no campo. Akta sprawy przeciwko Witoldowi Pileckiemu eu innym. List Aliny Bieleckiej, AMPA-B, Zespół Materiały, vol. 223b, p. 831. As novas evidências confirmam claramente a ideologia soviética no início da Guerra Fria. O primeiro documento, intitulado "as fontes do genocídio", traçou as políticas genocidas nazistas para o imperialismo britânico e norte-americano e o papel dos "monopólios anglo-saxões cooperando nos crimes hitleristas". Heuener, *Commemoration*, p. 102
2. Inacreditavelmente, o promotor estadual que pediu a pena de morte para Witold, Czesław Łapiński, ainda trabalhava como advogado militar e tentou bloquear o acesso ao réu por um breve período.
3. Edek Ciesielski publicou em 1966 o primeiro livro biográfico sobre Witold e o início da resistência no campo (Edek infelizmente morreu de um AVC aos 40 anos de idade em 1962). Ao longo de sua pesquisa, Edek contatou Kazimierz Rawicz, o que iniciou uma fascinante troca de cartas entre os dois. Parece que fizeram uma viagem de pesquisa a Auschwitz juntos, onde puderam acessar uma cópia do relatório de Witold de 1944. Ciesielski, [List,] July 6, 1958. Cyra decifrou o relatório W de Witold em 1991 e o publicou, juntamente com a biografia de Witold ("Biuletyn TOnO" 1991/12).

BIBLIOGRAFIA

Lista de abreviaturas

AAN—Archiwum Akt Nowych
AN—Archiwum Narodowe w Krakowie
APMA-B—Archiwum Państwowego Muzeum Auschwitz-Birkenau
ASS MON—Archiwum Służby Sprawiedliwości Ministerstwa Obrony Narodowej
AZHRL—Archiwum Zakładu Historii Ruchu Ludowego
CAW—Centralne Archiwum Wojskowe
DGFP—Deutsche Gesellschaft für Personalführung
HIA—Hoover Institution Archives – Arquivos da Instituição Hoover
IP—Instytut Pileckiego
IPN—Instytut Pamięci Narodowej
LHCMA—Liddell Hart Centre for Military Archives, King's College London
NA—The National Archives in London – Arquivos Nacionais em Londres
NARS—National Archives and Records Arquivos e Registros Nacionais Service
PISM—The Polish Institute and Sikorski Museum – Instituto Polonês e Museu Sikorski
PUMST—The Polish Underground Movement Study Trust – Fundo dos Estudos do Movimento da Resistência Polonesa
UOP—Urząd Ochrony Państwa

[Informações biográficas de Alois Staller.] Archiv Fritz Bauer Institute. FAP 1, HA 29, Bl. 4908–4914.

[Informações biográficas de Alois Staller.] Archiv Fritz Bauer Institute. LAV NRW, W, GSTA Hamm Nr. 3369,3367 Q 211 a.

[Aneks nr 7 do raportu za czas 16–30.04.1941 r.] 202/III–8, p. 21, in: Marczewska, Ważniewski et al. (eds.), *Zeszyty* (1968), p. 6.

[Depesza.] Nr 38, London, September 11, 1942. PISM. A.9.III.4.

[Depesza.] Nr 40, Londyn, November 19, 1942. PISM. A.9.III.4.

[Do centrali.] 202/I–31, pp. 214–29, in: Marczewska, Ważniewski et al. (eds.), *Zeszyty* (1968).

[Document.] D–Au1–2, 1–5, APMA-B.

[Dokument.] 202/I–32, p. 71, in: Marczewska, Ważniewski et al. (eds.), *Zeszyty* (1968), p. 54.
[Dokument.] 202/III–28, p. 447, in: Marczewska, Ważniewski et al. (eds.), *Zeszyty* (1968), p. 11.
[Dokumenty spółdzielni.] AAN, 2/213/0/9/8498. [Dokumenty spółdzielni.] AAN, 2/213/0/9/8499.
[Korespondencja i depesze za rok 1941 i 1942.] Stockholm. PISM. A.9.III.4/14.
[Krankemann, Ernst. Medical information.] Hessisches Hauptstaatsarchiv. Fonds 430./1. No. 9402.
[List do Ministra Spraw Wewnętrznych.] MON, Biuro Organizacyjne. PUMST. A.9.E., t. 107.
[Press Bulletin.] Polish Ministry of Information. Polish Fortnightly Review. July 1st 1942/47.
[Raport o sytuacji w okupowanej Polsce.] No. 6/42. From July 1 to December 1, 1942. PISM. A.9.III.2a.55.
[Raport o sytuacji wewnętrznej do 30.I.41. III. Obóz w Oświęcimiu.] PUMST, A. 441.
[Raport z kraju z końca października 1940.] Dokumentacja Oddziału VI Sztabu Naczelnego Wodza, 1940–1940. PUMST, A.680.
[Report.]"WarandInternationa[*sic*]Situation,"Parliament,February22,1944: https://api.parliament.uk/historic–hansard/commons/1944/feb/22/war–and–internationa–situation#S5CV0397P0_19440222_HOC_ 342 [22.01.2019].
[Sprawozdanie o sytuacji w kraju 26.08–10.10.1942 r.] 202/I–31, pp. 95–97, in: Marczewska, Ważniewski et al. (eds.), *Zeszyty*, (1968), p. 47.
[Sprawozdanie, notatki informacyjne, raporty z okupacji sowieckiej, przesłuchanie kurierów i przybyszów z Polski, XII 1939–IV 1942.], PUMST, SK.39.08.
[Uwagi do raportu z Polski z końca października 1940.] PUMST, A.680, p. 592.
[Uzupełnienie do K.B./r. OK. no. 3.] Cz. I, 202/II–35, p. 84, in: Marczewska, Ważniewski et al. (eds.), *Zeszyty* (1968), pp. 79–80.
Abramow–Newerly, Jarosław. Interview, October 2, 2017.
Abramow–Newerly, Jarosław. *Lwy mojego podwórka*. Warszawa: Rosner & Wspólnicy, 2002.
Albin, Kazimierz. Interview, May 21, 2016.
Albin, Kazimierz. *List gończy. Historia mojej ucieczki z Oświęcimia i działalności w konspiracji*. Warszawa: PMA–B. Książka i Wiedza, 1996.
Allen, Arthur. *The Fantastic Laboratory of Dr. Weigl: How Two Brave Scientists Battled Typhus and Sabotaged the Nazis*. New York: W.W. Norton & Company, 2014.
Anders, Władysław. *Bez ostatniego rozdziału. Wspomnienia z lat 1939–1946*.

Lublin: test, 1995.
Apel Rady Narodowej do Parlamentów Wolnych Państw w sprawie zbrodni niemieckich w Polsce. *Dziennik Polski*, 11.06.1942, cited in Engel, *In the Shadow*, p.181, p. 209.
Applebaum, Anne. *Iron Curtain: The Crushing of Eastern Europe, 1944–1956*. London: Penguin Books, 2017.
Avni, Haim. *Spain, the Jews, and Franco*. Philadelphia: Jewish Publication Society, 1982.
Bagiński, Henryk. *Zbiór drożni na terytorium Rzeczypospolitej polskiej. Dodatek statystyczny*. cz. 3. *Obszar północno–wschodni*. Warszawa: Ministerstwo Spraw Wojskowych, 1924.
Baliszewski, Dariusz; Uziębło, Ewa (dir.). *Rewizja nadzwyczajna—Witold Pilecki*. 1998. TV Edukacyjna.
Banach, Ludwik. [Testimony], Proces Załogi esesmańskiej, vol. 55, APMA–B, pp. 102–3.
Bartosiewicz, Henryk. Oświadczenia, vol. 84, APMA–B, pp. 117–138. Bartosik, Igor; Martyniak, Łukasz; Setkiewicz, Piotr. *Początki obozu Birkenau w świetle materiałów źródłowych*. Oświęcim, PMA–B, 2017.
Bartosik, Igor; Martyniak, Łukasz; Setkiewicz, Piotr. *Wstęp*, in: idem. *Początki obozu Birkenau w świetle materiałów źródłowych*. Oświęcim, PMA–B, 2017.
Bartoszewski, Władysław. *1859 dni Warszawy*. Kraków: Znak, 2008. Bartoszewski, Władysław. *Mój Auschwitz: rozmowę przeprowadzili Piotra M. A. Cywiński i Marek Zając*. Kraków: Znak, 2010.
Bartoszewski, Władysław; Komar, Michał. *Wywiad rzeka*. Warszawa: Świat Książki, 2006.
Bartys, Czesław. Oświadczenia, vol. 63, APMA–B, pp. 132–8.
Bednorz, Róża. *Lamsdorf Łambinowice. Zbrodnie cierpienia pamięć*. Katowice: Muzeum Martyrologii i Walki Jeńców Wojennych w Łambinowicach, 1981.
Bergier, Jean–François; Bartoszewski, Wladyslaw; Friedländer, Saul; James, Harold; Junz, Helen B.; Kreis, Georg; Milton, Sybil; Picard, Jacques; Tanner, Jakob; Thürer, Daniel; Voyame, Joseph (eds.). *Final Report. Independent Commission of Experts Switzerland—Second World War: Switzerland, National Socialism, and the Second World War*. Zurich: Pendo Editions, 2002.
Bernacka, Monika. "Otto Küsel. Green Triangle. On the 100th Anniversary of his Birth". *Oś* 2009/5, pp. 8–9.
Bernstein, Tatiana; Rutkowski, Adam. "Liczba ludności żydowskiej i obszar przez nią zamieszkiwany w Warszawie w latach okupacji hitlerowskiej." *Biuletyn Żydowskiego Instytutu Historycznego* 26, 1958/2, pp. 73-114.

Białas, Stanisław. Oświadczenia, vol. 94, APMA–B, vol. 94, pp. 23–6.

Bidakowski, Kazimierz; Wójcik, Tadeusz (eds.). *Pamiętniki lekarzy*. Warszawa: Czytelnik, 1964.

Biddle, Tami Davis. *Allied Airpower: Objective and Capabilities, in*. Neufeld, Berenbaum (ed.), *The bombing*, pp. 35–51.

Bielecki, Jerzy. *Kto ratuje jedno życie . . . Opowieść o miłości i ucieczce z Obozu Zagłady*. Oświęcim: Chrześcijańskie Stowarzyszenie Rodzin Oświęcimskich, 1999.

Biernacki, Edward. [List,] Materiały Ruchu Oporu, vols. 1–2, APMA–B, p. 10.

Bikont, Anna. *The Crime and the Silence: Confronting the Massacre of Jews in Wartime Jedwabne*. Transl. Alissa Valles. New Your: Farrar, Straus and Giroux, 2015.

Bines, Jeffrey. *The Polish Country Section of the Special Operations Executive 1940–1946: A British Perspective*. [Dissertation.] Univesrity of Stirling, 2008.

Bleja, Henryk. Interview, September 21, 2016.

Blum, Aleksander. *O broń i orły narodowe*. Pruszków: Ajaks, 1997.

Bogacka, Marta. *Bokser z Auschwitz: Losy Tadeusza Pietrzykowskiego*. Warszawa: Demart, 2012.

Breitman, Richard. *Official Secrets: What The Nazis Planned, What The British And Americans Knew*. London: Allen Lane, 1998.

Breitman, Richard; Laqueur, Walter. *Breaking the Silence*. New York: Simon & Schuste, 1987.

Breitman, Richard; Lichtman, Allan J. *FDR and Jews*. Cambridge: Harvard University Press, 2014.

Brewda, Alina. *I shall fear no evil*. London: Corgi, 1966.

Broad, Pery. [Testimony], cited in Smoleń, *KL Auschwitz*, pp. 103–49.

Brochowicz–Lewiński, Zbigniew.[Raport.] CAW, I.302.4. 466.

Brown, Kate. *A Biography of No Place: From Ethnic Borderland to Soviet Heartland*. Cambridge: Harvard University Press, 2009.

Bryan, Julien. *Warsaw: 1939 Siege*. New York: International Film Foundation, 1959.

Brzoza, Czesław; Sowa, Andrzej Leon. *Historia Polski 1918–1945*. Kraków: Wydawnictwo Literackie, 2009.

Budarkiewicz, Włodzimierz. “Wspomnienia o rtm. Witoldzie Pileckim”. *Przegląd kawalerii i broni pancernej*. 1987/127, pp. 57–61.

Bujniewicz, Ireneusz (ed.). *Kolejnictwo w polskich przygotowaniach obronnych i kampanii wrześniowej*. Cz. 1: *Opracowania i dokumenty*. Warszawa: Tetragon, 2011.

Butterly, John R.; Shepherd, Jack. *Hunger: The Biology and Politics of Starvation*. Hannover Dartmouth College Press, 2010.

Carter, John Franklin. [Report. On Poland and Lithuania.] NARS, RG 59, 800.20211/924.

Celt, Marek. *Raport z podziemia 1942*. Wrocław–Warszawa–Kraków: Ossolineum, 1992.

Chlebowski, Cezary, *Pozdrówcie góry Świętokrzyskie*. Warszawa: Czytelnik, 1985.

Chrościcki, Tadeusz Lucjan. Oświadczenia, vol. 11, APMA–B, pp. 1–11.

Chrzanowski, Wiesław, *Więźniowie polityczni w Polsce 1945–1956*. Dębogóra: Wydawnictwo Dębogóra, 2015.

Cichy, Michał. "Polacy—Żydzi: czarne karty powstania." *Gazeta Wyborcza*. 29.01.1994.

Ciesielski, Edward. [Raport 1943.] AAN, 202/XVIII/1, pp. 1–91.

Ciesielski, Edward. *Wspomnienia oświęcimskie*. Kraków: Wydawnictwo Literackie, 1968.

Cohen, Susan. *Rescue the Perishing. Eleanor Rathbone and the Refugees*. Elstree: Vallentine Mitchell, 2010.

Collingham, Lizzie. *The Taste of Empire. How Britain's Quest for Food Shaped the Modern* World. Rochester: Vintage Digital, 2017.

Cuber–Strutyńska, Ewa. "Witold Pilecki. Konfrontacja z legendą o 'ochotniku do Auschwitz.'" *Zagłada Żydów. Studia i Materiały*. Vol. I: Studia. 2014/10, pp. 474–94.

Cyra, Adam. "Dr Władysław Dering—pobyt w Auschwitz i więzieniu brytyjskim". *Biuletyn informacyjny AK*, 2015/2, pp. 73–9.

Cyra, Adam. *Jeszcze raz o prof. Marianie Batce*: http://cyra.wblogu.pl/tag/ batko [16.05.2011].

Cyra, Adam. *Rotmistrz Pilecki. Ochotnik do Auschwitz*. Warszawa: RM, 2014.

Czarnocka, Halina et al. (ed.). *Armia Krajowa w dokumentach 1939–1945*. Vols. I–II. Wrocław–Warszawa–Kraków: Ossolineum, 1990–1991.

Czech, Danuta. *Auschwitz Chronicle, 1939–1945*. New York: Henry Holt, 1997.

Czech, Danuta. *Kalendarz wydarzeń w KL Auschwitz*. Oświęcim: PMA–B, 1992.

Czech, Danuta; Kłodziński, Stanisław; Lasik, Aleksander; Strzelecki, Andrzej (eds.). *Auschwitz 1940–1945. Central Issues in the History of the Camp*. Vol. V: *Epilogue*. Transl. William Brandt. Oświęcim: PMA–B, 2000.

Dalton, Hugh; (Ben Pimlott ed.). *The Second World War Diary of Hugh Dalton, 1940–45*. London: Cape, 1986.

Davies, Norman. *Powstanie '44*. Kraków: Znak, 2004.

Davies, Norman. *Rising '44: The Battle for Warsaw*. London: Pan Books, 2007.

Dekel, Mikhal. [Browar Near Skater's Pond]. Courtesy of the author.

Dembiński, Stanisław. [Raport.] December 28, 1940. Dokumentacja Oddziału VI Sztabu Naczelnego Wodza, 1940.] PUMST, A. 680.

Dering, Władysław. [Wspomnienia.] Material courtesy of Adam Cyra. pp. 1–200.

Dębski, Jerzy. *Oficerowie Wojska Polskiego w obozie koncentracyjnym Auschwitz 1940–1945. Słownik biograficzny*. Oświęcim: PMA–B, 2016.

Diem, Rudolf, "Ś.P. Kazimierz Jarzębowski". *Przegląd geodezyjny*. 1947/2, pp. 45–7.

Diem, Rudolf. Wspomnienia, vol. 172. APMA–B. pp. 1–235.

Dmytruk, Nykanor. "Z novogo pobutu". *Ethnografichnyi visnyk*. 1926/2, pp. 31–7.

Dobrowolska, Anna. *The Auschwitz Photographer*. Warsaw: Anna Dobrowolska, 2015.

Drzazga, Alojzy. Oświadczenia, vol. 33, APMA–B, pp. 45–56.

Duraczyński, Eugeniusz. *Rząd polski na uchodźstwie 1939–1945: organizacja, personalia, polityka*. Warszawa: Książka i Wiedza, 1993.

Dwork, Debórah; van Pelt, Robert Jan. *Auschwitz*. New York: W. W. Norton & Company, 2002.

Dziubek, Marcin. *Niezłomni z oddziału "Sosienki". Armia Krajowa wokół KL Auschwitz*. Oświęcim: Stowarzyszenie Auschwitz Memento; Kraków: Wydawnictwo Rudy Kot, 2016.

Engel, David. *In the Shadow of Auschwitz: The Polish Government–in–exile and the Jews, 1939–1942*. Chapel Hill: The University of North Carolina Press, 2012.

Engelking, Barbara; Libionka Dariusz. Żydzi w powstańczej Warszawie. Warszawa: Stowarzyszenie Centrum Badań nad Zagładą Żydów, 2009.

Favez, Jean–Claude. *The Red Cross and the Holocaust*. Transl. J. Fletcher, B. Fletcher. Cambridge: Cambridge University Press, 1999.

Fejkiel, Władysław. *Medycyna za drutami*, in: Bidakowski, Wójcik, *Pamiętniki*, pp. 404–546.

Fejkiel, Władysław. *Więźniarski szpital w KL Auschwitz*. Oświęcim: PMA–B, 1994.

Fieldorf, Maria; Zachuta, Leszek. *Generał Fieldorf "Nil". Fakty, dokumenty, relacje*. Warszawa: Oficyna Wydawnicza RYTM, 1993.

Filar, Alfons. Śladami kurierów tatrzańskich 1939–1944. Warszawa: Agencja Wydawnicza CB, 2008.

Filip, Lucyna. Żydzi w Oświęcimiu. Oświęcim: Scientia, 2003.

Fleming, Michael. *Auschwitz, the Allies, and Censorship of the Holocaust*. Cambridge: Cambridge University Press, 2014.

Forczyk, Robert. *Warsaw 1944. Poland's Bid for Freedom*. London: Bloomsbury Publishing, 2009.

Frank, Hans. *Extracts from Hans Frank's Diary*, Thomas J Dodd Papers, University of Connecticut, 10.11.1939.

Frazik, Wojciech. "Wojenne losy Napoleona Segiedy, kuriera Rządu RP do kraju". *Studia Historyczne*. 1998/3 (162). pp. 407–15.

Frączek, Seweryn. Wspomnienia, vol. 66, APMA–B, pp. 162–5.

Ganusovitch, Itzchak; Manor, Alexander; Lando, Aba (eds.). *Book of Lida*. Tel Aviv: Irgun yotse Lida be–Yiśra'el u–Ṿa'ad ha–'ezrah li–Yehude Lida ba–Artsot ha–Berit, 1970.

Gardiner, Juliet. *The Blitz: The British Under Attack*. New York: HarperPress, 2010.

Garlicka, Aleksandra (ed.). *Zarzewie 1909–1920: wspomnienia i materiały*. Warszawa: Pax, 1973.

Garliński, Józef. *Fighting Auschwitz: The Resistance Movement in the Concentration Camp*. Transl. Józef Garliński. London : Julian Friedmann Publishers Ltd., 1975.

Gawron, Wincenty. [Opowiadania.] Courtesy of Ewa Biały and Adam Wojtasiuk. [No pages given.]

Gawron, Wincenty. *Ochotnik do Oświęcimia*. Oświęcim: Wydawnictwo Calvarianum, Wydawnictwo PMA–B, 1992.

Gawron, Wincenty. Wspomnienia, vol. 48, APMA–B, pp. 1–331. Gelman, Abraham. *Economic Life of Jewish Lida before World War II*, in: Ganusovitch, Manor, Lando, *Book*, pp. 83–5.

Gilbert, Martin. *Auschwitz and the Allies*. London: Vintage UK, 2001.

Gilbert, Martin. *Churchill: A Life*. New York: Holt Paperbacks, 1992.

Gistedt, Elna. *Od operetki do tragedii. Ze wspomnień szwedzkiej gwiazdy operetki warszawskiej*. Transl. M. Olszańska. Warszawa: Czytelnik, 1982.

Gliński, Bogdan. Oświadczenia, vol. 95, APMA–B, pp. 63–90.

Głowa, Stanisław. Oświadczenia, vol. 108, APMA–B, pp. 77–103.

Głowa, Stanisław. Oświadczenia, vol. 36, APMA–B, pp. 13–17.

Głowa, Stanisław. Oświadczenia, vol. 36, APMA–B, pp. 1–7.

Głowa, Stanisław. Oświadczenia, vol. 36, APMA–B, pp. 8–12.

Głowa, Stanisław. Oświadczenia, vol. 36, APMA–B, pp. p. 1–7.

Głowa, Stanisław. Oświadczenia, vol. 70, APMA–B, pp. 100–02.

Głowa, Stanisław. Wspomnienia, vol. 181, APMA–B, pp. 1–176.

Głowa, Stanisław. Wspomnienia, vol. 94, APMA–B, pp. 138–9.

Gnatowski, Leon. [Raport.] CAW, I.302.4.466. Courtesy of Wojciech Markert.

Goebbels, Joseph. *The Goebbels Diaries, 1942–1943*. Transl. Louis P. Lochner. London: Penguin Book, 1984.

Gombrowicz, Witold. *Polish Memoirs*. New Haven: Yale University Press, 2011.

Gorzkowski, Kazimierz. *Kroniki Andrzeja. Zapiski z podziemia 1939–1941*. Warszawa: Wydawnictwo Naukowe PWN, 1989.

Grabowski, Waldemar. *Kurierzy cywilni (kociaki) na spadochronach. Zarys problematyki*, in: Robert Majzner (ed.). *Si Vis Pacem, Para Bellum. Bezpieczeństwo i Polityka Polski*. Częstochowa, Włocławek: Wydawnictwo Akademii im. Jana Długosza, 2013.

Gross, Jan T. *Polish Society Under German Occupation: the Generalgouvernement 1939–1944*. Princeton; Guilford: Princeton University Press, 1979.

Gutheil, Jorn–Erik. *Einer, muss überleben: Gespräche mit Auschwitzhäftlingen 40 Jahre danach*. Düsseldorf: Der Kleine Verlag, 1984.

Gutman, Israel; Krakowski, Shmuel. *Unequal Victims: Poles and Jews During World War Two*. New York: Holocaust Library, 1986.

Hackmann, Rüdiger; Süß, Winfried (eds.). *Hitler's Kommissare. Sondergewalten in der nationalsozialistischen Diktatur*. Göttingen: Wallstein Verlag, 2006.

Hahn, Stefan L. Interview, April 24, 2018.

Hałgas, Kazimierz. "Oddział chirurgiczny szpitala obozowego w Oświęcimiu w latach 1940–1941". *Przegląd Lekarski*, 1971/1, pp. 48–54.

Hałgas, Kazimierz. Oświadczenia, vol. 89, APMA–B, pp. 161–88.

Hałgas, Kazimierz. Oświadczenia, vol. 95, PMA–B, pp. 231–47.

Hałko, Lech. *Kotwica herbem wybranym*. Warszawa: Askon, 1999.

Hančka, Great. *Bogumił Šwjela*, in: Šołta, Kunze, Šěn, *Nowy*.

Harat, Andrzej. *Działalność Armii Krajowej w Okręgu Śląskim we wspomnieniach porucznika Andrzeja Harata: działalność AK na terenie Libiąża*. Ewa Dęsoł–Gut and Ewa Kowalska (eds.). Libiąż: Urząd Miejski, 2016.

Haska, Agnieszka. "'Proszę Pana Ministra o energiczną interwencję'. Aleksander Ładoś (1891–1963) i ratowanie Żydów przez Poselstwo RP w Bernie". *Zagłada* Żydów. Studia i Materiały, 2015/11, pp. 299–309.

Häsler, Alfred. A. *The Lifeboat Is Full*. Transl. Charles Lam Markmann. New York: Funk & Wagnalls, 1969.

Hastings, Max. *Bomber Command*. London: Zenith Press, 2013.

Hastings, Max. *The Secret War: Spies, Codes and Guerrillas 1939–1945*. New York: Harper, 2016.

Herbert, Ulrich. *Hitler's Foreign Workers: Enforced Foreign Labor in Germany Under the Third Reich*. Cambridge: Cambridge University Press, 1997.

Heuener, Jonathan. *Auschwitz, Poland, and the Politics of Commemoration, 1945–1979*. Athens: Ohio University Press, 2003.

Heydecker, Joe J. *Moja wojna. Zapiski i zdjęcia z sześciu lat w hitlerowskim Wermachcie*. Transl. B. Ostrowska. Warszawa: Świat Książki, 2009.

Hilberg, Raul. *The Destruction of the European Jews*. New Haven: Yale University Press, 1961.

Hill, Mavis Millicent; Williams, Leon Norman. *Auschwitz in England.* London: Panther, 1966.
Hodubski, Franciszek. [Protokół przesłuchania świadka.] Ostrów Mazowiecka 05.08.1947, IPN Bl 407/63. K. 296/47, GK 264/63, SOŁ 63, pp. 0343–0344.
Hołuj, Tadeusz; Friedman, Philip. *Oświęcim.* Warszawa: Spółdzielnia Wydawnicza "Książka", 1946.
Höss, Rudolf. *Commandant of Auschwitz: The Autobiography of Rudolf Höss.* Transl. Constantine FitzGibbon. London: Phoenix, 2000.
Höss, Rudolf. *Death Dealer: The Memoirs of the* SS *Kommandant at Auschwitz.* Transl. Andrew Pollinger. Cambridge: Da Capo Press, 1996.
Informacja bieżąca 21, 202/III–7, p. 12, in: Marczewska, Ważniewski et al. (eds.), *Zeszyty* (1968), p. 14.
Iranek–Osmecki, Kazimierz. *Powołanie i przeznaczenie: wspomnienia oficera Komendy Głównej AK 1940–1944.* Warszawa: Państwowy Instytut Wydawniczy, 1998.
Iwaszko, Tadeusz. "Ucieczki więźniów obozu koncentracyjnego Oświęcim". *Zeszyty oświęcimskie* 7. Oświęcim: PMA–B, 1963, pp. 3–53.
Iwaszko, Tadeusz; Kłodziński, Stanisław. "Bunt skazańców 28 października 1942 r. w oświęcimskim bloku nr 11". *Przegląd Lekarski*, 1977/1. pp. 119–22.
Iwaszko, Tadeusz; Kubica, Helena; Piper, Franciszek; Strzelecka, Irena; Strzelecki, Andrzej (eds.). *Auschwitz 1940–1945. Central Issues in the History of the Camp.* Vol. II: *The Prisoners—Their Life and Work.* Transl. William Brandt. Oświęcim: PMA–B, 2000.
Jagoda, Zenon; Kłodziński Stanisław; Masłowski Jan, "Sny więźniów obozu oświęcimskiego". *Przegląd Lekarski,* 1977/34, pp. 28–66.
Jaworski, Czesław Wincenty, *Wspomnienia oświęcimskie.* Warszawa: Instytut Wydawniczy PAX, 1962.
Jaźwiec, Jan. *Pomnik dowódcy.* Warszawa: Ludowa Spółdzielnia Wydawnicza, 1971.
Jekiełek, Jan. Interview, March 4, 2017.
Jekiełek, Wojciech. *Konspiracja chłopska w okresie II wojny światowej w powiecie bialskim.* Sygn. R–VI–2/547, AZHRL.
Jekiełek, Wojciech. *W pobliżu Oświęcimia.* Warszawa: Ludowa Spółdzielnia Wydawnicza, 1963.
Jezierski, Alfons Sylwester. [Wspomnienia.] CAW, I.302.4.466.
Jud, Ursina. *Liechtenstein und die Flüchtlinge zur Zeit des Nationalsozialismus.* Vaduz/Zurich: Chronos, 2005.
Kajtoch, Janina. Wspomnienia, vol. 27, APMA–B, pp. 1–149.

Kamber, Peter. *Geheime Agentin, Roman*. Berlin: Basis Druck Verlag, 2010. Kantyka, Jan; Kantyka, Sławomir. *Oddani sprawie. Szkice biograficzne więźniów politycznych KL Auschwitz–Birkenau*. Vols. I–II. Katowice: Fundacja dla Wspierania Śląskiej Humanistyki. Zarząd Wojewódzki Towarzystwa Opieki nad Oświęcimiem, 1999.

Kantyka, Jan; Kantyka, Sławomir. *Władysław Dering—nr 1723*, in: idem, *Oddani*. Vol. II, pp. 259–92.

Karski, Jan. *Story of a Secret State: My Report to the World*. Washington, DC: Georgetown University Press, 2014.

Karski, Jan. *The Tragedy of Szmul Zygielbojm*. Warsaw: Warsaw, 1967. Karwowska–Lamparska, Alina. "Rozwój, radiofonii i telewizji." *Telekomunikacja i techniki informacyjne*, 2003/3–4, pp. 20–47.

Kawecka–Starmachowa, Bolesława. *Sto potraw z ziemniaków*. Kraków: Wydawnictwo Obywatelskiego Komitetu Pomocy, 1940.

Kielar, Wiesław. *Anus Mundi: Five Years in Auschwitz*. Translated from the German by Susanne Flatauer. Harmondsworth: Penguin, 1982.

Kisielewicz, Danuta. *Oflag VIIA Murnau*. Opole: Centralne Muzeum Jeńców Wojennych w Łambinowicach–Opolu, 1990.

Klęczar, Krystyna. Interview, March 4, 2017.

Klukowski, Zygmunt. *Diary from the Years of Occupation 1939–44*. Champaign: University of Illinois Press, 1993.

Kłodziński, Stanisław. [List W. Jekiełka do T. Lasockiej.] 24.11.42, cited in Paczyńska, *Grypsy*, p. 676.

Kłodziński, Stanisław. "Dur wysypkowy w obozie Oświęcim I", *Przegląd Lekarski*, 1965/1, pp. 46–76.

Kłodziński, Stanisław. "Rola kryminalistów niemieckich w początkach obozu oświęcimskiego." *Przegląd Lekarski*, 1974/1, pp. 113-26.

Kłodziński, Stanisław. "Pierwsza oświęcimska selekcja do gazu. Transport do 'sanatorium Dresden'". *Przegląd Lekarski*, 1970/1. pp. 39–50.

Kłodziński, Stanisław. "Rola kryminalistów niemieckich w początkach obozu oświęcimskiego". *Przegląd Lekarski*, 1974/1, p. 113–26.

Kobrzyński, Stefan. Wspomnienia, vol. 129, APMA–B, pp. 1–49.

Kochanski, Halik. *The Eagle Unbowed: Poland and the Poles in the Second World War*. Cambridge: Harvard University Press, 2014.

Kochavi, Arieh J. *Prelude to Nuremberg: Allied War Crimes Policy and the Question of Punishment*. Chapel Hill: The University of North Carolina Press, 2005.

Komisja Historyczna. *Polskie siły zbrojne w drugiej wojnie światowej*. London: Instytut Historyczny im. gen. Sikorskiego, 1952, volume 1, part 1.

Komorowski, Tadeusz. *The Secret Army: The Memoirs of General Bór– Komorowski.* Barnsley, S. Yorkshire: Frontline Books, 2011.

Komski, Jan. Oświadczenia, vol. 71, APMA–B, pp. 57–78.

Korboński, Stefan, *Fighting Warsaw: The Story of the Polish Underground State, 1939–1945*. New York: Hippocrene Books, 2004.

Kotowicz, Stanisław. *Jak Napoleon Segieda szedł do Wojska Polskiego?* Buenos Aires: Buenos Aires, 1941.

Kowalczyk, August. *A Barbed Wire Refrain an Adventure in the Shadow of the World.* Transl. Witold Zbirohowski–Kościa. Oświęcim: PMA–B, 2011.

Kowalski, Edward. Wspomnienia, vol.96, APMA–B, pp. 158–265.

Kowalski, Stanisław, *Niezapomniana przeszłość. Haftling 4410 opowiada.* Oświęcim: PMA–B, 2001.

Kozłowiecki, Adam. *Ucisk i strapienie.* Vols. I–II. Kraków: WAM, 1995.

Kożusznik family, Interview, October 20, 2017.

Kożusznik, Władysława. Oświadczenia, vol. 12, APMA–B, pp. 7–23.

Kranzler, David. *Brother's Blood: The Orthodox Jewish Response During the Holocaust.* New York: Mesorah Publications Ltd., 1987.

Król, Henryk. Oświadczenia, vol. 76, APMA–B, pp. 191–210.

Kuciński, Dominik. *August Fieldorf "Nil".* Warszawa: Bollinari Publishing House, 2016.

Kuczbara, Janusz. [Secret messages.] Materiały Ruchu Oporu, vol. X, APMA–B. p. 6, p. 9, p. 11.

Kühl, Juliusz. [Memoir,] RG–27.001*08, p. 31. USHMM.

Kühl, Juliusz. [Report,] RG–27.001*05, USHMM, Miscellaneous reports, microfiche 1, p. 1.

Kunert, Andrzej Krzysztof. *Słownik biograficzny konspiracji Warszawskiej*, 1939–1944. Vols. I–II. Warszawa: Instytut Wydawniczy Pax, 1987.

Lachendro, Jacek *Zburzyć i zaorać . . . ? Idea założenia Państwowego Muzeum Auschwitz–Birkenau w świetle prasy polskiej w latach 1945–1948.* Oświęcim: PMA–B, 2007.

Lachendro, Jacek. *Orkiestry w KL Auschwitz.* Transl. William Brand. *Auschwitz Studies.* Vol. 27. Oświęcim: PMA–B, 2015.

Lacki, Stanisław. "Burza nad Nowogródczyzną. (Kronika)". *Ziemia Lidzka—Miesięcznik krajoznawczo–regionalny,* 1939/IV (7–8), pp. 229–30: http://pawet.net/files/zl_1939_7_8.pdf [20.01.2019.]

Landau, Ludwik. *Kronika lat wojny i okupacji.* Vols. I–III. Warszawa: PWN, 1962–1963.

Langbein, Herman. *People in Auschwitz.* Transl. Harry Zohn. London: University of North Carolina Press, 2004.

Laqueur, Walter. *The Terrible Secret: Suppression of the Truth about Hitler's "Final Solution"*. London: Penguin Books, 1982.

Lasik, Aleksander; Piper, Franciszek; Setkiewicz, Piotr; Strzelecka, Irena (eds.). *Auschwitz 1940–1945. Central Issues in the History of the Camp*. Vol. I: *The Establishment and Organization of the Camp*. Transl. William Brandt. Oświęcim: PMA–B, 2000.

Leff. Laurel. *Buried by the Times. The Holocaust and America's Most Important Newspaper*. Boston: Northeastern University, 2005.

Leski, Kazimierz. Życie niewłaściwie urozmaicone. Wspomnienia oficera wywiadu i kontrwywiadu AK. Warszawa: Wydawnictwo Naukowe PWN, 1989.

Leśniewski, Andrzej. "Czy przygotowano proces Mikołajczyka?". *Przegląd Katolicki*. 19.02.1989/8, p. 2.

Lewandowski, Jozef. *Swedish Contribution to the Polish Resistance Movement During World War Two, 1939–42*. Transl. T. Szafar. Acta Universitatis Upsaliensis, 1979.

Lewitt, Chana. *When the Germans Arrived in Ostrów*, in: Margolis, *Memorial*, p. 442–3.

Lifton, Robert Jay. *The Nazi Doctors: Medical Killing and the Psychology of Genocide*. New York: Basic Books, 1988.

Lipstadt, Deborah E. *Beyond Belief: The American Press and the Coming of the Holocaust, 1933– 1945*. New York: Touchstone, 1993.

Lukas, Richard C. *Forgotten Holocaust: The Poles Under German Occupation, 1939–1944*. New York: Hipppocrene Books, 2012.

Łapian Family, Interview, May 15, 2017.

Ławski, Zenon. Wspomnienia, vol. 154/154a, APMA–B,. pp. 1–393.

Machnowski, Jan. "Sprawa ppłk. Gilewicza." *Kultura*. Paryż, 1963/ 4. pp.125–130.

Malinowski, Kazimierz. *Tajna Armia Polska, Znak, Konfederacja Zbrojna: zarys genezy, organizacji i działalności*. Warszawa: Instytut Wydawniczy PAX, 1986.

Manchester, William; Reid, Paul. *The Last Lion: Winston Spencer Churchill: Defender of the Realm, 1940–1965*. Boston: Litle, Brown and Company, 2012.

Marczewska, Krystyna; Ważniewski, Władysław(eds.). *Zeszyty Oświęcimskie: numer specjalny (I) opracowany przez ZakładWe Historii Partii przy KC PZPR przy współpracy Państwowego Muzuem w Oświęcimiu*. Oświęcim: PMA–B, 1968.

Margolis, Arye (ed.). *Memorial Book of the Community of Ostrow–Mazowiecka*. Tel Aviv: Association of Former Residents of Ostrow–Mazowiecka, 1960.

Markert, Wojciech. *77. Pułk Strzelców Kowieńskich w latach 1918–1939*. Pruszków: Ajaks, 2003.

Mastalerz, Mieczysław. Interview, September 21, 2016.

McGilvray, Evan. *A Military Government In Exile: The Polish Government In Exile 1939 1945 A Study Of Discontent*. Warwick: Helion and Company, 2013.

Michael Marrus (ed.). *The Nazi Holocaust.* Part 5: "Public Opinion and Relations to Jews". Berlin: De Gruyter, 1989.

Mierzanowski, Jan. Wspomnienia, vol. 203, APMA–B. pp. 82–104.

Mikusz, Józef. Oświadczenia, vol. 68, APMA–B, pp. 21–36.

Mikusz, Józef. Oświadczenia, vol. 99, APMA–B, pp. 156–9.

Milton, Giles. *Churchil's Ministry of Ungentlemanly Warfare: The Mavericks Who Plotted Hitler's Defeat.* London: Picador, 2017.

Minkiewicz, Władysław. *Mokotów. Wronki. Rawicz. Wspomnienia 1939– 1954.* Warszawa: Instytut Prasy i Wydawnictw "Novum", 1990.

Mitkiewicz, Leon. *W Najwyższym Sztabie Zachodnich Aliantów 1943–1945.* London: Katolicki Ośrodek Wydawniczy Veritas, 1971.

Mitkiewicz, Leon. *Z Gen. Sikorskim na Obczyźnie.* Paryż: Instytut Literacki, 1968.

Moczarski, Kazimierz. *Conversations with an executioner.* Transl. Maraina Fitzpatrick. Englewood Cliffs: Prentice–Hall, 1981.

Molenda, Antoni. *Władysław Plaskura (1905–1987).* Katowice: Towarzystwo Opieki nad Oświęcimiem, 1995.

Molin, Andrzej. Interview, September 23, 2017.

Motz, Eugeniusz. [Testimony.] An appendix to the letter from Eugeniusz Motz to Józef Garliński, August 28th 1971, Warszawa.

Możdżeń, Andrzej. Oświadczenia, vol. 3, APMA–B, pp. 371–6.

Müller, Filip. *Eyewitness Auschwitz: Three Years in the Gas Chambers.* Chicago: Ivan R. Dee, 1999.

Mulley, Clare. *The Spy Who Loved: The Secrets and Lives of Christine Granville.* New York: St. Martin's Griffin, 2014.

Münch, Hans. *Analyse von Nahrungsmittelproben (1947),* Collection of Studies, vol. 35, APMA–B, pp. 5–47.

Nahlik, Stanisław Edward. *Przesiane przez pamięć.* Kraków: Zakamycze, 2002.

Naruszewicz, Władysław. *Wspomnienia Lidzianina.* Warszawa: Bellona, 2001.

Nejmark, Helena. *The Destruction of Jewish Ostrów,* in: Margolis, *Memorial,* pp. 445–6.

Neufeld, Michael J.; Berenbaum, Michael (eds.). *The Bombing of Auschwitz: Should the Allies Attempted It?* New York: St. Martin's Press, 2000.

Nosal, Eugeniusz. Oświadczenia, vol. 106, APMA–B, pp. 29–30.

Nosal, Eugeniusz. Oświadczenia, vol. 132, APMA–B, pp. 164–91.

Nowacki, Zygmunt. Wspomnienia, vol. 151, APMA–B, pp. 65–163.

Nowak, Jan. *Courier from Warsaw.* Detroit: Wayne State University Press, 1983.

Nowak, Jan. *Kurier z Warszawy.* Warszawa–Kraków: ResPublica, 1989.

O'Connor, Gary. *The Butcher of Poland: Hitler's Lawyer Hans Frank*. Staplehurst: Spellmount Publishers Ltd, 2014.

Ollier, Michael. Email, August 16, 2001.

Olson, Lynne. *Last Hope Island*. New York: Random House, 2017.

Olson, Lynne; Cloud, Stanley. *For Your Freedom and Ours: The Kosciuszko Squadron—Forgotten Heroes of World War II*. Estbourne: Gardners Books, 2004.

Olszowski, Jan. "Więźniarska kancelaria w obozie oświęcimskim." *Przegląd Lekarski*, 1982/1–2, pp. 182–7.

Olszowski, Jan. Wspomnienia, vol. 127, APMA–B. pp. 54–88.

O'Reilly, John. [Memo.] February 26, 1943, NA, HS 9/1337/7.

Orkan, [Message to Triangle.] 15.11.1943, London. HIA. Stanisław Mikołajczyk Papers. Box 52. Folder 18.

Ostańkowicz, Czesław. *Ziemia parująca cyklonem*. Łódź: Wydawnictwo Łódzkie, 1967.

Ostrowska, Eleonora. [Wspomnienia 1.] Warszawa:1981/82. Courtesy of Andrzej Ostrowski, pp. 1–16.

Ostrowska, Eleonora. [Wspomnienia 2: Upadek powstania na Starym Mieście i okres popowstaniowy.] Warszawa, 1993, pp. 1–12.

Ostrowska, Eleonora. Wspomnienia, vol. 179, APMA–B, pp. 143–58.

Ostrowski, Marek. Interview, March 9, 2016; May 1, 2016; October 10, 2017.

Overy, Richard. *The Bombing War*. London: Allen Lane, 2009.

Paczkowski, Andrzej. *Aparat bezpieczeństwa w latach 1944–1956. Taktyka, strategia, metody*. Vol. I. Warszawa: Instytut Studiów Politycznych PAN, 1994.

Paczuła, Tadeusz. Oświadczenia, vol. 108, APMA–B, p. 70–2.

Paczyńska, Irena (ed.). *Grypsy z Konzentrationslager Auschwitz Józefa Cyrankiewicza i Stanisława Kłodzińskiego*. Kraków: Wydawnictwo Uniwersytetu Jagiellońskiego, 2013.

Paczyński, Józef. Oświadczenia, vol. 100, APMA–B, pp. 92–122. Paulsson, Gunnar S. *Secret City: The Hidden Jews of Warsaw, 1940–1945*. New Haven: Yale University Press, 2013.

Pawlicki, Tadeusz (dir.). *Witold*. 1990. Studio A.Munka.

Pawłowski, Marek T.; Walczak, Małgorzata (dir.). *Jaster. Tajemnica Hela*. 2014. Polski Instytut Sztuki Filmowej.

Pęziński, Andrzej Franciszek. [Ostrów Mazowiecka z dystansu.] Material courtesy of Michał Dekiel.

Piątkowska, Antonina. Wspomnienia, vol. 66, APMA–B, pp. 116–9.

Picard, Jacques. *Die Schweiz und die Juden 1933–1945: Schweizerischer Antisemitismus, jüdische Abwehr und internationale Migrations– und Flüchtlingspolitik*. Zurich: Chronos, 1994.

Piechowski, Kazimierz. *Byłem numerem—: historie z Auschwitz*. Warszawa: Wydawnictwo Sióstr Loretanek, 2003.
Piechowski, Kazimierz. Interview, October 14, 2016.
Piekarski, Konstanty. *Escaping Hell: The Story of a Polish Underground Officer in Auschwitz and Buchenwald*. Toronto: Dundum Press, 2009.
Pieńkowska, Janina. [Wspomnienia 1.] AAN 2/2505/0/–/194—Fundacja Archiwum Polski Podziemnej 1939–1945.
Pietrzykowski, Tadeusz. Oświadczenia, vol. 88, APMA–B, p. 1–38.
Pietrzykowski, Tadeusz. Wspomnienia, vol. 161, APMA–B, pp. 140–5.
Pilecka, Maria. [Dzieje rodu Pileckich. Saga,] Materiały, vol. 223c, APMA–B, pp. 1–116.
Pilecka, Maria. [List do Bolesława Bieruta.] No date. ASS MON. vol. 5, p. 194, in: Cyra, *Rotmistrz*.
Pilecka, Zofia. Interviews, February 1, 2016; May 17, 2016; July 14, 2016.
Pilecki, Andrzej. Interviews, February 1, 2016; February 2, 2016; February 5, 2016; March 11, 2016; May 16, 2016; May 17, 2016; May 19, 2016; May 21, 2016; July 11, 2016. October 10, 2017; July 20, 2018.
Pilecki, Andrzej; Krzyszkowski, Mirosław; Wasztyl, Bogdan. *Pilecki. Pilecki Śladami mojego taty*. Kraków: Znak, 2015.
Pilecki, Witold. [Klucz do raportu W z 1943 roku,] Wspomnienia, vol. 183, APMA–B, p. 79.
Pilecki, Witold. [List do córki.] no date. October 18, 1943, IPN: https:// pilecki.ipn.gov.pl/rp/pilecki-nieznany/listy/7108,List-do-corki-Zosi.html [20.01.2019.]
Pilecki, Witold. [List do Prezydenta Polski,] May 7, 1948, Materiały, vol.223b, pp. 773–5.
Pilecki, Witold. [Pod Lidą,] Materiały, vol. 223c, APMA–B, p. 26–54.
Pilecki, Witold. [Raport—Nowy Wiśnicz.] Wspomnienia, vol. 130., APMA–B, pp. 110-20.
Pilecki, Witold. [Raport 1945.] PUMST, BI.874, pp. 1–104.
Pilecki, Witold. [Raport teren S.] AAN, 202/XVIII/1, p. 88.
Pilecki, Witold. [Raport W.] AAN, 202/XVIII/1, pp. 64–87.
Pilecki, Witold. [W jaki sposób znalazłem się w Oświęcimiu,] PUMST, BI 6991.
Pilecki, Witold. [Wiersz do pułkownika Różańskiego,] May 14th 1947. UOP, 1768/III/9, p. 267.
Pilecki, Witold. [Zamiast wstępu—słów kilka do przyjaciół moich tych, którzy byli stale na ziemi,] Materiały, vol. 223c, APMA–B, pp. 1–5.
Pilecki, Witold. [Życiorys,] Materiały, vol. 223c, APMA–B. [No pages given.]

Pilecki, Witold. Akta procesowe Witolda Pileckiego. ASS MON, vol. 5, p. 33, cited in Cyra, *Rotmistrz*.
Pilecki, Witold. Akta sprawy przeciwko Witoldowi Pileckiemu i innym Protokół przesłuchania podejrzanego Tadeusza Płużańskiego, Materiały, vol. 223, APMA–B, pp. 184–223.
Pilecki, Witold. Akta sprawy przeciwko Witoldowi Pileckiemu i innym. "Meldunek Nr 2", Materiały, vol. 223b, APMA–B. p. 555.
Pilecki, Witold. Akta sprawy przeciwko Witoldowi Pileckiemu i innym. Protokół przesłuchania Makarego Sieradzkiego, Materiały, vol. 223a, APMA–B, pp. 361–7.
Pilecki, Witold. Akta sprawy przeciwko Witoldowi Pileckiemu i innym. Protokół przesłuchania Marii Szelągowskiej, Materiały, vol. 223, APMA–B, pp. 154–91.
Pilecki, Witold. Akta sprawy przeciwko Witoldowi Pileckiemu i innym. Protokół przesłuchania Tadeusza Sztrum de Sztrema, Materiały, vol. 223a, APMA–B, pp. 397–402.
Pilecki, Witold. Akta sprawy przeciwko Witoldowi Pileckiemu i innym. Protokół przesłuchania Witolda Pileckiego, Materiały, vol. 223, APMA–B, pp. 10–317.
Pilecki, Witold. Akta sprawy przeciwko Witoldowi Pileckiemu i innym. Protokół rozprawy głównej, Materiały, vol. 223b, APMA–B, pp. 659– 92.
Pilecki, Witold. Akta sprawy przeciwko Witoldowi Pileckiemu i innym. Protokół przesłuchania Wacława Alchimowicza, Materiały, vol. 223a, APMA–B, pp. 403–10.
Pilecki, Witold. Akta sprawy przeciwko Witoldowi Pileckiemu i innym. Protokół przesłuchania Witolda Pileckiego, Materiały, vol. 223a, APMA–B, pp. 117–21.
Pilecki, Witold. Akta sprawy przeciwko Witoldowi Pileckiemu i innym. Protokół rozprawy głównej. Spis adresów, Materiały, vol. 223b, APMA–B, pp. 639–42.
Pilecki, Witold. Akta sprawy przeciwko Witoldowi Pileckiemu i innym. Protokół przesłuchania Witolda Pileckiego przez oficera śledczego MBP Stefana Alaborskiego z 10 czerwca 1947 roku. Materiały, vol. 223, APMA–B, p. 179.
Pilecki, Witold. Akta sprawy przeciwko Witoldowi Pileckiemu i innym. t. 1. Protokół przesłuchania Witolda Pileckiego przez oficera śledczego MBP ppor. Eugeniusza Chimczaka z 8 maja 1947 roku. Materiały, vol. 223, APMA–B, pp. 1–76.
Pilecki, Witold. Akta sprawy przeciwko Witoldowi Pileckiemu i innym. "Meldunek Nr 5", Materiały, vol. 223b, APMA–B, p. 556.
Pilecki, Witold. Akta sprawy Witolda Pileckiego Zeznanie w śledztwie Witolda Pileckiego, ASS MON, vol. 1, p. 74, cited in Cyra, *Rotmistrz*.
Pilecki, Witold. Akta sprawy Witolda Pileckiego. Protokół rozprawy głównej, vol. 5, ASS MON, pp. 25–6, cited in Cyra, *Rotmistrz*.
Pilecki, Witold. Akta sprawy Witolda Pileckiego. vol. 5, ASS MON, pp. 107–17, cited in Cyra, *Rotmistrz*.

Pilecki, Witold. Report W KL Auschwitz 1940–1943 by Captain Witold Pilecki. Transl. Adam J. Koch. Melbourne: Andrzej Nowak with the Polish Association of Political Prisoners in Australia, 2013.

Pilecki, Witold. *The Auschwitz Volunteer: Beyond Bravery*. Transl. Jarek Garliński. Los Angeles: Aquila Polonica, 2014.

Piper, Franciszek (ed.). *Auschwitz 1940–1945. Central Issues in the History of the Camp*. Vol. III: *Mass Murder*. Transl. William Brandt. Oświęcim: PMA–B, 2000.

Piper, Franciszek. *Auschwitz: How Many Perished Jews, Poles, Gypsies*. Kraków: Poligrafia ITS, 1992.

Piper, Franciszek. *Ilu ludzi zginęło w KL Auschwitz? Liczba ofiar w świetle* źródeł i badań 1945–1990. Oświęcim: PMA–B, 1992.

Piper, Franciszek. *Voices of Memory 8: Poles in Auschwitz*. Oświęcim: PMA–B, 2011.

Piper, Franciszek; Strzelecka, Irena (eds). *Księga Pamięci. Transporty Polaków z Warszawy do KL Auschwitz 1940–1944*. Oświęcim: PMA–B, 2000.

Plaskura, Władysław. Oświadczenia, vol 105, APMA–B, pp. 38–45a.

Plaskura, Władysław. Oświadczenia, vol. 115, APMA–B, pp. 131–47.

Plaskura, Władysław. Oświadczenia, vol. 82, APMA–B, p. 50–69.

Pluta, Wacław. Oświadczenia, vol. 129, APMA–B. pp. 187–92.

Pluta–Czachowski, Kazimierz. *". . . gdy przychodzi czas—trzeba odejść." Ze wspomnień o gen. Stefanie Roweckim*, in: Garlicka, *Zarzewie*, p. 462.

Płużański, Tadeusz M. *Obława na wyklętych. Polowanie bezpieki na Żołnierzy Wyklętych*. Zakrzewo: Replika, 2017.

Pogozhev, Andrey. *Escape from Auschwitz*. Barnsley: Pen and Sword Military, 2007.

Porębski, Henryk. Oświadczenia, vol. 102, APMA–B, p. 27–8.

Porębski, Henryk. Oświadczenia, vol. 21, APMA–B, pp. 11–31.

Porębski, Henryk. Oświadczenia, vol. 22, APMA–B, pp. 59–60.

Pozimski, Jerzy. Wspomnienia, vol. 52, APMA–B, pp. 109–77.

Pszenicki, Krzysztof. *Tu mówi Londyn. Historia Sekcji Polskiej* BBC. Warszawa: Rosner and Wspólnicy, 2009.

Ptakowski, Jerzy. *Oświęcim bez cenzury i bez legend*. London: Myśl Polska, 1985.

Puławski, Adam. "Kwestia sowieckich jeńców wojennych w polityce Polskiego Państwa Podziemnego". *Rocznik Chełmski*, 2014/18, pp. 231–94.

Puławski, Adam. *W obliczu zagłady. Rząd RP na uchodźstwie, Delegatura Rządy RP na Kraj, ZWZ–AK wobec deportacji Żydów do obozów zagłady (1941–1942)*. Lublin: IPN, 2009.

Puławski, Adam. *Wobec niespotykanego w dziejach mordu*. Chełm: Stowarzyszenie Rocznik Chełmski, 2018.

Rablin, Andrzej. Oświadczenia, vol. 29, APMA–B, pp. 78–85.
Raczyński, Edward. *In Allied London.* London: Weidenfeld and Nicolson, 1962.
Radlicki, Ignacy. *Kapo odpowiedział—Auschwitz. Wspomnienia adwokata z obozu koncentracyjnego.* Warszawa: Redakcja "Palestry," 2008.
Radomska, Maria et al. (ed.). *Nasza niezwykła szkoła. Porto San Giorgio— Foxley 1945–1948.* Londyn: Koło Szkoły Porto San Giorgio—Foxley, 1985.
Rambert, Eugene. *Bex Et Ses Environs (1871).* Whitefish: Kessinger Publishing, 2010.
Rathbone, Eleanor. [Speech notes.] December 16, 1942, RP XIV.3.85, ULL.
Rawicz (Popiel), Barbara. Interview, March 5, 2017.
Rawicz, Jerzy. *Kariera szambelana.* Warszawa: Czytelnik, 1971.
Rawicz, Kazimierz. [List do L. Serafińskiej, 04.08.1958,] Materiały, vol. 220, APMA–B, pp. 167–8.
Rawicz, Kazimierz. [List,] August 8, 1956; [List,] 1957; [List,] August 8, 1957; [List,] August 22, 1957; August 31, 1957; [List,] September 23, 1957; [List.] Dete unknow. Manuscript in the possession of Marek Popiel.
Rawicz, Kazimierz. Oświaczenia, vol. 27, APMA–B, pp. 33–41.
Rawicz, Kazimierz. Oświaczenia, vol. 27, APMA–B, pp.41a–41h.
Rawicz–Heilman, Kazimierz. [Pobyt w obozie w Oświęcimiu]. pp. 1–64. Manuscript in the possession of Marek Popiel.
Redzej, Jan. [Raport 1943.] AAN, 202/XVIII/1, pp. 33–47a.
Rees, Laurence. *Auschwitz: A New History.* New Your, PublicAffairs, 2015. Reisman, Michael; Antoniou, Chris T. *The Laws of War: A Comprehensive Collection of Primary Documents on International Laws Governing Armed Conflict.* New York: Vintage, 1994.
Remlein, Janusz. [Wspomnienia:] https://www.1944.pl/archiwum–historii–mowionej/janusz–remlein,1137.html [27.12.2018].
Republic of Poland, Ministry of Foreign Affairs, *The Mass Extermination of Jews in German Occupied Polan*d, December 1942. NA FCO 371/30924, C12313.
Richie, Alexandra. *Warsaw 1944: Hitler, Himmler, and the Warsaw Uprising.* New York: Farrar, Straus and Giroux, 2013.
Ringelblum, Emmanuel. *Notes from the Warsaw Ghetto.* San Franciso: Pickle Partners Publishing, 2015.
Ringelblum, Emmnuel. *Polish–Jewish Relations During the Second World War.* Evanston: Northwestern University Press, 1992.
Robert, Andrew. *Churchill: Walking with Destiny.* London: Penguin, 2018.
Rohleder, Joachim, Bundesanschaftschaftsakten. Schweizerisches Bundesarchiv, E 4320 (B) 1990/133, Bd. 67.

Romanowicz, Jerzy. "Czy W. Pilecki zostanie zrehabilitowany?" *Głos Pomorza*, 09–10.12.1989.

Romanowicz, Jerzy. "Zgrupowanie 'Chrobry II' w Powstaniu Warszawskim". *Słupskie Studia Historyczne*, 2003/10, pp. 293-303.

Romanowski, Andrzej. "Tajemnica Witolda Pileckiego". *Polityka*, 2013/20.

Rostkowski, Jerzy. Świat Muszkietwrów. Zapomnij albo zgiń. Warszawa: Rebis, 2016.

Roth, Markus. *The Murder of the Jews in Ostrów Mazowiecka in November 1939*, in: Zalc, Bruttman, *Microhistories*, pp. 227–41.

Rowecka–Mielczarska, Irena. *Father: Reminiscences About Major General Stefan "Grot" Rowecki.* Transl. Elżbieta Puławska. Warszawa: Presspol, 1983.

Rowecki, [Depesza.] No 803; 03.10.42 no 1717, in: Zawadzki–Żenczykowski et al., *Armia*, vol. VI, p. 261.

Rowecki, Stefan (Rakoń). [Meldunek Nr.15 o sytuacji wewnętrznej za czas od 15.III do 2.IV. 1940,] in: Czarnocka et al., *Armia,* vol. I. p. 194.

Rowecki, Stefan. [Depesza.] December 23, 1942 in: Czarnocka et al., *Armia,* vol. II, pp. 393-4.

Rowecki, Stefan. [Meldunek.] August 13, 1941, in: Czarnocka et al., *Armia,* vol. II, p. 36.

Rowecki, Stefan. [Memo.] March 19, 1940, cited in Suchcitz et al., *Armia*, vol. I, p. 313.

Rowecki, Stefan. [Planowanie powstania powszechnego 1940–1944.] 23, 12.1942, PUMST, A.379.

Rowiński, Aleksander. *Zygielbojma śmierć i życie.* Warszawa: Rój, 2000.

Russell, Sharman Apt. Hunger. *An Unnatural History*. New York: Basic Books, 2008.

Rutkowski, Tadeusz Paweł. *Stanisław Kot 1885–1975. Biografia polityczna.* Warszawa: Dig, 2000.

Rybak, Krystyna. Interview, March 8, 2017.

Sawicki, Jan (dir.). *Rotmistrz Witold Pilecki.* 1991. TVP Edukacyjna 1991.

Schmidtke, Jerzy. [Notes on the 1939 campaign.] CAW.

Schulte, Jan E. *London war informiert. KZ–Expansion und Judenverfolgung. Entschlüsselte KZ–Stärkemeldungen vom Januar 1942 bis zum Januar 1943 in den britischen National Archives in Kew*, in: Hackmann, Süß (eds.), *Hitler's*, pp. 183–207.

Schwarcbart, Ignacy. [Archives 1943–45.] IPN. BU_2835_15.

Schwarz, Heinrich. [Raport.] 17.03.1942. APMA–B, D–AuI–3a, Folder 14. Segieda, Napoleon. [Escape to Polish Army. 1940.] HIA. Stanislaw Mikolajczyk Papers. Box 28. Folder 7.

Segieda, Napoleon. [Raport.] PISM, A.9.III.2a t.3.

Serafińska, Zofia. *Ziemniaki na pierwsze . . . , na drugie . . . , na trzecie.* Warszawa: Gebethner i Wolff, 1940.

Serafiński, Tomasz. [Karta personalna.] APMA–B, D–Au–I–2, vol. 7, p. 234.

Serafiński, Tomasz. [Ucieczka skazanych.] Nowy Wiśnicz: 1965. Document in the possession of Maria Serafińska–Domańska.

Setkiewicz, Piotr (ed.). *Studia nad dziejami obozów koncentracyjnych w okupowanej Polsce.* Oświęcim: PMA–B, 2011.

Setkiewicz, Piotr (ed.). *The Private Lives of the Auschwitz* SS. Transl. William Brand. Oświęcim: PMA–B, 2014.

Setkiewicz, Piotr. "Pierwsi Żydzi w KL Auschwitz." *Zeszyty Oświęcimskie 19.* Oświęcim: PMA–B, 2016, pp. 7–46.

Setkiewicz, Piotr. "Zapomniany czyn Mariana Batko." *Pro Memoria*, 06.2002–01.2003/17–18, pp. 61–4.

Setkiewicz, Piotr. *Głosy Pamięci 13: Załoga* SS *w KL Auschwitz.* Oświęcim: PMA–B, 2017.

Setkiewicz, Piotr. *Voices of Memory 6: The Auschwitz Crematoria and Gas Chambers.* Oświęcim: PMA–B, 2011.

Setkiewicz, Piotr. *Z dziejów obozów IG Farben Werk Auschwitz 1941–1945.* Oświęcim: PMA–B, 2006.

Setkiewicz, Piotr. *Zaopatrzenie materiałowe krematoriów i komór gazowych Auschwitz: koks, drewno, cyklon*, in: Setkiewicz, *Studia,* pp. 46–74.

Siciński, Antoni. "Z psychopatologii więźniów funkcyjnych. Ernst Krankemann." *Przegląd Lekarski*, 1974/1, p. 126-30.

Siedlecki, Janusz Nel. *Beyond Lost Dreams.* Lancaster: Carnegie Publishing, 1994.

Sierchuła, Rafał; Utracka, Katarzyna. "Historia oddziału WIG—rtm. Witolda Pileckiego". *Grot. Zeszyty Historyczne poświęcone historii wojska i walk o niepodległość.* 2015/39–40, pp. 213–23.

Siudak, Paweł. [List.] December 29, 1941. PISM, A.9.III.4/14.

Siudak, Paweł. [List.] June 22, 1943. HIA, Box 52, Folder 15.

Słuchoński, Artur. [Wspomnienia.] Chronicles of Terror. IP.019 Sluchonski _Artur_2_skan_AK.

Smoczyński, Juliusz. "Ostatnie dni Stanisława Dubois". *Kurier Polski,* 03.02.1980/25. [No pages given.]

Smoleń, Kazimierz. "'Czarna giełda' w obozie." *Wolni ludzie*, 1948/3, p. 4.

Smoleń, Kazimierz; Czech, Danuta; Iwaszko, Tadeusz; Jarosz, Barbara; Piper, Franciszek; Polska, Irena; Świebocka, Teresa (eds.). *KL Auschwitz Seen by* SS. Transl. Constantine FitzGibbon, Krystyna Michalik. Oświęcim: PMA–B, 2005.

Snyder, Timothy. *Black Earth: The Holocaust as History and Warning*. New York: Tim Duggan Books, 2016.

Snyder, Timothy. *Bloodlands: Eurpoe Between Hitler and Stalin*. New York: Basic Books, 2012.

Snyder, Timothy. *The Reconstruction of Nations: Poland, Ukraine, Lithuania, Belarus, 1956–1999*. New Haven: Yale University Press, 2003.

Sobański, Tomasz. *Ucieczki oświęcimskie*. Warszawa: Wydawnictwo MON, 1987.

Sobolewicz, Tadeusz. *But I Survived*. Oświęcim: PMA–B. 1998.

Šołta, Jan; Kunze, Pětr; Šěn, Franc (eds.). *Nowy biografiski słownik k stawiznam a kulturje Serbow*. Budyšin: Ludowe nakładnistwo Domowina, 1984.

Sosnkowski, Kazimierz. [List, November 28, 1940,] No. 162 [no 94], cited in Czarnocka et al., *Armia*, vol. II, p. 649.

Sowa, Andrzej Leon. *Kto wydał wyrok na miasto? Plany operacyjne ZWZ–AK (1940–1944) i sposoby ich realizacji*. Kraków: Wydawnictwo Literackie, 2016.

Sowul, Czesław. Oświadczenia, vol. 72, APMA–B, pp. 160–81.

Stafford, David. *Britain and European resistance: 1940–1945: a survey of the special operations executive, with documents*. London: Thistle Publishing, 2013.

Stapf, Adam. Oświadczenia, vol. 148, APMA–B. pp. 96–138.

Stapf, Adam. Oświadczenia, vol. 29, APMA–B, pp. 86–94.

Stapf, Adam. Oświadczenia, vol. 55, APMA–B, pp. 1–6.

Stapf, Adam. Wspomnienia, vol. 110, APMA–B, p. 75–105.

Stargardt, Nicholas. *The German War. A Nation Under Arms, 1939–1945. Citizens and Soldiers*. New York: Basic Books, 2015.

Steinbacher, Sybille. *Auschwitz: a History*. Transl. Shaun Whiteside. London: Harper Perennial, 2006.

Stępień, Jan. Wspomnienia, vol. 179, APMA–B, pp. 176–7.

Stola, Dariusz. "Early News of the Holocaust from Poland." *Holocaust and Genocide Studies*, 1997/11, pp. 1–27.

Stola, Dariusz. *Nadzieja i zagłada: Ignacy Schwarzbart—żydowski przedstawiciel w Radzie Narodowej RP (1940–1945)*. Warszawa: Oficyna Naukowa, 1995.

Stoves, Rolf O. G. *Die 1. Panzer–Division 1935–1945*. Dornheim: Podzun–Verlag, 1976.

Stranský, Karl. Oświadczenia, vol. 84, APMA–B, pp. 44–58.

Strzelecka, Irena. *Voices of Memory 2: Medical Crimes: The Experiments in Auschwitz*. Oświęcim: PMA–B, 2011.

Strzelecka, Irena. *Voices of Memory 3: Medical Crimes. The Hospitals in Auschwitz*. Oświęcim: PMA–B, 2008.
Stupka family. Interview, September 21, 2016; September 24, 2016.
Stupka, Helena. Oświadczenia, vol. 68, APMA–B, pp. 124–32.
Stykowski, Jacek. Interview, September 12, 2018.
Stykowski, Jacek. *Kapitan "Hal". Kulisy fałszowania prawdy o Powstaniu Warszawskim '44*. Warszawa: Capital, 2017.
Syzdek, Włodzimierz. "W 45 rocznicę śmierci Stanisława Dubois. Byłczłowiekiem działania." *Za wolność i lud*. 22.08.1987/34, p. 5.
Szarota, Tomasz. *Okupowanej Warszawy dzień powszedni. Studium Historyczne*. Warszawa: Czytelnik, 2010.
Szarota, Tomasz. *Stefan Rowecki "Grot"*. Warszawa: PWN, 1985.
Szczepański, Marian. Video recollection [14.07.1995,] APMA–B, V–246.
Szejnert, Małgorzata. Śród żywych duchów. Kraków: Znak, 2012.
Szmaglewska, Seweryna. *Dymy nad Birkenau*. Warszawa: Czytelnik, 1971.
Szmaglewska, Seweryna. *Smoke over Birkenau*. Transl. Jadwiga Rynas.
Warszawa: Książka i Wiedza; Oświęcim: PMA–B, 2008.
Szpakowski, Ludomir. Interview, January31, 2017.
Szpilman, Władysław. *The Pianist: The Extraordinary True Story of One Man's Survival in Warsaw,1939–1945*. Transl. Anthea Bell. New York: Picador, 2000.
Szwajkowski, Kazimierz. [Zeznania.] Oddziałowa Komisja Ścigania Zbrodni Przeciwko Narodowi Polskiemu. S/139/12/Zn, pp. 137–42.
Świebocki, Henryk (ed.). *Auschwitz 1940–1945. Central Issues in the History of the Camp*. Vol. IV: *The Resistance Movement*. Transl. William Brandt. Oświęcim: PMA–B, 2000.
Świebocki, Henryk. "Przyobozowy ruch oporu w akcji niesienia pomocy więźniom KL Auschwitz". *Zeszyty Oświęcimskie 19*. Oświęcim: PMA–B, 1988.
Świebocki, Henryk. *London Has Been Informed . . . : Reports by Auschwitz Escapees*. Oświęcim: PMA–B, 2002.
Świętorzecki, Karol. Interviews, February 14, 1970; February 14, 1972.
Świętorzecki, Karol. Oświadczenia, vol. 76, APMA–B, pp. 88–110.
Świętorzecki, Karol. Wspomnienia, vol. 86, APMA–B, pp. 232–7.
Tabeau, Jerzy. [Sprawozdanie], in: *Zeszyty oświęcimskie, Raporty uciekinierów z KL Auschwitz*. Oświęcim: PMA–B, 1991, pp. 77–130.
Targosz, Franciszek. Oświadczenia, vol. 144, APMA–B, pp. 193–200.
Targosz, Franciszek. Oświadczenia, vol. 144, APMA–B, pp. 209–17.
Taubenschlag, Stanisław. *To be a Jew in Occupied Poland. Cracow–Auschwitz–Buchenwald*. Transl. from the French by David Herman. Oświęcim: Frap—Books, 1998.

Taul, Roman. Oświadczenia, vol. 9, APMA–B, p. 1264–71.
Taul, Roman. Oświadczenia, vol. 9, APMA–B, p. 1273–85.
Tereszczenko, Jan B. *Wspomnienia warszawiaka egocentrysty. "JA"*. Warszawa: Muzeum Historyczne m. st. Warszawy, 2012.
Tereszczenko, Jan. Interview, November 1, 2016.
Terry, Nicholas. "Conflicting Signals: British Intelligence on the 'Final Solution' Through Radio Intercepts and Other Sources." *Yad Vashem Studies,* 2004/32, pp. 351–96.
Thompson, Mark Christian. *Anti–Music: Jazz and Racial Blackness in German Thought between the Wars*. New York: Sunny Press, State University of New York, 2008.
Thorsell, Staffan. *Warszawasvenskarna: De som lät världen veta*. Stockholm: Albert Bonniers förlag, 2014.
Thugutt, Mieczysław. [List.] November 19, 1941. PISM, A.9.III.4/14.
Tomaszewski, Aleksander. Wspomnienia, vol. 66, APMA–B, pp. 107–14.
Tomicki, Jan. *Stanisław Dubois*. Warszawa: Iskry, 1980.
Tooze, Adam. *The Wages of Destruction: The Making and Breaking of the Nazi Economy*. London: Penguin, 2008.
Tracki, Krzysztof. *Młodość Witolda Pileckiego*. Warszawa: Wydawnictwo Sic!, 2014.
Tucholski, Jędrzej. *Cichociemni*. Warszawa: Instytut Wydawniczy PAX, 1984.
Tumielewicz, Józef. [Kronika.] Material courtesy of Stanisław Tumielewicz. Tymowski, Stanisław Janusz. *Zarys historii organizacji społecznych geodetów polskich*. Warszawa: Państwowe Przedsiębiorstwo Wydawnictw Kartograficznych, 1970.
Unknown author. [Zasady konspiracji.] AAN 2/2505/0/–/194—Fundacja Archiwum Polski Podziemnej 1939–1945.
Urbanek, Jerzy. Oświadczenia, vol. 44, APMA–B, pp. 1–13.
Urbańczyk, Zygmunt. Wspomnienia, vol. 54, APMA–B, pp. 11–50.
Urynowicz, Marcin. *Adam Czerniaków 1880–1942. Prezes getta warszawskiego*. Warszawa: IPN, 2009.
van Pelt, Robert. *The Case for Auschwitz: Evidence from the Irving Trial*. Bloomington: Indiana University Press, 2016.
Vrba, Rudolf. *I Cannot Forgive*. Vancouver: Regent College Publishing, 1997.
Wachsmann, Nikolas. *KL: A History of the Nazi Concentration Camps*. New York: Farrar, Straus and Giroux, 2016.
Walasek, Bohdan. [Wspomnienia], Warsaw Uprising Museum: https://www.1944.pl/archiwum–historii–mowionej/bohdan–zbigniew–wa lasek,2545.html [16.01.2019.]
Walasek, Bohdan. Interview, May 19, 2016.

Walendzik, Janusz. Interview, October 12, 2016.

Walker, Jonathan. *Poland Alone: Britain, SOE and the Collapse of the Polish Resistance,1944*. Stroud: The History Press, 2011.

Walter–Janke, Zygmunt. *W Armii Krajowej na Śląsku*. Katowice: Wydawnictwo Śląsk, 1986.

Wanat, Leon. *Apel więźniów Pawiaka*. Warszawa: Książka i Wiedza, 1976.

Wanat, Leon. *Za murami Pawiaka*. Warszawa: Książka i Wiedza, 1985.

Wanner, Gerhard. "Flüchtlinge und Grenzverhältnisse in Vorarlberg 1938–1944. Einreise– und Transitland Schweiz." *Rheticus Vierteljahresschrift der Rheticus–Gesellschaft*. 1998/3–4, pp. 227–71.

Wasserstein, Bernard. *Britain and the Jews of Europe, 1939–1945*. London: Leicester University Press, 1999.

Westermann, Edward B. "The Royal Air Force and the Bombing of Auschwitz: First Deliberations, January 1941." *Holocaust and genocide studies*, 2001/15, pp. 70–85.

Whaley, W. Gordon; Bowen, John S. *Russian Dandelion (Kok–Saghyz): An Emergency Source of Natural Rubber*. US Dept of Agriculture,1947.

Widelec, Jakob. *A Diary of Four Weeks With the Nazis in Ostrów*, in: Margolis, *Memorial*, pp. 421–8.

Widfeldt, Bo. Wegman, Rolph. *Making for Sweden*. Walton–on–Thames: Air Research Publications, 1999.

Wielopolski, Piotr. Interview, May 18, 2017.

Wierusz, Witold. Oświadczenia, vol. 77, APMA–B. pp. 13–37.

Wierzbicka, Agnieszka. "Żyd, Żydzi, Żydy, Żydki—Stereotypes and Judgments Ingrained in the Polish Language". *Acta Universitis Lodzensis. Folia Linguistica*. 2015/49, pp. 57–67.

Wilkinson, Peter. *Foreign Fields: The Story of an SOE Operative*. Staplehurst: Spellmount Publishers Ltd, 2013.

Willenberg, Samuel. *Revolt in Treblinka*. Warszawa: Żydowski Instytut Historyczny, 1992.

Wilmot, Chester. [Notes on interrogation of Franz Halder,] LH 15/15/150/2, LHCMA, cited in Richie, *Warsaw*, p. 116.

Winstone, Martin. *The Dark Heart of Hitler's Europe: Nazi Rule in Poland Under the General Government*. London: I.B.Tauris, 2014.

Wiśnicka, Maria (dir.). *Sprawa szpiega Pileckiego*. 1991. WFD Warszawa Zespół Filmowy WIR.

Witowiecki, Tadeusz. *Tu mówi "Żelazo"*. Łódź: Wydawnictwo Łódzkie, 1966.

Włodarkiewicz, Jan. [Deklaracja ideowa.] AAN, 2/2505/0/–/194.

Wolny, Edward. Oświadczenia, vol. 33, APMA–B, pp. 25–6.
Wołosiuk, Bruno. "Znałem rotmistrza Pileckiego". *Słowo Powszechne*. 1980/49, pp. 19–26.
Wood, Thomas E. *Karski*: *How One Man Tried to Stop the Holocaust*. Lubbock: Gihon River Press, Texas Tech University Press, 2014.
Wortman, Marek (dir.). *Ucieczka z Oświęcimia*. 1998. TVP.
Wyczański, Andrzej. *Mikrofilm. Nowa postać książki*. Wrocław: Ossolineum, 1972.
Wyman, David. *The Abandonment of the Jews: America and the Holocaust 1941–1945*. New York: The New Press, 2007.
Zabawski, Edmund. Wspomnienia, vol. 98, APMA–B, p. 83–103.
Zabielski, Józef. *First to Return*. London: Garby Publications, 1976.
Zagórski, Wacław. *Seventy Days*. Transl. John Welsh. London: Panther Books, 1959.
Zagórski, Wacław. *Wicher wolności. Dziennik powstańca*. Warszawa: Czytelnik, 1990.
Zalc, Claire; Bruttman, Tal (eds.). *Microhistories of the Holocaust*. New York: Berghahn Books, 2016.
Zalewski, Jerzy. Interview, October 17, 2016.
Zaremba, Marcin. *Wielka trwoga. Polska 1944–1947*. Kraków: Znak, 2012.
Zaremba, Zygmunt, *Wojna i konspiracja*. Kraków: Wydawnictwo Literackie, 1991.
Zawadzki, Antoni. [Zeznania.] IPN. Oddziałowa Komisja Ścigania Zbrodni Przeciwko Narodowi Polskiemu. S/139/12/Zn, pp. 124–28.
Zawadzki–Żenczykowski, Tadeusz et al. (ed.). *Armia Krajowa w dokumentach 1939–1945*. Vols. I–VI. Wrocław–Warszawa–Kraków: Ossolineum, 1991–2015.
Ziegler, Philip. *London at War: 1939–1945*. New York: Sinclair–Stevenson Ltd, 1995.
Zieliński, Jan. "List posła Ładosia i doktora Kühla". *Zeszyty Literackie*, 2000/4, pp. 157–67.
Zimmerman, Joshua D. *The Polish Underground and the Jews, 1939–1945*. Cambridge: Cambridge University Press, 2015.
Ziółkowski, Michał. *Byłem od początku w Auschwitz*. Gdańsk: Marpress, 2007.
Znak, 15.08.1940/17, AN, 1920.
Znak, 1940/27, AN, 1925.
Zwerin, Mike. *Swing Under Nazis: Jazz as a Metaphor for Freedom*. New York: Cooper Square Press, 2000.
Лаўрэш Леанід Лявонцьевіч. "Яўрэі Ліды". Маладосць, 2016/4, pp. 141– 54.

Лаўрэш, Леанід Лявонцьевіч. "Лідчына ў 1936–1939 гг. у люстэрку прэсы". Лідскі летапісец. 2014/66 (2), pp. 25–93.
Лаўрэш, Леанід Лявонцьевіч. "13 траўня 1901 г. нарадзіўся Вітольд Пілецкі". Лідскі Летапісец, 2016/2 (74), pp. 15–9.
Лаўрэш, Леанід Лявонцьевіч. "Лідчына ў 1924–1929 гг. у люстэрку прэсы". ЛіО`скі летапісец, 2015/69 (1), pp. 25–94.
Ярмонт, Евгеия. "В тени замка Гедимина Лида. Воспоминания детства." Grodno: КЛФ «Сталкер», 1995, pp. 93–94, cited in Лаўрэш, Лідчына ў 1936–1939, p. 76.

TIPOGRAFIA Adobe Caslon Pro e Burbank Big C.
IMPRESSÃO Gráfica Imprensa da Fé